D1729834

Kohlhammer

Horst Biermann

Pädagogik
der beruflichen
Rehabilitation

Eine Einführung

Verlag W. Kohlhammer

1. Auflage 2008

Alle Rechte vorbehalten
© 2008 W. Kohlhammer GmbH Stuttgart
Umschlag: Data Images GmbH
Gesamtherstellung:
W. Kohlhammer Druckerei GmbH + Co. KG, Stuttgart
Printed in Germany

ISBN 978-3-17-019477-9

Inhalt

1 Berufliche Rehabilitation im Wandel 9

1.1 Paradigmen und Postulate 9
    1.1.1 Teilhabe durch Integration und Förderung 9
    1.1.2 Normalisierung und Inklusion 10
    1.1.3 Modifizierter Behinderungsbegriff 13
    1.1.4 Barrierefreiheit 16
    1.1.5 Prinzipien der Rehabilitation 17

1.2 Gesellschaftlicher Wandel 18
    1.2.1 Aspekte des technischen Wandels 19
    1.2.2 Aspekte des sozialen Wandels 21
    1.2.3 Aspekte des beruflichen Wandels 24
    1.2.4 Aspekte des institutionellen Wandels 28
    1.2.5 Chancen und Risiken bei Behinderung 31

1.3 Anspruch und Realität 32

2 Handlungsfelder 38

2.1 Das Regelsystem 38
    2.1.1 Komplexität als Strukturmerkmal 38
    2.1.2 Vom tradierten dualen System zur neugeordneten
         Eliteausbildung 41
    2.1.3 Funktionswandel der Berufsfachschulen 46

2.2 Die Berufliche Rehabilitation 48
    2.2.1 Über Separation zur Integration 48
    2.2.2 Einrichtungen der beruflichen Rehabilitation:
         BBW, WfbM, BFW 56
    2.2.3 Von separaten Einrichtungen zu ambulanten Diensten 74

2.3 Die Benachteiligtenförderung 97
    2.3.1 Verortung 97
    2.3.2 Entwicklungsskizze 98
    2.3.3 Angebotsstruktur 100
    2.3.4 Neue Tendenzen 104
    2.3.5 Bilanz 105

2.4 Neue Handlungsfelder – Thesen zur Diskussion 105
    2.4.1 Vom deutschen Berufsbildungssystem zum europäischen
         Qualifizierungsrahmen 105
    2.4.2 Vom Qualifizierungszentrum zum Profitcenter 109
    2.4.3 Aktueller Trend der Lernortentwicklung: Netzwerke 110

2.4.4   Konkurrenz um Handlungsfelder   111
2.4.5   Alternative: Kommunale Qualifizierungszentren   112

3   **Handlungsformen**   113

3.1   Berufspädagogische Orientierungsmuster   114
        3.1.1   Mikrosysteme beruflicher Bildung   114
        3.1.2   Lernort- und Konzeptgestaltung   116

3.2   Reha-spezifische Akzente   132
        3.2.1   Sonderpädagogische Traditionen   133
        3.2.2   Empowerment im Beruf   136
        3.2.3   Assessmentgeleitete Verfahren   138

3.3   Aus der Praxis   145
        3.3.1   Gestaltungsspielräume   145
        3.3.2   Fallbeispiele   146

4   **Handlungsbezüge**   167

4.1   Bildungsverläufe   167
        4.1.1   Struktur und Biografie   167
        4.1.2   Idealtypische Bildungsgänge   173
        4.1.3   Individuelle Bildungskarrieren   184

4.2   Professionalisierung des pädagogischen Personals   195
        4.2.1   Aspekte der Professionalisierung   195
        4.2.2   Ausbildungsgänge   196
        4.2.3   Bilanz   206

4.3   Forschungslandschaft   207
        4.3.1   Theorie-Steinbruch   207
        4.3.2   Cluster der Forschungen   208
        4.3.3   Theoretische Orientierungen   214

Literatur   220

Zu diesem Buch

Berufliche Rehabilitation stellt Beruf, Arbeitsplatz, Erwerbstätigkeit in den Vordergrund und ist erst in zweiter Linie – im Gegensatz zur Sonderpädagogik der allgemeinen Schulen – behindertenspezifisch orientiert und organisiert. Als gesetzlich verankertes Angebot nimmt die berufliche Rehabilitation, in Verbindung mit sozialer und medizinischer Rehabilitation, Aufgaben wahr, die das Erwerbsleben behinderter Arbeitnehmer betreffen und Umschulung, Weiterbildung, bei „Ungelernten" ggf. auch eine nachträgliche Erstausbildung beinhalten. Wiederherstellung oder Verbesserung der Funktionsfähigkeit und damit auch der Partizipationsmöglichkeiten der Betroffenen sind das Ziel. Für Jugendliche stellt die berufliche Rehabilitation – korrekt ausgedrückt – eigentlich einen Habilitationsprozess dar, der durch eine Erstausbildung und den mit ihr verbundenen beruflichen Sozialisationserfahrungen künftige Teilhabe am Arbeitsleben sichern will.

Die Bundesrepublik Deutschland verfügt über ein weltweit einzigartiges differenziertes, flächendeckendes und qualitativ hochwertiges System von spezifischen Einrichtungen zur beruflichen Rehabilitation: Berufsbildungswerke (BBW) für behinderte Jugendliche, Berufsförderungswerke (BFW) für erwachsene Rehabilitanden, Werkstätten für behinderte Menschen (WfbM), d. h. für Jugendliche und Erwachsene, die aufgrund der Schwere ihrer Behinderung in aller Regel nicht auf dem Ausbildungs- oder Arbeitsmarkt vermittelbar sind. Allerdings haben der gesellschaftliche Wandel in den letzten Jahrzehnten, neue Technologien und neue ökonomische Strategien auch die Sozialpolitik und damit den Rehabilitationsbereich beeinflusst und verändert. Zunehmend geraten separate Einrichtungen und Maßnahmen, die Menschen mit Behinderung separieren, in die Kritik. Partizipation am gesellschaftlichen Leben, Normalität in Alltagssituationen, Barrierefreiheit in allen Lebensbereichen sind Vorgaben, die das tradierte Reha-Netz in Frage stellen und durch Präventions- und Assistenzkonzepte ersetzen, zumindest aber ergänzen wollen.

Voraussetzung für eine berufspädagogische Tätigkeit im Rahmen der etablierten Einrichtungen ist stets eine fachliche Qualifikation im Beruf, die auf unterschiedlichem Niveau – Meister, Ingenieur, Diplomkauffrau oder Berufsschullehrer – liegen kann. Häufig sind diese Personen „Quereinsteiger" sowohl in die Pädagogik als auch in die Rehabilitation. Assistenzmodelle und Coaching im Beruf dagegen setzen eher auf außerfachliche Begleitung und Betreuung der behinderten Arbeitnehmer. Zwar besteht im Rahmen des Studiums der Berufs- und Wirtschaftspädagogik die Möglichkeit, an Stelle eines allgemeinen Unterrichtsfaches Sonderpädagogik zu studieren, doch wird dieses Angebot nur von wenigen Studierenden wahrgenommen. Sonderpädagogische Förderung in staatlichen beruflichen Schulen findet faktisch nicht statt. Selbst ausbildungsbegleitende Hilfen werden – oft fachfremd – von diversen freien Trägern im Auftrag der Bundesagentur für Arbeit und nicht etwa als schulische Regelaufgabe in der Kulturhoheit der Länder durchgeführt. Berufliche Rehabilitation scheint somit weitgehend ein

Feld für Autodidakten und eine Aufgabe der Fortbildung zu sein, auch wenn sie zunehmend im Rahmen der sozialpädagogischen Ausbildung thematisiert wird. Allerdings setzen sich viele Studierende, besonders Lehramtsstudierende, mit Fragen der beruflichen Vorbereitung und Qualifizierung benachteiligter und behinderter Schulabgänger auseinander und haben später als Lehrer oder Berater mit beruflicher Rehabilitation zu tun.

Trotz der Bedeutung der Rehabilitation und des differenzierten institutionellen Netzes gibt es nicht „den" Rehabilitationspädagogen, sondern eine Vielzahl von Fachkräften mit unterschiedlichen Schwerpunkten und Kompetenzen. An diesen heterogenen Personenkreis wendet sich das Buch mit dem Ziel, aus berufspädagogischer Perspektive einen Überblick über Handlungsfelder, Handlungsformen und Handlungsbezüge in der beruflichen Rehabilitation zu geben, eine kritische Einordnung zu versuchen und zur Diskussion über diesen Bereich anzuregen. Zu Beginn werden gesellschaftliche Entwicklungslinien und der Wandel (auch) in der beruflichen Rehabilitation aufgezeigt, danach Institutionen und Maßnahmen in der Arbeit mit beeinträchtigten Personen skizziert und mit der Frage nach pädagogischen Gestaltungsmöglichkeiten von Qualifizierungsprozessen verbunden. In einem letzten Kapitel wird nicht nur ein Bezug zur „Forschungslandschaft" für diesen Bereich hergestellt, sondern in den Blick kommen vor allem die idealtypischen Bildungs- und Berufsverläufe der Agierenden in der beruflichen Rehabilitation, also die der behinderten Auszubildenden und Arbeitnehmer genauso wie die des pädagogischen Personals.

Dortmund, Oktober 2007
Horst Biermann

1 Berufliche Rehabilitation im Wandel

1.1 Paradigmen und Postulate

1.1.1 Teilhabe durch Integration und Förderung

„Gesellschaftliche Teilhabe ist ohne berufliche Integration kaum möglich. Menschen mit Behinderungen benötigen deshalb bei ihren Bemühungen, sich beruflich zu qualifizieren oder eine Arbeitsstelle zu erhalten, vielfach umfassende Unterstützung. Diese Hilfen werden von Lehrerinnen und Lehrern, Beraterinnen und Beratern der Arbeitsämter, Ausbilderinnen und Ausbildern, Sozialpädagoginnen und Sozialpädagogen sowie von vielen anderen Experten geleistet." (BA 2002, 6)

Mit diesem Plädoyer für eine Integration über den Beruf leitet der damalige Präsident der Bundesagentur für Arbeit (BA) das Handbuch „Teilhabe durch berufliche Rehabilitation" ein. Eine anerkannte Ausbildung gilt allgemein als Mindestzertifikat für eine Erwerbschance junger Erwachsener, ebenso besteht gesellschaftlicher Konsens über die zentrale Bedeutung beruflicher Bildung für die soziale Integration. Die Bundesregierung sieht in ihrem „Bericht über die Lage behinderter Menschen und die Entwicklung ihrer Teilhabe" einen Paradigmenwechsel auch in der Arbeitsförderung hin zu Selbstbestimmung und gleichen Zugangschancen, gleichen beruflichen Wegen und Möglichkeiten, wie sie für nicht-behinderte Arbeitnehmer bestehen. Antidiskriminierung, Teilhabe statt Ausgrenzung, Integration durch Differenzierung, Wahlmöglichkeiten und Inklusion stehen für ein Konzept, mit dem die Bundesregierung der internationalen Entwicklung folgt.

„Eine dauerhafte Teilhabe am Arbeitsleben ist sowohl für jüngere als auch für ältere behinderte Menschen von elementarer Bedeutung. Die berufliche Eingliederung verschafft behinderten Menschen weit mehr als nur eine gesicherte finanzielle Lebensgrundlage; sie gibt Selbstvertrauen und schafft die Grundlage für eine selbstbestimmte und gleichberechtigte Teilhabe am Leben in der Gesellschaft." (Deutscher Bundestag 2004, 66)

Die berufliche Rehabilitation wurde um das Jahr 2000 gesetzlich neu verankert und vor allem in den Sozialgesetzbüchern – SGB III: Arbeitsförderung und SGB IX: Rehabilitation und Teilhabe behinderter Menschen – mit „Leistungen zur Teilhabe am Arbeitsleben" (LTA) umrissen. Als eigene Säule steht die berufliche Rehabilitation neben der medizinischen sowie sozialen Rehabilitation und bezieht sich zum einen auf Jugendliche und junge Erwachsene, die eine Erstausbildung absolvieren, zum anderen auf Arbeitnehmer mit Berufserfahrung, die umgeschult oder weitergebildet werden. Damit wird sowohl dem Bildungsgebot der Schulgesetze der Länder Rechnung getragen als auch das Ziel verfolgt, aus Leistungsempfängern erneut Beitragszahler in die Sozialsysteme zu machen.

Unter dem Postulat der Teilhabe an Ausbildung und Arbeit ist der Status „behindert" durchaus fragwürdig. Gerade mit zunehmendem Alter können sich Wirkungen von Sozialisationsprozessen und Beeinträchtigungen zum Syndrom „Beschäftigungsrisiko" verdichten: Chronische Erkrankungen, Sucht, mangelnde Stressbewältigung, Mobilitätseinschränkungen, Lernungewohnheit, Vorbehalte gegenüber älteren Beschäftigten, geschlechtsspezifische oder ethnische Diskriminierungen, regionale oder sektorale Benachteiligungen. In manchen Fällen überlagern sich derartige Aspekte mit dem Status Rehabilitand, aber auch nicht behinderte Langzeitarbeitslose, Migranten, Rationalisierungsverlierer würden bei Öffnung der Reha-Einrichtungen und Maßnahmen vermutlich zum Klientel beruflicher Rehabilitation werden, zumal die Kostenträger für die diversen Programme oft identisch sind. Bezogen auf Jugendliche ließe sich der Personenkreis beliebig erweitern, zum Beispiel um Lernbehinderte, Hauptschüler ohne Abschluss, Schulmüde, Delinquente, Trebegänger. Um die Teilhabe an Ausbildung und Erwerbsarbeit stehen also viele Risikogruppen in Konkurrenz zueinander. Diejenigen, die nicht als „behindert" klassifiziert und anerkannt sind, gelten dabei als Sozialfälle, Randbelegschaft, Marginalisierte, Dropouts. Nicht-Teilhabe und Ausgrenzung sind grundsätzlich ein gesellschaftliches Problem sozialer Ungleichheit. Um die Zielgruppe für die berufliche Rehabilitation trennscharf zu fassen, muss ihr Status formalisiert werden, so dass man sich zwangsläufig bei der Förderung und den Leistungen zur Teilhabe am Arbeitsleben in einem Etikettierungs- und damit auch Stigmatisierungsprozess befindet mit allen negativen Folgen für die betroffenen Personen und Institutionen.

1.1.2 Normalisierung und Inklusion

Ein wesentlicher Ausgangspunkt für die heutige Konzeption der Partizipation und Teilhabe ist das Normalisierungsprinzip (vgl. Thimm 2005). Der dänische Jurist Bank-Mikkelsen hatte bereits 1959 die Lebensumstände behinderter Bürger kritisiert und als Ziel des neuen Fürsorgesetzes für die geistig Behinderten (mentally retarded) eine Existenz so normal wie möglich vorgeschlagen. Diese als Normalisierungsprinzip bezeichnete Forderung griffen in Schweden Bengt Nirje, in den USA Wolf Wolfensberger, in Deutschland die Gruppe um Walter Thimm und Christian von Ferber als Idee auf und verallgemeinerten sie zu einer umfassenden, allerdings nicht einheitlichen Konzeption. Die ersten Operationalisierungen von Normalität für behinderte Bürger umfassten die Bereiche Wohnen, Arbeit, Freizeit und wurden von Bengt Nirje 1977 wie folgt beschrieben (Thimm 2005, 22):

- „A normal rhythm of the day,
- A normal rhythm of the week,
- A normal rhythm of the year,
- Normal experiences of the life cycle,
- Normal respect,
- Normal life in a heterosexual world,
- Normal economic standards,
- Normal environmental standards."

Vergleicht man die Konkretisierungen von Normalisierung, so wird vor dem Hintergrund des gesellschaftlichen Normen- und Wertewandels die raum-zeitliche Bestimmtheit der Kategorie „Normalität" deutlich. Beispielsweise versuchen Vertreter dieses Konzepts durch „angepasste" Übersetzungen auch den Wandel in der Normalität zu aktualisieren oder Entwicklungen wie Inklusion neuerdings mit aufzunehmen. In Skandinavien ging es in den 1960er und 1970er Jahren pragmatisch um direkte Verbesserungen im Alltag von Geistigbehinderten. Kinder sollten die Möglichkeit zum Lernen, Erwachsene zum Arbeiten haben. Daneben wurden separate, große Wohneinrichtungen aufgelöst und letztlich auch dezentrales Verwaltungshandeln verankert. Jedem geistig behinderten Menschen wurden die gleichen Rechte und Pflichten wie jedem anderen Mitbürger zugestanden. Bewusst wurde keine Theorie, kein ideologischer „ismus" angestrebt.

„Ich bin der Meinung, dass man hier viel zu sehr theoretisiert. In der amerikanischen und englischen Literatur findet sich eine Menge Ableitungen vom Begriff der Normalisierung. Wir, die wir an der Prägung dieses Begriffs beteiligt waren, sind ganz platt, wenn wir sehen, zu welchen theoretischen Umwegen das führt, denn das ist alles viel einfacher und simpler, als man glaubt. Man sollte doch das ganze Theoretisieren vergessen und es in die Tat umsetzen, allgemeine Lebensbedingungen für die Menschen zu schaffen." (Bank-Mikkelsen 2005, 75)

Wolfensberger, ebenfalls beeinflusst durch das skandinavische Vorbild, erweitert das Normalisierungskonzept zu einem umfassenden sozialwissenschaftlich begründeten Modell. Ihm geht es nicht nur um Normalisierung als Ziel, sondern auch um den Weg dorthin. Seine Definition von Normalisierung bezieht auch Umwelt, Rolle, Interaktion, Image mit ein, wobei er einen spiralförmigen Prozess zur physischen und sozialen Integration anstrebt. Sein neues Konzept „Social Role Valorization" bezieht alle Personen oder Gruppen ein, die von ihrer Umwelt abgelehnt oder abgewertet werden, und will soziale Rollen durch Kompetenzgewinn und Imageaufwertung auf allen Ebenen stärken (vgl. Thimm u. a. 2005, 97). Gegenüber der normativen Sicht von Normalisierung prüft Wolfensberger empirisch die Kategorie Lebensqualität und gelangt so zu einer objektivierten Einschätzung der Qualität von sozialen Dienstleistungssystemen (Wolfensberger 1986, 168–186).

Thimm weist in seinem Sammelband, mit dem er die Entwicklung und Vielfalt der Normalisierungskonzepte dokumentiert, darauf hin, dass es nicht darum geht, behinderte Menschen „normal" machen zu wollen, sondern Heterogenität als normal anzusehen. Er versteht Normalisierung als Dreieck von Partizipation, Lebensweltorientierung und Gemeinwesenorientierung. Mit Blick auf die Umsetzung der Konzepte betont er die ablehnende Haltung von Großinstitutionen und Verbänden, weil sie die Normalisierung als fundamentale Kritik an ihrer Arbeit und als existenzielle Gefährdung ihrer Organisation verstehen.

Mitte der 1990er Jahre entflammte die Diskussion um einen Paradigmenwechsel in der Behindertenhilfe erneut. Mit Blick auf die „inclusive education" in den USA wurde eine umfassende Vision einer neuen solidarischen Gesellschaft entworfen, in der Heterogenität akzeptiert und als Bereicherung gewertet wird. Die neue Kategorie „Inklusion" findet auf der normativen Ebene ihren Ausdruck in den Grund- und Menschenrechten und daraus abgeleiteten Bürgerrechten. Gleichwertigkeit von Menschen, Akzeptanz von Verschiedenheit, Vielfalt der Lebensformen sind die allgemeinen dem Konzept zugrunde gelegten Maxime und schließen, über die Gruppe der behinderten Menschen hinaus, alle gesellschaftlichen Minderheiten ein. Das neue Denkmuster beruht auf einer Abkehr von Fürsorge-Betreuung, vom Helfer- und Expertentum, von der vermeintlichen Förderung durch Separierung und einer Hinwendung zu einer alle Lebensbereiche umfassenden Teilhabe. Instrumente und Konzepte wie Case-Management, Empowerment oder Förderdiagnostik in Schulen, die Forderung nach Barrierefreiheit und nicht zuletzt ein anderer Sprachgebrauch sind praktische Auswirkungen dieses Prozesses. So werden im Sinne von begrifflicher „political correctness" *Behinderte* nun als *Menschen mit Behinderung* bezeichnet, aus der *Hauptfürsorgestelle* wird das *Integrationsamt*.

In der Sonderpädagogik versucht man Inklusion von den Kategorien Integration und Normalisierung abzugrenzen. Eine vorherrschende Norm wird nicht mehr akzeptiert und Heterogenität als gesellschaftliche Normalität angesehen. Integration setzt eine Polarisierung von behindert und nicht-behindert voraus, ist eine additiv ergänzende Maßnahme, ohne dass der Regelbereich sich ändern muss. Hinzu kommt, dass nur eine Minderheit der Schüler integrativ beschult wird, noch dazu in der Regel im gemeinsamen Unterricht der Grundschule und Integration lediglich mit Sonder- und Ausländerpädagogik verbunden wird. Die UNESCO-Konferenz von Salamanca 1994 wirkte als Impuls für deutsche Sonderpädagogen, den Ansatz der Inklusion aufzunehmen, und ließ sie hoffen, die in der Praxis gescheiterte Integrationspädagogik nach 30 Jahren Versuch und Verteidigung der Prinzipien neu zu beleben und zugleich von Fehlentwicklungen zu bereinigen. Inklusion wird nun als „Schule für alle" und „Pädagogik der Vielfalt" verstanden (Hinz 2006, 97–99; Prengel 1995; Eberwein 1994).

Zwar werden theoretische Bezüge zu Luhmann und seiner Diskussion um Inklusion versus Exklusion hergestellt, aber in der Regel wird die Umsetzung des normativen Gerüsts der Inklusion empirisch mit Lebensqualitäts-Modellen versucht zu fassen (Wacker u. a. 2003; Dederich u. a. 2006). Mit Indikatoren-Katalogen – beruhend auf emotionalem, physischem, materiellem Wohlbefinden – lassen sich Eckwerte für Hilfeplanung entwickeln und Kriterien für die Wirkungen der Maßnahmen bestimmen. Weiter sollen Präventionsstrategien zur Vermeidung von Exklusion gefunden werden. Konkret wird das Konzept der Inklusion in einer integrativen Grundschule erprobt (Wocken zit. n. Hinz 2006, 98) und bei neuen Wohnformen des „supported living". Vor allem im Wohnbereich, weniger bezogen auf Arbeitstätigkeiten, werden dann auch systemisch Umwelt und Infrastruktur kategorisiert. Das Modell der Inklusion stößt inzwischen auf massive Kritik, wobei besonders der allumfassende normative und utopische Anspruch, die unreflektierte Verherrlichung von Heterogenität, die banalen Aussagen zu gesellschaftlichen Strukturen, die begriffliche Schwammigkeit, aber auch die ungeprüfte Adaption US-amerikanischer Ideen hinterfragt werden. Kobi fasst den Diskurs um die „Inklusionsideologie" als Profan-Mythologie und sieht eine Re-Theologisierung der Heilpädagogik. Außerdem wird die Art der Argumentationsführung in ihrer totalitären Form beklagt. „Zurückhaltender Skepsis begegnet man mit Wahrnehmungs- und Erfahrungsentwertung des Dialogpartners. Diesem werden ostinat ‚Vorurteile', ein ‚falsches Bewusstsein', eine antiquierte Denkweise unterschoben" (Kobi 2006, 31 f.).

Bezogen auf Arbeit und Beruf reduzieren sich die Aspekte von Normalisierung, Integration und Inklusion auf eine Trennung der Lebensbereiche Arbeiten,

Wohnen und Freizeit, auf die Forderung nach einem Recht auf Ausbildung und Arbeit und neuerdings auf die Instrumente der „persönlichen Assistenz" und „unterstützten Beschäftigung" in Betrieben. Während für die anderen Lebensbereiche, wie z. B. Wohnen, ausgefeilte Konzepte vorliegen und erprobt werden, wird der als zentral angesehene Bereich „Arbeitswelt" in der Diskussion kaum und nur sehr vage thematisiert und auf das bloße Einfügen in Arbeit beschränkt.

Die generellen Teilhabeforderungen konzentrieren sich in ihrer Kritik auf Sonderformen der Ausbildung und separate Einrichtungen, die wegen ihrer Größe nur inflexibel auf Arbeitsmarktanforderungen reagieren könnten. Bemängelt werden auch das zu geringe Angebot an Ausbildungsberufen sowie Vorurteile gegenüber schwerbehinderten Arbeitnehmern. Der traditionellen institutionalisierten beruflichen Rehabilitation als separate Säulen und Maßnahmen werden Prinzipien wie Dezentralisierung, Individualisierung, De-Institutionalisierung und Ambulantisierung gegenüber gesetzt. Entsprechend gelten Integrationsfachdienst, Unterstützte Beschäftigung und Arbeitsassistenz als Garanten für Integration in Arbeit (Vieweg 2006, 118–123). Unter dem Aspekt von Heterogenität wird eine Bandbreite von ungelernten bis hochqualifizierten Tätigkeiten gefordert. Gesehen wird von der Interessenvertretung Selbstbestimmt Leben Deutschland e.V. (ISL) auch das Risiko von Arbeitslosigkeit und ihren Folgen für die soziale Exklusion. Daher wird von Kommunen verlangt, einfache Tätigkeiten für behinderte Bürger vorzuhalten. In einer Gesellschaft ohne Vollbeschäftigung müssen, so die ISL, die Belange von behinderten Menschen neu definiert werden (Vieweg 2006, 119, 123).

Die Protagonisten der Inklusion sind gegen einen doppelten Fehler nicht gefeit. Zum einen kommen sie aufgrund offensichtlicher Unkenntnis der Berufsbildungs- und Arbeitsmarkttheorien zu Fehleinschätzungen der Praxis, wobei im Detail auch die Arbeit in der beruflichen Rehabilitation nicht korrekt erfasst wird. Zum anderen sind Integrationsfachdienst, Unterstützte Beschäftigung und Arbeitsassistenz gleichfalls Sondermaßnahmen, die ausschließlich für schwerbehinderte Arbeitnehmer eingerichtet wurden. Offensichtlich wird übersehen, dass diese ambulanten Unterstützungsformen inzwischen von den kritisierten großen Trägern und Wohlfahrtsverbänden als Teilaufgabe akquiriert und angeboten werden. Die durch diese Dienste zugänglichen Qualifizierungen und beruflichen Tätigkeiten sind eher Beispiele für exklusive als für inklusive Prozesse.

1.1.3 Modifizierter Behinderungsbegriff

Die *Internationale Klassifikation der Funktionsfähigkeit, Behinderung und Gesundheit* (International Classification of Functioning, Disability and Health, ICF) beruht auf einer jahrzehntelang diskutierten und zwischen den WHO-Ländern abgestimmten Erweiterung des schädigungs- und defektorientierten medizinischen Denkmusters der *International Classification of Disability* (ICD) hin zu einem „bio-psycho-sozialem Modell" (vgl. Hollenweger 2006, 45–61). Der Begriff der Behinderung wird in einem umfassenden Sinn auf jede Beeinträchtigung der Funktionsfähigkeit aller Menschen bezogen:

„Der Begriff der Funktionsfähigkeit eines Menschen umfasst alle Aspekte der funktionalen Gesundheit. Eine Person ist *funktional gesund*, wenn – vor dem Hintergrund ihrer Kontextfaktoren –

13

1. ihre körperlichen Funktionen (einschließlich des mentalen Bereichs) und Körperstrukturen denen eines gesunden Menschen entsprechen (Konzepte der Körperfunktionen und -strukturen),
2. sie all das tun kann, was von einem Menschen ohne Gesundheitsproblem (ICD) erwartet wird (Konzept der Aktivitäten),
3. sie ihr Dasein in allen Lebensbereichen, die ihr wichtig sind, in der Weise und dem Umfang entfalten kann, wie es von einem Menschen ohne gesundheitsbedingte Beeinträchtigung der Körperfunktionen oder -strukturen oder der Aktivitäten erwartet wird (Konzept der Partizipation [Teilhabe] an Lebensbereichen)." (DIMDI 2004, 4)

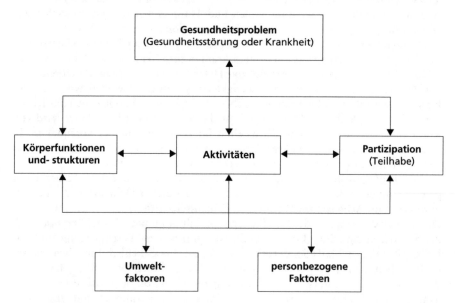

Abb. 1: Wechselwirkungen zwischen den Komponenten des bio-psycho-sozialen Modells der ICF
Quelle: DIMDI 2004, S. 23 (WHO 2001)

„Die Mitgliedsstaaten der WHO verfügen mit der ICF über ein einheitliches, wissenschaftliches Klassifikationsschema, das für Forschung, Überwachung und Berichterstattung zu verwenden ist und Vergleiche über den Gesundheitszustand, die entsprechende Politik und Vorsorge zwischen den Ländern und Kulturen ermöglicht (DIMDI 2004, 28)."

Das politische Ringen um die Verbesserung der Situation behinderter Menschen findet international ihren Ausdruck in der UN-Konvention „Übereinkommen über die Rechte behinderter Menschen", die Deutschland im März 2007 als einer der ersten Staaten unterzeichnete (BMAS 17.6.2007). Einigen konnten sich die meisten Länder bisher lediglich auf eine Missbilligung von Diskriminierung körperlich oder geistig behinderter Menschen sowie auf ein Lebensrecht behinderter Neugeborener. Weniger als 50 Staaten der Welt verfügen über gesonderte

Behindertengesetze. Kritisch ist auf der anderen Seite aber auch die Betonung besonderer Gruppen, da sie faktisch eine Diskriminierung beinhaltet. Auch die EU geht von einem veränderten Begriff der Behinderung aus und zieht Konsequenzen für ihre Förderpraxis. An die Stelle eines gesonderten „Behinderten-Programms", wie HORIZON (Seyfried u. a. 1995), sollen heute die Chancen von beeinträchtigten Personen durch spezielle Projekte innerhalb der Programme EQUAL (Arbeitsmarkt) oder LEONARDO DA VINCI (Berufsbildung) oder GRUNDVIG (Erwachsenenbildung) verbessert werden, seit 2007 im gemeinsamen Programm „Lebenslanges Lernen" zusammengeführt.

In der Bundesrepublik ist durch die Aufnahme der ICF in das Sozialgesetzbuch (SGB) der Rechtsstatus „behindert" neu gefasst worden. So umfasst der Teil SGB III die Arbeitsförderung behinderter und nicht-behinderter Arbeitnehmer, und der Teil SGB IX „Rehabilitation und Teilhabe am Arbeitsleben" ersetzt das Schwerbehindertengesetz von 1974. DIMDI weist darauf hin, dass die ICF umfassender als der Behinderungsbegriff des SGB IX ist. Um besondere Leistungen zur Teilhabe zu erhalten, ist der Status „schwerbehindert" Voraussetzung. Art und Grad der Beeinträchtigung werden in Zehnerstufen gewichtet, wobei ab einem Grad der Behinderung (GdB) von 50 eine Schwerbehinderung anerkannt wird, die zu besonderem Arbeitsschutz und zu Sonderregelungen in der Ausbildung führt (§§ 1 u. 2 SGB IX). Ab einem GdB 30 kann eine Gleichstellung hinsichtlich der Leistungen mit Schwerbehinderung erfolgen.

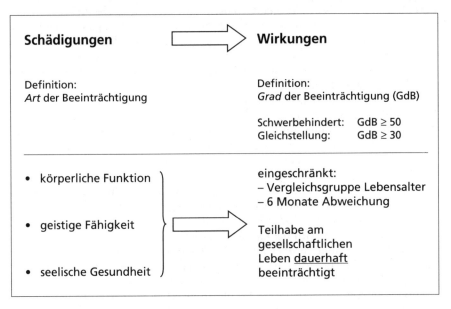

Abb. 2: Definition von Behinderung nach SGB
Quelle: Sozialgesetzbuch IX, BGBl. I, S. 606 i. d. F. vom 9.12.2004

1.1.4 Barrierefreiheit

„Barrieren sind (vorhandene oder fehlende) Faktoren in der Umwelt einer Person, welche die Funktionsfähigkeit einschränken und Behinderung schaffen. Diese umfassen insbesondere Aspekte wie Unzugänglichkeit der materiellen Umwelt, mangelnde Verfügbarkeit relevanter Hilfstechnologie, negative Einstellungen der Menschen zu Behinderung, sowie Dienste, Systeme und Handlungsgrundsätze, die entweder fehlen oder die verhindern, dass alle Menschen mit Gesundheitsproblemen in alle Lebensbereiche einbezogen werden." (DIMDI 2004, 123).

Barrieren, verstanden als Sperren, die keinen Zugang erlauben, wurden zunächst vor allem als bauliche Hindernisse gesehen. Städtebaulich wurden mobilitätshemmende Zustände beseitigt, zum Beispiel durch abgesenkte Bordsteige, aufgepflasterte Straßenbahnhaltestellen oder Rampen auf Bahnhöfen. Auch technische Hilfen, wie Tonsignale bei Verkehrsampeln, Sprachangaben in Fahrstühlen, hydraulisch abgesenkte Niederflurbusse, sind Maßnahmen zur Verbesserung der Mobilität – auch behinderter Bürger. Ebenso lassen sich private Wohnungen nutzergerecht gestalten und technisieren. Die Datenbank REHADAT dokumentiert hierzu eine Fülle von Musterlösungen. Mit dem Bedeutungszuwachs der Informations- und Kommunikationstechnologie gelangt die Forderung nach einem barrierefreien Internet in den Blick (abi-projekt 2007). Initiativen und Aktionsbündnisse geben praktische Hilfestellung, beraten Politik und dienen als öffentliches Forum. Allgemein ist das Ziel von Barrierefreiheit eine gleichberechtigte Teilhabe am Leben in der Gesellschaft. Unterschiedliche Lebensbereiche müssen so gestaltet sein, dass für behinderte Menschen ein Zugang ohne besondere Erschwernis und ohne fremde Hilfe möglich ist. Schweden kann hinsichtlich der öffentlichen Verantwortung gegenüber behinderten Bürgern als Vorbild mit seiner „Agenda 21" dienen, mit der in den Kommunen eine barrierefreie Teilhabe gewährleistet wird (UN 1992).

Barrierefreiheit lässt sich hierarchisch von der staatlichen bis zur persönlichen Ebene differenzieren. In horizontaler Sicht sind die Bereiche Politik, Soziales, Technik und Ökonomie auf Barrieren zu prüfen. Auf der gesetzlichen Ebene stehen z. B. Antidiskriminierung, ggf. Intervention zugunsten Benachteiligter, Chancengleichheit und niedrigschwellige Zugänge im Vordergrund, wie es z. B. das Behindertengleichstellungsgesetz (BGG) verlangt. Der Bundesminister für Gesundheit und Soziales betont einen Anspruch auf Barrierefreiheit, damit Ärzte, Sachverständige, Therapeuten oder Berufsbildungswerke, Berufsförderungswerke und Verwaltungsgebäude der Sozialleistungsträger aufgesucht werden können, für den Sozialbereich wird die Gebärdensprache und die Arbeit von Gebärdendolmetschern erwähnt (BMGS 2005, 45). Exemplarisch für die technische Dimension steht die Forderung nach barrierefreier Nutzung der Informations- und Kommunikationstechnologie (IKT). Von besonderen Tastaturen, angepassten Computermäusen, Sprachausgabe bis hin zu visuellen Standards reichen die Anregungen einer behinderungskompensierenden und assistiven Technik (tjfbv 2006; Bühler 2005). Universal Design, als Konzept einer für alle Menschen funktionalen Gestaltung von Produkten und Dienstleistungen, steht vergleichbar einer „Schule für alle" für eine humane Technikgestaltung (Hellbusch 2005). Die Euphorie, durch technische Hilfsmittel und Unterstützungssysteme Beeinträchtigungen zu kompensieren, relativiert sich durch die Möglichkeiten ihrer Anwendung. So sind allein durch Einkommensverteilung und überdurchschnittliche Armut von Randgruppen viele Personen von Teilhabe, von Mobilität und der Nutzung neuer Technologie ausgeschlossen. Dieser ökonomische Aspekt findet in der Diskussion um Barrierefreiheit wenig Beachtung.

1.1.5 Prinzipien der Rehabilitation

Rehabilitation wurde von den Vereinten Nationen als ein Prozess beschrieben, der Menschen mit Behinderungen ihr optimales physisches, sensorisches, intellektuelles, psychisches oder soziales Funktionsniveau erreichen und aufrecht erhalten lässt und ihnen Hilfestellungen für ein höheres Niveau an Unabhängigkeit gibt. Dabei umfassen diese Hilfen:

1. Maßnahmen zur Versorgung und/oder Wiederherstellung von Körperfunktionen oder
2. Maßnahmen zur Kompensation des Verlustes bzw. des Fehlens einer Körperfunktion oder einer funktionellen Einschränkung (UN 1993).

Rehabilitation zielt dabei auf ein weites Spektrum von elementaren und allgemeinen Maßnahmen und Handlungen bis hin zu zielorientierten Vorgehensweisen, wie zum Beispiel in der beruflichen Rehabilitation. Die von der Bundesagentur für Arbeit stellvertretend für andere Kostenträger benannten Prinzipien der beruflichen Rehabilitation, die im Wesentlichen auch für die Bereiche soziale und medizinische Reha gelten, sind eine Mischung aus bisherigem „Maßnahmedenken" und den aus dem Normalisierungspostulat abgeleiteten Konsequenzen. Sie kennzeichnen die Umbruchsituation in der Rehabilitation zwischen Ökonomisierung und Partizipation. Die Bundesagentur listet in ihrem Handbuch allgemeine Prinzipien auf, die entsprechend auf berufliche Teilhabe und Rehabilitation übertragbar sind:

Tab. 1: Prinzipien der BA für berufliche Reha und Leistungen zur Teilhabe am Arbeitsleben

Allgemeine Prinzipien	Kriterien in der beruflichen Reha
Selbstbestimmung und Teilhabe	Vorrang des Lernortes Betrieb vor Reha-Einrichtungen (BBW, BFW, WfbM, BTZ)
individuelle Hilfen	Wohnortnahe Reha vor überregionaler Sondereinrichtung
Vorrang von Prävention	Vorrang von ambulanten vor separaten Maßnahmen
Leistungsanspruch für Betroffene	anerkannte Ausbildungen vor Sonderregelungen („Behinderten-Berufe")
„normale" Leistung vor spezifischer Leistung	Arbeitsmarktintegration in sozialversicherungspflichtige Beschäftigung vor einer Tätigkeit im Arbeitsbereich der WfbM
Mitwirkungspflicht der Betroffenen	Matching von individuellen Ressourcen und Arbeitsplatzangebot

Allgemeine Prinzipien	Kriterien in der beruflichen Reha
Wunsch- und Wahlrecht der Betroffenen	Vermittelbarkeit, Employability vor allgemeinen Bildungsansprüchen
Finalprinzip statt Kausalitätsprinzip, d. h. Hilfen unabhängig von der Ursache der Behinderung	Netzwerke, Bietergemeinschaften
Reha vor Rente und Pflege	Qualitätsmanagement der Einrichtungen
Zusammenarbeit der Träger	angemessene Ausstattung der Einrichtungen und qualifiziertes Personal

Quelle: BA (2002): Teilhabe durch berufliche Reha, S. 411

Diese Palette von Kriterien wird heute zwar nicht grundsätzlich in Frage gestellt, aber durch neue Anforderungen an die Bildungs- bzw. Rehabilitationsträger anders gewichtet, vor allem verwaltungstechnisch „ökonomisiert". Gerade im Vergleich mit den Auffassungen des Arbeitsförderungsgesetzes (AFG 1969) zur „präventiven Arbeitsmarktpolitik" wird der Wandel deutlich. In den 1970er Jahren ging es den Kostenträgern darum, durch möglichst *umfassende* und *hohe* Qualifizierung die Rehabilitanden vor unterwertiger Beschäftigung und vor Arbeitslosigkeit zu schützen nach dem Motto: Qualifizierung als Prognoseersatz. So wurde z. B. die Weiterbildung eines Maurers zum Bauzeichner und nicht eine Anlernung als Pförtner oder Hausmeister als Rehabilitationsziel vorgesehen, während heute „Employability" als Ziel und Beurteilungsmaßstab des Rehabilitationserfolges eingeführt wird. Qualitätskriterium ist vor allem die Vermittlungsquote nach den Maßnahmen. „Bildung als Wert an sich" und der generelle Bildungsanspruch von Jugendlichen, ihre Berufswahl nach „Eignung und Neigung" vornehmen und dabei nach Artikel 12 des Grundgesetzes die Arbeits- und Ausbildungsstätte frei wählen zu können, werden durch die Anwendung des Prinzips Employability relativiert. Die Bildungsträger sind gehalten, Effizienz und Effektivität ihrer Angebote zu beachten. Qualitätsmanagement als übliches Instrument der Träger schließt eine Evaluation während der Fördermaßnahmen, deren Dokumentation und die Prüfung der Nachhaltigkeit im Anschluss an die Rehabilitation ein. Funktion und Erfolg von Maßnahmen und Instrumenten in der Rehabilitation werden offensichtlich im Zuge des allgemeinen gesellschaftlichen Wandels neu gewertet.

1.2 Gesellschaftlicher Wandel

In der Arbeit mit behinderten Menschen dominierte lange das „medizinische Denkmodell", das zunächst eine auf die Person bezogene Ursachenanalyse der Schädigung vornimmt (Anamnese), dann auf dieser beruhende, isolierbare Maßnahmen (Therapie) vorsieht und schließlich eine Gesundung, zumindest Besserung oder Kompensation feststellt. Dieser Dreierschritt gilt als Voraussetzung für eine berufliche bzw. soziale (Wieder-)Eingliederung. Gerade aber Ausbildung und Erwerbsarbeit, auch die behinderter Jugendlicher und Erwachsener, sind in hohem Maße von technischen, ökonomisch-arbeitsorganisatorischen und politisch-sozialen Rahmenbedingungen bestimmt, so dass eine individualisierende und von gesellschaftlichen Entwicklungen abstrahierende Sichtweise der Querschnittsaufgabe „Rehabilitation" nicht angemessen ist und zunehmend durch interdisziplinäre Modelle ersetzt wird.

Im Jahrzehnt des „Kampfes um Teilhabe" hat die bundesrepublikanische Gesellschaft Entwicklungen nachvollzogen – in anderen Ländern waren sie bereits zu verzeichnen -, die unter dem Begriff „gesellschaftlicher Wandel" gefasst werden und im Ergebnis zur Segmentierung von Bildungs-, Arbeits- und Sozialsystemen führen (Biermann 1996, 2–21). Die für Beruf und Arbeit bedeutsamen Entwicklungen sollen im Folgenden unter dem Aspekt der Segmentierung und in ihren Konsequenzen für Rehabilitation skizziert werden.

1.2.1 Aspekte des technischen Wandels

Neue Technologien bieten die Chance, rehabilitative Hilfsmittel für Ausbildung und Beruf zu entwickeln und zu vertretbaren Kosten anzuwenden. Neue Werkstoffe, ein optimiertes Messen, Steuern, Regeln von Prozessen sowie die digitalisierte Kommunikation können Beeinträchtigungen kompensieren oder den Umgang mit ihnen erleichtern und insgesamt zu einem höheren Maß an Selbständigkeit führen. Die Technisierung ermöglicht dezentrales Lernen und Arbeiten und kann neue Arbeitsplätze für behinderte Arbeitnehmer schaffen. So können Therapiezeiten und Lernphasen besser kombiniert werden und Ausbildung kann dadurch erst stattfinden, wie der „Modellversuch virtuelles Berufsbildungswerk" belegt. Auch die Ausbildungs- und Berufspalette verändert und erweitert sich: Den Beruf „Webdesigner" können durchaus schwerbehinderte Auszubildende erlernen, die von einem traditionellen Handwerksberuf, wie Zimmermann oder Dachdecker, ausgeschlossen wären. Auch intellektuelle Einschränkungen können durch bewusste Anwendung neuer Technologie kompensiert werden. So wenden Werkstätten für behinderte Menschen die für blinde Personen entwickelte Sprachsoftware bei geistig behinderten Mitarbeitern an, die dadurch einen PC nutzen können, Zugang zum Internet erhalten und per E-Mail selbstbestimmt kommunizieren können.

In der ersten Phase der digitalen Technisierung waren noch Funktionskenntnisse und Programmierkompetenz sowie Spezialwissen erforderlich. Im Zuge der Implementierung von Hardware und Technikkomponenten wurden dann – wie allgemein bei technischen Entwicklungen der Fall – Wartung und Bedienung immer mehr rationalisiert, so dass die Nutzung einfacher und fehlerfreier wird. Eine digitalisierte Infrastruktur im Wohnumfeld, in der Freizeit und auch bei der Arbeit ist heute „Alltag", d. h. allgemein üblicher Standard, ebenso wie der kollektive Lernvorgang, die jeweils neue Technik nutzen zu wollen und nutzen zu müssen.

Neben Aspekten der Computerisierung und Digitalisierung ist der technische Wandel besonders aber durch Nanotechnik, sprich Miniaturisierung, durch neue Materialien und Fertigungsverfahren, wie Mechatronik, sowie durch die Diszi-

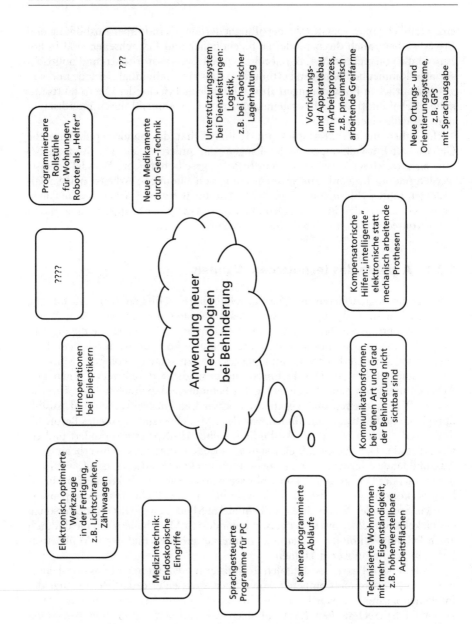

Abb. 3: Brainstorming: Anwendung neuer Technologien bei Behinderung

plinen Atom-, Gen- und Biotechnologie gekennzeichnet. Mit dieser Entwicklung korrespondieren auch neue ökonomische Strategien. Vor allem Formen der Arbeitsorganisation und Arbeitsteilung, der Logistik und Personalbewirtschaftung lassen sich anders als gewohnt gestalten.

Während es „Schwarzbücher" über Barrieren im Öffentlichen Personennahverkehr und bei der Deutschen Bahn oder über Beeinträchtigungen im Urlaub gibt (Henninger & Steiner 2003), liegt eine empirische Übersicht über die Nutzung neuer Technologien für Personen mit Behinderung noch nicht vor (Deutscher Bundestag 2007), obwohl sich gerade hier viele Möglichkeiten ergeben könnten. Einige seien hier genannt, ein Brainstorming könnte eine Fülle weiterer Chancen zu Tage fördern. Der bundesweit einzige Lehrstuhl für Rehabilitationstechnologie setzt folgende Schwerpunkte:

- Universelle Design
- Assistive Technologie und Barrierefreiheit in der Informationsgesellschaft
- Technikfolgenabschätzung, ethische Grundfragen technologischer Entwicklung.

1.2.2 Aspekte des sozialen Wandels

Sozialer Strukturwandel

In den 1960er Jahren wurde die bundesrepublikanische Gesellschaft mit dem zwiebelförmigen Modell sozialer Schichten gefasst. Nach den Kriterien Herkunft, Bildung, Einkommen, Status wurden „Unter-, Mittel- und Oberschicht" klassifiziert. In der Selbst- und Fremdeinschätzung gab es zwar leichte Abweichungen, aber der Trend ging – wie Ralf Dahrendorf es formulierte – zur nivellierten Mittelschichtsgesellschaft (Bolte u. a.1975, 98).

Kritisch gesehen wurde die Reproduktion sozialer Ungleichheit. Bildung, gemessen an der Bildungsbeteiligung im allgemeinen Schulwesen und an Abiturabschlüssen, galt einerseits als Strategie zur Entwicklung einer offenen Leistungsgesellschaft, andererseits aber auch als Nachweis für Benachteiligung. „Das katholische Arbeitermädchen vom Lande" wurde zur Metapher für Benachteiligung schlechthin. Heute kämen noch andere Merkmale hinzu wie Migration oder Armut oder Behinderung. Gerade bei den sogenannten Bildungsreserven setzte die Bildungsreform an mit dem Motto: Schick dein Kind länger auf bessere Schulen! Ergebnis ist eine Bildungsexpansion seit den 1970er Jahren. Mittlere Reife ist heute der mindeste Abschluss, den sich Eltern für ihre Kinder bereits bei der Einschulung wünschen. Ähnlich sind auch die Ansprüche an Berufsausbildung gestiegen (Rolff u. a. 1998).

In den 1990er Jahren ermittelte eine Forschungsgruppe der Universität Hannover empirisch ein ganz anderes Gesellschaftsmodell als die grobe Einteilung in drei, jeweils in sich differenzierte Schichten (Vester u. a. 1993). Mit Bezug auf Pierre Bourdieu ging sie vom sozialen und kulturellen Kapital einerseits sowie von Milieu- und Mentalitätstypen anderseits aus, die das Heidelberger SINUS-Institut in Längsschnittuntersuchungen zur Lebensweltforschung seit 1979 erhoben hatte (Sinus-Institut 2007). Es zeigt sich, dass kein durchgängiger Zusammenhang mehr zwischen Bildung, Status und Einkommen besteht und die „Schichtenzwiebel" zerschnitten, der Reproduktionszirkel zerbrochen ist. Neben die alten Gruppierungen sind neue getreten, die Gesellschaftsstruktur besteht aus vielfach segmentierten lebensweltlichen Milieus. Typisch sind die Tendenzen der Individualisierung, der Pluralisierung und der Entkoppelung sozialer Lagen. Dennoch bestehen historisch gewachsene Trennungen zwischen den Lebensstilen oberer und unterer sozialer Gruppen weiter, wobei die horizontale Differenzierung zugenommen hat (Vester u. a. 2001, 46 f.). Charakteristisch für diese Segmentierung ist auch, dass Normen und Werte nicht mehr universell gelten, sondern Gruppierungen ihre jeweils eigenen Wertesysteme definieren. Die „feinen Unterschiede" (Bourdieu) beziehen sich auch auf Sprache und Habitus, sind also hörbar und sichtbar und werden bewusst gezeigt.

Untersucht hat die Gruppe um Vester auch den Zusammenhang von regionaler Entwicklung und Sozialstruktur. Ein Ergebnis ist die zunehmende Segmentierung der Wohnquartiere. Für die USA war dieses Phänomen geläufig, inzwischen erreicht es selbst Städte im Ruhrgebiet: Wer wohnt in der Nordstadt, wer im Süden oder im uni-nahen Viertel? Damit stellt sich auch die Frage der Akzeptanz von Heimen oder Wohnungen für behinderte Menschen gerade in hochwertigen Wohngegenden neu.

Zur Entwicklung der bundesrepublikanischen Gesellschaft gehört die Individualisierung der Lebenslagen und der Lebensstile (vgl. Cloerkes 2007, 89–99). Das Individuum kann sich von seinen historisch und biografisch gegebenen sozialen Bindungen und Milieus prinzipiell lösen, damit verlieren aber auch tradierte Ordnungen und Orientierungen wie Religion oder soziale Schicht an Bedeutung (Beck 1986). Die Person ist auf sich selber angewiesen, die Biografie hängt von Entscheidungen ab, die der Einzelne trifft. Diese Vielfalt an Möglichkeiten stellt einen Zwang zur Selbstgestaltung dar. Die Person trägt aber auch das Risiko für ihre Entscheidungen und dafür, was sie an Chancen ausgelassen hat bzw. nicht zu realisieren vermochte. Aus einer traditionellen Normalbiografie wird so eine Bastel- und Patchworkbiografie, wobei zu prüfen wäre, ob das Motto „jeder ist seines Glückes Schmied" nur eine Pseudo-Freiheit beschreibt. Menschen mit Behinderung steht das Spektrum von Chancen und Risiken nicht in voller Breite offen, wenn sie in den rehabilitativen Betreuungskomplex eingebunden sind. Darüber hinaus bleibt die Frage, ob Menschen mit Behinderung als Gruppe einem eigenen sozialen Milieu zugehörig oder entsprechend ihrer individuellen Lebenszusammenhänge in verschiedenen Segmenten zu verorten sind, was einer Aufsplittung der Behindertengruppe gleichkäme. Denkbar wären zeitgleich auch beide Entwicklungen.

Normen- und Wertewandel bei Jugendlichen

Jugendliche sind besonders von gesellschaftlichen Veränderungen betroffen, denn sie müssen sich auf geforderte Qualifikationen vorbereiten, sich im Arbeitsmarkt behaupten und ihre Erwartungen mit den Rahmenbedingungen in eine Balance bringen. Das Jugendwerk der Deutschen Shell legt seit 1981 regelmäßig Jugendstudien vor, wobei die auf quantitativen und qualitativen Methoden beruhende umfassende Untersuchung *Jugend 2000* von besonderem Interesse ist, weil hier ein sehr differenziertes Bild – Ost und West, Migranten – gezeichnet wird und

Jugendliche auch selber zu Wort kommen (Deutsche Shell 2000). Wenn auch vergleichbar repräsentative Daten und Informationen zur Situation behinderter Jugendlicher fehlen, lassen sich die Aussagen über Jugendliche allgemein in ihrer Tendenz auch auf diese Gruppe übertragen.

Besonders im Vergleich mit den 1950er und 1960er Jahren wird deutlich, wie gesellschaftliche Entwicklungen auch den Status „Jugend" verändern. Die Autorität der Elterngeneration wurde damals nicht prinzipiell in Frage gestellt, die Jugendlichen waren ökonomisch abhängig, sie wurden von Erwachsenenrollen weitgehend ausgeschlossen. Idealtypisch, wenn auch mit geschlechtsspezifischen Unterschieden, war der Übergang zum Erwachsenenstatus vorgezeichnet (Jugend und Beruf 1993, H. 22):

- Mit 14 bis 15 Jahren machten mehr als die Hälfte des Jahrgangs ihren (Volks-) Schulabschluss,
- mit 18 Jahren wurde die Ausbildung beendet,
- und zeitgleich wurden erste sexuelle Erfahrungen gemacht,
- mit 22 Jahren verließ man das Elternhaus,
- und heiratete mit 23 Jahren.

Seit den 1980er Jahren besuchen Jugendliche im Durchschnitt rund zwei Jahre länger die Schule, schließen die Ausbildung drei Jahre später ab, sexuelle Erfahrungen machen sie etwa zwei Jahre früher, heiraten aber drei Jahre später. Die Übergänge sind differenzierter, d. h. die zeitlichen Abläufe und die Anforderungen sind vielfältiger geworden. Bereits Kindern wird vielfach Selbstständigkeit gewährt, und Jugendliche leben in vielen Bereichen wie Erwachsene. Oft sind Jugendliche den Erwachsenen sogar an Handlungskompetenz überlegen (Reisen, Technik). Der Hauptwiderspruch besteht für Jugendliche heute in der großen ökonomischen Abhängigkeit bei gleichzeitigem Anspruch auf Selbstständigkeit. Dass dieser Trend allerdings nicht durchgängig ist, zeigen Interviews mit Migranten. Viele wichtige Erfahrungen, wie nützliche Arbeit zu leisten oder sich mit betrieblichen Normen auseinanderzusetzen, werden nicht mehr mit 15 Jahren, sondern erst mit 20 Jahren gemacht. Bei Studierenden, aber auch bei behinderten Jugendlichen ist dieser Trend noch einschneidender. Oft können sie erst mit Ende 20 eine Erwerbsarbeit anstreben. Durch die Ausdehnung der Phase Jugend bleiben sie länger in der Schülerrolle verhaftet, die Sozialisation zum Arbeitnehmer erfolgt erst im Erwachsenenalter. Für künftige „Eliten" versucht man derzeit dem Trend durch Verkürzung von Gymnasialzeit und Studium entgegenzuwirken, während für benachteiligte Jugendliche in der Regel die Bildungszeit ausgedehnt wird.

Für die Bewertung der Arbeitssituation ist Jugendlichen heute wichtig, sich mit ihren Bedürfnissen einbringen zu können. Sie wollen interessante Arbeit leisten, wobei auch das soziale Klima stimmen muss, und sie erwarten, selbst bei ungewöhnlicher Selbstinszenierung (Kleidung, Piercing, Haarmode), dass man sie akzeptiert und respektiert. Die biografischen Untersuchungen der Shell-Jugendstudie 2000 zeigen, dass diese hohen Erwartungen an Ausbildung und Arbeit Jugendlichen wichtiger sind als hohes Einkommen oder Karriere. Soziale Beziehungen haben an Gewicht gewonnen. Gerade die Shell-Studie Jugend 2000 verdeutlicht, dass der Normen- und Wertewandel recht langsam verläuft. Die jetzige Generation ist angesichts ihrer Möglichkeiten alles in allem relativ konservativ ausgerichtet (Deutsche Shell 2006). Im Vergleich unterschiedlicher Vorbildung zeichnet sich ab, dass mit höheren Bildungsabschlüssen der Anspruch an die Sinnhaftigkeit von Arbeit größer wird, dass bei geringer Vorbildung der Trend zu mehr Sicherheit steigt. Die heutige Generation erträgt, im Vergleich zu ihrer Elterngeneration, relativ gelassen Risiken und Chancenminderung bei gleichzeitig gestiegenen Erwartungen und Anforderungen.

Jugendliche aus unteren sozialen Schichten, junge Frauen und behinderte Jugendliche machen häufiger die krisenhafte Erfahrung, dass sie ihre Erwartungen und Ansprüche an Ausbildung und an Arbeit nicht realisieren können (vgl. Lebenshilfe 1996). Behinderte junge Erwachsene haben dabei zwei Risikobereiche gleichzeitig zu bewältigen: Einerseits die Erfahrungen mit ihrer Behinderung und deren Folgen, zum anderen das Dilemma, dass über künftige Arbeits-, Berufs- und Lebenschancen kaum Prognosen möglich sind – ein Problem, mit dem sich allerdings alle Jugendlichen auseinander setzen müssen.

1.2.3 Aspekte des beruflichen Wandels

Die Arbeitsbedingungen der Nachkriegszeit sind gekennzeichnet durch Arbeitsteilung (Fordismus, Taylorismus) und extensives Wirtschaftswachstum, das auch Ungelernten eine Erwerbschance eröffnet. Die Berufspädagogik diskutiert das Problem jugendlicher Ungelernter vor allem unter dem Aspekt „Werteverfall", Soziologen sprechen von der „Berufsnot der Jugend" (Schelsky 1952). In Studien zur Ungelerntenfrage wird kulturpessimistisch jugendlichen Arbeitern unterstellt, dass sie lediglich rasch viel Geld verdienen und konsumieren wollen und nicht bereit seien, die Anstrengungen einer regulären Lehre auf sich zu nehmen (Luchtenberg 1955). Diese negative Bewertung jugendlicher Ungelernter spiegelt sich bis heute in der von Elfriede Höhn (1974) formulierten „Verzichter- und Versager-These" wider.

Boom und Rationalisierung prägen seit den 1960er Jahren die Wirtschaft. Jean Fourastiés (1968) Thesen vom Wandel der Agrar- zur Industrie- und zur Dienstleistungsgesellschaft werden diskutiert. Automatisierung, Arbeitszeitverkürzung und Anwerbung von Ausländern sind Stichworte für die Situation auf dem Arbeitsmarkt. Die Berufspädagogik diskutiert die Zukunft der Beruflichkeit, als Reformansatz werden die technische, später die berufliche Grundbildung gesehen. Polyvalenz statt Spezialberuf heißt das Reformkonzept. Analog zu dieser Konzeption werden in der DDR mit Blick auf die Qualifikationserfordernisse einer Industriegesellschaft Grundberufe und für behinderte Jugendliche Teilberufe entwickelt (Biermann 1990). Noch um 1970 konnte in der BRD ein Fünftel der Sonderschüler nach der Schule ohne Hilfen direkt eine Lehre in einem anerkannten Beruf aufnehmen. Obwohl heute nur noch gut die Hälfte eines Schulentlassjahrgangs eine betriebliche Lehre findet, spricht der Nationale Pakt für Ausbildung – ganz im Sinne der 50er Jahre – wieder von fehlender Ausbildungsreife der Bewerber (BA 2006).

Die Folgen der Modernisierung für die Qualifikation von Arbeitnehmern untersuchen die Industriesoziologen Horst Kern und Michael Schumann in den 1970er Jahren exemplarisch in der Automobilindustrie und entwickeln dabei ihre

Polarisierungsthese: Einer kleinen beruflichen Elite steht in Zukunft ein Heer Minderqualifizierter gegenüber. Inzwischen fragen allerdings dieselben Autoren, ob nicht vom Ende der Arbeitsteilung auszugehen sei (Kern & Schumann 1970 u. 1984). Als Indikatoren dafür stehen z. B.: Die Rücknahme arbeitsteiliger Facharbeit, das Anreichern der ausführenden Tätigkeiten in der Industrie um Planung und Kontrolle des Arbeitsergebnisses, die Zunahme der Sachbearbeiterpositionen im kaufmännisch-verwaltenden Bereich, komplexere Arbeitsaufgaben, die Verwissenschaftlichung aller Arbeitsbereiche. Diese Entwicklungen führen zu neuen Formen der Arbeitsorganisation und zur Technisierung und erfordern anders aus- und weitergebildete Arbeitskräfte. Flache Hierarchien, Teamansätze, Gruppenarbeit, Qualitätszirkel, Fertigungsinseln sind Stichworte für die „japanische Herausforderung" und heute für die Globalisierungsdiskussion. Die Langzeituntersuchung von IAB/BIBB (Jansen & Stooß 1992; Dostal & Jansen & Parmentier 2000) über die Modernisierung der Produktion und Veränderung der Tätigkeiten zeigt einen Zusammenhang zwischen steigendem Bildungsniveau und dem Einsatz neuer Technologien. Die Konsequenzen aus neuen Formen der Arbeitsorganisation und hoher Produktivität sind noch nicht für alle Bereiche belegt, wie aber die von Baethge u. a. vorgelegte Dienstleistungsstudie zeigt, können die Tendenzen verallgemeinert werden (Baethge u. a. 1999).

Fünf sich überlagernde Entwicklungstrends auf dem Arbeitsmarkt führen besonders für Personen mit Behinderung oder Leistungsproblemen zu negativen Auswirkungen für ihre Beschäftigungschancen:

- Wandel der Wirtschaftssektoren
- Wandel der Bedeutung von Berufen
- Wandel der Tätigkeiten
- Segmentierung des Arbeitsmarktes
- Ökonomisierung aller Lebensbereiche

Sektoraler Wandel

Bei der Entwicklung zur Dienstleistungs- und Kommunikationsgesellschaft brechen ganze Sektoren und Tätigkeitsbereiche weg, z. B. in der Landwirtschaft oder im Bergbau. Auch durch die internationale Arbeitsteilung lassen sich einfache Tätigkeiten exportieren, siehe Textilfertigung, oder auch importieren, siehe Bauarbeit. Inzwischen gilt diese Strategie auch für anspruchsvolle Tätigkeiten bis hin zu Forschung und Entwicklung, Beratung und Management, Bildung und Weiterbildung. Darüber hinaus werden einige Länder – eventuell zeitlich begrenzt – zur Werkbank der traditionellen Industrieländer, während diese einen Funktionswandel erfahren hin zu „Schreibtisch und Konsum". Die Ungleichheiten verlaufen allerdings nicht nur zwischen den ökonomischen Zentren und peripher sich entwickelnden Ländern, sondern auch innerhalb der von der Globalisierung profitierenden Industrieländer.

Berufs- und Tätigkeitswandel

Im Zuge des sektorellen Wandels gehen besonders die Fertigungsberufe und die traditionellen Handwerksberufe zurück und Arbeitsanforderungen verändern sich. Sie beruhen zunehmend auf Computerisierung und Informatisierung. Auch die Tätigkeiten selbst verändern sich, sie werden intensiver, die Aufgaben komplexer, Arbeitsergebnisse müssen garantiert werden, der Stress nimmt zu. Vieles wird delegiert, „outgesourct" und Scheinselbständigen, Subunternehmern, Freelancern übertragen, der Trend zu Kern- und Randbelegschaften ist nicht mehr zu übersehen.

Die empirischen Studien zu den Auswirkungen neuer Technologien für die künftige Beschäftigungsentwicklung, seit 1985 von PROGNOS (1985, 1986, 1996) in Kooperation mit den IAB Projektionen der Arbeitslandschaft erhoben (Dostal u. a. 2002), belegen, dass einfache Tätigkeiten bereits jetzt, zunehmend aber im nächsten Jahrzehnt wegbrechen. Schätzungsweise gehen diese Arbeiten auf 25 % des Standes von 1985 zurück (Tessaring 1994; Weidig u. a. 1999, Hofer u. a. 1989). Da der Personenkreis für diese Tätigkeiten aber nur um die Hälfte abnimmt, bleiben dauerhaft rund 50 % aller nicht formal Qualifizierten (NFQ) erwerbslos (BMBF 1999). Um die verbleibenden einfachen Tätigkeiten konkurrieren jedoch zunehmend leistungsstarke Bewerber. Das ebenfalls vom IAB erhobene Betriebspanel zeigt, dass sich – bezogen auf die befragten Unternehmen – in den letzten Jahren der rückläufige Trend so genannter einfacher Tätigkeiten stabilisiert hat. Einerseits werden aber in diesem Bereich durch das Arbeitskräfteüberangebot häufig einfache Tätigkeiten durch Facharbeiter und Berufswechsler wahrgenommen, andererseits haben sich die Anforderungen in ihrer Komplexität so verändert, dass heute zu fragen ist, was „einfache" Tätigkeit" eigentlich ausmacht (Forschungsinstitut Betriebliche Bildung 2005).

Segmentierter Arbeitsmarkt

Die bisherigen Prognosen zur langfristigen Entwicklung der Qualifikationsstruktur – weder die Höherqualifizierungs-, noch die Dequalifizierungs- noch die Polarisierungsthese – erklären nicht die dauerhafte Minder- und Fehlqualifizierung und die Verwerfungen des Arbeitsmarktes. Während das klassisch marktliberale Modell vom Gleichgewicht zwischen Angebot und Nachfrage und bei Störungen von einem Marktmechanismus des Ausbalancierens ausgeht, entwickeln Lutz & Sengenberger (1974) ein Segmentationskonzept von Teilarbeitsmärkten mit dauerhaften Ungleichgewichten. Dabei zeigen internationale Vergleiche eine für Deutschland typische Segmentierung. In den USA und Japan ist ein dual segmentierter Arbeitsmarkt vorzufinden mit einer privilegierten Kernbelegschaft mit hoher Betriebsverbundenheit/-abhängigkeit (primärer Teilarbeitsmarkt) und marginalisierten Randbelegschaften, die vor allem konjunkturabhängig in Klein- und Zulieferbetrieben tätig sind (sekundärer Teilarbeitsmarkt). Für Deutschland dagegen ist ein dreiteilig segmentierter Arbeitsmarkt typisch (Blossfeld & Mayer 1988, 265). Empirische Arbeiten, insbesondere des IAB, stützen bisher diese Differenzierung, wobei Überlappungen und gewisse Durchlässigkeiten zwischen den Segmenten bestehen:

1. betrieblicher Arbeitsmarkt
2. fachlicher Arbeitsmarkt
3. Jedermann(frau)arbeitsmarkt.

Für die Art der Segmentation sind vor allem die Qualifikation der Arbeitskräfte, die Struktur der Arbeitsplätze und die Form der Bindung zwischen Arbeitgebern und Beschäftigten ausschlaggebend.

Der *betriebliche Arbeitsmarkt* war bisher von der Personalrekrutierungsstrategie der Großbetriebe bestimmt. Durch innerbetriebliche Maßnahmen, z. B. Aufstiegschancen, rentieren sich hohe Ausbildungskosten, ein Abwandern von Fachkräften in andere Betriebe lässt sich verhindern und für die Nutzung und Wartung teurer wie komplexer Produktionsanlagen stehen intern Qualifizierte zur Verfügung. In diesen Unternehmen bildeten sich zuerst Kern- und Randbelegschaften heraus.

Der *fachliche Arbeitsmarkt* ist über eine standardisierte Ausbildung mit formalisierten Qualifikationen – vom Facharbeiter bis zum Uni-Diplom – zugänglich. Im Idealfall stimmen Berufsbilder und Arbeitsanforderungen überein. Die jeweiligen Übergänge in Ausbildung (1. Schwelle) und in Arbeit (2. Schwelle) bergen das Risiko der Ausgrenzung und des Scheiterns. Dabei wird die langjährige Berufsbiografie in ihrem Erfolg bestimmt durch den Einstieg in Arbeit. Besonders im Segment des fachlichen Arbeitsmarkts sind Ungleichgewichte zu verzeichnen. Typisch ist ein Zuviel an Ausbildung im Handwerk und ein Zuwenig im Dienstleistungsbereich. Damit sind an der 2. Schwelle des Übergangs Berufs- und Betriebswechsel und diskontinuierliche Erwerbsbiografien vorgezeichnet.

Der *Jedermann-Arbeitsmarkt* ist gekennzeichnet durch eine informelle Qualifikationsstruktur, durch Tätigkeiten in allen Branchen, Fluktuation in den Beschäftigungsverhältnissen, geringe Entlohnung und fragwürdige Arbeitsbedingungen. In diesem Segment müssen sich einfach Qualifizierte und Freigesetzte aus den anderen Teilarbeitsmärkten behaupten, außerdem ist er ethnisch und geschlechtsspezifisch geprägt.

Seit einer Generation wird auf die strukturelle Krise des Ausbildungssystems mit staatlicher Intervention in Form von Maßnahmepaletten reagiert, die den Ausbildungsmarkt aber nur punktuell entlasten und in aller Regel zu nicht auf dem Arbeitsmarkt verwertbarer Qualifikation führt. Durch den Wandel in den ökonomischen Strategien, den veränderten Arbeitsplatzstrukturen und durch jahrzehntelange Intervention in außerbetriebliche Maßnahmen zeichnen sich Veränderungen des dreiteiligen Modells der Arbeitsmarktsegmentation ab. Offensichtlich kommt es zu einer Erosion des berufsfachlichen Teilarbeitsmarktes zugunsten eines geschlossenen betrieblichen Segments bei gleichzeitiger Ausgrenzung in Randbelegschaften. Da gerade Kleinbetriebe, das Handwerk, bestimmte Dienstleistungen und die Reha-Bildungsträger für den berufsfachlichen Teilarbeitsmarkt qualifizieren, verdrängen ihre Absolventen, besonders die aus schrumpfenden Branchen, die nicht-formal-Qualifizierten (NFQ) von den Einfacharbeitsplätzen im Jedermann-Arbeitsmarkt. Die für Deutschland typischen Teilarbeitsmärkte nähern sich zunehmend einer dualen Arbeitsmarktsegmentation an. Bezogen auf behinderte potentielle Arbeitnehmer käme es somit nicht nur auf eine Beschäftigung als Wert an sich an, sondern vor allem auf die Platzierung innerhalb des segmentierten Arbeitsmarktes.

Diktat der Ökonomisierung

Die Dominanz der Ökonomie führt unter Nutzung der leistungsstarken Informations- und Kommunikationstechnologien zu hoher Produktivität und ebenfalls hoher Flexibilität. Die entstehenden dezentralen Unternehmen gehen strategische Allianzen ein und bilden unternehmensübergreifende Produktionsketten. Dabei werden interne und externe Kontrollen erforderlich mit Instrumenten wie wertschöpfende Entlohnung (Prämien statt Stundenlohn) und Zielvereinbarung. Mit dieser Strukturveränderung in der Arbeitsorganisation verändert sich auch die Qualifikationsstruktur. Beruflichkeit und fachlicher Kern weichen so genannten hybriden Qualifikationsbündeln. Dabei kommt es zu einer Polarisierung von Leiharbeitern, geringfügig Beschäftigten, befristet Eingestellten einerseits und dem leistungsstarken „Arbeitskraftunternehmer" andererseits. Dieser übt sich in Selbstkontrolle, akzeptiert sich schnell wandelnde Arbeitsbedingungen und eine „Verbetrieblichung" seines Lebens (Hirsch-Kreinsen 2000, 20 u. 2003). Eine Normalarbeitsbiografie kann es angesichts dieser ökonomischen Strategien nicht mehr geben. Der berufliche Status schwankt zwischen „Tagelöhner", z. B. in einem Call-Center oder einer je nach betrieblichem Bedarf auf Abruf verfügbaren Verkaufshilfe, und einem Arbeitskraft-Unternehmer, z. B. einem selbstständigen Consultant. Damit verändert sich auch die traditionelle Unternehmenskultur mit kollektiven Arbeits- bzw. flächendeckenden Branchen-Tarifverträgen, mit Betriebsrat und einer Identifikation mit dem Unternehmen. „Prekäre Arbeitsverhältnisse" charakterisieren inzwischen auch das Segment der Facharbeit und die akademischen Erwerbsbiografien (Dostal & Kupka 2001). Gleichzeitig besteht weder ein gesonderter Arbeitsmarkt für Ungelernte noch für behinderte Arbeitnehmer. Folgen des sozio-ökonomischen Wandels sind eine Zunahme der sozialen Segmentation und Ungleichheit, also Polarisierung der Lebensbedingungen mit dem Risiko der Verarmung von Minderheiten (SOFI & IAB u. a. 2005).

1.2.4 Aspekte des institutionellen Wandels

Fallbeispiel Bundesagentur für Arbeit

Der sozialstaatliche Umbau erfasst auch die Institutionen und Organisationen, deren Aufgabe es ist, Gesetze und politische Vorgaben des Integrationsgebots umzusetzen (Hartz 2002). Für die berufliche Rehabilitation ist dabei die Bundesagentur für Arbeit (BA) von zentraler Bedeutung.

Seit Jahrzehnten wendet die Bundesagentur für Arbeit Milliardenbeträge für Rehabilitation auf. In einigen Bereichen, wie der Erstausbildung behinderter Jugendlicher in Berufsbildungswerken oder im Berufsbildungsbereich der Werkstätten für behinderte Menschen, ist die BA mit ihren kommunalen Arbeitsagenturen faktisch Monopolträger bei der Kostenübernahme für berufliche Qualifizierung. Mit politisch gewollter Deregulierung von staatlichen Institutionen ist auch das Vermittlungs- und Beratungsmonopol der Bundesagentur gefallen. Unternehmensberatung stellte ihre Organisationsstruktur in Frage und riet zu einer Konzentration auf die Kernaufgaben (Deutscher Bundestag Drs. 16/505 v. 2006). Vor Ort sind unterschiedliche Organisationsformen möglich, entweder die Agenturen oder Arbeitsgemeinschaften mit den kommunalen Sozialämtern (ARGE).

Personell hat die „top-down"-Organisationsveränderung rund 20 Prozent der BA-Beschäftigten freigesetzt, von den verbleibenden 80.000 arbeiten nur noch rund 30.000 in Agenturen, die restlichen Berufsberater und Arbeitsvermittler sind zusammen mit Sozialfachkräften oder Mitarbeitern der Beschäftigungsgesellschaften früherer Bundesbehörden wie Bahn und Post tätig. Mit der institutionellen Umgestaltung, die für Berufsberatung und Rehabilitation noch fortgeschrieben wird, haben sich auch Legitimationsmuster, Sprache und Verfahren verändert, so gelten Arbeitslose und Rehabilitanden nun als Kunden. Anliegen und Zielgruppen werden abgeschichtet und klassifiziert, der Durchlauf für Beratung und Vermittlung zeitlich gestrafft. Call-Center, Kundenportal, Fallmanager, Beratungstickets und Vermittlungsgutscheine sind dem Business-Life entlehnt und bestimmen das kundenorientierte Bild der BA. Wegen der mit diesem Servicecenter verbundenen Barrieren haben einige Agenturen eine besondere Eingangszone für behinderte Kunden eingerichtet.

Für die Leistungen zur Teilhabe am Arbeitsleben müssen seit der Novellierung des SGB IX alle Rehabilitationsträger (z. B. gesetzliche Krankenkassen, Unfallversicherung, Rentenversicherung, örtliche Jugendhilfe) im Rahmen ihrer Zuständigkeit tätig werden, während zuvor i. d. R. die BA in Vorleistung trat und eine interne Verrechnung durch die Träger erfolgte. Auch die so genannte Strukturverantwortung ist von der BA auf die Träger der überörtlichen Sozialhilfe (Integrationsämter, in NRW Landschaftsverbände) verlagert worden. Konkret bedeutet dies, dass die Integrationsämter für den flächendeckenden Ausbau und Betrieb der mit dem SGB IX neu eingerichteten Integrationsfachdienste, für das Qualitätsmanagement und die Dokumentation zuständig sind.

Bereits mit dem Modellversuch „Arbeitsamt 2000" leitete die Bundesanstalt ein abteilungsübergreifendes Konzept mit Teams und Case-Management ein. Heute werden Beratung und Vermittlung in einer gemeinsamen U 25-Abteilung verknüpft, wobei U 25 für unter 25 Jahre steht. Die tradierte, eher pädagogisch orientierte Berufs- und Rehabilitationsberatung entfällt oft als eigenständige Abteilung. Inzwischen ist bei größeren Agenturen ein „Team Berufliche Reha" verankert, das sowohl für die Ersteingliederung Jugendlicher als auch für die Wiedereingliederung Erwachsener behinderter Arbeitnehmer zuständig ist. Die interne Beurteilung der Qualität und Steuerung der beruflichen Reha in den Arbeitsagenturen erfolgt über die Festlegung strategischer Geschäftsfelder der BA in Verbindung mit Zielvorgaben für die einzelnen Bereiche. Für das Reha-Team werden Zugangsgrößen in der Kundenzahl mit Ansprüchen nach SGB II/III vorgegeben mit entsprechenden Quoten für die 15 bis 19-jährigen in der Ersteingliederung und erwachsenen Arbeitnehmern mit gesundheitlichen Einschränkungen in der Wiedereingliederung.

Bei der Umsetzung der Paradigmen und anspruchsvollen sozialpolitischen Ziele zur Integration und Teilhabe behinderter Arbeitnehmer fällt vor allem die stark betriebswirtschaftlich und ökonomisch orientierte Sichtweise auf. Die bisherigen starren Reha-Maßnahmen der Berufsförderung mit fester Dauer, definierten Zielgruppen und Inhalten und etablierter Trägerlandschaft werden weitgehend flexibilisiert. Die Agenturen führen 35 Produkte für ihre behinderten Kunden als Leistungen zur Teilhabe am Arbeitsleben (LTA). Ein Teil der Leistungen kann ohne Ausschreibung an reha-spezifische Durchführungsträger vergeben werden, z. B. an Berufliche Trainingszentren (BTZ), Berufsförderungswerke

(BFW) und Berufsbildungswerke (BBW). Andere für notwendig erachtete „Arbeitsmarktdienstleistungen" werden durch die sieben Regionalen Einkaufszentren (REZ) der BA nach der Verdingungsordnung für Leistungen, analog zu Sach- und Dienstleistungen in anderen Wirtschaftssektoren, ausgeschrieben. Vergabekriterium ist das Preis-Leistungsverhältnis und bei der Beruflichen Rehabilitation eine zusätzliche Fachbeurteilung der Angebote. Der durch diese Praxis entstehende Kostendruck für die Träger führt zu einer existenziellen Gefährdung vieler bisheriger Bildungs- und Weiterbildungsanbieter. Die geforderte Dokumentation und Berichtspflicht der Träger ist aufgrund des meist vorhandenen Qualitätsmanagementsystems kein entscheidendes Problem für die Durchführung von Rehabilitationsmaßnahmen. Weitaus schwieriger ist, angesichts von Kostendruck und Kurzfristigkeit der Maßnahmen, das Vorhalten einer qualitativ anspruchsvollen Bildungsinfrastruktur. Propagiert werden von den politisch Verantwortlichen Netzwerke und Bietergemeinschaften, mit dem Ziel, Effektivität und Synergien zu steigern und kleine Bildungsträger vom Konkurrenzdruck zu entlasten. Im Wesentlichen werden Leistungen in der beruflichen Reha für drei Bereiche eingekauft: rund 60 % für Berufsvorbereitende Bildungsmaßnahmen und Ausbildung, etwa je 20 % für Wiedereingliederung von Rehabilitanden und den Berufsbildungsbereich der Werkstätten (WfbM).

Eine weitere Problematik ergibt sich aus dem zeitlichen Abstand von Ausschreibung und Bewilligung bzw. der Vergabe von Leistungen, zumal gemeinnützige Träger keine stillen finanziellen Reserven anhäufen können, um Personal zwischen Beendigung und Neubeginn von Maßnahmen zu halten. Somit entstehen aus bisher fast beamtenähnlichen Arbeitsverhältnissen bei Rehabilitationseinrichtungen nunmehr auch hier Kern- und Randbelegschaften, Free-Lancer, Ich-Unternehmen und Consultings, die nach Vergabe der Maßnahmen eigenverantwortlich agieren, entsprechende Qualitätskriterien beachten und ggf. Arbeitsmittel termingerecht vorhalten müssen. Die Veränderungen der Institution Bundesagentur und ihres Verwaltungshandelns zwingen die Durchführungsträger von Bildungsmaßnahmen in der beruflichen Rehabilitation sich organisatorisch und konzeptionell neu zu positionieren, womit sich auch die Situation der Klientel neu bestimmt.

Die Neuorganisation hat keinesfalls zu einem schlanken Management geführt, wie es der Personalabbau nahelegt, sondern Beratungen sind vervielfacht worden, geradezu explosionsartig sind neue Dienste entstanden, die nicht bzw. nur formal trennscharf sind, die sich wechselseitig mit bürokratischen Auftragsvergaben, Kontrollen, Dokumentationen befassen und auslasten, ohne dass sich die Ausbildungschancen von behinderten oder benachteiligten Jugendlichen grundlegend verbessert hätten.

Neue Vielfalt

Während sich in Italien Gewerkschaften um behinderte Arbeitnehmer kümmern, in Skandinavien die Kommunen aktiv sind, in Irland die Kirche „Charity" betreibt, bestimmen in Deutschland seit Jahrzehnten die Wohlfahrtsverbände und ihre Organisationen den sozialen Sektor. Häufig sind sie kirchlich bzw. konfessionell geprägt und der Diakonie oder Caritas zuzuordnen oder aber aus der Arbeiterbewegung entstanden oder dem Deutschen Paritätischen Wohlfahrtsverband zuzurechnen. Die Organisationsstrukturen der Träger haben sich auch aufgrund der standardisierten Kriterien für Werkstätten, Integrationsfachdienste, Beratungsstellen angeglichen. Historisch kann die Bundesvereinigung „Lebenshilfe für Menschen mit geistiger Behinderung e.V." als Elternorganisation auf eine eigene Entstehungsgeschichte nach 1945 zurückblicken. Seit den 1970er Jahren sind Behindertengruppen und Bewegungen entstanden, die sich international orientieren und – oft in kritischer Abgrenzung zu den tradierten Verbänden, zu Expertentum und separaten Einrichtungen – Teilhabe, Selbstbestimmung und Barrierefreiheit einfordern. Durch die neuen Kommunikationsmöglichkeiten gefördert und einen öffentlichen medialen Umgang gewohnt, entstehen immer mehr Selbsthilfegruppen, Plattformen, Chat-Rooms, Blogs u. ä. mit informellem Charakter.

Während zunächst Abgrenzung zwischen traditionellen und neueren Organisationen vorherrschte, öffneten und flexibilisierten sich die klassischen Dachverbände und Bundesarbeitsgemeinschaften, die neueren Bewegungen konnten sich etablieren, vernetzen und professionalisieren. Offensichtlich erfolgt heute eine Marktaufteilung des öffentlich geförderten Reha-Segments.

1.2.5 Chancen und Risiken bei Behinderung

Betrachtet man allgemein die Rahmenbedingungen, so eröffnen die politisch-rechtlichen Vorgaben wie auch die technischen Innovationen, die arbeitsorganisatorischen Möglichkeiten und der gesellschaftliche Normen- und Wertewandel durchaus ein Mehr an Chancen für Personen mit Beeinträchtigungen und damit auch für die berufliche Rehabilitation im engeren Sinne. Allerdings zeichnet sich aber auch eine Zunahme von individuellen Risiken und geminderten Chancen für behinderte Menschen ab. Die folgende Gegenüberstellung konkretisiert mögliche Chancen und Risiken der Entwicklung, lässt sich ergänzen und unterschiedlich bewerten:

Tab. 2: Chancen und Risiken bei Behinderung

Aspekt	Chancen	Risiken
Postulate und Programme	– Rechtsansprüche geltend machen können – Veränderung im Bewusstsein der Bevölkerung – Verankerung von Sozialstaatsprinzipien	– Ideologisierung – Sozialromantik – Begriffshülsen statt Inhalte – enttäuschte Erwartungen
Wandel der Arbeit	– virtuellen Arbeitsmarkt nutzen – Existenzgründung, Selbstbeschäftigung, Ich-AG, – Arbeitsassistenz einsetzen – Übernahme von outgesourcten Arbeiten – Übernahme von Arbeiten durch dezentrale Arbeitsorganisation	– prekäre Arbeitsverhältnisse – Verdrängen in Dauerarbeitslosigkeit – Arbeitsmarkt bedarf der behinderten Arbeitskräfte nicht – isolierte Heimarbeit – Abhängigkeit als Subarbeiter – Akquise von Arbeit in Konkurrenz zu vergleichbaren Statusgruppen

Aspekt	Chancen	Risiken
technischer Wandel	– nutzerorientierte Hilfen – Kompensation von Handicaps – Entflechtung von Arbeits- und Therapiezeiten – selbstgesteuerte Kommunikation – neue medizinische Verfahren und Medikamentation	– nicht für alle finanzierbar – Abhängigkeit von Hard- und Softwareproduzenten – Technikdistanz in der Reha & Sonderpädagogik
sozialer Wandel: Strukturwandel	– neue „Normalitäten" entwickeln – eigenes „Behinderten-Segment" besetzen oder – sich anderen Segmenten zuordnen	– Marginalisierung und faktische Diskriminierung als Randgruppe – Pseudo-Freiheiten – Stigmatisierung: hat seine Chancen nicht genutzt – Scheitern als individuelles Risiko
Normen- und Wertewandel	– Entwicklung von eigenen Normen und Werten als Gruppe behinderter Bürger, „Ich-Kultur" – Imageaufwertung und Öffentlichkeitsarbeit – Heterogenität als Normalität ansehen – Ausleben von Besonderheit	– Kluft zwischen Abhängigkeit und Autonomie – Tabuisierung von Handicaps – Verlängerung der Jugendphase
institutioneller Wandel	– unabhängig von Großeinrichtungen in der Reha – Emanzipation von den normativen Leitbildern der Träger – Entstehung neuer Organisations- und Kommunikationsformen – neue Zielgruppendefinitionen – neue Förderkonzepte	– Individualisierung der Lebensumstände – Verlust des Schutzes der Institutionen – Verlust von Arbeitsplätzen der Betreuer in Einrichtungen – Entprofessionalisierung der Unterstützung

1.3 Anspruch und Realität

Die skizzierten Postulate und die technisch-ökonomisch-sozialen Möglichkeiten stehen im Widerspruch zur Realität. So handelt es sich beim SGB IX – der gesetzlichen Norm für Teilhabe – nicht um ein eigenes Leistungsgesetz, so dass die Umsetzung der gesetzlichen Intentionen nur im Zusammenhang mit anderen Budgets und Gesetzen einzulösen ist. Ansprüche lassen sich modifizieren, weil die zu fördernden Gruppen faktisch – entgegen der formaljuristischen Logik – nicht trennscharf abgegrenzt werden können. Ein wichtiger Eckpfeiler des Paradigmenwechsels vom fürsorglichen Staat hin zum autonom agierenden behinderten Bürger ist die Umkehrung der Beziehungen im so genannten „Leistungsdreieck der Reha". Während bisher Kostenträger (Hauptfürsorgestelle, Integrationsamt) und Durchführungsträger (Reha-Einrichtung, freier Träger) über Kostensätze die

Leistungen für die Klientel vereinbarten, sollen nunmehr die Betroffenen über garantierte Persönliche Budgets Leistungen bei Trägern ihrer Wahl einkaufen. Unabhängig davon, ob pauschalierte Budgets die tatsächlichen Bedürfnisse der Personen abdecken, sind die gewährten Leistungen in dem Sinne verhandelbar, dass sich neue Vergabekriterien durch Verwaltungshandeln ad hoc kreieren lassen. Die Vergabestellen sind politisch in aller Regel nicht kontrolliert und die Betroffenen müssten über gerichtliche Verfahren ihre Ansprüche geltend machen; dies ist für bestimmte Gruppen nicht ohne Hilfen möglich, der Rechtsweg ist für viele Betroffene real ausgeschlossen. Die Durchführungsträger der Rehabilitation können gegenüber dem Kostenträger nicht mehr als Anwalt „ihrer" Klientel auftreten, sondern sind in Konkurrenz zueinander gesetzt und müssen marktkonform agieren, wollen sie dem betriebswirtschaftlichen Vergabemodus sowie den Erwartungen der Betroffenen entsprechen. Das Konzept des Persönlichen Budgets ist mit dem Anspruch verbunden, dass neben die traditionellen Säulen der Reha vielfältige weitere Wahlangebote, vor allem die persönliche Assistenz und andere ambulante Unterstützungen, zur Verfügung stehen. Die Umgestaltung der Rehabilitationsleistungen von einer individuellen Hilfe zu einer ressourcenorientierten Unterstützung findet allerdings zu einem Zeitpunkt statt, der durch Liberalisierung und Deregulierung des Sozialstaates gekennzeichnet ist, und daher die Gefahr in sich birgt, dass die gewachsene Infrastruktur und das bundesweite Netz von Reha-Angeboten nachhaltig zerstört wird, ohne dass ein ausreichendes alternatives Angebot etabliert ist. Die Neuorientierung führt zu einer faktischen Monopolstellung der Kostenträger und stellt damit den Paradigmenwechsel zu mehr Autonomie, Eigenständigkeit und Teilhabe der Betroffenen in Frage.

Berufliche Tätigkeit wird allgemein als Indikator für eine gelungene Integration und Teilhabe am gesellschaftlichen Leben gesehen. Die Umsetzung dieses Anspruchs krankt allerdings daran, dass sozialer Wandel und die technisch-arbeitsorganisatorischen Möglichkeiten nicht von vornherein als Rahmenbedingungen berücksichtigt werden. Zwar haben Jantzen (1974) und auch Begemann (1970) bereits zum Zeitpunkt des Ausbaus des differenzierten Sonderschulwesens auf die soziale Determiniertheit dieser Schulform hingewiesen, auf die bildungsökonomischen Annahmen und die These der Reproduktion sozialer Ungleichheit durch separate Beschulung wurde allerdings lediglich mit dem Förderpostulat geantwortet; Realität konnte so ausgeblendet und sozio-ökonomische Ursachen als individuelles Defizit umgedeutet werden. Vor allem der Prozess der sozialstrukturellen Veränderungen und des Normen- und Wertewandels sind in Rehabilitation und Sonderpädagogik erst mit einem erheblichen Timelag und auch nur punktuell zur Kenntnis genommen worden. Die Überrepräsentanz von Ausländerkindern und die Dauerarbeitslosigkeit ehemaliger Sonderschüler konnten so als Phänomene behandelt werden, deren Ursache in Stigmatisierung, Vorbehalten gegenüber Behinderten oder fehlenden Förderangeboten in der Berufsbildung vermutet wurde. Lebensweltkonzepte einerseits (Hiller 1994) oder gestufte Qualifizierungen und Baukästen andererseits (Bach 1974, 71–102) gelten bis heute als angemessene Lösungen für eine Integration. Durch Differenzierung und Reduktion der Ansprüche soll in niedere Positionen oder einfache Arbeiten eingefügt werden. Progressive Konzepte der beruflichen Bildung und Sozialisation werden in der „Sondererziehung" Jugendlicher verkürzt auf ihre Begrifflichkeit. So werden Schlüsselqualifikationen inhaltlich reduziert auf Sekundärtugenden, wie

Pünktlichkeit und Fleiß, aus dem Kompetenzmodell werden trainierbare Fertigkeiten; einher gehen damit eher kleinbürgerliche Wertvorstellungen. Propagiert wird darüber hinaus eine Integration in soziale Räume und Arbeitswelten, die seit einer Generation erodieren. Vorstellungen vom Durchschnittsbürger und „normalen" Arbeitnehmer taugen nicht mehr als Orientierungsmuster.

Technische Innovationen sind üblicherweise von Vermarktungsinteressen bestimmt und nicht in erster Linie zum Wohle behinderter Bürger entwickelt worden. Technische Hilfen und Unterstützungssysteme sind eher Abfallprodukte vorhandener Technologie. Nutzerfreundlichkeit, wie sie beim Design von Küchengeräten inzwischen üblich ist, steht nicht im Vordergrund. Eine Ausnahme bildet das interdisziplinär ausgerichtete Forschungsinstitut Technologie-Behindertenhilfe (FTB) in Volmarstein (http://www.ftb-net.de). Außerdem muss man sich die neue Technik leisten können, was angesichts der sozialen Ausgrenzungs- und Verarmungstendenzen nur über die Gewährung seitens der Kostenträger möglich wird. Barrierefreiheit bleibt somit in vielen Bereichen ein Postulat. Ein weiterer Aspekt ist die Generationsgebundenheit der Entwicklungen. Die heute über technische Ausstattung und Anwendung entscheidenden Personen sind mit Analogtechnik und Mechanik sozialisiert worden. Sie können daher oft die neuen technischen Möglichkeiten gar nicht denken, haben also „eine Schere im Kopf", die die Nutzung der Technologien verhindert oder einschränkt. Speziell in der Sonder- und Rehabilitationspädagogik fällt eine Technikdistanz auf. So wurde ein erster Lehrstuhl für Rehabilitationstechnologie an der Universität Dortmund erst im Wintersemester 2004/05 eingerichtet. Selbst im Arbeitsbereich der Werkstätten und in anderen Einrichtungen der beruflichen Rehabilitation sind Internetpräsentationen, Internetkommunikation, dezentraler Einsatz von Informationstechnik in der Fertigung mit erheblicher zeitlicher Verzögerung, oft erst nach dem Jahr 2000, „entdeckt" worden (Biermann 2005). Auch werden Good-Practice-Beispiele für Lernsoftware, Barrierefreiheit, Apparate- und Vorrichtungsbau von den durchschnittlichen Rehabilitationsträgern nicht öffentlich angeboten. Die üblichen CNC-Anlagen in den Einrichtungen haben eher den Charakter von „Technik-Inseln" und zeugen nicht von selbstverständlicher und alltäglicher Nutzung der IuK-Technologie in Ausbildung und Arbeit.

Entscheidend für den Stand der Integration in Arbeit ist die Erwerbsbeteiligung. Vergleicht man dazu die beiden letzten Berichte der Bundesregierung bzw. des Beauftragten für die Belange behinderter Menschen von 1998 und Ende 2004, so ist bemerkenswert, dass die Erwerbsbeteiligung trotz zahlreicher aufgeführter Maßnahmen und Programme nicht wesentlich gesteigert werden konnte, wobei sich die Zahl der anerkannten schwerbehinderten Personen kaum verändert hat (BMAS 1998; BT-Drs. 15/4575). Der Rückgang bei den als arbeitslos registrierten behinderten Arbeitnehmern erklärt sich durch ein Sonderprogramm, mit dem 50.000 Behinderte in Jobs vermittelt werden sollten (BGBl 2004, 606). Unter anderem sollte eine Liberalisierung der Ausgleichsabgabe, mit der Betriebe gezwungen werden, eine Behindertenquote bei ihren Beschäftigten einzuhalten oder in einen Ausgleichsfond einzuzahlen, zur verstärkten Neueinstellung von behinderten Arbeitnehmern führen. Die Entbindung der Betriebe von „beschäftigungshemmenden" Vorgaben ist aus Sicht des Ministeriums erfolgreich, da 46.000 Vermittlungen gelangen, so dass die Eckpunkte für die Abgabe nicht zurückgenommen wurden. Inzwischen ist aber die Arbeitslosenzahl – nach einem kurzfristigen Rückgang durch verstärkte Vermittlung der damals neu geschaffenen Integrationsfachdienste – innerhalb von zwei Jahren fast wieder auf dem alten hohen Niveau. Allerdings sind die Leistungen aus der Ausgleichsabgabe in einem solchen Maße zurückgegangen, dass Gelder für Integrationsprojekte fehlen. Gestiegen sind, entgegen aller Intentionen, vor allem die Mitarbeiterzahlen im Sonderarbeitsbereich der Werkstätten für behinderte Menschen. Politisch wird die Realität offensichtlich negiert und die eingeleiteten Maßnahmen entgegen der statistisch ausgewiesenen Situation weiter als bewährt eingeschätzt.

Tab. 3: Entwicklung des Ausgleichsaufkommens [€]

	NRW	Bund
1999	200.850.130	989.865.736
2000	221.402.812	1.034.075.091
2003	121.114.384	571.699.733

Quelle: BMGS: Bericht der Bundesregierung: Über die Lage behinderter Menschen und die Entwicklung ihrer Teilhabe. Drucksache 15/4575 (2004), S. 108

Die „rot-grüne" Bundesregierung verstand Antidiskriminierung und Verbesserung der Lebenssituation behinderter und benachteiligter Bürger als ureigenes Anliegen ihrer Politik. Der diese Regierungsphase abschließende Bericht des Bundesbeauftragten für die Belange behinderter Menschen listet dazu eine Vielzahl von Initiativen auch im internationalen Kontext auf. Arbeitsmarktintegration wird als „die" Voraussetzung für eine befriedigende Teilhabe an Gesellschaft bewertet. Tatsächlich aber haben sich die Chancen auf Erwerbsarbeit bei Behinderung nicht gebessert. Auch wenn man bei den ca. sieben Millionen schwerbehinderten Menschen nur die erwerbsrelevanten Jahrgänge berücksichtigt, bleibt eine gravierende Nicht-Beschäftigung bestehen.

Tab. 4: Erwerbsbeteiligung behinderter Menschen (1998–2004)

Status Jahr	schwerbe-hindert insgesamt	davon Erwerbs-jahrgänge	davon be-schäftigt in Betrieben	davon arbeits-los	beschäf-tigt in WfbM	davon nicht erwerbs-tätig
1998	6,6 Mio.	2,9 Mio.	940.000	196.000	155.000	5,4 Mio.
2004	6,7 Mio.	2,9 Mio.	840.000	174.000	227.000	5.5 Mio.

Quelle: Bundesministerium für Arbeit und Sozialordnung (BMAS): Die Lage der Behinderten und die Entwicklung der Rehabilitation, Bonn 1998; Deutscher Bundestag: Bericht der Bundesregierung über die Lage behinderter Menschen und die Entwicklung ihrer Teilhabe. Drucksache 15/4575, 2004 (gerundete Werte)

Die geringen Erwerbschancen behinderter Arbeitnehmer bestätigt das Internationale Arbeitsamt (ILO) für europäische Länder:

„In Europa haben Personen im Alter zwischen 16 und 64 Jahren eine Wahrscheinlichkeit von 66 Prozent, eine Stelle zu finden. Dieser Wert sinkt bei leicht behinderten Personen auf 47 und bei stark behinderten auf 25 Prozent. [...] Eine in Frankreich durchgeführte Umfrage zeigt, dass weniger als 2 Prozent der Personen, die in ihrem Lebenslauf ihre Behinderung erwähnt hatten, eine Antwort erhielten und zu einem Einstellungsgespräch eingeladen wurden" (ILO 2007, 50).

Zwar zeigt die Erwerbsbeteiligung das Ausmaß von Teilhabe am Arbeitsleben an, sagt aber nichts über die Qualität der Arbeitsverhältnisse aus. Während die tradierten Angebote in der beruflichen Rehabilitation meist auf Vollberufe der 1970er Jahre ausgerichtet sind, zielen die neueren Integrationsbemühungen eher auf Tätigkeiten im Niedriglohnsektor und auf prekäre Arbeitsverhältnisse ab. Beide Strategien führen mit hoher Wahrscheinlichkeit zur Verortung in Randbelegschaften. Die Fixierung auf Inklusion im Arbeitsleben verhindert die Weiterentwicklung subventionierter separater Arbeitsmärkte (auch) für behinderte Arbeitnehmer.

Relativiert werden die Integrationschancen durch Verwaltungshandeln im Zuge des institutionellen Wandels. So sah der damalige Präsident der Bundesagentur für Arbeit gegenüber dem Behindertenbeauftragten der Bundesregierung keine Möglichkeit, behinderten jungen Erwachsenen im Anschluss an das erste Jahr im Berufsbildungsbereich der Werkstätten für behinderte Menschen auch ein zweites Jahr zu finanzieren, wenn nicht die Wahrscheinlichkeit einer Platzierung auf dem allgemeinen Arbeitsmarkt in eine sozialversicherungspflichtige Beschäftigung gegeben sei (Wilmerstadt 2005, 138). Im Jahr 2006 „erwirtschaftete" die BA, als Transferorganisation für Sozialleistungen, einen Rekordüberschuss von 12 Mrd. Euro; bei der Berufsförderung beträgt der „Überschuss" 400 Mio. Euro, bedeutet also einen Rückgang von 2,9 Mrd. im Vorjahr auf 2,5 Mrd. Euro (BMBF 2007, 223).

Ein Vergleich von Anspruch und Realität der Teilhabe zeigt Widersprüche auf allen Ebenen. Zum einen werden die hohen sozialstaatlichen Ziele aufrechterhalten, gleichzeitig aber die Ressourcen für die Umsetzung verknappt. Die finanzierenden Stellen können so nur durch Optimierung der Verfahren und Angebote oder durch verdeckte Leistungskürzungen zu einem Budgetausgleich gelangen. Bei den Betroffenen werden durch Repräsentanten der Politik weiter hohe Erwartungen geweckt, ohne allerdings die Widersprüche zu thematisieren. Auch auf EU-Ebene wird es politisch nicht für Wert gehalten, den deutschen Sonderweg mit dem typischen Netzwerk der beruflichen Rehabilitation zu behaupten. Das Ziel der Integration in Arbeit wird inzwischen durch die Modifizierung von Teilhabe auf einen lediglich chancengerechten Zugang zu Leistungen relativiert.

Dauerhafte Arbeitslosigkeit und Unterbeschäftigung bestehen als allgemeines gesellschaftliches Problem für große Gruppen auch nicht behinderter Arbeitnehmer: Risikogruppen in den Randbelegschaften und die „Stille Reserve" NichtErwerbstätiger. Im Sinne von Inklusion in allen Lebenslagen und Lebensphasen wird die Teilhabe behinderter Arbeitnehmer an den sonst üblichen Maßnahmen für Arbeitslose erstmals für denkbar gehalten. Dabei kommt auch die seit langem diskutierte Entkoppelung von Erwerbseinkommen und sozialer Sicherung (Bürgergeld, Grundsicherung) heute in den Blick von Behinderten-Selbsthilfegruppen. Der Stellenwert von Arbeit und Beruf würde sich bei einer Abkoppelung von Einkommen und Arbeit zwangsläufig verändern, ebenso würden sich Legitimation und Angebote beruflicher Rehabilitation nicht mehr mit Leistungen zur Teilhabe am Arbeitsleben aufrechterhalten lassen. Eine soziale Alimentation fordern inzwischen auch Ökonomen, so der Vorsitzende der US-Notenbank und Professor für Volkswirtschaftslehre an der Princeton University, Ben S. Bernanke. In seiner Analyse von Ursachen und Folgen der Globalisierung kommt er zu dem Schluss, dass die alten Industrieländer – und hier besonders Deutschland – von der Entwicklung profitieren. Allerdings betont er, dass es dabei zu „Gewinnern" und „Verlierern" kommt. Die Verlierer, wie ungelernte Industriearbeiter, sollten fairerweise in den Bereichen Bildung und Weiterbildung eine Kompensation erfahren. Bei Älteren oder gesundheitlich Beeinträchtigten sollten dauerhafte Lohnersatzzahlungen erfolgen (Bernanke 2006):

„The challenge for policymakers is to ensure that the benefits of global economic integration are sufficiently widely shared – for example, by helping displaced workers get the necessary training to take advantage of new opportunities – that a consensus for welfare-enhancing change can be obtained. Building such a consensus may be far from easy, at both the national and the global levels. However, the effort is well worth making, as the potential benefits of increased global economic integration are large indeed."

2 Handlungsfelder

Im Zuge des allgemeinen Wandels verändern sich nicht nur die Inhalte von Ausbildung und die Ausbildungsformen von Wissen und beruflichem Können, sondern es brechen auch Systemgrenzen, festgelegte Laufbahnen, Abschottung von Institutionen und Zielgruppen auf. Dabei wird die berufliche Bildung über die Jugendphase hinaus in den Prozess lebenslangen Lernens integriert. Eine „Institutionenkunde" und isolierte Betrachtungsweise spezieller beruflicher Bildungsaufgaben erscheint dieser Situation nicht angemessen. Vielmehr geht es darum, die Handlungsfelder beruflicher Bildung in ihren gegenseitigen Abhängigkeiten und Verflechtungen, besonders aber in ihren Wirkungen auf ihre Klientel darzustellen.

Institutionell entwickelten sich in den letzten drei Jahrzehnten aus der in sich hierarchisierten anerkannten Erstausbildung zwei Subsysteme: die berufliche Rehabilitation und die Benachteiligtenförderung. Beide Subsysteme beanspruchen, über ihr spezifisches Förderangebot ihre jeweilige Klientel in reguläre Ausbildung und in den allgemeinen Arbeitsmarkt zu integrieren und müssen sich daher an den Anforderungen und Standards des Regelsystems orientieren. Nicht zuletzt befinden sich auch innerhalb des Regelsystems, vor allem in der betrieblichen Ausbildung und in Berufsfachschulen, junge Erwachsene mit Förderbedarf oder mit dem Status der Schwerbehinderung.

2.1 Das Regelsystem

2.1.1 Komplexität als Strukturmerkmal

§ 1 Berufsbildungsgesetz (BBiG 2005)

Ziele und Begriffe der Berufsbildung
(1) Berufsbildung im Sinne dieses Gesetzes sind die Berufsausbildungsvorbereitung, die Berufsausbildung, die berufliche Fortbildung und die berufliche Umschulung.
(2) Die Berufsausbildungsvorbereitung dient dem Ziel, durch die Vermittlung von Grundlagen für den Erwerb beruflicher Handlungsfähigkeit an eine Berufsausbildung in einem anerkannten Ausbildungsberuf heranzuführen.
(3) Die Berufsausbildung hat die für die Ausübung einer qualifizierten beruflichen Tätigkeit in einer sich wandelnden Arbeitswelt notwendigen beruflichen Fertigkeiten, Kenntnisse und Fähigkeiten (berufliche Handlungsfähigkeit) in

einem geordneten Ausbildungsgang zu vermitteln. Sie hat ferner den Erwerb der erforderlichen Berufserfahrungen zu ermöglichen.
(4) Die berufliche Fortbildung soll es ermöglichen, die berufliche Handlungsfähigkeit zu erhalten und anzupassen oder zu erweitern und beruflich aufzusteigen.
(5) Die berufliche Umschulung soll zu einer anderen beruflichen Tätigkeit befähigen.

Typisch für die Berufsausbildung in Deutschland ist die Komplexität des Systems mit einer horizontalen und vertikalen Differenzierung. Die Spanne formalisierter beruflicher Qualifizierung reicht von vorbereitenden Maßnahmen bis zum beruflichen Gymnasium, vom anerkannten Ausbildungsberuf bis zum Meisterbrief und Fachschulabschluss. Den rund 20.000 Berufen, die das Statistische Bundesamt in seiner Berufsklassifikation ausweist, stehen etwa 320 anerkannte Ausbildungen auf Facharbeiter-, Gehilfen- oder Gesellenniveau gegenüber sowie 13 schulische Berufsfelder. Umschulung und Weiterbildung werden als weiterer Teil der Berufsbildung definiert, aber nicht im Detail weiter ausgeführt. Die Erstausbildung, in begrifflicher Abkehr von der Lehre (BBiG 1969), sieht für Jugendliche nur noch anerkannte Ausbildungsberufe vor, die auf der Grundlage von Ordnungsmitteln (Berufsbezeichnung, Dauer, Berufsbild, Prüfungen) geregelt sind. Anlernberufe sind danach für Jugendliche in der Erstausbildung nicht mehr zugänglich und können nur noch in der Umschulung vermittelt werden. Eingeführt wird aber die Möglichkeit, anerkannte Ausbildungen nach fachlichen Gesichtspunkten in Grund- und Fachbildung zu stufen. Den berufsschulischen Bildungsauftrag der Erstausbildung verantworten jeweils die Bundesländer im Rahmen ihrer Schulgesetze. Im Wesentlichen sind für die Erstausbildung zwei Bereiche zu unterscheiden: das so genannte Duale System mit betrieblichen Lernorten einerseits und einer ausbildungsbegleitenden Teilzeitberufsschule andererseits sowie als zweite Säule die vollzeitschulischen Berufsfachschulen.

Die Kompetenzen in der beruflichen Bildung sind auf verschiedene Rechtsbereiche verteilt. Der inhaltliche Rahmen wird in einem aufwändigen Abstimmungsprozess geregelt. Alle zentralen Fragen der betrieblichen Ausbildung werden im Hauptausschuss des Bundesinstituts für Berufsbildung (BIBB) beraten (§ 92 BBiG 2005). Dieser Ausschuss ist nach dem Vier-Bänke-Prinzip paritätisch besetzt: Arbeitgeber, Arbeitnehmer, Länder und Bund. Beratend nehmen darüber hinaus Vertreter der Wissenschaft an den Sitzungen teil. Als ständige Einrichtung legt der „Unterausschuss für Fragen behinderter Menschen" z. B. Musterregelungen für die Erstausbildung behinderter Auszubildender vor oder erstellt Empfehlungen für die Ausbildung und Prüfung von Fachkräften in Werkstätten für behinderte Menschen (§ 95 BBiG 2005).

Die formal abgesicherte hochgradige Differenzierung des Regelsystems wird noch komplexer, wenn informelle Strukturen einbezogen werden, wie z. B. betriebsinterne Qualifizierungen. Aber auch extrafunktionale Qualifikationen, wie sie durch ehrenamtliche Tätigkeiten (Freiwillige Feuerwehr, Mediator) oder Freizeitaktivitäten (Trainerlizenz) erworben werden können, gewinnen besonders bei Bewerbungen und Personalrekrutierung an Bedeutung und erfahren auch dadurch eine Aufwertung, dass sie z. B. in europäische Bildungs- und Qualifizie-

Bildungsgänge und Bildungsabschlüsse im Berufskolleg in Nordrhein-Westfalen (mit Sekundarabschluss)

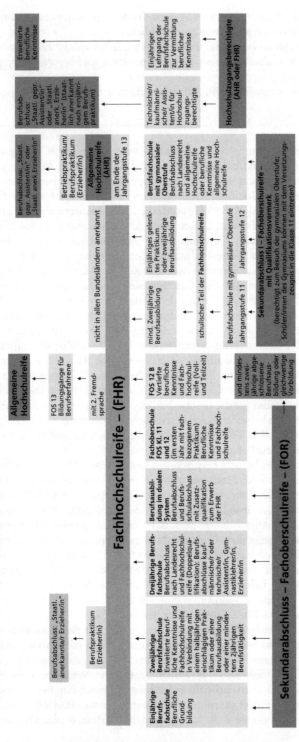

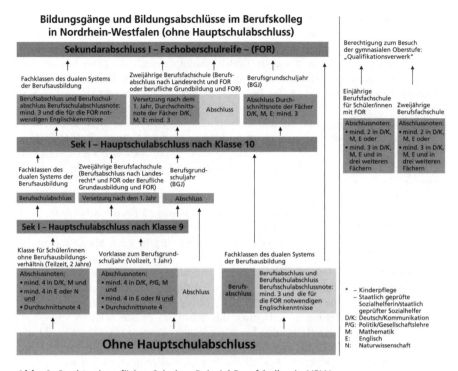

Abb. 4: Struktur beruflicher Schulen, Beispiel Berufskolleg in NRW
Quelle: Ministerium für Schule, Jugend und Kinder: Das Berufskolleg in NRW. Informationen zu Bildungsgängen und Abschlüssen. Düsseldorf 2004 (www.bildungsportal.nrw.de)

rungspässe (EU-Computerführerschein, Sprachensiegel, interkulturelle Kompetenz, Mobilität, Lebenslauf) aufgenommen werden können (BMBF: Berufsbildungsbericht 2006, 210–213).

2.1.2 Vom tradierten dualen System zur neugeordneten Eliteausbildung

Dominanz der Handwerkslehre

Die Gewerbeordnung des Norddeutschen Bundes von 1869 als „Gründungsurkunde" der Berufsschulen ermöglichte es, auf kommunaler Ebene durch Ortsstatute einen abendlichen oder sonntäglichen Schulbesuch für Lehrlinge und junge Arbeiter festzulegen. Erst mit der Ausrichtung auf den Beruf als organisatorischem und didaktischem Prinzip um die Jahrhundertwende setzte sich die Auffassung einer ausbildungsbegleitenden Berufsschule an Stelle einer Volksschuloberstufe durch. Die „Preußischen Bestimmungen" des Handelsministers begründeten 1911 ein Curriculum mit dem Kern Fachkunde, Fachrechnen und

41

Fachzeichnen sowie Gemeinschaftskunde, das bis zur „Neuordnung" Ende der 1980er Jahre bestimmend wirkte (Bruchhäuser & Lipsmeier 1985). Die zeitgleich um 1900 eingerichteten Kammern wurden zur politisch zuständigen Stelle für Ausbildungsfragen. Auch das erste Berufsbildungsgesetz von 1969 bezieht sich lediglich auf den betrieblichen, nicht aber auf den schulischen Teil der Ausbildung (Pätzold 1982). Damit ist in der beruflichen Erstausbildung ein deutscher Sonderweg eingeschlagen worden. Weder ein liberales Marktmodell mit einer betrieblichen Fixierung, noch ein staatlich schulisches Modell setzten sich im deutschen Kulturraum durch. Der Staat wirkt nur im Sinne einer „Public-Private-Partnership", indem er den Rahmen für Ausbildung ordnet. Alle Gestaltungsfragen sind den ausbildenden Betrieben überlassen und werden ggf. durch Tarifrecht ergänzt (Greinert 1997).

Das Berufsprinzip war so dominant, dass die unterschiedliche Vorbildung der Lehrlinge nicht zum Tragen kam und eher „besondere" Berufe analog zu Lehrberufen geschaffen wurden als schulleistungsmäßig zu differenzieren. So galt die berufliche Erfahrung im ersten, zweiten, dritten Lehrjahr auch als Kriterium für die Klassenbildung in Berufsschulen. Behinderte Lehrlinge konnten, sofern sie einen Lehrherrn fanden, gleichfalls eine Ausbildung absolvieren. Angebot und Nachfrage an Ausbildungsstellen war systemstiftendes Prinzip der Verteilung. Dabei bildete sich eine Hierarchie der Ausbildungsberufe je nach Image, Arbeitsbedingungen, Entlohnung u. ä. heraus, die sich dann in den offenen Stellen widerspiegelte. Die in der Rangfolge hoch eingeschätzten kaufmännischen Berufe, Elektro- oder Metallausbildungen blieben behinderten Jugendlichen in aller Regel verschlossen. Beeinträchtigte Jugendliche konnten aber in der noch wenig technisierten Landwirtschaft im Prozess der Arbeit oder im Handwerk mit regelhaft wiederkehrenden Arbeiten durch Imitation lernen. Auch waren viele Tätigkeiten, z. B. im Reinigungs- und Tankstellenbereich, noch nicht verberuflicht und führten keine anerkannte Berufsbezeichnung, so dass freie Konkurrenz möglich war. Die Prüfungen stellten eher einen Koopationsvorgang als eine objektivierte Leistungsprüfung dar.

Industrietypische Fachausbildung

In Abgrenzung von der produktionsgebundenen, unsystematischen Handwerkslehre wurde in den 1970er Jahren die industrielle Ausbildungsform mit einer Trennung von Produktion und Ausbildung, von Praxis und Theorie in einer gesonderten Lehrwerkstatt zum Qualitätsmaßstab für berufliche Bildung (Lempert 1971). Aber nur etwa zehn Prozent aller Auszubildenden erfuhren eine solche Qualifizierung. Allein die Kosten für die aufwändigen Funktionsräume, wie Labors, Maschinenplätze, Schweißlehrwerkstatt und die Kosten für hauptamtliche Ausbilder ließen eine Generalisierung dieses Konzepts für alle Lehrlinge nicht zu. Diese Fachausbildung lässt sich objektiviert prüfen und eine Leistungsrangfolge damit ermitteln, nach der die Übernahme in Arbeit oder die Spezialisierung für anspruchvolle Tätigkeiten vorgenommen werden kann. Jugendliche mit Beeinträchtigungen im Lernen und Verhalten konnten entweder von vornherein durch Eignungsprüfungen von der betrieblichen Bildungsinvestition ausgeschlossen oder auf einfachere Ausbildungen, wie Teilezurichter, hin orientiert werden. Auch ließen das Berufsbildungsgesetz von 1969 (§ 48 BBiG) und die Handwerksordnung (§ 42b HwO) individuelle Sonderregelungen im Behinderungsfall zu. Damit konnten Qualifizierungen entwickelt werden, die kleine festgelegte und wiederholbare Tätigkeiten umfassen (Duisburger Arbeitskreis 1971). Die rund 150 Berufsbezeichnungen enden meistens mit „Helfer" oder „Werker". In Abgrenzung zum Facharbeiter wurden diese Ausbildungen nicht bundesweit geregelt und tariflich nicht als Facharbeit anerkannt.

Berufsbildungsreform

In der Reformphase der 1970er Jahre intervenierte der Staat auch in der Berufsbildung. Das Berufsbildungsgesetz sollte unter dem Anspruch der Qualitätsverbesserung der Ausbildungsbetriebe fortgeschrieben werden. Die Ausbildung der Ausbilder, überbetriebliche Finanzierungen, eine Berufsbildungsstatistik sowie Forschungsinstitute zur Arbeitsmarkt- und Berufsbildung sind Bemühungen der aus heutiger Sicht gescheiterten Reformen (Offe 1975; Stratmann & Schlösser 1990). Zwei unterschiedliche Konzeptionen, das Berufsgrundbildungsjahr (BGJ) und die Kollegstufe, stellten den Versuch dar, über Verschulung eine Modernisierung der tradierten Lehre einzuleiten (Lipsmeier 1983).

Beispiel Kollegstufe

Besonders die Länder Hessen, Nordrhein-Westfalen sowie die Stadtstaaten trieben den Ausbau von integrierten Sekundarstufen II, Oberstufenzentren, Kollegschulen voran. Da es sich um schulische Ansätze handelt, konnten sie auf Länderebene umgesetzt werden. Ziel war vor allem, berufliche und allgemeine Bildung zu integrieren und entsprechend mit einer Doppelqualifizierung „Facharbeiter mit Abitur" abzuschließen. Daneben sollte die Quote von Schülern ohne Abschluss minimiert und allen Jugendlichen eine Ausbildungsmöglichkeit gegeben werden. Nach 20 Jahren Modellversuch wird dieses Konzept in NRW unter dem neu geschaffenen Dach „Berufskolleg", unter dem verschiedene Schulformen – auch die Vorklasse und das Berufsgrundschuljahr – subsumiert sind, zur Regelform (§ 22 NRW-SchulG 2006).

Beispiel Berufsgrundbildung

Während die traditionelle Fachausbildung Standardisierung und Spezialisierung auf berufstypische Arbeiten und die Abgrenzung zu anderen Berufen beinhaltet, soll die berufliche Grundbildung zu einer berufsbezogenen Allgemeinbildung führen. Besonders die Länder Niedersachsen und Bayern favorisierten ein Berufsgrundbildungsjahr (BGJ) als 10. Schuljahr und als erstes Jahr einer anerkannten Ausbildung. Eine flächendeckende Einführung bietet gerade bei Handwerkslehrlingen und in strukturschwachen Regionen die Möglichkeit, einen gesamten Altersjahrgang systematisch und theoretisch anspruchsvoll zu qualifizieren und dabei die Betriebe vom teuren ersten Ausbildungsjahr zu entlasten. Ziel war außerdem, die Ungelerntenfrage sowie die Ausbildung behinderter Jugendlicher mit dem BGJ zu lösen. Der Reformansatz wurde zunehmend verwässert und das Angebot für Jugendliche weniger attraktiv. Die vom Bundeswirtschaftsminister verordnete Anrechnung des BGJ auf die weitere Ausbildung wurde aber von der ausbildenden Wirtschaft unterlaufen, und durch die Einführung des 10. allgemeinen Schuljahres wurde das BGJ zum 11. Bildungsjahr, ohne höhere Abschlüsse bieten zu können. Begründet mit der notwendigen Entlastung des Regelangebots wurden mit zunehmendem Ausbau des BGJ Sonderformen für Schüler mit Lern- und Verhaltensschwierigkeiten und für Ausländer eingeführt. In vielen Bundesländern stellt das BGJ heute zwar eine Randerscheinung dar, die Sonderformen allerdings wurden durchgängig unter verschiedenen Bezeichnungen (Vorklasse zum BGJ, Sonderberufsfachschule usw.) ausgeweitet. Statistisch werden sie unter dem Etikett „Berufsvorbereitungsjahr" (BVJ) zusammengefasst (Biermann & Greinert & Janisch 1982; Wiemann 1992, 219–244).

Im Zuge der Jugendarbeitslosigkeit seit 1974 intervenierte vor allem die Bundesagentur für Arbeit mit einem Ausbau von berufsvorbereitenden Lehrgängen zugunsten beeinträchtigter schulentlassener Jugendlicher. Ebenso legten die Länder eine Vielzahl von Programmen auf, um Jugendliche verstärkt in Maßnahmen einzubinden. Heute erklärt sich die hohe Schülerzahl im BGJ und BVJ durch die „Schwammfunktion" dieser Maßnahmen angesichts des strukturell verknappten betrieblichen Ausbildungsplatzangebots und durch die Möglichkeit, nachträglich einen Hauptschulabschluss zu erhalten.

In der Bilanz stellen beide Konzepte, Kollegstufe und Berufsgrundbildung, eine misslungene staatliche Intervention dar, die das Ziel einer qualifizierten Berufsausbildung für alle nicht realisieren konnte. Dennoch werden diese „Reformruinen" weiterhin als Erfolg von Bildungspolitik ausgewiesen.

Moderne Eliteausbildung

Die internationale Orientierung der großen Unternehmen offenbarte ein erhebliches Defizit in der Verbreitung und Vermarktung neuer Technologie. Die Anwendung vorhandener und in Deutschland entwickelter Innovationen scheiterte nicht nur am Management, sondern auch an der nicht mehr zeitgemäßen Qualifikation des Fertigungspersonals, mangelnden Soft-Skills von Ingenieuren bis hin zu gering ausgeprägter Flexibilität und regionalem Verhaftetsein von Facharbeitern. Wirtschafts-Modellversuche sollten zu Innovationen in der beruflichen Qualifizierung führen und den Betrieben neue Optionen eröffnen (Ploghaus 1992, Euler & Pätzold 2006, 7–14). Die exportabhängige Metall- und Elektroindustrie führte als erster Wirtschaftsbereich mit Hilfe des BIBB Ende der 1980er Jahre so genannte neugeordnete Ausbildungsberufe ein, die – analog zur schulischen beruflichen Grundbildung – auf Theoretisierung und Entspezialisierung setzten. Auf Berufsfeldbreite wird ein- bis eineinhalb Jahre qualifiziert und erst zum Ende der auf dreieinhalb Jahre verlängerten Ausbildung erfolgt eine Spezialisierung für wenige Berufe. Diese, den Grundberufen der DDR ähnliche Konzeption setzte auch neue Lernorte voraus. Die Weiterentwicklung der Lehrwerkstatt zu einem Qualifizierungszentrum ist Ausdruck dieser modernisierten neuen Ausbildungsform. Charakteristisch ist die „Pädagogisierung" der betrieblichen Industrieausbildung bei gleichzeitig betriebswirtschaftlicher Ausrichtung (Biermann 1990, 675–687). Der pädagogische Anspruch konnte tarifvertraglich, d. h. mit einem hohen Verbindlichkeitsgrad, festgeschrieben werden. Die „Neuordnung" beruht auf Arbeitsplatz- und Tätigkeitsanalysen, aus denen die Anforderungen für die Ausbildung abgeleitet werden. Anstelle der Vermittlung von Fertigkeiten und Kenntnissen orientiert sich der Lehr- und Lernprozess nun am Kompetenzmodell mit Fach-, Sozial- und Methodenkompetenz und ihrer handlungsorientierten

Vermittlung (vgl. PETRA der Siemens AG – Klein 1990). Die hohen Qualifikationsanforderungen drücken sich auch in einer Aufwertung der Berufsbezeichnungen aus, z. B. Mechatroniker oder Elektroniker.

Politisch wird der Prozess der Neuordnung vom BIBB konsequent für alle Ausbildungen durchgesetzt und begleitet. Damit sind die anspruchsvollen und kostenintensiven Ausbildungsformen der Industrie auch auf handwerkliche Ausbildungen und auf den Dienstleistungsbereich übertragen worden (BMBF: Berufsbildungsberichte 1987 ff.). Begründet wird die Generalisierung mit der empirisch gestützten Annahme, dass im Zuge der Globalisierung, der Modernisierung von Produktion und Dienstleistungen die Anforderungen an Facharbeit durchgängig steigen.

Mit der Neuordnung und Modernisierung von Ausbildungen öffnet sich die Qualifikationsschere zwischen denen, die durch die betriebliche Eliteausbildung einen Vorteil für sich gewinnen, und denen, die diesen hohen Anforderungen nicht mehr gewachsen sind: Rehabilitanden und Jugendliche mit Lern- und Verhaltensproblemen.

Tab. 5: Vergleich der traditionellen Lehre mit neugeordneten „Elite"-Ausbildungsberufen

traditionelle Lehre	Merkmale	neugeordnete Ausbildungen
Betrieb und Berufsschule, ggf. Kurse in überbetrieblicher Ausbildungsstätte	Lernort, Institution	formal dual (Betrieb + Berufsschule), Qualifizierungszentrum, flexible Lernplätze, ggf. Freier Träger für ausbildungsbegleitende Hilfen (abH)
Ausbilder, Berufsschullehrer, patriarchalisch geprägt	Personal	formal: Lehrer + Ausbilder, real: Rollenwechsel zum Moderator und Lernberater, demokratisch geprägt
Marktmechanismus, formlos, subjektiv und unbürokratisch, Handschlag als Prinzip, formal privatrechtlicher Vertrag	Rekrutierung	formalisiert, Bestenauslese, Personalentwicklungspläne,
Ausbildungsrahmenplan, Berufsbilder (Betrieb)	Curriculum	formal Ausbildungsrahmenplan, Berufsbilder; neu: betriebsbezogene Schwerpunkte, auftragsbezogenes Lernen, themenbezogene Lernfelder in Berufsschulen
Lernen im Prozess der Arbeit, produktionsgebunden, unsystematisch (Lehrzeit = Leerzeit) Vermittlung von Kenntnissen + Fertigkeiten, Berufsregeln, Imitatio-Prinzip, Vormachen, Nachmachen, Üben in der Industrie: 4-Stufen-Lehrgangsmethode in Lehrwerkstätten	Lehr- und Lernprozess	Kompetenzen (Fach-, Sozial-, Methoden), Schlüsselqualifikationen, selbstständiges Lernen, Prinzip der „vollendeten Handlung", Transferwissen

traditionelle Lehre	Merkmale	neugeordnete Ausbildungen
Kammerprüfung (externe Kommission) – im Handwerk Prakt. / Theorie – IHK Prakt. Prüfung + PAL oder andere objektivierte Verfahren – Punktuelle Prüfung	Abschlüsse, Prüfungen	formal weiter Kammerprüfungen, Ziel: handlungsorientierte Prüfungen, prozessorientierte Prüfungsverfahren
betrieblich (ggf. Fond) + Lehrer durch Länder, Schulbetrieb durch Kommune o. ä.	Finanzierung	formal betrieblich, zunehmend Profitcenter, Drittmittel, auftragsbezogene Qualifizierung
Ausbilder / Lehrer als Experte und Wissensvermittler Azubis passive Rolle	Lernende & Lehrende	Ausbilder / Lehre werden zum Lernberater und Moderator Auszubildende sind selbstständig Lernende (Rollenwechsel zu aktiven Lehr- und Lernformen)
Integration eines Altersjahrganges über Vehikel Beruf in die Gesellschaft bei ungleichen Anforderungen (Lehrjahre sind keine Herrenjahre)	gesellschaftliche Funktion	Elitebildung, gleiche objektivierte Anforderungen ungleicher Status, Segmentierung in Regelbereich, Benachteiligtenförderungssystem und Reha-Subsystem
Umfang und Niveau reduzieren, Sekundärtugenden statt Theorie, Helfer-/Werkerberufe, Qualifizierung über Einrichtungen der beruflichen Reha (BBW, BFW), Sonderarbeitsbereich der WfbM	Stellung bei Behinderung	Ausgrenzung trotz „Paradigmenwechsel", Sonderregelungen, Berufsvorbereitung in Qualifizierungsbausteinen, Employability als Qualitätskriterium,
praktische Fertigkeiten + Berufskunde, mehr Training statt Bildung, Spezialisierung und Abgrenzung der Gewerke, Berufstätigkeiten	Zusammenfassung	Theoretisierung und Entspezialisierung, von Fachsystematik zu Prozesswissen, Verknüpfung von Wissen und Handeln, Aufstiegsperspektive
ergänzen Sie:	Stärken + Schwächen des Konzepts	ergänzen Sie:

2.1.3 Funktionswandel der Berufsfachschulen

Berufsfachschulen sind vollzeitschulische Einrichtungen mit berufsvorbereitendem, berufsgrundbildendem oder berufsqualifizierendem Charakter. Entsprechend unterscheiden sich auch Schulbesuchsdauer und das Niveau der allgemein bildenden Abschlüsse, die über diese Bildungsgänge zu erwerben sind. Im Zuge der Jugendarbeitslosigkeit besuchen viele Jugendliche, die keine betriebliche Ausbildung eingehen können, ein- oder zweijährige Berufsfachschulen, die zu keinem Berufsabschluss führen. Ähnlich wie beim Berufsgrundbildungsjahr besteht seitens der Wirtschaft eine geringe Akzeptanz, diese Schulzeit auf eine betriebliche Ausbildung anzurechnen. Dagegen vergeben berufsqualifizierende Berufsfachschulen staatlich anerkannte Abschlüsse nach Landesrecht, die tariflich gesichert sind. Gerade in nicht-ärztlichen Heilhilfsberufen, bei personenbezogenen Dienstleistungen und im nicht akademischen Erziehungsbereich sind solche schulischen Ausbildungen üblich. In diesen Branchen besteht ebenso wie im kaufmännischen Bereich und in der Hauswirtschaft eine Dominanz junger Frauen.

Im Prinzip stehen Berufsfachschulen auch beeinträchtigten Jugendlichen offen. Allerdings besuchen sie meistens gleichrangige Einrichtungen in der beruflichen Rehabilitation, wobei Jugendliche mit Lern- und Verhaltensproblemen vorwiegend in berufsvorbereitenden und berufsgrundbildenden Jahren, Jugendliche mit Sinnesschädigungen dagegen eher in zweijährigen allgemein ausgerichteten „höheren Handelschulen" oder auch in berufsqualifizierenden Berufsfachschulen anzutreffen sind.

Im letzten Jahrzehnt weisen die Berufsbildungsberichte als Tendenz aus, dass zunehmend junge Frauen, gerade in den neuen Bundesländern, die vollzeitschulischen berufsqualifizierenden Angebote mit Abschlüssen nach dem Berufsbildungsgesetz wahrnehmen. Das novellierte Berufsbildungsgesetz regt Länder und Kammern an, Regelungen für die Zulassung von Berufsfachschülern zu Kammerprüfungen zu treffen. Allerdings besteht eine geringe Akzeptanz seitens der Kammern, den Berufsfachschulbesuch als Voraussetzung für Facharbeiter- oder Gesellenprüfungen anzuerkennen, weil der betriebliche Sozialisationsprozess mit seinen Soft Skills, Arbeitserfahrungen und Wertorientierungen fehlt.

Betrachtet man die Stärken und Schwächen des Berufsfachschulkonzepts, so ist festzustellen, dass Jugendliche relativ rasch die ganze Hierarchie von allgemeinen Schulabschlüssen nachträglich außerhalb des allgemeinen Schulwesens erwerben können. Damit eröffnet sich ein zweiter Bildungsweg bis hin zu Fachhochschule und Universität. Faktisch lässt sich so der allgemeine Bildungsgang über berufliche Schulen „reparieren". Andererseits verlieren Jugendliche, die nach der berufsvorbereitenden Berufsfachschule eine Erstausbildung suchen und sich nicht betrieblich platzieren können, viel Zeit und beginnen meistens eine jahrelange Maßnahmekarriere (BVJ, BGJ/1-jährige BFS, 2-jährige BFS) ohne anschließende Facharbeiterperspektive.

Tab. 6: Vergleich Duales System und Berufsfachschulen

Duales System: Schule & Betrieb	Prinzipien	Berufsfachschulen
Ausbildungsstellenmarkt: Angebot der Betriebe, Nachfrage der Jugendlichen, Vertragsfreiheit Artikel 12 GG: Berufswahlfreiheit und Wahl der Ausbildungs- und Arbeitsstätte	Public-Private-Partnership versus Bildungsträger	Definierte Schulplätze in hierarchisierten Vollzeitschulen
		Organisiert nach Branchen z. B. Wirtschaft oder Technik
betrieblich organisiert, formale Gleichheit der Abschlüsse nach 2, i. d. R. 3 bis 3,5 Jahren		Dauer je nach Ziel und Schulabschluss: 1, 2 oder 3 Jahre
		– 1-jährige BFS mit *berufsvorbereitendem* Charakter für anschließende Ausbildung im Betrieb oder als Möglichkeit, allgemeine Abschlüsse nachzuholen

Duales System: Schule & Betrieb	Prinzipien	Berufsfachschulen
		– 2-jährige BFS mit allgem. Abschluss, ggf. IHK Prüfung (veraltet: Steno, Schreibmaschine) möglich sind im Prinzip auch – *berufsqualifizierende* BFS (staatlich anerkannter Abschluss), neuerdings können laut Berufsbildungsgesetz auch Zulassungen zu Kammerprüfungen erfolgen (Landesregelung mit den Kammern)
Finanzierung Im Wesentlichen durch Eigenleistung der Betriebe, Berufsschullehrer werden durch die Länder bezahlt, die Kommunen, Landkreise o. ä. übernehmen die Schulträgerschaft	Einzelfinanzierung versus staatliche Etatisierung versus Schulgeld	staatliche Finanzierung durch die Länder oder bei privaten BFS Schulgeld und private Ersatzschule
Doppelter Status des Jugendlichen: Auszubildender als besonderer Arbeitnehmer, Tarifvertrag und zugleich: Schüler nach Landesrecht mit Schulpflicht, ggf. Jugendlicher nach Jugendarbeitsschutzgesetz	Arbeitnehmer versus Schülerstatus	Schülerstatus
Produktionsgebundenheit der Ausbildung, Berufsbilder und Berufsprinzip als organisatorisches und didaktisches Prinzip	Realität versus Schonraum	Fächerung des Lernens, theorielastig, Bezug zu akademischen Disziplinen
Dominanz der ausbildenden Wirtschaft, zuständige Stelle = Kammern (Prüfungen, Verzeichnis der Ausbildungsverträge, Beratung der Betriebe, Sonderregelungen für Behinderte)	Wirtschaft, Marktliberalismus versus gesetzlicher Bildungsauftrag	Schulaufsicht, schulinterne Abschlüsse, Schulgesetze der Länder

2.2 Die Berufliche Rehabilitation

2.2.1 Über Separation zur Integration

Planungen für den Ausbau eines bundesweiten Sonderschul- und Reha-Systems

Mitte der 1960er Jahre vollzogen die Länder die Umwandlung von Hilfsschulen zu Sonderschulen und etablierten damit – zeitgleich zur Umgestaltung der Volksschule zur Hauptschule – eine Separation, die sich über Sondererziehung und besondere Ressourcen definiert: kleinere Klassen, Lehrplanfreiheit, besondere

Lehrer. Der Deutsche Bildungsrat empfahl 1969 in seinem Strukturplan für das Bildungswesen zwar die Umgestaltung des dreigliedrigen Säulen-Schulwesens zu einer gestuften Gesamtschule, die vierte Säule, das Sonderschulwesen, klammerte er aber aus und gab umfassende sonderpädagogische Gutachten in Auftrag (Deutscher Bildungsrat 1973–1975). Der Bildungsgesamtplan der Bund-Länder-Kommission für Bildungsplanung (BLK 1973) ging noch optimistisch davon aus, durch Verkursung, Förder- und Stützangebote die Quote der Absolventen ohne Schulabschluss unter 3 % des Altersjahrgangs senken zu können, aber bereits 1972 ordnete die Kultusministerkonferenz (KMK) den sonderpädagogischen Bereich nach zehn Sonderschulformen – mit einer Schulbesuchsquote von derzeit rund 6 %:

- Schule für Blinde
- Schule für Gehörlose
- Schule für Geistigbehinderte
- Schule für Körperbehinderte
- Schule für Kranke und Hausunterricht
- Schule für Lernbehinderte
- Schule für Schwerhörige
- Schule für Sehbehinderte
- Schule für Sprachbehinderte
- Schule für Verhaltensgestörte.

Diese Differenzierung nach Defiziten der Klientel ließe sich beliebig fortführen, z. B. um Autisten oder um Schwerst-Mehrfachbehinderte. Die Bezeichnungen der Schulen variieren zwischenzeitlich in den Ländern, u. a. durch Zusammenlegung von Einrichtungen oder durch schulstufenübergreifende Förderzentren. Entscheidend für die Organisation der Berufsbildung ist die Abgrenzung zur Systematik der regulären beruflichen Bildung, in der nach dem Berufsprinzip und nicht nach individuellen oder Gruppenmerkmalen unterschieden wird. Daher entstand für die überschaubare Gruppe der behinderten Schulentlassenen die Überlegung, den Bildungsgang der allgemeinen Schule in speziellen Einrichtungen für behinderte Jugendliche fortzuführen. Diese Berufsbildungswerke (BBW) richten sich auf Behinderungsformen wie Lern- oder Körperbehinderung aus und bieten in separater Qualifizierung sowohl anerkannte Ausbildungen als auch besondere Berufe für behinderte Jugendliche an. Quantitativ stellen die so genannten Lernbehinderten den Großteil der Sonderschüler, wobei Jungen über- und Mädchen unterrepräsentiert sind. Diese Verteilung setzt sich in Berufsbildungswerken fort.

Förderpädagogik als neues Prinzip

Eine entscheidende Neuorientierung im Sonderschulwesen wurde mit der Empfehlung der KMK (1994) vollzogen. Nicht mehr eine an die Institution Sonderschule gebundene Überweisung bestimmt den weiteren Bildungsweg, sondern der aus der Hinwendung zur Förderdiagnostik abgeleitete sonderpädagogische Förderbedarf wird maßgeblich für individuelle Förderpläne (Bundschuh 2000; Wittrock 1997). Die Entscheidung über den Lernort wird sekundär und damit auch gemeinsamer Unterricht von behinderten und nicht behinderten Schülern möglich. Mit der Kategorie „Förderung" versucht die Sonderpädagogik sprachlich sowohl die Legitimation für separate Beschulung als auch für integrativen Unterricht zu fassen. Der gemeinsame Unterricht wird in den Ländern mit unterschiedlicher Intensität umgesetzt und bezieht sich in der Praxis vor allem auf die Grundschulzeit. Weitergehende Konzepte der Inklusion, wie sie seit Mitte der 90er Jahre für heterogene Lerngruppen als einer „Schule für alle" entwickelt worden sind, könnten für den Übergang in berufliche Bildung eine neue, offene Situation schaffen. Allerdings ist die inklusive Pädagogik keine Planungsgröße in den Schulministerien (vgl. Feuser 2005).

Das sonderpädagogische Förderpostulat stößt immer dann auf Grenzen, wenn es um den Übergang von allgemeinen zu beruflich qualifizierenden Bildungswegen geht:

- Die Schulpflicht ist in den Ländern unterschiedlich geregelt. Wird zwischen allgemeiner Schulpflicht von 9 oder 10 Schuljahren und 3 Jahren Berufsschulpflicht differenziert, so besteht das Problem der Feststellung der sonderpädagogischen Förderung in der Berufsschule darin, dass Sonderberufsschullehrer nur im Ausnahmefall zur Verfügung stehen, andererseits Sonderschullehrer den Bereich und die Fördermöglichkeiten der Berufsbildung nicht überblicken.
- Unabhängig von der Gestaltung der Schulpflicht garantiert das Grundgesetz (Art. 12) die freie Wahl der Arbeitsstätte und des Berufs und schränkt damit Berufslenkung und Zuweisung in bestimmte Ausbildungsgänge und Schulformen ein.
- Eine Besonderheit der Schule für Geistigbehinderte stellt die Stufung in große jahrgangsübergreifende Phasen dar. Die Werkstufe, als letzte Phase, ersetzt in den meisten Bundesländern auch die Berufsschulpflicht. Somit kann die sonderpädagogische Förderung paradoxerweise darin bestehen, dass eine gelernte Grundschullehrerin, die als Klassenlehrerin die Schüler über Jahre begleitet, in der Werkstufe anstelle einer Berufsschullehrerin fungiert und ohne fachwissenschaftliche oder beruflich-didaktische Kenntnisse berufsvorbereitend qualifizieren soll.

Beispiel: Mainzer Konzept einer gestuften Ausbildung behinderter Jugendlicher

Das „Mainzer Konzept" von 1974, erprobt im Rahmen des Modellversuchs zum Berufsgrundschuljahr in Rheinland-Pfalz, verdeutlicht idealtypisch eine bis heute verbreitete sonderpädagogische Sichtweise von Förderung, die auch für berufliche Qualifizierung dem Motto folgt: Integration durch Differenzierung. Auf der Grundlage einer Eignungsanalyse mit grober Orientierung an IQ-Punkten werden drei Gruppen ausgewiesen, die sich dann entsprechend ihrer hierarchisierten Berufsbezeichnungen auf dem Arbeitsmarkt verorten sollen. Arbeitsmarkt- und Tätigkeitsanalysen oder die Erhebung beruflicher Anforderungen werden nicht zum Maßstab für Qualifizierung und Vermittelbarkeit auf dem Arbeitsmarkt herangezogen, so dass selbst mit heute verbesserten Verfahren (Testbatterien, Assessments) ein „Matching", die Zuordnung von individuellem Leistungsvermögen und Arbeitsplatzanforderungen, unwahrscheinlich bleibt.

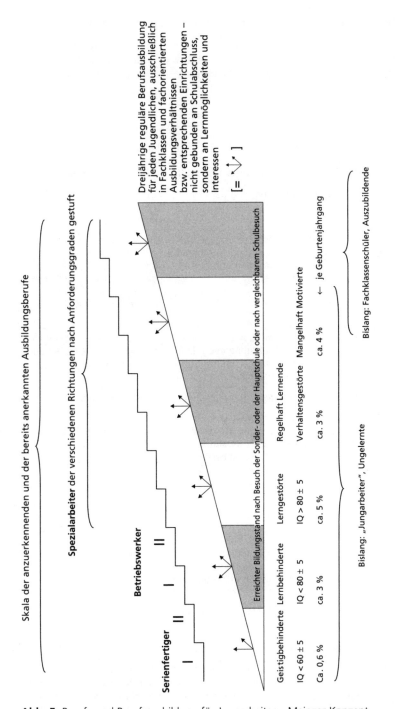

Abb. 5: Berufe und Berufsausbildung für Jungarbeiter – Mainzer Konzept
Quelle: Bach 1974, S. 86

Ausbau beruflicher Einrichtungen oder: Fortschreibung von Separation

Ausgehend vom Aktionsplan des Ministers für Arbeit und Sozialordnung (BMAS 1970) wurde ein eigenständiges Netz von Einrichtungen der beruflichen Rehabilitation aufgebaut. Der Plan wurde 1980 fortgeschrieben und in den 90er Jahren auch auf die neuen Bundesländer übertragen. Ziele der Aktionsprogramme waren:

Tab. 7: Ziele der Aktionsprogramme zur Beruflichen Rehabilitation

Aktionsprogramm 1970	Aktionsprogramm 1980	Aktionsprogramm 1990
Koordinierung der Rehabilitation	Fortschreibung des Programms von 1970	Übertragung des Reha-Netzes auf die neuen Bundesländer
Neu- und Ausbau eines Systems von Reha-Maßnahmen	Vervollständigung des Angebots an Einrichtungen der medizinischen und beruflichen Reha	Fortschreibung der Programme 1970/80, Aufbau neuer Infrastruktur, 8 Einrichtungen BBW mit 2.500 Plätzen; 7 BFW mit 3.000 Plätzen, je Beitrittsland mind. 1 BFW und 2 BBW
Verbesserung der Reha-Verfahren im Einzelfall	Verbesserung der vorbeugenden Maßnahmen: Früherkennung, Frühförderung, Frühbehandlung,	Patenschaften zwischen Einrichtungen in den alten und neuen Ländern
Verbesserung der gesetzlichen Grundlagen der Reha	Fortentwicklung des Reha-Rechts	Übertragung des Reha-Rechts
Aus- und Fortbildung von Fachkräften in der Reha	Verbesserung im Verfahrensbereich, verstärkte Beratung, Aus- und Fortbildung von Fachkräften, Förderung von Forschung und Dokumentation	Fortbildung des Personals in den neuen Ländern
Erschließung neuer Berufstätigkeiten für Behinderte	weitere Maßnahmen zur Eingliederung ins Arbeitsleben, insbes. bei arbeitslosen Schwerbehinderten und unterstützende Hilfen zur gesellschaftlichen Integration	technische und kaufmännisch-verwaltende Berufe bezogen auf das regionale Umfeld

Quelle: BMAS 1970; Thrun 1980, S. 917 f.; Seyd & Thrun 1993, 17 ff.

Legitimiert wurden die gesonderten Einrichtungen und separaten Lernorte mit den erforderlichen technischen Vorkehrungen, den besonderen Kommunikationsmitteln und Unterrichtsmethoden für behinderte Auszubildende und Arbeitnehmer. Außerdem wurde eine systematische und kontinuierlich verlaufende ausbildungsbegleitende Beobachtung und Betreuung vorgesehen. Die Ausbildungsangebote gehen zwar im Prinzip von anerkannten Berufsbildern aus, aber Personen, die nicht allen Anforderungen bestehender Ausbildungsordnungen gewachsen sind, sollen behinderten-spezifische Modifikationen erhalten.

Für die Kapazitätsplanung ging der BMAS 1970 von vier Millionen behinderten Menschen im alten Bundesgebiet aus, etwa die Hälfte im arbeitsfähigen Alter schätzte man als invalid ein. Heute gelten sieben bzw. laut Mikrozensus sogar acht Millionen als schwerbehindert, wobei von den arbeitsfähigen Jahrgängen knapp drei Millionen nicht erwerbsbeteiligt sind. Differenziert wurde, auch aufgrund der unterschiedlichen Finanzierungen, zwischen Jugendlichen und Erwachsenen und damit zwischen denen, die von Geburt oder früher Jugend an behindert sind und das allgemeine Schulwesen absolvieren, und Arbeitnehmern, die bereits berufstätig waren und durch Unfall oder Krankheit ihre bisherige Arbeit nicht mehr ausführen können (jährlich ca. 10.000 : 100.000). Eine dritte Gruppe ist aufgrund der Schwere der Behinderung nicht auf dem allgemeinen Arbeitsmarkt vermittelbar. Da die Arbeitsverwaltung, die sich aus Versicherungsbeiträgen speist, bei Jugendlichen in aller Regel die zuständige Finanzierungsstelle ist, drängt sie auch bei den nicht oder noch nicht auf dem Arbeitsmarkt Vermittelbaren auf ein Mindestmaß an verwertbarer Arbeit, d. h. umfassende Pflege oder Invalidität sind, anders als z. B. in den skandinavischen Ländern, von vornherein von der Finanzierung ausgenommen. Die Kapazitätsplanungen erfolgten in einer Phase der Vollbeschäftigung, so dass der Übergang aus Berufsbildungs- und Berufsförderungswerken in Erwerbsarbeit als Selbstverständlichkeit angenommen, während bei Werkstattklientel eine dauerhafte Beschäftigung im Arbeitsbereich der Werkstatt für Behinderte (WfB) mit anschließenden Rentenansprüchen gesichert wurde.

Für den Ausbau separater Einrichtungen wurden Fallzahlen zugrunde gelegt, wobei für den Bedarf an Plätzen für Jugendliche auf die Erfahrungswerte der Kultusminister, bei den Erwachsenen auf Daten des Arbeits- und Sozialministeriums zurückgegriffen wurde. Dennoch bleiben die Fallzahlen Setzungen: so wurden zum Beispiel bei einer Wohnbevölkerung von 10.000 sechs geistigbehinderte Personen angenommen. Für die alten Länder der Bundesrepublik ergibt sich danach ein Bedarf von rund 60.000 Plätzen als Sonderarbeitsbereich in „geschützten" / „beschützenden" Werkstätten. Bei einer Bevölkerung von heute 82 Millionen sehen die Werkstätten für behinderte Menschen allerdings inzwischen 230.000 Plätze vor. Der jährliche Zuwachs wird mit 11.000 behinderten Werkstattmitarbeitern kalkuliert (BAG:WfbM 30.5.2007). Für die Erstausbildung von Jugendlichen in den Berufsbildungswerken und für die Weiterbildung erwachsener Rehabilitanden in den Berufsförderungswerken wurde eine Größenordnung von je 13.000 Plätzen veranschlagt. Berücksichtigt man berufsvorbereitende Maßnahmen, Sonderprogramme, präventive Angebote, dann sind etwa je 15.000 Plätze erforderlich.

Ausgang für die Planung eines gesamtdeutschen Rehabilitationsnetzes ist 1990 folgender Stand: In den alten Ländern der Bundesrepublik bestanden 40 Berufsbildungswerke (BBW), 21 Berufsförderungswerke (BFW) und mehr als 600 WfB Hauptwerkstätten sowie weitere Zweigwerkstätten.

Tab. 8: Plätze in den Institutionen der beruflichen Reha 1990

Institution:	alte Länder:	neue Länder:
BBW	10.500	2.200
BFW	14.000	2.500
WfB/WfbM	120.000	29.000

Quelle: BMAS: BBW. BMAS: BFW. Bonn, div. Jg.; Seyd & Thrun 1993, 17 ff.

In der ehemaligen DDR gab es 1990 zwölf, den Berufsbildungswerken etwa vergleichbare Rehabilitationszentren für Berufsbildung (RZB) – entweder als eigenständige Einrichtung oder als geschützte Betriebsabteilung, geschützter Einzelarbeitsplatz bzw. Teil einer Polyklinik. Charakteristisch war die kleine Größe von 250 Plätzen und 19 angebotenen Ausbildungen. Berufsförderungswerke waren dagegen untypisch, da Mitarbeiter, die ihre bisherige Tätigkeit nicht mehr ausführen konnten, betrieblich bzw. im Kombinat versorgt wurden. Bei Arbeitsunfähigkeit entstand ein Anspruch auf Invalidenrente. Geschützte Werkstätten, sofern es sie gab, befanden sich entweder in kommunaler oder kirchlicher Hand (Mürner 2000).

Die Zahl der Plätze für die neuen Bundesländer ermittelte das BMAS durch einfache Umrechnung von 62 Millionen Bevölkerung in den alten auf 16 Millionen in den neuen Bundesländern, so dass ein Bedarf an 3.000 Plätzen in BFW und 2.500 in BBW ermittelt wurde. Die Einrichtungen sollten relativ klein gehalten werden, 250 Plätze bei den BBW und 400 bei den BFW (vgl. Seyd & Thrun 2003, 20). „Die Konzeption sah mithin eine schlichte Ausweitung des institutionellen Netzes, darin eingeschlossen die Übertragung der Außenstruktur (Arbeitsämter – Leistungsträger – Institutionen) wie der Binnenstruktur (Ausbildung/Schule – begleitende Fachdienste – Verwaltung) vor. Die sieben neuen Berufsförderungswerke und die acht neuen Berufsbildungswerke entstehen allesamt als Abbilder der westdeutschen Einrichtungen. [...] Insofern lag es nahe, Patenschaften zu bilden." (ebd. 1993, 26).

Die Fallzahlen für die Einrichtungen sind relativ. So nimmt mit zunehmendem Alter das Risiko von Beeinträchtigungen zu, auch neue Formen von Behinderungen sowie Mehrfachbehinderungen und eine durchgängige Zunahme psychischer Beeinträchtigungen werden diagnostiziert. Die Sozialgesetzbücher legen außerdem fest, dass auch von Behinderung Bedrohte Leistungen zur Teilhabe am Arbeitsleben ebenso wie Behinderte erhalten können (§ 2 SGB IX). Hinzu kommt, dass behinderte Personen mit einem Grad der Behinderung (GdB) ab 30 der Gruppe der Schwerbehinderten gleichgestellt werden können. Damit entsteht ein erheblicher Ermessensspielraum für die Kostenträger, Leistungen in speziellen beruflichen Rehabilitationseinrichtungen zu bewilligen. Das Verwaltungshandeln kann auch restriktiv erfolgen wie das Beispiel der Arbeitsverwaltung zeigt, Ende der 90er Jahre nur noch anerkannte Schwerbehinderte in Berufsbildungswerken zu fördern, was den Großteil der Rehabilitanden, die Lernbehinderten, ausnimmt (Thrun 1980, 913–918). Offensichtlich sind daher die Zuweisungsverfahren in die Einrichtungen entscheidend für das Vorhalten der Plätze und nicht die tatsächliche Betroffenheit von Behinderung.

Besonders deutlich wird die Relativität der Etikettierung als Rehabilitand und behinderter Arbeitnehmer am Beispiel der Werkstätten. Ihr gesetzlicher Auftrag wurde über die Vorbereitung auf den Sonderarbeitsbereich der Werkstatt um die Integration in den allgemeinen Arbeitsmarkt erweitert. Die Übergänge sind seit Jahrzehnten kaum messbar (< 0,5 %), gleichzeitig steigt die Zahl der behinderten Beschäftigten überdurchschnittlich im Vergleich zu BBW und BFW oder ambulanten Formen der Arbeitsintegration (Hartmann & Hammerschick 2003). Prognostiziert wird ein weiteres Anwachsen auf eine Größenordnung von rund 250.000 bis 300.000 Werkstatt-Beschäftigte (Zink 2004; BAG:WfbM 2007).

Ein Masterplan zur „Versorgung" aller Kinder, Jugendlichen und Erwachsenen liegt trotz der enormen Investitionen in Sonderschulen und berufliche Rehabilitationseinrichtungen auch in den neuen Ländern nicht vor. Auch Evaluationen über den nachhaltigen Erfolg und Ursachen für Erfolg bzw. Misserfolg sind, von punktuellen Arbeiten abgesehen, nicht mit dem Ausbau und laufenden Betrieb des Systems verbunden. So konnten weder die allgemeinen Sonderschulen noch die Einrichtungen der beruflichen Rehabilitation nachweisen, dass die überdurchschnittliche Ausstattung mit personellen wie sächlichen Ressourcen ursächlich einen Fördererfolg bewirkt. Seit 1970 und forciert durch den linearen Ausbau in den neuen Bundesländern ist ein hoch differenziertes, wenig aufeinander abgestimmtes, in sich hierarchisiertes System der beruflichen Rehabilitation entstanden mit systeminterner Konkurrenz von Trägern, Einrichtungen, Konzepten. Die Strategie „Integration durch Separation" führt sowohl in der allgemein bildenden Sonderbeschulung als auch in den speziellen Einrichtungen zur Berufsbildung zu einer Ausdifferenzierung von Maßnahmen, die mit Defiziten der Klientel bestimmt werden müssen, um eine Förderung begründen zu können.

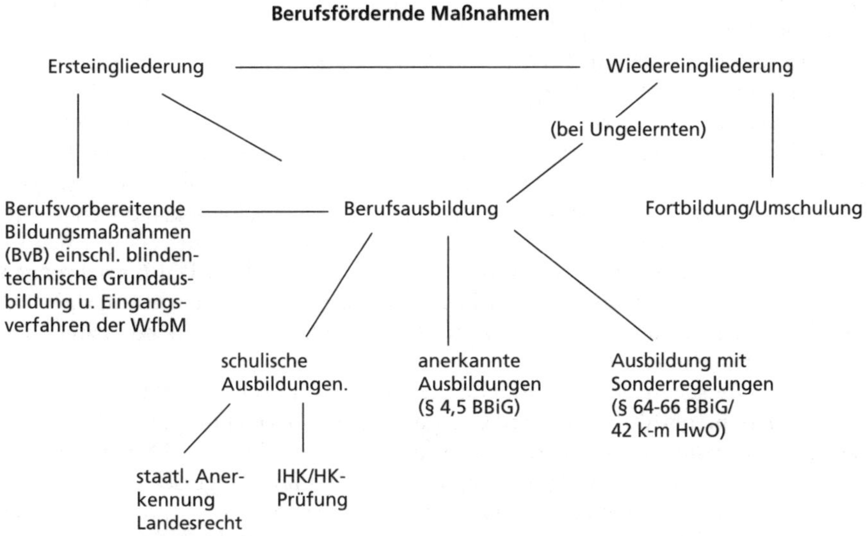

Abb. 6: Berufsfördernde Maßnahmen in der Rehabilitation
Quelle: Biermann 2006

55

2.2.2 Einrichtungen der beruflichen Rehabilitation: BBW, WfbM, BFW

Berufsbildungswerke (BBW)

Zur Institution: Zielgruppe, Organisation, Träger

Die Berufsbildungswerke zielen als überregionale Einrichtung der Rehabilitation auf eine berufliche Qualifizierung Jugendlicher mit Behinderung ab. Verankert sind die bundesweit 52 Werke im SGB IX (§ 35), als Dachorganisation fungiert eine Bundesarbeitsgemeinschaft. Finanziert wird ihre Arbeit in der Berufsvorbereitung und der darauf folgenden Erstausbildung meistens durch die Bundesagentur für Arbeit, wobei der Berufsschulunterricht durch die Länder, ggf. als private Ersatzschule, getragen wird (BA & BAG BBW 1999).

Bei der Klientel der BBW handelt es sich zwar um jugendliche Rehabilitanden im Sinne der Sozialgesetzbücher (§ 2 SGB IX, § 19 SGB III), was aber nicht bedeutet, dass ein ausgewiesener Schwerbehindertenstatus vorliegen muss. Auch wenn eine Behinderung droht, besteht prinzipiell die Möglichkeit der Aufnahme in ein BBW. Sie erfolgt nicht durch eine Anmeldung der Jugendlichen und auch nicht durch Rekrutierung seitens der BBW, sondern über die Beratung und Vermittlung der Arbeitsverwaltung. Die BBW haben sich in den letzten 30 Jahren arbeitsteilig auf Jugendliche mit bestimmten Behinderungen spezialisiert, mehrheitlich auf solche mit Lernbehinderungen und psychischen Beeinträchtigungen, aber es bestehen auch Angebote bei Epilepsie, Blindheit oder Hörschädigung (BMAS Juni 2006, 11). Im Laufe von drei Jahrzehnten hat sich die Teilnehmerstruktur der BBW gravierend verändert. Hierüber geben die Langzeituntersuchungen der psychologischen Dienste Auskunft. Neben den „klassischen" körperlich, geistig, seelisch behinderten Auszubildenden nehmen tendenziell Mehrfachbeeinträchtigungen in Verbindung mit psychischen Krankheiten zu, auch funktionaler Analphabetismus ist inzwischen Realität (Biermann & Piasecki 2004, 133–147).

Institutionell bieten die BBW neben dem Kern des praktischen Arbeitsbereichs mit eigenen Werkstätten, Labors, kaufmännischen Übungsfirmen in aller Regel auch eine eigene (Sonder-)Berufsschule sowie einen Wohn- und Freizeitbereich an. Betriebliche Praktika, auftragsbezogenes Lernen und Arbeiten sowie der Druck, einen hohen Vermittlungserfolg nach der Ausbildung zu erzielen, erfordern weitere begleitende Unterstützung. Die medizinischen, psychologischen oder sozialen Dienste übernehmen Aufgaben wie Eingangsverfahren, Placement oder Nachbetreuung in Betrieben und Mitwirkung bei Modellversuchen. Die Einrichtungen weisen zwar durchgängige Standards der Ausstattung und Dienste auf, die Zahl der betreuten Jugendlichen ist aber mit 100 bis 2000 Auszubildenden zwischen den BBW recht unterschiedlich.

Die Trägerschaft dieser Einrichtungen liegt fast ausschließlich bei konfessionell ausgerichteten Verbänden und Organisationen, so dass konzeptionell ein eher normativ ganzheitliches Menschenbild die Bereiche Arbeiten – Lernen – Leben verknüpfen soll. Aus Bildungsauftrag, Finanzierung und Trägerschaft erwachsen unterschiedliche Kompetenzen und Zuständigkeiten. So ist z. B. der Schulleiter nicht zugleich Leiter eines Jugenddorfes, für die jeweiligen Fachdienste bestehen ebenfalls Leitungen, die staatliche Schulaufsicht beurteilt u. a. Lehrproben und die Arbeitsverwaltung wirkt im Eingangsverfahren mit, kontrolliert die Vermittlungen in Arbeit und die Bildungsinfrastruktur mit der Ausschreibung bzw. Vergabe der Leistungen. Im Wohn- und Freizeitbereich sind auch die Vorgaben des Jugendschutzes zu beachten und Erziehungsaufgaben wahrzunehmen.

Berufsbildungswerke sind häufig Teil einer „Bündeleinrichtung", also eines Trägers, der mehrere Formen von Behinderten- und Rehabilitationseinrichtungen betreibt. Betrachtet man das Organigramm einer solchen Bündeleinrichtung, so weist es die Strukturen einer Holding auf: Krankenhäuser, Werkstatt für behinderte Menschen, ausgelagerte Arbeitsplätze, Berufsbildungswerke, Wohnanlagen, allgemeinen Schulen, Kindergärten und ggf. noch Ausbildungsstätten für sozialpädagogische, erzieherische oder diakonische Fachkräfte – und dies alles noch bezogen auf mehrere Standorte. Angesichts dieser komplexen Struktur ist für die Träger Organisations- und Personalentwicklung sowie Qualitätsmanagement zur Planung, Dokumentation und Evaluation der Arbeiten eine Notwendigkeit (vgl. Josefs-Gesellschaft, JG 2004). Modellversuche, wie ein virtuelles BBW, oder Kooperationen mit Unternehmen als Lernort für Berufspraxis oder erwerbsbegleitendes Coaching sind neue Ansätze, die auf konzeptionelle und institutionelle Veränderungen hinweisen.

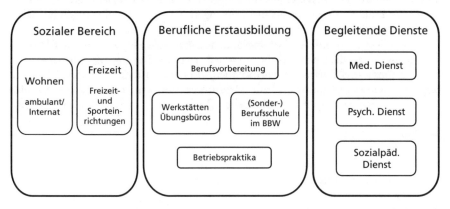

Abb. 7: Bereiche der Berufsbildungswerke (BBW)

Angebote und Konzept

„Das Ziel der Berufsbildungswerke ist die Eingliederung der Rehabilitanden in den allgemeinen Arbeitsmarkt sowie die persönliche, soziale und gesellschaftliche Integration" (BMAS 2006, 6). Das Ausbildungsangebot der BBW konzentriert sich auf die klassischen Bereiche der kaufmännischen Berufe und der technisch-gewerblichen Handwerksberufe sowie auf Hauswirtschaft, Gartenbau und Agrartechnik. Zwar bieten die BBW ein breites Spektrum von mehr als 160 Ausbildungen an, allerdings konzentriert sich die Berufswahl – analog zur allgemeinen Berufsentwicklung – auf rund 20 Berufe. Dabei zeichnen sich seit 30 Jahren zwei Trends ab, nämlich in horizontaler Sicht eine Verlagerung zu Dienstleistungsberufen, vertikal eine Zunahme zweijähriger Sonderregelungen, der so genannten Behindertenberufe (§§ 66 BBiG/42m HwO). Konzeptionell beruht der ursprüngliche Ansatz der BBW auf einem internen Dualismus, d. h. auf einer Kopie der Lernorte Betrieb durch Werkstätten und Arbeitsbereiche in Verbindung mit einer separaten (Sonder-)Berufsschule. Inzwischen wird der Dualismus durch Kooperationen mit Betrieben, Praktika, Lernortverbünden modifiziert. Außerdem öffnen sich Berufsschulen der BBW für Auszubildende mit Förderbedarf aus Fachberufsschulen des Regelsystems.

Stärken – Schwächen

Im Durchschnitt der Jahre 1995–2002 liegt die Vermittlungsquote nach der Ausbildung bei allen BBW und in allen Berufen mit rund 67 Prozent über dem der nicht behinderten Absolventen von Betrieben (Dings 2005, 217 f.). Auch die Abbrecherquote liegt mit rd. 20 Prozent unter der der betrieblich Ausgebildeten. Die Gründe für Ausbildungsabbrüche sind im Vergleich zu anderen Lehrlingen weniger in einer gestörten personalen Beziehung zu suchen, sondern in fehlender Motivation und in gesundheitlichen Einschränkungen (Faßmann 2000). Der Ausbildungserfolg gibt dem Konzept der BBW offensichtlich Recht, obwohl die Aufnahmeverfahren belegen, dass zunehmend eine Klientel durch die Arbeitsagenturen zugewiesen wird, die durch mehrfache Sozialisationsprobleme geprägt ist. Gerade die Trennung der Jugendlichen vom familialen Umfeld ist oft eine Voraussetzung für die Entwicklung einer eigenständigen Lebensperspektive, so z. B. für junge Frauen mit Missbrauchserfahrungen, wie der Modellversuch REGINE am Standort Dortmund gezeigt hat (vgl. Faßmann u. a. 2003).

Analysiert man das Ausbildungsangebot der BBW, so ergeben sich Stärken und Schwächen, die auch auf die standardisierte Institution, die Formalisierungen, Personal- und Finanzierungsvorgaben, aber auch auf das pädagogische Konzept des „internen Dualismus" zurückzuführen sind. Mit Blick auf die Zukunft der BBW bestehen folgende strukturellen Risiken (Biermann 2001, 258–285):

- Traditionsfalle
- Personalfalle
- Kostenfalle
- Alimentationsfalle
- Falle der Berufspalette
- Innovationsfalle
- Risiko EU.

In der Entstehungsphase der BBW boten handwerkliche Berufe eine sektorale Arbeitsmarktnische. Vor dem Hintergrund des sektoralen und beruflichen Wandels sind gerade die von den BBW angebotenen Ausbildungen mittelfristig mit einem hohen Beschäftigungsrisiko verbunden, auch wenn eine Erstvermittlung mit einer überregionalen Platzierung in Arbeit noch gelingt. Da Lehrer und Meister in den BBW einen beamtenähnlichen Status haben und unter dem Dach eines einflussreichen Trägers stehen, können sich Verlagerungen im sektoralen Ausbildungsangebot nur langsam durchsetzen. Auch die jahrzehntelange Alimentation durch die Arbeitsverwaltung wirkte als Innovationsbremse – offensichtlich aber in allen drei traditionellen Säulen der Reha-Einrichtungen, da auch bei der Fortschreibung der Aktionspläne 1980 und 1990 lediglich auf die Ausbauzahlen und ein konkurrenzfreies Netzwerk Augenmerk gelegt und die konzeptionelle Gestaltung vernachlässigt wurde. Die kostenintensive Bildungsinfrastruktur wurde nicht als Chance genutzt, um pädagogische Innovationen für den Regelbereich

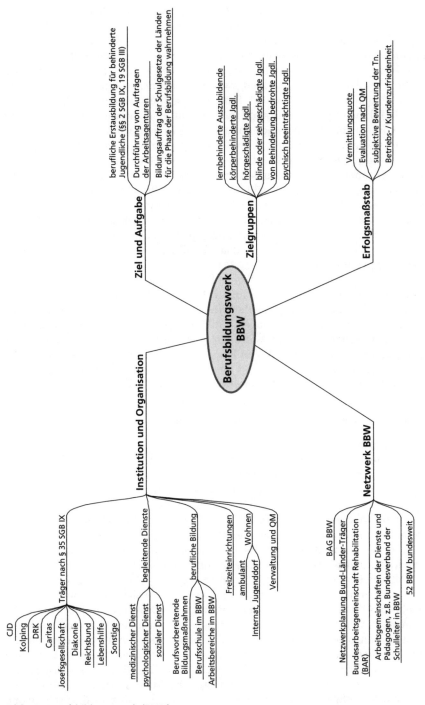

Abb. 8: Berufsbildungswerk (BBW)

zu entwickeln, im Gegenteil: das Beharren auf dem internen Dualismus, auf einer Trennung von Theorie und Praxis, erschwerte lange die Umsetzung der Anforderungen der Neuordnung. Heute erhoffen sich viele BBW durch eine Akzentverlagerung von anerkannten Ausbildungen hin zu Sonderregelungen für behinderte Auszubildende, wie Beikoch oder Helfer im Gartenbau, eine Erwerbsperspektive für ihre Absolventen. Berufsbildungswerke in den neuen Bundesländern versuchen nach dänischem Muster auch Produktionsschulen zu entwickeln (CJD Waren 2007). Eine weitere Neuorientierung besteht im internationalen Engagement durch Kontakte mit Jugendlichen aus anderen Ländern (vgl. z. B. Krug 2003; IT-Projekt: www.mediability.org). Auch Ladengeschäfte (Frisiersalons, Blumenshops), Stadtteil-Restaurants u. ä. sowie Kooperationen mit Betrieben führen zu einer Öffnung zum kommunalen Umfeld. Ein Hemmnis für die institutionelle und konzeptionelle Weiterentwicklung der BBW stellt die Forderung des Bundesrechnungshofes dar, investive Maßnahmen lediglich in neuen Ländern vorzunehmen, weil die BBW in den alten Bundesländern hinreichend ausgestattet seien. Damit wird eine Modernisierung analog zum Regelbereich durch die Entwicklung neuer Lernortkonzepte, wie den Qualifizierungszentren, die finanzielle Grundlage genommen.

Die Entwicklungen in der beruflichen Bildung in der EU (Maastricht-, Brügge-, Kopenhagen-Prozess) wirken sich auch auf die berufliche Rehabilitation aus. So bieten neue kompetenzbezogene Zertifizierungssysteme auch die Chance, neue Arbeitsmarktzugänge zu entwickeln (Bildungspass, Qualifizierungsbausteine), andererseits verlieren Beruflichkeit und Gesellenbrief an Bedeutung und stellen das aufwändige System der BBW in Frage. Angesichts der Wettbewerbsziele des Kostenträgers lassen sich im Prinzip die Reha-Leistungen auch europaweit ausschreiben und würden Träger dann überregional in Konkurrenz setzen.

Werkstätten für behinderte Menschen (WfbM)

Entwicklungslinien

Junge Schulentlassene, die wegen ihrer Behinderung nicht oder noch nicht auf dem allgemeinen Ausbildungs- oder Arbeitsmarkt platziert werden können, haben einen Anspruch, in eine Werkstatt für behinderte Menschen (WfbM) aufgenommen zu werden. Vor allem seit den 1970er Jahren sind rund 1.000 Werkstätten bundesweit entstanden, die sich zu komplexen Einrichtungen mit einer Vielzahl von Arbeitsbereichen entwickelt haben.

Arbeitsmöglichkeiten hat es für behinderte Menschen als punktuelle, meist personengebundene Angebote bereits im vorletzten Jahrhundert als Tollhaus oder im Rahmen der Krüppelfürsorge gegeben (Stadler 1998, 42 ff.). Werkstätten, landwirtschaftliche Güter, Arbeitslehrkolonien finden sich in kommunaler oder kirchlicher Obhut in den 1920er Jahren, durch die NS-Zeit und ihre Politik der Vernichtung so genannten lebensunwerten Lebens wird diese Entwicklung abgebrochen. Erst eine Elterninitiative in den 50er Jahren in Verbindung mit der Gründung der „Lebenshilfe für das geistig behinderte Kind" führt zu Lern- und Arbeitsangeboten für praktisch bildbare Schüler in Tagesförder- und Bastelwerkstätten. Aus ihnen gehen auf der Grundlage des Bundessozialhilfegesetzes von 1961 und der Eingliederungsverordnung (1964) die Geschützten Werkstätten und Beschützenden Werkstätten sowie 1967 die Werkstätten für Behinderte (WfB) hervor, die sich nach SGB IX 2001 in Werkstätten für behinderte Menschen (WfbM) umbenennen. Auch in der ehemaligen DDR gab es im Rahmen der Kombinate betriebliche Angebote mit geschützten Arbeitsplätzen, aber schwer beeinträchtigte Personen wurden entweder der Psychiatrie oder kirchlicher Fürsorge überlassen (Mürner 2000; Steinhoff 1995, 27–47). Zwei Einschnitte sind für die weitere Entwicklung der WfB von besonderer Bedeutung, zum einen die konzeptionelle Gestaltung der Werkstätten durch Standardisierung im Zuge des Arbeitsförderungsgesetzes (AFG 1969), zum anderen die Zuständigkeit der Arbeitsverwaltung als Kostenträger für den Arbeitstrainingsbereich (ATB), mit der die Werkstätten zum Durchführungsträger für Berufsbildung werden. Als Mindestzahl einer Einrichtung werden 120 behinderte Beschäftigte vorgeschlagen, Fragen des Entgelts, des Status und der sozialen Sicherheit werden ebenso wie die Qualifikation des Personals geregelt (Lebenshilfe 2000). Auch die Reha-Netzplanung, die 1970 im Aktionsplan des Ministers für Arbeit und Sozialordnung ihren Ausdruck findet, begründet die Existenz der WfB und das 1974 verabschiedete Schwerbehindertengesetz (SchwbG) führt diese Absicherung weiter fort. Der Deutsche Bundestag (1974) legte als Auftrag für die Werkstätten fest: Die Werkstatt „ist eine Einrichtung der beruflichen Rehabilitation und hat als solche […] eine spezifische Aufgabe zu erfüllen, nämlich denjenigen Behinderten, die auf dem allgemeinen Arbeitsmarkt keinen Arbeitsplatz finden können, eine berufliche Eingliederung zu ermöglichen und ihr Recht auf Arbeit zu verwirklichen" (Deutscher Bundestag Drs. 7/3999,1975). Auch das Schwerbehindertengesetz (§ 54) beschreibt Aufgaben und Organisationsstruktur der Werkstätten, die später in der Werkstättenverordnung (1980 u. 2004) und im Sozialgesetzbuch IX fortschrieben werden. Ziele der Werkstatt für schwerbehinderte Menschen sind (§ 54 SchwbG 1974 u. § 136 SGB IX 2001/04):

„1. eine angemessene berufliche Bildung und eine Beschäftigung zu einem ihrer Leistung angemessenen Arbeitsentgelt aus dem Arbeitsergebnis anzubieten und
2. zu ermöglichen, ihre Leistungsfähigkeit zu entwickeln, zu erhöhen oder wiederzugewinnen und dabei ihre Persönlichkeit weiterzuentwickeln."

Zur Verwirklichung dieser Ziele werden folgende Grundsätze für Werkstätten definiert:

* nur ein Träger je Einzugsgebiet mit nur einer Werkstatt
  Nicht der Markt oder ambulante Alternativen spielen eine Rolle, sondern die Aufteilung nach Regionen bestimmt das Denken. Ausnahmen von der Monopolsituation, z. B. die Stadt Dortmund mit drei Werkstätten, erklären sich aufgrund historischer Besonderheiten.
* Prinzip der einheitlichen Werkstatt
  Innerhalb der Werkstatt sollen keine weiteren Selektionen und Ausgrenzung stattfinden.
* Integrationsfähigkeit
  Die in die Werkstatt Aufgenommenen müssen sozial integrationsfähig sein und dürfen weder sich noch andere gefährden.

- Mindeststandards
  Hinsichtlich Größe, Ausstattung, Personalqualifikation und der Relation zwischen Beschäftigten und Betreuern müssen Mindeststandards eingehalten werden. Qualitätsmanagement und Dokumentation der Arbeit sind heute hinzugekommen. Die Arbeitsform in den Werkstätten soll betriebsähnlich gestaltet sein. Es muss ein möglichst großes Angebot an Arbeitstrainings- und Arbeitsplätzen bestehen.
- Status der Beschäftigten
  Die Beschäftigten verfügen über einen arbeitnehmerähnlichen Status, haben zwar keine Tarifverträge, sind aber seit 1975 sozialversichert. Das SGB IX (2001/04) und die Werkstättenverordnung (WVO 1980, 2004) betonen die Mitwirkungsmöglichkeiten der Beschäftigten und die Werkstätten-Mitwirkungsverordnung (WMVO 2001) garantiert den Einfluss von Werkstatträten.

Seit 1975 sind die Werkstätten in einer Bundesarbeitsgemeinschaft organisiert (BAG:WfbM), führen bundesweite Werkstättentage und Messen durch. Heute verfügen Werkstätten oft über Ladengeschäfte oder eigene Vertriebswege und präsentieren sich im Internet, versuchen also mehr Autonomie zu erlangen, gleichzeitig aber auch sich zu vernetzen. Träger sind die Bundesvereinigung Lebenshilfe sowie Wohlfahrtsverbände, wie die AWO, Diakonie oder Caritas bzw. deren Unterorganisationen. Rechtsformen sind Vereine, gemeinnützige GmbH, Stiftungen.

Klientel der WfbM
Betrachtet man die Zusammensetzung der Mitarbeiter in Werkstätten, so handelt es sich zum großen Teil um Personen mit Down-Syndrom, wenn auch tendenziell Personen mit mehrfachen und schweren sowie psychischen Behinderungen neu in die Einrichtungen aufgenommen werden. Ausgewiesen werden folgende Typisierungen: (BAG:WfbM 3.7.2007)

- 80 % geistige Behinderung
- 15 % psychische Behinderung
- 4 % Sinnes- oder körperliche Behinderung
- 13 % mehrfache Behinderung.

Diese Beschreibung der Zielgruppe beruht im Wesentlichen auf Behinderungsbildern. Formal gelten folgende Kriterien für die Aufnahme in Werkstätten:

- die Behinderten sind im Sinne der Rentenversicherung voll erwerbsgemindert (§ 47 (2) SGB VI), leisten aber ein Mindestmaß an verwertbarer Arbeit;
- sie sind nicht ins allgemeine Bildungs- und Ausbildungssystem integrierbar;
- sie sind nicht oder noch nicht im Beschäftigungssektor tätig;
- sie sind nicht für eine Ausbildung im BBW geeignet;
- sie können nicht in Berufsförderungswerken (BFW) oder Beruflichen Trainingszentren (BTZ) oder Regionalen Einrichtungen für psychisch Kranke (RPK) aufgenommen werden;
- sie sind nicht umfassend pflegerisch zu betreuen;
- sie gefährden sich oder andere nicht durch ihr Verhalten.

Die vielfältigen Aufgaben der Werkstätten, berufliche Orientierung und Vorbereitung, Erstqualifikation, Platzierung auf dem allgemeinen Arbeitsmarkt oder im Arbeitsbereich der WfbM selber führen altersmäßig zu einer heterogenen Beschäftigtenstruktur. Unter dem Dach einer Werkstatt arbeiten Jugendliche, junge Erwachsene und ältere Arbeitnehmer, entsprechend muss die innere Differenzierung des Konzepts ausgerichtet sein.

Durch die Verknüpfung von Arbeitslosenregelung und Sozialer Sicherung („Hartz-Gesetze") erfolgt seit einigen Jahren ein „Run" auf die Werkstätten durch die Absolventen der Schulen für Lernbehinderte. Offensichtlich versuchen diese Jugendlichen diskriminierende Arbeitsverhältnisse zu umgehen und bessere soziale Leistungen sowie eine berufliche Mindestqualifizierung in der WfbM zu erhalten. Die Beschäftigten in der Werkstatt verfügen über einen arbeitnehmerähnlichen Status, also nicht über Tarifverträge, wohl aber über Werkstattverträge. Sie sind kranken- und rentenversichert, nicht aber gegen Arbeitslosigkeit, weil die Werkstätten eine Beschäftigungsgarantie vorhalten müssen. Nach 20 Jahren Tätigkeit in der WfbM besteht die Möglichkeit, eine Erwerbsunfähigen Rente (EU) zu beziehen. Eine Mitarbeitervertretung ist über gewählte Werkstatträte gegeben. Das Entgelt wird individuell berechnet und bemisst sich aus einer Grundsicherung und Prämien, die nach einem internen Bonus- und Bewertungssystem, in der Regel in Verbindung mit einem Qualitätsmanagementsystem (QM), aus den Erträgen der erwirtschafteten Überschüsse der jeweiligen Werkstatt ausgeschüttet werden. Dementsprechend wird im Vergleich der Werkstätten keine einheitliche Entlohnung bei gleichen Arbeitstätigkeiten gezahlt. Der durchschnittliche Monatslohn beträgt knapp 160 Euro, ergänzt um ein Arbeitsförderungsgeld von höchstens 26 Euro (BAG:WfbM 4.7.2007).

Interne Organisation

Kern der internen Organisation der Einrichtungen ist der bis zu zweijährige Berufsbildungsbereich sowie ein Arbeitsbereich für in der Werkstatt beschäftigte, nicht vermittelbare Arbeitnehmer. In einem gesonderten Eingangsverfahren entscheidet der Fachausschuss aus Vertretern der Werkstatt, des Kostenträgers Arbeitsagentur und der zuständigen Sozialhilfe, ob der Übergang in den allgemeinen Arbeitsmarkt anzustreben ist, ein BBW oder eine andere Maßnahme sinnvoll erscheinen (§ 2 WVO). Ein individueller Eingliederungsplan dient der Steuerung und Prüfung der Leistungen. Desgleichen wird nach dem ersten Jahr der beruflichen Grundlagenausbildung der weitere Weg beraten (Lebenshilfe: WfbM-Hdb. 2005, J 9). Dem Prinzip der einheitlichen Werkstatt folgend, soll eigentlich keine Ausgrenzung von Personen vorgenommen werden. Allerdings sind unter dem Dach der WfbM bei hohem Pflegeaufwand oder sozialer Unverträglichkeit gesonderte Förderbereiche eingerichtet worden, in denen auch kein Mindestmaß an Arbeitsleistung erbracht werden muss.

Der Arbeitsbereich für Produktion und Dienstleistungen entspricht einem mittleren Industriebetrieb. Beschäftigtenzahlen von 500 bis 1000 sind typisch und führen zu betriebsanalogen Abteilungen. Gearbeitet wird in der Regel in Gruppen von 12 Beschäftigten mit einem Anleiter, der über eine Meisterqualifikation und sonderpädagogische Zusatzausbildung verfügt oder eine Weiterbildung zur „Fachkraft für Arbeits- und Berufsförderung" absolviert hat. Begleitende Dienste, besonders mit sozialpädagogisch ausgerichteten Angeboten im

Verwaltung + Leitung

Die Organisation der Werkstatt muss nach betriebswirtschaftlichen Grundsätzen erfolgen.

Fahrdienst

Die Werkstatt muss mit öffentlichen Verkehrsmitteln erreichbar sein. Ein Fahrdienst wird im Einvernehmen mit dem Rehaträger organisiert.

pädagogischer, sozialer und medizinischer Dienst

Bereitstellung begleitender Dienste

Aufnahmeverfahren

Aufnahme derjenigen behinderten Menschen, die dem Einzugsgebiet der Einrichtung und § 136 (2) SGB IX (Mindestmaß wirtschaftlich verwertbarer Arbeitsleistung) entsprechen.

Arbeitsbereiche

Erstellung eines breiten Angebots an Arbeitsplätzen entsprechend der Leistungsfähigkeit, der Entwicklungsmöglichkeit sowie der Eignung und Neigung behinderter Menschen.

Förderbereich

Tagesstrukturierende Angebote für diejenigen, die dem Mindestmaß wirtschaftlich verwertbarer Arbeitsleistung nicht entsprechen.

Eingangsverfahren

Feststellung zur Eignung der Einrichtung als Ort zur Teilhabe
Dauer: 4–12 Wochen

Bereich berufliche Bildung

2 jährige Maßnahme zur Verbesserung der Teilhabe am Arbeitsleben und Weiterentwicklung der Persönlichkeit. Nach Art und Schwere der Behinderung Bereitstellung eines breiten Angebots.

Placement- ausgelagerte Arbeitsplätze

Übergang auf den allgemeinen Arbeitsmarkt durch geeignete Maßnahmen.
Sicherstellung arbeitsbegleitender Betreuung während und nach der integrativen Maßnahme durch WfbM

Abb. 9: Bereiche in Werkstätten für behinderte Menschen (WfbM)

kulturellen oder sportlichen Bereich, stabilisieren die Werkstattarbeit. Um die Medikamentation in Verbindung mit der Arbeit zu sichern und zu organisieren, besteht eine Kooperation mit einem meist vertraglich gebunden Betriebsarzt. Viele Träger haben Dependancen und Zweigwerkstätten, oft als spezifisches Angebot für psychisch Beeinträchtigte oder, funktional bedingt, für bestimmte Aufgaben, z. B. im Gartenbau. Um einer Interessenvielfalt der Mitarbeiter Rechnung tragen zu können, fordern die Arbeitsagenturen und Kostenträger ein breites Tätigkeitsangebot. Damit können sich die Werkstätten als Betrieb nicht spezialisieren und keine Fertigungstiefe erreichen. Ausgelagerte Arbeitsplätze für einzelne Mitarbeiter oder für Gruppen in externen Betrieben ergänzen das Arbeitsangebot und entbinden den Kostenträger von der Einrichtung teurer Werkstattplätze. Für den gesetzlichen Auftrag der Integration in sozialversicherungspflichtige betriebliche Tätigkeiten ist allerdings keine Stelle für Arbeitsintegration ausgewiesen.

Ergänzend zum Kern der WfbM ist es üblich, dass Vereine und Organisationen für Freunde, Eltern, Angehörige der betroffenen behinderten „Werkstättler" unbürokratisch die Werkstattarbeit unterstützen, umgekehrt beraten die hauptamtlichen Mitarbeiter, vom Sozialpädagogen bis zur Geschäftsleitung, die Angehörigen. Ein Wohnangebot, meistens beim gleichen Träger, traditionell als Wohnheim und heute auch dezentral als betreutes Wohnen organisiert, ergänzt den Werkstattbereich und verbindet Arbeiten und Leben.

Aktuelle Probleme

Die Werkstätten stehen seit einigen Jahren besonderen Problemen gegenüber. So wird die grundsätzliche Kritik an separaten Einrichtungen und der daraus folgenden Gettosituation für behinderte Menschen auch auf die Werkstätten übertragen. Eltern, die ihre behinderten Kinder bewusst am „Gemeinsamen Unterricht" der allgemeinen Schulen teilhaben ließen, fragen sich, warum eine „Inklusion" als Teilhabe am allgemeinen Arbeitsleben nicht möglich sein soll und zu Werkstätten keine Alternative gedacht werden. Auch die Kostenträger bemängeln die geringen Übertritte aus Werkstätten in den allgemeinen sozialversicherungspflichtigen Arbeitsmarkt (0,24 % Vermittlungsquote lt. con_sens – Hartmann & Hammerschick 2003). Unterstellt wird oft, dass Werkstätten ihre Leistungsträger nicht in die „Freiheit des Arbeitsmarktes" entlassen wollen, um die eigene Produktion aufrechterhalten zu können. Der frühere Bundesbeauftragte für die Belange behinderter Menschen geht sogar davon aus, dass etwa 8 Prozent der Werkstattklientel auf dem allgemeinen Arbeitsmarkt platziert werden könnten und auch die Bundesarbeitsgemeinschaften der Träger der überörtlichen Sozialhilfe (BAGüS) sowie der Integrationsämter (BIH) fordern eine höhere Eingliederungsquote (BAGüS & BIH 2007). Wenn das Persönliche Budget zur Regelleistung wird, sind vor allem die finanziellen Folgen für die Werkstätten völlig offen. Es kann eine Konkurrenz zu anderen Anbietern entstehen, die Werkstattträger könnten das Management des Persönlichen Budgets auch selber anbieten, offen ist auch, ob die Leistungen sich verringern oder diskontinuierlicher werden (Wendt 2005). Auch der generelle Umbau des Sozialstaates wird die Werkstätten nicht ausnehmen. Die Arbeitsagenturen und Integrationsämter werden in diesem Prozess Trendsetter sein. In den letzten Jahren haben die Werkstätten bei den Tagessätzen Nullrunden durch die Kostenträger akzeptieren müssen, was bei gestiegenen Lohn-, Material- und Energiekosten eine Verknappung des Budgets darstellt. Die Einrichtungen dürfen aber auch keine stillen Reserven aus dem Betriebserlös anlegen, um z. B. investive Kosten zu tragen, so dass sie wenig flexibel auf neue Situationen reagieren können, zumal sie mit langen Antragsverfahren und auszuhandelnden Kofinanzierungen zu rechnen haben. Die politische Intention ist ein Ausbau ambulanter Dienste im Arbeitsbereich ebenso wie beim Wohnen. Erwartet wird von den Kostenträgern eine Reduzierung der sonst erforderlichen Investitionen. Tatsächlich ist die Prognose von „con_sens", die von maximal 250.000 Beschäftigten ausgeht, bereits 2007 Realität, die Bundesarbeitsgemeinschaft der Werkstätten erwartet bis 2010 sogar eine Größenordnung von 300.000 Mitarbeitern (BAG:WfbM 30.05.2007). Das BMAS hat 2007 eine Studie in Auftrag gegeben, die den zukünftigen Bedarf an Werkstattplätzen und die Wirksamkeit der Steuerungsinstrumente empirisch ermitteln soll.

Eine empirische Studie der Deutschen Vereinigung für die Rehabilitation behinderter Menschen (DVfR) belegt, dass als weiteres Problem – neben den Kostensätzen und der quantitativen Versorgung – den Werkstätten die Arbeit ausgeht (Berg & Viedenz 2001). Durch Verlagerung von Fertigung in Billiglohnländer können den Werkstätten nicht mehr akzeptable Preise diktiert werden. Die im Rahmen der Studie mit den Werkstätten zusammen entwickelten Lösungsvorschläge orientieren sich an einem neuen vernetzten Vertriebskonzept in Analogie des „fair trade" in der Entwicklungszusammenarbeit. Die Umsetzung der Vorschläge stößt offensichtlich nicht nur auf geringe Akzeptanz, sondern auch auf die institutionellen Grenzen der Dachorganisationen der Werkstättenträger. Gleiches dürfte auch für die sozialpolitische Forderung gelten, die im Rahmen des WfB plus-Programms gestellt wurde, nämlich den behinderten Mitarbeitern der WfBM statt eines arbeitnehmer-ähnlichen einen tarifrechtlich gesicherten regulären Arbeitnehmerstatus zuzubilligen, mit einer Entlohnung, die sich, wie die zu leistenden Rentenbeiträge, am Durchschnittseinkommen aller Beschäftigten orientiert (Biermann 2005, 172 f.).

Ein weiteres zentrales Problem liegt in der Veränderung der Klientel. Die Beschäftigten werden älter, erstmals tritt eine Generation in den Ruhestand. Für diesen Lebensabschnitt fehlen Angebote und Finanzierungen. Außerdem nimmt die Zahl psychisch Beeinträchtigter, autistischer Personen und Schwerstbehinderter weiter zu, so dass Polarisierungen in der Belegschaft entstehen. Die traditionellen Konzeptionen für Personen mit „nur" Down-Syndrom, Sinnes- oder körperlicher Beeinträchtigung greifen nicht bei psychischen Krankheitsverläufen oder Schwerst-Mehrfachbehinderung, so dass die Gefahr besteht, keiner der besonderen Gruppen gerecht werden zu können.

Neue Wege: Fallbeispiel WfB-plus

Die Beschäftigtenzahlen in Werkstätten haben sich in den letzten 15 Jahren fast verdoppelt. Vor diesem Hintergrund legte der Landschaftsverband Westfalen-Lippe im Zuge der Beratungen des SGB IX auf einer Fachtagung im Jahr 2000 ad hoc ein Programm „WfB plus" auf – die Umbenennung WfB in WfbM erfolgte erst auf dem Werkstättentag 2001 bzw. im SGB IX – mit dem Ziel, Innovationen zur Teilhabe am Arbeitsleben zu initiieren. Die dabei entstandenen Teilprojekte lassen vor allem neue Tendenzen in der Organisationsentwicklung der Werkstätten erkennen (Biermann 2005).

Die Werkstätten öffnen sich, schaffen neue Tätigkeitsbereiche und kommen zu neuen Arbeitsformen. Bezogen auf die Arbeitsmarktintegration ist eine Öffnung der Werkstätten durch ausgelagerte Arbeitsplätze ein häufig beschrittener Weg. Eine durch WfB plus finanzierte, neu geschaffene „Fachkraft für Arbeitsmarktintegration, Akquise und Placement" übernimmt es, einzelne Werkstattbeschäftigte in einem Bewerbungsverfahren auszuwählen, im Berufsbildungsbereich vorzubereiten und auf Einzelarbeitsplätze in Betrieben zu vermitteln oder Arbeitsgruppen, analog zu Subunternehmen, ausgewählten Betrieben für Teilaufgaben zu überlassen. In beiden Fällen agiert die Fachkraft auch als Betreuung. Der Hessische Modellversuch (Jacobs & Brößler 1999) setzte auf einen „Klebeeffekt", indem er davon ausging, in einem mehrjährigen Prozess Beschäftigte der Werkstätten mit Hilfe eines Integrationsberaters in subventionierte, aber sozialversicherungspflichtige Beschäftigung überführen zu können. Der Vorteil des WfB plus-Ansatzes liegt darin, dass die behinderten Mitarbeiter sofort im externen Betrieb tätig werden können, allerdings bei weiterhin bestehender sozialer Absicherung als Werkstattangehörige. Konzeptionell kommt dies einer Arbeitnehmerüberlassung von Zeitfirmen nahe. Weiterer Vorteil ist die kontinuierliche Begleitung der externen Arbeitnehmer und die Beratung des Stammpersonals in den Betrieben.

Eine Kooperation mit den neuen Integrationsfachdiensten (IFD) wurde zwar im Rahmen des WfB plus-Programms begonnen, doch durch die politische Vorgabe, möglichst nahe an den propagierten Wert von 50.000 Vermittlungen Schwerbehinderter in Arbeit zu kommen, wären Vermittlungsbemühungen für die Werkstattklientel aus Sicht der IFD eher kontraproduktiv, d. h. zu zeitaufwändig und wenig Erfolg versprechend gewesen (WfB-plus 2004). Die Werkstätten mussten daher selber dem IFD vergleichbare Funktionen wahrnehmen und mit ihrem vorhandenen Personal bestreiten.

Weitere Strategien beziehen sich auf die Schaffung eines weiteren Arbeitsangebots innerhalb und außerhalb der Werkstätten. Die Gründung von Integrationsfirmen durch die WfbM-Träger führt zu neuen und zusätzlichen Tätigkeiten. Auch Wege der „umgekehrten Integration" werden erprobt, indem die entsprechende Werkstatt Bereiche an externe Firmen vermietet und so behinderte und nicht behinderte Beschäftigte gemeinsam arbeiten. Ohne Änderung der rechtlichen Vorgaben konnte das vorhandene Werkstattangebot auch unmittelbar erweitert werden, z. B. durch Cafes, gelegen an Radwanderwegen, oder Ladengeschäfte mit Waren im professionellen Design als Marktlücke im ländlichen Raum. Ebenso führt das Konzept „Behinderte arbeiten für Behinderte" zu neuen Tätigkeitsbereichen. Beispielsweise bietet eine Werkstatt eine Schlössertour zum Radwandern mit behindertenspezifischer Ausstattung für schwer körperbehinderte Urlauber in der Region an.

Betrachtet man die Entwicklung der Werkstätten, so zeigt sich, dass bei gleichen Rahmenbedingungen und aller Standardisierung differenzierte Angebote und eine Öffnung zum sozialen Raum möglich sind. In einem Positionspapier wirbt die Bundesarbeitsgemeinschaft der Werkstätten auch für ihr Konzept als eine mögliche Form der Teilhabe am Arbeitsleben und fordert von der Politik Unterstützung ein. Die BAG:WfbM verweist dabei auf die letzten Jahrzehnte, in denen sich die Werkstätten zu modernen Dienstleistern entwickelt haben, und wehrt sich gegen eine Diskriminierung ihrer Beschäftigten. Den Systemwechsel von einer Einrichtungs- auf eine Personenorientierung tragen die Werkstätten

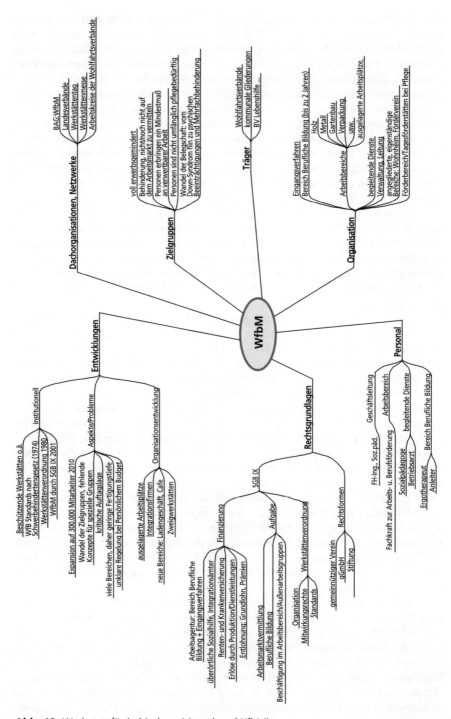

Abb. 10: Werkstatt für behinderte Menschen (WfbM)

zwar mit, sie wollen aber nicht, dass er einseitig zu ihren Lasten geht. Nicht Einzelaspekte sollten verändert, sondern in Zusammenarbeit aller Verbände ein Gesamtsystem zur Förderung der Teilhabe behinderter Menschen entwickelt werden (BAG:WfbM 30.05.2007, 9).

Berufsförderungswerke (BFW)

Zielsetzung und institutioneller Rahmen

Die Berufsförderungswerke bilden im Rehabilitationsnetzwerk ein Angebot für erwachsene Rehabilitanden, die in aller Regel bereits fünf Jahre erwerbstätig waren und sich aufgrund einer Behinderung beruflich neu orientieren müssen. Ziel ist die dauerhafte Wiedereingliederung und Teilhabe der Rehabilitanden am Arbeitsleben. Umschulung und Weiterbildung sind daher Angebote der bundesweit 28 Berufsförderungswerke mit rund 15.000 Plätzen, wobei die Einrichtungen mit mindestens 400 Plätzen und mehreren hundert Mitarbeitern pro BFW relativ groß sind. Während sich die Berufsbildungswerke (BBW) fast ausschließlich über die Bundesagentur für Arbeit finanzieren, ist die BA bei den BFW nur zu etwa einem Drittel Kostenträger. Am Beispiel des BFW Dortmund (2007) wird die Mischfinanzierung deutlich: Deutsche Rentenversicherung (62 %), gesetzliche Unfallversicherung, i.d.R die Berufsgenossenschaften (3,5 %), Arbeitsagenturen (34 %), JobCenter und optierende Kommunen sowie Sonstige (3,5 %).

Die erste Einrichtung entstand um 1950 bei der Stiftung Rehabilitation in Heidelberg, die meisten BFW wurden im Zuge der Netzwerkplanung in den 1970er Jahren gegründet. Die 28 Einrichtungen arbeiten überregional, wobei in jedem Bundesland mindestens eine Einrichtung vorgesehen ist. Die BFW verfügen auch über Wohnanlagen, die den sich wandelnden Bedürfnissen angepasst werden. Als Weiterbildungseinrichtungen weisen die BFW eine moderne Bildungsinfrastruktur auf, verfügen über Selbstlernzentren und kaufmännische Übungsfirmen oder vermitteln Betriebspraktika. Nicht erforderlich ist eine Berufsschule, da die Klientel über 18 Jahre alt und nicht mehr berufsschulpflichtig ist. Dementsprechend besteht keine Trennung zwischen Meistern und Lehrern wie in den BBW, sondern es werden Reha-Teams mit pädagogischen und anderen Mitarbeitern gebildet. Wert wird auf eine erwachsenengemäße Methodik im Lehr- und Lernprozess gelegt. Bereits 1978 wurden die „Grundsätze für die Eignung von Einrichtungen der beruflichen Rehabilitation behinderter Erwachsener" verabschiedet. Die Erwartungen der erwachsenen Teilnehmer sowie die der Kostenträger sind hoch, so dass die Konzeption der BFW im Sinne von Organisations- und Personalentwicklung permanent fortgeschrieben und durch Modellversuche erprobt wird. Auf der Grundlage einer empirischen Untersuchung nahmen die BFW eine umfassende Problemanalyse vor mit der Konsequenz, die Entwicklung der Berufsförderungswerke zu modernen Dienstleistern voranzutreiben. Im Erfurter und Berliner Programm wurden Grundsätze dazu von der Arbeitsgemeinschaft festgeschrieben (ARGE BFW 1998; 2002).

Zielgruppe

Entscheidend für die Aufnahme in ein BFW ist nicht der Schwerbehindertenstatus, sondern die Frage, ob ein Arbeitnehmer aus gesundheitlichen Gründen seinem Beruf nicht mehr nachgehen kann oder davon bedroht ist, diese Tätigkeit nicht mehr ausüben zu können. Typische Erkrankungsarten, für die die BFW eine berufliche Rehabilitation durchführen, sind (Dings 2005, 209 f):

- Orthopädische Erkrankungen
- Atemwegserkrankungen
- Herz- und Kreislauferkrankungen
- Hauterkrankungen
- Sonstige.

In aller Regel weisen die Rehabilitanden mehrere Symptome auf, die zu Integrationshemmnissen führen. Wegen der besonderen Erfordernisse bei bestimmten Beeinträchtigungen, wie z. B. Blindheit, Hörschädigung, Körperbehinderung, haben sich BFW auf Zielgruppen spezialisiert, wobei alle BFW eine Zunahme psychischer Erkrankungen feststellen.

Die Aufnahme in ein BFW kann nicht durch eigene Initiative erfolgen, sondern nur über die Rehabilitationsträger in Verbindung mit einer Kostenzusage. Dafür erforderlich sind eine gutachterliche Einschätzung sowie ein individueller Förder- bzw. Integrationsplan. Der eigentlichen beruflichen Qualifizierung sind meist eine zweiwöchige Berufsfindung und ggf. Arbeitserprobung sowie ein allgemeiner Reha-Vorbereitungslehrgang vorgeschaltet. Das Durchschnittsalter der Rehabilitanden liegt bei Mitte 30, etwa 60 Prozent verfügen über einen Hauptschulabschluss und rund 15 Prozent sind nicht formal qualifiziert. Rund zwei Drittel der Rehabilitanden kommen aus der Langzeitarbeitslosigkeit und nicht direkt aus Betrieben. Frauen sind bei den BFW mit 23 Prozent unterrepräsentiert, allerdings bestehen besondere Konzeptionen zur Förderung von Rehabilitandinnen (Deutscher Bundestag Drs. 15/4575, 2004, 87).

Angebote

Da die BFW mit Erwachsenen zu tun haben, unterliegen sie nicht dem Berufsbildungsgesetz und können daher auch in anderen als den anerkannten Ausbildungen qualifizieren. Das berufliche Bildungsangebot umfasst neben den anerkannten Ausbildungen auch Berufe mit besonderen Regelungen für behinderte Arbeitnehmer sowie Anpassungsqualifizierungen für betriebliche Tätigkeiten, aber auch Weiterbildungen für Fachschulberufe oder Fachhochschulstudien. Nur in Ausnahmefällen, z. B. bei ungelernten Arbeitnehmern, wird eine anerkannte berufliche Erstausbildung vorgesehen.

Berufsbezogene Angebote der BFW (BA 2002, 326 ff.):
- Prävention – i. d. R. extern in Betrieben
- Reha-Assessment, Berufsfindung und Arbeitserprobung
- Reha-Vorbereitung, unterschiedliche Dauer und Inhalte
- Berufliche Qualifizierung, anerkannte Ausbildung, Zusatzqualifizierung, spezielle Angebote
- Integration
- Eingliederung in den Arbeitsmarkt
- Individuelle Arbeitsplatzanpassung
- Nachbetreuung, ggf. Nachschulung

- Interdisziplinäre Unterstützung während der gesamten Rehabilitationsmaßnahme.

Das interdisziplinäre Reha-Team (Ausbilder, Psychologe, Arbeits-Mediziner, Sozialpädagoge) hat den Rehabilitationserfolg zu sichern, indem über die eigentliche berufliche Qualifizierung hinaus auch Beeinträchtigungen im persönlichen Umfeld mitbedacht und bearbeitet werden, wie z. B. Lernstörungen, familiäre Belastungen, psychische Folgen der Behinderung, Vermittlung von Soft-Skills, Reduktion von Fehlzeiten, Training von Arbeitsverhalten, aber auch Gesundheitsberatung, Sport-, Freizeit- und Kulturangebote. Der Rehabilitand ist verpflichtet, an der Beratung über seinen individuellen und fortzuschreibenden Förderbedarf mitzuwirken und die Umsetzung aktiv zu unterstützen. Die Arbeitsuche wird durch individuelles Bewerbungstraining professionell unterstützt. Arbeitgeber werden über technische, finanzielle Hilfen informiert oder hinsichtlich der Arbeitsplatzgestaltung beraten.

Die BFW stehen unter dem Kostendruck der Reha-Träger, d. h. sie müssen bei einer Umschulung oder Weiterbildung innerhalb von maximal 24 Monaten ein Ausbildungsziel erreichen, für das andere Lernorte 36 bzw. 42 Monate zur Verfügung haben. Werden vorbereitende Maßnahmen der eigentlichen Qualifizierung vorgeschaltet, steht die Fachausbildung unter weiterem Zeitdruck. Aufgrund der bisherigen Erfahrungen mit Betrieben können anstelle einer neuen Ausbildung auch Teilqualifizierungen oder Zusatzausbildungen treten, die eine Dauer von 6 bis 12 Monaten umfassen. Die Auftraggeber der Reha-Maßnahmen fordern in aller Regel ein Gutachten über die Qualifizierungsprognose unter den Bedingungen einer BFW, so dass arbeitsmedizinische, psychologische Gutachten in Verbindung mit einem Assessmentverfahren üblich sind. Um diese Aufgaben professionell zu bewältigen, verfügen die BFW sowohl über Fachabteilungen zur beruflichen Bildung als auch über begleitende Fachdienste:

- sozialer Dienst
- psychologischer Dienst
- medizinischer Dienst
- Fachbildung und Reha-Ausbildung
- Öffentlichkeitsarbeit, Verwaltung, Qualitätsmanagement runden die personelle Ausstattung ab.

Das übliche berufliche Angebot bezieht sich auf die Bereiche:
- kaufmännisch-verwaltende Berufe
- technisch-gewerbliche Berufe
- Medien- und Druckereiberufe
- Zeichner und Techniker, ggf. Ingenieurausbildungen
- Garten- und Landschaftsbau
- Gesundheitsberufe
- Sozialberufe.

Es wird bewusst versucht, neue Technologien in alle Ausbildungen einzubeziehen und auch entsprechende Berufe anzubieten. Die Spanne reicht vom IT-System-Kaufmann, dem Softwareentwickler, Digitalfotograf bis zum REFA-Fachauditor, staatlich geprüften Techniker in Medizintechnik. Angeboten werden ca. 250 verschiedene Qualifizierungen auf unterschiedlichen Niveaus bis zum Fachhochschulabschluss. Die erwachsenengemäße Ausbildung beruht auf einem Methodenmix, der konsequent von selbstbefähigendem Lernen der Rehabilitanden ausgeht und daher Selbstlernzentren und Online-Plattformen mit Tutorbegleitung anbietet. Die Aneignung von Kompetenzen soll handlungsorientiert und mit Blick auf Schlüsselqualifikationen erfolgen.

Erfolg der BFW

Die Arbeit der BFW wird vor allem an der Übergangsquote in Arbeit gemessen. Weitere Erfolgskriterien sind der Prüfungserfolg, geringe Abbruchsquoten sowie aus unternehmerischer Sicht der wirtschaftliche Ertrag als Weiterbildungsträger. Eine Vermittlungsquote von 70 Prozent ist auch für die BFW der Orientierungswert (Beiderwieden 2005, 236–238). Insgesamt haben die BFW bisher rund 250.000 Rehabilitanden zu zertifizierten Abschlüssen geführt. Die mit rund 20 Prozent recht hohe Quote an Abbrüchen bedeutet nicht zwangsläufig, dass die Ausbildung aufgegeben wird, sondern beinhaltet auch ein Umlenken in arbeitsplatzbezogene Qualifizierung. Die Nachhaltigkeit von Ausbildung und Vermittlung ist angesichts der unterdurchschnittlichen Vorbildung und gesundheitlichen Beeinträchtigungen der Teilnehmer positiv zu werten. Durch die oft doppelte Qualifikation der Rehabilitanden sind die Absolventen für Betriebe attraktiv, z. B. der umgeschulte Mechaniker mit einer zusätzlichen kaufmännischen Ausbildung. Kooperationen zur regionalen Wirtschaft sind dabei unabdingbar.

In ihrem Hamburger Kongress 2004 bilanziert die Arbeitsgemeinschaft der BFW die Situation der beruflichen Rehabilitation und sieht Veränderung durchaus als Chance für die eigene Arbeit (ARGE BFW 2005). Mit den Veränderungen in der Sozialgesetzgebung, die eine Hinwendung zu individuellen, ambulanten Lösungen favorisieren, sind aber auch die BFW in eine Krise geraten. So zeichnet sich ein Rückgang der Plätze von bisher 17.000 auf 12.000 ab, also der Netzwerkkapazität von 1970, Laufzeiten der Reha-Maßnahmen verkürzen sich, die Zahl der Rehabilitationsanträge und damit auch die der in BFW Beschäftigten sinkt. Grundsätzlich akzeptiert die ARGE der BFW ressourcenorientierte Rehabilitation und entwickelt neue Strategien. Das 2004 novellierte SGB sieht betriebliche Gesundheitsförderung für *alle* Beschäftigten vor, eine Chance für die BFW, sich von einer reinen Ausbildungsstätte zu einer Consulting zu wandeln und ihren Aufgabenbereich zu ergänzen. So hat die Konzeptentwicklung des BFW Dortmund zu betriebsspezifischen Qualifizierungen im Auftrag von Betrieben sowie zu Existenzgründerprogrammen in Verbindung mit Kleinkreditvergabe geführt. Nachbefragungen von ehemaligen Teilnehmern zeigen, dass Nachqualifizierung oder ergänzende Zusatzqualifikation notwendig ist, um die Vermittlung in Arbeit zu optimieren. Die BFW entwickeln sich zurzeit zu Kompetenzzentren und werden über Rehabilitationsmaßnahmen hinaus als allgemeine Weiterbildungsträger aktiv und qualifizieren auch nicht behinderte Arbeitnehmer.

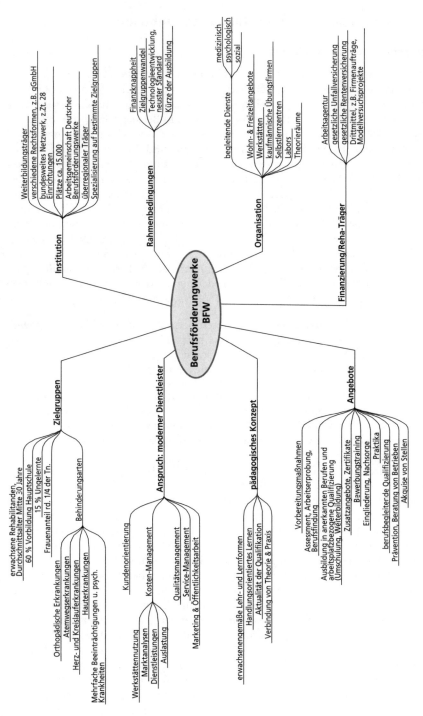

Abb. 11: Berufsförderungswerke (BFW)

2.2.3 Von separaten Einrichtungen zu ambulanten Diensten

Zur Genese der neuen Dienste

Die Bundesagentur für Arbeit musste sich im Zuge der Umsetzung der „Agenda 2010" und des mit ihr verbundenen Umbaus der Sozialleistungen sowohl organisatorisch als auch konzeptionell neu orientieren. Bezogen auf die traditionelle berufliche Rehabilitation hat dies eine Abkehr vom Berufsprinzip, vom Bildungsanspruch als Wert an sich und eine Entkoppelung von Bildungssektor und Arbeitsmarkt zur Folge. Employability, Effizienz und Effektivität sind in den „Grundsätzen der Geschäftspolitik bei der Förderung der Teilhabe behinderter Menschen am Arbeitsleben" festgehalten. Für Jugendliche mit Förderbedarf bedeutet dies beim Übergang Schule – Ausbildung – Arbeit ein „Neues Fachkonzept" von berufsvorbereitenden Maßnahmen in Form von Qualifizierungsbausteinen (BA 2004/06). Außerdem ist anstelle einer starren Maßnahmedauer jederzeit ein Übergang in Ausbildung oder direkt in Arbeit möglich, wobei die Module teilanrechnungsfähig auf Ausbildung und arbeitsmarktrelevant sein sollen. Bei erwachsenen behinderten Arbeitnehmern, den bisherigen Rehabilitanden, soll die Eingliederung oder Wiedereingliederung in Arbeit von vier Grundsätzen geleitet sein (Deutscher Bundestag Drs. 15/4575, 2004, 77):

- „verstärkte Qualifizierung im bisherigen Beruf anstelle von Umschulungen,
- verstärkte Modularisierung von Maßnahmen,
- Verstärkung präventiver Maßnahmen sowie
- nachgehende Betreuung im Beschäftigungsverhältnis."

„Mehr als in der Vergangenheit soll künftig auf bereits erworbene berufliche Stärken, Kenntnisse und Fähigkeiten erwachsener behinderter Menschen aufgebaut werden. Dadurch sollen möglichst vielen Betroffenen die oftmals mit einem Berufswechsel verbundenen Umstellungsschwierigkeiten und sonstige Risiken erspart bleiben" (ebd., 78).

Die Durchführung der Grundsätze soll nach SGB IX (§ 9) gekennzeichnet sein durch zügige und wirksame Maßnahmen sowie durch Koordination und Zusammenwirken aller Leistungen. Die unterschiedlichen Interessen von Rehabilitations- und Kostenträgern, von Arbeitsagentur sowie Behindertenselbsthilfegruppen, aber auch von Programmen auf EU-, Bundes- und regionaler Ebene fanden Eingang in das Sozialgesetzbuch und wurden mit seinen rasch aufeinanderfolgenden Novellen zum dritten und neunten Teil verrechtlicht.

Eine weitere Wurzel für die Neuorientierung in der beruflichen Rehabilitation ist die Integrationsbewegung in Deutschland. Elterngruppen, Vertreter aus Hochschulen und Verwaltungen, Lehrer, aber auch Organisationen fragten im Anschluss an die allgemeine Schule nach Alternativen zur Werkstatt. Man favorisierte für Konzeptionen der beruflichen Teilhabe das in den USA von der „independend living-Bewegung" propagierte „supported employment" unter dem Etikett „Unterstützte Beschäftigung". Neben den eher avantgardistischen Behinderten-Gruppen im Zuge der Emanzipationsbewegungen der 1970er Jahre sind vor allem, auch mit Blick auf Italien, die Bestrebungen einer neuen psychiatrischen Versorgung Vorreiter für andere Konzeptionen des Lebens und Arbeitens bei Behinderung.

Offiziell zur Kenntnis genommen werden heute, z. B. im Bericht der Bundesregierung über den Stand der Teilhabe (Drs. 15/4575 v. 2004), auch Selbsthilfeansätze wie „people first", die „Selbstbestimmt-Leben-Bewegung" und Antidiskriminierungs-Kampagnen. Ein weiterer Impuls für andere Formen zur traditionellen Reha sind zahlreiche Projekte und das EU-Horizon-Programm. In einer etwa zehnjährigen Experimentier- und Entwicklungsphase wurden Integrationsdienste, Psycho-Soziale Fachdienste, Unterstützte Beschäftigung, Job-Coaching, Arbeitsassistenz erprobt und mit der Aufnahme ins SGB IX zwar rechtlich gesichert, aber ihr autonomer Status und ihre Spielräume in der konzeptionellen Gestaltung gingen dabei verloren, auch wenn sie unter gleichem Namen weiter agieren. So veränderten sich durch den Einfluss der Bundesagentur Integrationsfachdienste von einem sozialpolitischen zu einem Vermittlungsinstrument (Schartmann 2005, 258 ff.). Als Sprachrohr der neuen Dienste entwickelte sich 1994 die Bundesarbeitsgemeinschaft Unterstützte Beschäftigung (BAG UB), die nach eigenem Anspruch sowohl Interessenvertretung in der Politikberatung als auch Netzwerk der „Unterstützer" ist (Doose 2004, 3–14).

Während sich die neuen Dienste zunächst in Abgrenzung und Konkurrenz zu den traditionellen Einrichtungen sahen, ergeben sich inzwischen Vermischungen der Ansätze. So richten Werkstätten Integrationsberatung ein, beteiligen sich umgekehrt Integrationsfachdienste am Aufnahmeverfahren der WfbM oder es werden ausgelagerte Arbeitsplätze mit Betreuung analog zur Unterstützten Beschäftigung eingerichtet. Auf der EU-Ebene werden die traditionellen Ansätze als „passive" gegenüber den „aktiven" neuen Maßnahmen bewertet:

Tab. 9: Vergleich klassischer und neuerer Ansätze der Beschäftigungspolitik in der EU

Klassische Ansätze	Neuere Ansätze
passive Maßnahmen – *Erwerbsunfähigkeitsrente*	aktive Maßnahmen – *Unterstützung bei Stellensuche und Bewerbung* – *Arbeitserfahrung, Zeitarbeit*
Quotenregelung	Antidiskriminierungsgesetze
Kündigungsschutz	Aufklärungskampagnen
Lohnkostenzuschüsse	Steuervorteile
Arbeitsplatzanpassung	maßgeschneiderte Angebote – *Unterstützte Beschäftigung* – *individuelle Assistenzplanung*
Rehabilitation, Umschulung – *spezielle Kurse, Einrichtungen*	Ausbildung und Lernen – *(ambulantes Arbeitstraining) im Betrieb*
Werkstätten für behinderte Menschen	Integrationsfirmen
Sonderbereich	Querschnittsbereich

Quelle: Doose 2003, S. 7

Die „neuen Dienste" sind vor allem durch den ambulanten Charakter ihrer Maßnahmen gekennzeichnet. Als betreuende Einrichtung sind die Integrationsfachdienste (IFD) und Beruflichen Trainingszentren (BTZ) sowie Integrationsfirmen (-projekte) als Regelangebot entstanden. In diesem Zusammenhang stehen die Fortbildungen des Personals zum Job-Coach und Integrationsberater und die Öffentlichkeitsarbeit mit eigenen Publikationen und Tagungen auf EU-Ebene. Das Instrument der Programme und Modellversuche wird wegen seiner innovativen oder stabilisierenden Funktion für die Systementwicklung in der beruflichen Rehabilitation weiter fortgeführt.

Die neuen Dienste und ambulanten Formen der Unterstützung werden mit dem „normativen Wertansatz" der Konzepte legitimiert. Abgeleitet aus universellen Menschenrechten, Antidiskriminierung, Deklarationen auf UN-, EU- und Bundes- wie Länderebene werden ein Wunsch- und Wahlrecht seitens der Betroffenen und die Möglichkeit einer selbstbestimmten Lebensgestaltung eingefordert. Vor allem im Assistenzmodell drückt sich die Neuorientierung vom Helfer- zum Unterstützungssystem aus. Praktische Erfahrungen liegen für den Wohnbereich und die soziale Teilhabe vor. Deren Prinzipien werden auch auf die berufliche Situation übertragen (vgl. Niehaus u. a. 2002):

- Wohnortnah, dezentral
- Eigenorganisation, peer support statt „Expertenmacht"
- Ambulante Dienste vor stationären oder separaten Einrichtungen wie BBW, BFW, WfbM (da BBW und BFW temporär separieren, geraten vor allem die WfbM in die prinzipielle Kritik)
- Geldleistungen statt Sachleistungen
- Barrierefrei, aus eigener Kraft agieren können, statt auf Hilfen angewiesen sein (Mobilität, Kommunikation).

Die Selbstdarstellungen der neuen Ansätze folgen in der Periodisierung üblicherweise den gesetzlichen Einschnitten und weniger den realen Lebensbedingungen behinderter Bürger. Erst recht gelangen die realen Arbeitsbedingungen nicht in den Blick der Propagierung von Integrationsfachdiensten, Assistenz, unterstützter Beschäftigung und der Kritik an den Werkstätten, BBW oder BFW. Betont werden bei der Adaption der Vorbilder der Bürgerrechtsaspekt und das Empowerment von Minderheiten, weniger aber die ökonomischen Triebkräfte. Wenn man z. B. supported employment den Vorzug zu den kostenintensiven sheltered workshops gibt, akzeptiert man gleichzeitig die Gruppe der „working poor", in diesem Falle arme Gelegenheitsarbeiter mit Behinderung. Die in den USA typische ideologische Vermengung von wirtschaftlicher Effizienz, sozialem Engagement, Gemeindeverbundenheit und punktuellen Kampagnen bei gleichzeitig offenem Einfacharbeitsmarkt wird als sozio-ökonomische und kulturelle Rahmenbedingung weitgehend ignoriert. Es werden lediglich die Instrumente und Methoden auf Deutschland übertragen, punktuell unter Modellversuchsbedingungen erprobt und dann aber mit generalisierendem Anspruch postuliert.

Berufliche Trainingszentren (BTZ) und Regionale Einrichtungen für psychisch Kranke (RPK)

Konzeptentwicklung

Der Notwendigkeit, besondere Konzeptionen in der Arbeit mit psychisch erkrankten Arbeitnehmern zu entwickeln, stellte sich bereits Anfang der 1970er Jahre die Stiftung Rehabilitation Heidelberg (SRH) (Haerlin 2005, 236). Vor dem Hintergrund der Enthospitalisierung von Psychiatriepatienten, der Diskussion um das Normalisierungsprinzip und den emanzipatorischen Ansprüchen von Selbsthilfegruppen entstand als Konzept der SRH-Gruppe eine gemeindenahe individualisierte Form der Förderung von Arbeitstätigkeit bei psychisch beeinträchtigten Arbeitnehmern. Die bisherige Annahme der Psychiatrie-Experten, dass eine Arbeitsmarktintegration psychisch Behinderter ausgeschlossen und Frühverrentung angeraten sei, wurde durch das Berufliche Trainingszentrum Wiesloch (BTZ) der SRH widerlegt. Bei Begleitung und entsprechenden Rahmenbedingungen wurde eine Erwerbsfähigkeit durchaus möglich. Konzeptionell sieht der SRH-Ansatz vor, die bisherigen Qualifikationen und beruflichen Kompetenzen der Beeinträchtigten zu nutzen, praxisanaloge betriebliche Bedingungen zu schaffen, um im alten Beruf oder einer verwandten Tätigkeit den Wiedereinstieg zu schaffen. Im Verlauf des Trainings ist auch individuelles Auffrischen von Kenntnissen und Fertigkeiten für den künftigen Arbeitsplatz notwendig, die Anforderungen werden hinsichtlich Dauer, Menge, Tempo und Komplexität der Arbeitsaufgaben gesteigert. Hinzu kommt die Reflexion über die Erkrankung und ein Training des Umgangs mit ihr, insbesondere mit krisenhaften Phasen. Ziel ist der Rollenwechsel vom Patienten zum Arbeitnehmer, wobei psychisch Erkrankte ihre Beeinträchtigung auch in die neue Arbeit mitnehmen. Ergebnis der Konzeptentwicklung ist die Einsicht, dass die tradierten Institutionen der beruflichen Rehabilitation, insbesondere die Werkstätten und die Berufsförderungswerke, nicht auf die Klientel der psychisch Kranken ausgerichtet sind, so dass neue Einrichtungen, die Beruflichen Trainingszentren (BTZ) sowie die Regionalen Einrichtungen für psychisch Kranke (RPK) für notwendig erachtet wurden (Aktion Psy. Kranke 2004).

In Abgrenzung zu den BTZ sind die RPK stärker medizinisch ausgerichtet und verfügen über ärztliches und psychiatrisches Fachpersonal. 1985 wurde ein erstes Anforderungsprofil entwickelt und durch die Bundesarbeitsgemeinschaft Rehabilitation (BAR) eine RPK-Empfehlungsvereinbarung in die Wege geleitet. Die RPK stellen als neue Übergangs-Einrichtung für psychisch erkrankte Personen einen Kompromiss zwischen stationärer medizinischer Behandlung und ambulanter Versorgung dar (Seibold 2003). Angeboten wird eine Komplexleistung aus medizinischer und beruflicher Rehabilitation, die nicht in Phasen differenziert ist. Die Leistungen zum Arbeitsleben umfassen die traditionellen Instrumente wie:

- Berufsfindung und Arbeitserprobung
- Berufsvorbereitende Bildungsmaßnahmen (BvB)
- Arbeitstraining
- Berufliche Anpassung
- Eingangsverfahren und Berufsbildungsbereich der WfbM.

Die Klientel der RPK unterscheidet sich nicht wesentlich von der der BTZ. Entscheidende Abgrenzung ist, dass die BTZ ein Mindestmaß an Belastbarkeit in Schulung oder Arbeit von vier Stunden pro Tag voraussetzen und in der Konzeption betriebsnäher sind. Da inzwischen die Hälfte aller BBW auch psychisch beeinträchtigte Jugendliche zur beruflichen Ausbildung aufnimmt – die Gruppe macht bereits rund 10 Prozent ihrer Klientel aus – und auch in den BFW bis zu 30 Prozent psychisch Erkrankte beruflich qualifiziert werden, läge eine Kooperation der Einrichtungen nahe, wird aber nur punktuell realisiert.

Ausbau der BTZ

Die Bundesarbeitsgemeinschaft beruflicher Trainingszentren entwickelte eine Netzwerkplanung mit den Schwerpunkten (Haerlin 2005, 236 f.; BA 2003):

- Qualitätsstandards für BTZ und deren Arbeit
- Evaluationskriterien für BTZ
- Feststellung künftiger Bedarfe.

Das Ziel, pro einer Million Bevölkerung ein BTZ einzurichten, wurde nicht erreicht. Realisiert werden BTZ an wenigen Standorten in Deutschland mit einer „Belegung" von insgesamt 555 Personen im Jahr 1997 und heute von knapp 1.000 Personen bundesweit. Lediglich die BTZ Dortmund, Duisburg und Hamburg betreuen um 100 Personen, alle anderen Einrichtungen sind so klein, dass ein professionelles Angebot mit mehreren Werkstätten nicht möglich ist.

Tab. 10: Berufliche Trainingszentren

Standort	Beginn	Kapazität (2002)
Berlin	1997	45
Bremerhaven (regional)	1999	45
Leer (regional)	2002	4
Wilhelmshaven (regional)	2002	5
Dortmund	1996	90
Duisburg	1993	75
Hamburg	1987	113
Lüneburg (regional)	2002	15
Köln	1993	70
Paderborn	1996	56
Plauen	1997	18
Schleusingen	1997	18
Erfurt (regional)	2002	18
Straubing	1984	55
Wiesloch	1980	60

Standort	Beginn	Kapazität (2002)
Frankfurt (regional)	2002	16
Bundesgebiet	insgesamt	703

Quelle: BAG BTZ in: Bundestagsdrucksache 15/4575 (2004), 88

Angebote der BTZ
Die Regelförderdauer in den BTZ beträgt maximal zwölf Monate, differenziert in folgende Phasen und ihnen zugeordnete Aufgaben:

1. Phase der Orientierung in Verbindung mit einem Belastungstraining von einer Dauer bis zu drei Monaten. Die BTZ arbeiten in aller Regel mit den Assessment-Centern der BFW zusammen, haben zum Teil aber auch eigene Plätze zur Erprobung von Fertigkeiten und Kenntnissen.
2. Phase der Qualifizierung und des berufsspezifischen Trainings mit einer Dauer von neun Monaten. Hier erfolgen ein berufsfeldbezogener Kompetenzerwerb und ein externes Training in Betrieben bzw. Praktika. Erforderlich sind eine Ausstattung mit Fachwerkstätten sowie eine Stelle zur Akquise und Begleitung von ambulanten betrieblichen Maßnahmen.
3. Phase der Eingliederung und der Nachbegleitung, in der weitere Praktika vorgesehen sind, ein gezieltes Bewerbungstraining durchgeführt und der Übergang in den Betrieb oder in eine Integrationsfirma oder eine andere Einrichtung der Rehabilitation begleitet wird. In dieser Phase ist die Zusammenarbeit mit dem zuständigen Integrationsfachdienst (IFD) als Beratungsstelle üblich.

Vorgesehen ist während dieser Phasen eine interdisziplinäre Begleitung durch das Team von Ausbilder, Ergotherapeut und psycho-sozialer Fachkraft (Psychologe, Sozialpädagoge). Ein separater Sozialdienst wird nicht angestrebt, vielmehr sollen Probleme dort bearbeitet werden, wo sie auftreten. In ihren sonstigen Angeboten sind die BTZ frei. So werden auch Kunstprojekte, Motivationstraining und persönliches Management zur Krisenbewältigung initiiert. Sowohl für das Training im BTZ als auch beim Übergang in Arbeit sind die früheren Aufenthalte und Erfahrungen in der Psychiatrie zu berücksichtigen (Krawczyk & Stüber 2003, 1417 ff.). Gerade gegenüber Arbeitnehmern und Bewerbern mit psychischen Beeinträchtigungen bestehen Vorurteile in Betrieben. Daher werden auch Integrationsfirmen als Möglichkeit eines besonderen Arbeitsmarktes erprobt. Öffentlichkeitsarbeit ist ein wichtiger Mosaikstein zur gemeindenahen Orientierung der BTZ.

Ausblick
Die BTZ und ihre Konzeption sind nicht auf Jugendliche ohne Erstausbildung hin ausgerichtet, obwohl psychische Erkrankungen auch in dieser Gruppe zunehmen und zu entsprechender Nachfrage führen. Auch Drogen-, Alkohol- und andere Suchtkrankheiten sind in der Regel nicht in das Konzept der BTZ einbezogen. Allgemein steigt der Bedarf an Plätzen für psychisch kranke Menschen, ein flächendeckender Ausbau von Beruflichen Trainingszentren wird von den Kostenträgern aber offensichtlich nicht angestrebt, so dass nur Frühverrentung oder

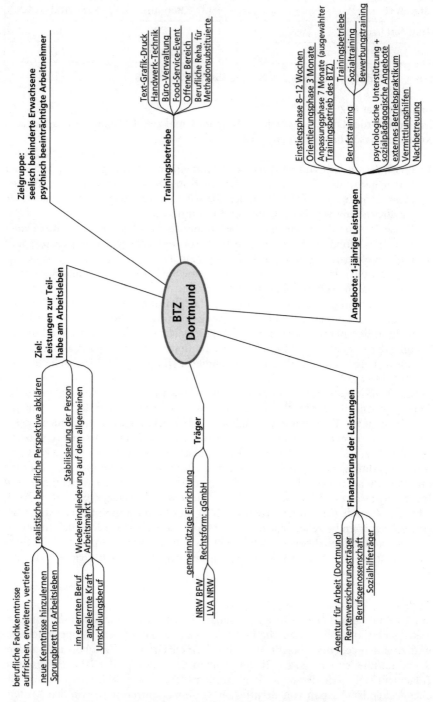

Abb. 12: Berufliches Trainingszentrum – Fallbeispiel BTZ Dortmund

Einbezug in die traditionellen Reha-Institutionen als Alternative bleibt. Noch nicht absehbar sind die Folgen der „Hartz-Gesetze" für diejenigen, die den Anforderungen auf dem allgemeinen Arbeitsmarkt von drei Stunden täglicher Arbeit nicht nachkommen können.

Integrationsfachdienst (IFD)

Der IFD als Institution

Die Integrationsfachdienste sind Beratungs- und Vermittlungsstellen, die im Auftrag des Integrationsamtes, der Rehabilitationsträger, Agentur für Arbeit oder Arbeitsgemeinschaften (ARGE) und Dienststellen der Kommunen tätig werden. Im Kapitel 7 des SGB IX sind Begriff, Aufgaben, Verantwortlichkeiten, Anforderungen, Finanzierung und Ergebnisqualität für den IFD festgelegt. Zielgruppen sind schwerbehinderte Arbeitnehmer mit einem besonderem Bedarf an arbeitsbegleitender Betreuung, Mitarbeiter der Werkstatt für behinderte Menschen, die auf dem allgemeinen Arbeitsmarkt platziert und begleitet werden müssen sowie schwerbehinderte Schulabgänger, die auf dem allgemeinen Ausbildungs- und Arbeitsmarkt Unterstützung benötigen. Auch nicht schwerbehinderte Arbeitnehmer können vom IFD betreut werden, besonders bei seelischer Behinderung (§ 109 SGB IX). Für die behinderten Beratungssuchenden entstehen keine Kosten.

Entwicklungsphasen

Die Entwicklung der IFD vollzog sich im Zuge der Verrechtlichung der „Leistungen zur Teilhabe am Arbeitsleben" (LTA) in mehreren Phasen (Schartmann 2005, 258–281; Barlsen 2001, 39–63):

Phase 1: Sozialpolitische Intentionen der frühen IFD-Projekte
Durch das EU-Programm Horizon finanziert, konnte in Irland mit dem „Open Road Project" das supported employment in den 1990er Jahren erstmals in Europa erprobt werden und, ebenso wie die amerikanischen Ansätze, als Vorbild für den Aufbau der Hamburger Arbeitsassistenz und ähnlicher Projekte dienen. Bedeutend für die Entwicklung der IFD waren besonders die Psycho-Sozialen Dienste (PSD) bei den Kommunen, deren Aufgabe darin bestand, vor allem psychisch kranke Arbeitnehmer in den allgemeinen Arbeitsmarkt zu integrieren und die Betroffenen beim Übergang in die Arbeitsstelle, bei Bewerbung und Platzierung zu begleiten, bei Konflikten Ansprechpartner zu sein und die Arbeitgeber über die Möglichkeiten der Förderung zu informieren. Merkmal der „frühen" Integrationsfachdienste ist ihr Projektcharakter und die damit verbundene Autonomie und Vielfalt der Ansätze unter dem gemeinsamen Etikett „IFD" (Barlsen & Hohmeier 2001; Franz 2002). Auftraggeber war das Integrationsamt (Hauptfürsorgestelle), wobei die IFD sich entweder in ihren Aufgaben spezialisierten oder alle Aspekte der Beratung und Integration wahrnahmen (Trost & Kastl & Kübler 2002).

Phase 2: IFD als Arbeitsmarktinstrument
Unter dem Motto „50 000 Jobs für Schwerbehinderte" sollte eine verstärkte Arbeitsmarktintegration schwerbehinderter Arbeitsloser erfolgen. Diese Zielsetzung verfolgte die Bundesregierung mit einer Liberalisierung der als beschäfti-

gungshemmend geltenden Ausgleichsabgabe und mit dem Aufbau von Integrationsfachdiensten durch die Bundesagentur für Arbeit. Die Bundesregierung bewertet die Modellversuche zum IFD positiv und erklärt, dass ältere, langzeitarbeitslose, unzureichend qualifizierte schwerbehinderte Arbeitnehmer nur dann in den allgemeinen Arbeitsmarkt vermittelt werden können, wenn besondere Fachdienste, wie die IFD, die Übergangsvermittlung und die Erwerbstätigkeit begleiten, die Arbeitgeber informieren und ggf. Hilfestellung leisten (Deutscher Bundestag Drs. 15/4575 v. 2004, 99). In jedem Bezirk der Arbeitsagenturen wurde durch die BA ein zeitlich befristeter IFD ausgeschrieben und eingerichtet. In aller Regel erhalten Wohlfahrtsverbände oder Netzwerke verschiedener Organisationen als Bietergemeinschaft den Auftrag.

In der ersten Laufzeit des SGB IX von 2001 bis zur Novellierung im Jahr 2004 gelang es, folgende Merkmale der IFD zu institutionalisieren:

- Aufbau eines flächendeckenden Netzes an regionalen Einrichtungen, i. d. R. mindestens ein IFD für jeden der rund 180 Arbeitsagenturbezirke,
- Standardisierung des Auftrags und der Evaluation,
- Festlegung der Auftraggeber und der Verfahren,
- Verrechtlichung der Arbeit, Klärung der Zuständigkeiten und Kompetenzen,
- Verrechtlichung der Finanzierungsregelungen.

Während die IFD in der ersten Entwicklungsphase sozialpolitisch ausgerichtet waren, verlagert sich der Schwerpunkt unter dem Einfluss des Auftraggebers Arbeitsagentur (Schartmann 2005, 260). In der Praxis stehen die IFD unter einem hohen politischen Druck, da sie nach gesetzlicher Vorgabe 50.000 Vermittlungen bei den ca. 190.000 registrierten schwerbehinderten Arbeitslosen erzielen mussten. Bei Misserfolg hätte das damals zuständige Bundesministerium für Gesundheit und Soziale Sicherung (BMGS) nach eigenem Anspruch die Erleichterungen für die Betriebe bei der Ausgleichsabgabe wieder zurücknehmen müssen. Die mit „Kopfprämien" vergüteten Vermittlungen traten in 46.000 Fällen laut BMGS auch ein, wobei die IFD weder Qualität der Arbeit noch Nachhaltigkeit der Vermittlung berücksichtigten und umfänglich behinderte Arbeitnehmer sowie die schwer zu vermittelnde Werkstattklientel ausklammerten (WfB plus 2004). Inzwischen hat die Zahl der arbeitslosen Schwerbehinderten wieder ihren alten Stand erreicht und zeigt damit die politische Fehleinschätzung der Ursachen von geringer Erwerbsbeteiligung.

Die Fallzahlen zeigen, dass die Rehabilitationsträger die Leistungen der IFD nur verhalten in Anspruch nehmen. So haben die Arbeitsagenturen im Jahr 2003 nur etwa 150 Personen den Integrationsfachdiensten zur Beratung und Vermittlung zugewiesen. Dem gegenüber standen im gleichen Jahr 340 Fachdienste mit 576 Beratern (Deutscher Bundestag Drs. 15/4575 v. 2004, 101). Trotz des umfassenden Ausbaus der IFD gab es 2005 nur 31 Prozent Vermittlungserfolge, bei der Arbeitsplatzsicherung konnte zwar für 76 Prozent die Beschäftigung erhalten werden, allerdings wurden die IFD bundesweit nur mit knapp 9.000 Fällen beauftragt (BIH 2006, 17 f.).

Tab. 11: IFD-Betreuungsleistungen 2003

IFD Zugänge			
Personen	**insgesamt**	**Männer**	**Frauen**
Integrationsbedarf	35.023	21.544	13.479
WfbM Beschäftigte	45	35	10
schwerbehinderte Schulabgänger	71	43	28
Rehabilitanden	2.219	1.429	790
Zugänge insgesamt	**37.358**	**23.051**	**14.307**
IFD Vermittlungen			
Beschäftigung, unbefristet	4.346	2.769	1.577
Beschäftigung, befristet	1.948	1.122	826
Beschäftigung zur Probe	1.110	697	413
Ausbildung	118	76	42
Integrationsprojekt (-firma)	57	35	22
Vermittlungen insgesamt	**7.579**	**4.699**	**2.880**

Quelle: Bundestagsdrucksache 15/4575 (2004), 100

Phase 3: Bürokratisierung der IFD

Eine neue Situation ergibt sich aus der Verlagerung der so genannten Strukturverantwortung an die Integrationsämter, die damit für ein flächendeckendes
Angebot an IFD verantwortlich sind und den Diensten ein Qualitätsmanagementsystem sowie die Dokumentation der Arbeit vorgeben. Seit 2005 können
alle Reha-Kostenträger als Auftraggeber für die IFD fungieren. Für arbeitslose
Schwerbehinderte stellen die Arbeitsagenturen bzw. ARGEn Vermittlungsgutscheine aus, die bei den IFD einzulösen sind. Da die IFD nicht eigenverantwortlich tätig werden können, müssen sie zunächst Auftrag, Kostenübernahme und
Zuständigkeiten klären, bevor sie zu ihrer Kernleistung, dem Matching von
Eignung und Anforderungen und Begleitung im Betrieb kommen. Im Vergleich
mit den Modellprojekten der ersten Phase führt die flächendeckende Ausweitung und die Anreicherung von Aufgaben heute zunehmend zu bürokratischen
Strukturen.

Erfolg der IFD

Barlsen u. a. (1999) weisen in ihrer Evaluation des ersten von insgesamt sieben
vom Landschaftsverband Westfalen-Lippe gegründeten IFD auf den hohen Vermittlungserfolg hin, auf individuelle Lösungen und flexible Arbeitsorganisation,
verbunden mit einer entsprechenden Strategievielfalt zur Akquise von Arbeitsplätzen. Auch Gerdes (2004) findet in ihrer Fallstudie über einen der ältesten IFD
im Ruhrgebiet dessen Erfolg bestätigt. Aus Sicht der Betroffenen sind vor allem
die Art der Begleitung und die Form der Beratung wichtige Qualitätskriterien –
und zwar auch nach der Arbeitsaufnahme im Betrieb.

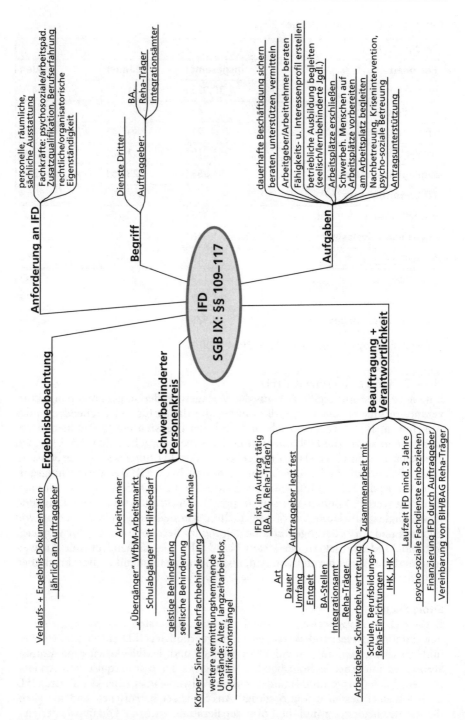

Abb. 13: Integrationsfachdienste nach SGB IX

Die 1.200 Integrationsberater vermittelten 2002 von 35.000 zugewiesenen Schwerbehinderten 7.500 Arbeitnehmer, von denen 60 Prozent unbefristet weiter beschäftigt wurden (BMGS 2002 zit. n. Schartmann 2005, 267). Im gleichen Jahr wurden 6.650 Personen in der Arbeit begleitet, von denen rund 4.000 ihre Beschäftigung sichern konnten. 1.200 verloren ihre Arbeit, verrentet wurden etwa 700 Personen (ebd., 272). Pro Fachberater konnten seit Etablierung der IFD 2001 zwar die Vermittlungen von 7,5 auf 12 im Jahr gesteigert werden, obwohl sie aus regionalen Programmen wie der „Aktion Integration I – IV", die seit 1990 aus der Ausgleichabgabe finanziert wird, Hilfen zur Eingliederung, z. B. Lohnkostenzuschüsse, potentiellen Arbeitgebern anbieten können (BIH 2006). Offensichtlich übernehmen die IFD zunehmend die Funktion einer Schwerbehindertenvertretung für ihre Klientel bei betrieblichen Konflikten. Zwar sind Begleitung und Beratung im Betrieb quantitativ zur Hauptaufgabe geworden, finanziell aber offensichtlich nicht institutionssichernd für die IFD. Obwohl die Zahl der potentiellen Auftraggeber gestiegen ist und eine Kontingentierung entfällt, wird der Vermittlungsgutschein der Arbeitsagentur zum eigentlichen Steuerungsinstrument und bindet die IFD an ihren unmittelbaren Vermittlungserfolg mit der Konsequenz, dass Mitarbeiterstellen und Angebote bereits jetzt drastisch reduziert werden. Die politischen und gesetzlichen Zielvorgaben stehen im Widerspruch zu den Rahmenbedingungen, unter denen die IFD arbeiten müssen:

„In den Jahren zuvor noch hatte die Bundesagentur für Arbeit mit den aus dem Ausgleichfond zur Verfügung gestellten Mitteln in Millionenhöhen [...] in den Integrationsfachdiensten Kapazitäten geschaffen, die wegen ihres eigenen Rückzugs sich dann als Überkapazitäten erwiesen und seit Übernahme der Strukturverantwortung durch die Integrationsämter teilweise wieder abgebaut werden müssen. [...]

Hier sind gesetzlich Korrekturen erforderlich, um die erfolgreich eingesetzten Mittel des Ausgleichfonds nicht zur Fehlinvestition werden zu lassen und um nicht den Integrationsämtern die finanziellen Lasten einseitig zu überlassen." (BIH 2006, 4)

Unterstützte Beschäftigung, Persönliches Budget und Arbeitsassistenz

Unterstützte Beschäftigung

Die Unterstützte Beschäftigung (UB) hat in Deutschland vor allem durch die „Hamburger Arbeitsassistenz" und die Gründung einer Bundesarbeitsgemeinschaft (BAG UB) mit Publikationsorgan und Schulungsprogrammen zum wissenschaftlichen Diskurs über Konzeptionen zu selbstbestimmten Lebensformen, zur Normalisierung und zum Empowerment der von Behinderung Betroffenen beigetragen (Hinz & Boban 2001; Doose 2003; 2004). Die Bundesarbeitsgemeinschaft sieht in der Unterstützten Beschäftigung einen wertegeleiteten Ansatz zur beruflichen Integration, „damit Menschen mit und ohne Behinderung unabhängig von Art und Schwere der Behinderung gemeinsam in Betrieben des allgemeinen Arbeitsmarktes arbeiten und lernen können" (Doose 2005, 5–19). Kern der Unterstützten Beschäftigung von Beeinträchtigten, die allgemein als nicht vermittlungsfähig gelten, ist bezahlte Arbeit auf dem allgemeinen Arbeitsmarkt, allerdings mit zeitweiser oder dauerhafter Unterstützung. Entscheidend ist, dass Integration nicht mehr über den Umweg der Separation in einer Reha-Einrichtung als Ziel angestrebt, sondern von vornherein als Mittel zur Teilhabe gesehen wird. In dem ersten Konzept der Unterstützten Beschäftigung dienten die Integrationsfachdienste zur Auswahl der Teilnehmer, zu deren Beratung, Qualifizierung und Vermittlung in Arbeit (Doose 1997, 262–291).

Die Unterstützte Beschäftigung folgt vor allem dem Motto: Erst platzieren, dann qualifizieren! Als Stärke des ursprünglichen Konzepts wird betont, dass die strikte Trennung von Ausbildung und Vermittlung in Arbeit aufgehoben ist, dass neue Formen zur Gewinnung von Arbeitsplätzen entwickelt und das Training-on-the-Job für behinderte Arbeitnehmer erprobt wurden. Ziel des Ansatzes ist es, Arbeitnehmer in meist einfache Tätigkeiten im Betrieb zu vermitteln, den Betrieb zu beraten und ggf. über die Behinderungsfolgen zu informieren. Die Arbeitsplatz- und Tätigkeitsanalyse soll mit den im Profiling ermittelten Kompetenzen des Betroffenen in eine Balance gebracht werden. Ein Job-Coach begleitet den behinderten Arbeitnehmer, nimmt dem Betrieb die Einarbeitung ab und zieht sich dann schrittweise aus dem Betrieb zurück. Die Einrichtung der UB bleibt aber weiterhin Ansprechpartner für Arbeitnehmer und Arbeitgeber (Barlsen & Hohmeier 2001). Organisatorisch unterscheidet die BAG UB in Unterstützte Einzelarbeitsplätze, Mobile Dienstleistungsgruppen und Enklaven in regulären Betrieben, also Gruppenarbeitsplätzen (Doose 1997, 276 f.).

Persönliches Budget

Durch die Novellierung des SGB IX sind das Persönliche Budget und damit auch die Arbeitsassistenz stärker betont worden. Von 2004 bis Ende 2007 werden Persönliche Budgets in acht Bundesländern erprobt, wissenschaftlich begleitet und evaluiert (vgl. z. B. Windheuser & Ammann & Warnke 2006), ab 2008 soll aus der Kann-Leistung ein Rechtsanspruch werden. Das Persönliche Budget ist ein allumfassendes Instrument, das eine Umkehrung in den Beziehungen und Rollen von Trägern, Anbietern und Empfängern von Leistungen zur Folge hat (Wansing 2005). Das SGB schreibt vor, dass der Reha-Träger „Leistungen zur Teilhabe" alleine oder mit anderen Trägern durchführt oder diese an andere Träger delegiert, z. B. an gemeinnützige oder private Dienste und Einrichtungen (§ 17 (1) SGB IX 2004). Weiter sieht das SGB vor, dass auf Antrag entsprechende Leistungen auch pauschaliert in Form eines monatlichen Persönlichen Budgets gezahlt werden können, mit dem dann die behinderte Person alle individuellen Bedürfnisse bei Pflegekasse, Reha-Einrichtung, Integrationsamt „einkaufen" kann. Begründet wird diese Möglichkeit mit Eigenverantwortung und Selbstbestimmung der behinderten Person. Als budgetfähig wird aber nur der tägliche, regelmäßig wiederkehrende und regiefähige Bedarf anerkannt. Dabei kann das Budget als Geldleistung oder in Form von Gutscheinen pauschaliert werden (§ 17 (2) ebd.). Hinsichtlich der Teilhabe am Arbeitsleben kann sich das Persönliche Budget auf alle Bereiche beziehen und damit traditionelle Formen beruflicher Rehabilitation ablösen:

- Berufsvorbereitung und Berufsausbildung (Berufsförderung)
- Akquisition von Arbeitsplätzen und Vermittlungstätigkeiten
- Sichern von vorhandener Beschäftigung, Begleitung, Job-Coaching und Arbeitsassistenz.

Arbeitsassistenz

Betrachtet man die Arbeitsassistenz als eine der Leistungen im Rahmen des Persönlichen Budgets, so wird zwar die Zielsetzung der Teilhabe weiter verfolgt, das Gesetz verweist aber nur allgemein auf einen Anspruch auf begleitende Hilfen (auch) im Arbeitsleben, präzisiert allerdings Begriff und Durchführung der Arbeitsassistenz nicht weiter (§ 102, SGB IX). Dadurch entstehen zwangsläufig unterschiedliche Erwartungen hinsichtlich von Form und Möglichkeiten der Assistenz (vgl. Schneider 2001, 67–79; Mobile 2001; BAG UB 2005). Die Bundesarbeitsgemeinschaft der Integrationsämter und Hauptfürsorgestellen (BIH) hat eine Konkretisierung von Arbeitsassistenz, Arbeitsplatzassistenz, Begleitung im Arbeitsleben vorgenommen (BIH 12.7.2007):

„Wie bereits das Wort ‚Assistenz' zeigt, ist Arbeitsassistenz eine Hilfestellung bei der Arbeitsausführung, nicht aber die Erledigung der vom schwerbehinderten Arbeitnehmer zu erbringenden arbeitsvertraglichen Tätigkeit selbst. Es geht dabei um kontinuierliche, regelmäßig und zeitlich nicht nur wenige Minuten täglich anfallende Unterstützung am konkreten Arbeitsplatz. Notwendig ist diese, wenn weder die behinderungsgerechte Arbeitsplatzgestaltung noch eine vom Arbeitgeber bereitgestellte Assistenz (z. B. durch Arbeitkollegen) ausreichen, um dem schwerbehinderten Menschen die Ausführung der Arbeit in wettbewerbsfähiger Form zu ermöglichen."

Assistenz bezieht sich also im Verständnis der Kostenträger auf eine regelmäßig wiederkehrende Unterstützung, wobei die Kernleistung der Arbeit vom behinderten Arbeitnehmer eigenständig erbracht werden muss. Da beim behinderten Arbeitnehmer die Qualifikation für die Ausübung der Arbeiten bereits vorhanden sein muss, ergeben sich für die Assistenz eher einfache Hilfstätigkeiten. Es handelt sich also nicht um Teamarbeit von Kollegen. Diese eher formale Sicht von Assistenz ist abzugrenzen vom zeitlich befristeten und auf Einarbeitung zielenden Job-Coaching, das auch Fähigkeitsprofile untersucht, Arbeitsstellen akquiriert und ggf. den Betrieb in der Arbeitsplatzgestaltung berät. Sprachlich umfasst der Begriff „Assistenz" oft weitere Tätigkeiten. So werden häufig auch Mitarbeiter der IFD als „Arbeitsassistenten" bezeichnet oder die „Selbstbestimmt-Leben-Bewegung" definiert den Begriff Assistenz als *jede* Form persönlicher Hilfe mit dem Ziel, den Status behinderter Personen vom Objekt zum Subjekt zu verändern (Schneider 2001, 75 f.).

Unterschieden werden zwei organisatorische Modelle der Arbeitsassistenz, der personenbezogene Ansatz und das „Betriebsmodell". Letzteres beruht darauf, dass der Betrieb einen Mitarbeiter zur Unterstützung behinderter Arbeitnehmer teilweise freistellt. Die dadurch entstehenden Kosten können dem Unternehmen ohne Pauschalierungsgrenze als „außergewöhnliche Belastung" finanziell erstattet werden. Das personenbezogene Modell geht vom autonom agierenden behinderten Arbeitnehmer aus: Entweder fungieren die Betroffenen in vollem Umfang als „Arbeitgeber" für die Durchführung der Hilfsleistungen oder sie beauftragen eine Servicestelle mit dieser „Regieleistung". Die als Regiefähigkeit bezeichnete Tätigkeit bedeutet, dass der behinderte Arbeitgeber im Rahmen der Vorgaben des Kostenträgers über Einstellung und ggf. die erforderliche Zahl der zeitweise beschäftigten Assistenten bestimmt, ferner über Ort, Zeit, Dauer und Art der Hilfsleistung. Der Umfang der Leistungen ist auf 15 Stunden je Arbeitswoche begrenzt und die Aufwendungen der Kostenträger müssen in einem akzeptablen

Verhältnis zum Einkommen der behinderten Person stehen. Andere Maßnahmen, wie Technisierung oder „Umbau" des Arbeitsplatzes, werden nicht als Assistenzleistung anerkannt (Bartz 2006).

Das pauschalierte Budget umfasst einen monatlichen Betrag zwischen Euro 250 und 1.100, wobei für „Regiekosten" zusätzlich 20 Euro monatlich veranschlagt werden. Als Empfänger kommen neben abhängig Beschäftigten auch Selbstständige sowie Praktikanten und Auszubildende in Frage. Die Leistungen werden nur auf Antrag gewährt und nur dann, wenn der Betrieb die betriebsfremde Arbeitsassistenz akzeptiert (BAG UB 2005, 19–21).

Zwischenbilanz

Obwohl die Modellversuche zum Persönlichen Budget noch nicht abgeschlossen sind (Metzler u. a. 2006), steht das Ergebnis politisch bereits fest: Das Budget wird Regelleistung, gesetzliche Änderungen sind nicht absehbar, die Leistungsanbieter sollten sich frühzeitig auf das neue Unterstützungsangebot einstellen. Auch sind erhebliche Kosteneinsparungen zu verzeichnen (Windheuser u. a. 2006). Der Deutsche Bundestag hat 2006 das Persönliche Budget mehrfach erörtert, kritisch gesehen wird vor allem die geringe Beteiligung, dennoch hebt die Bundesregierung in ihrem Bericht 2006 hervor, dass die Teilhabeleistung des „Trägerübergreifenden Persönlichen Budgets" (TPB) einen neuen Markt schaffen wird. Allerdings wird auch festgestellt, dass Budgets für die Bereiche Arbeit und Bildung von geringerer Bedeutung sind (BMAS 20.12.2006).

„Aus den bundesweit 14 Modellregionen liegen Zwischenergebnisse vor. Das zentrale Ergebnis lautet: Die Resonanz auf das TPB bleibt bisher weit hinter allen Erwartungen zurück. Zwar erhalten in den 14 Modellregionen insgesamt derzeit 496 Personen ein persönliches Budget, außerhalb von Rheinland-Pfalz, wo es schon seit 2001 Budgets gibt, zählt man aber nur 165 Budgets; tatsächlich trägerübergreifende Budgets gibt es bundesweit so gut wie keine. Erste Analysen der wissenschaftlichen Begleitforschung, aber auch anerkannter Institutionen wie zum Beispiel des „Paritätischen" Kompetenzzentrums Persönliches Budget in Mainz, kommen zu dem Ergebnis, dass es eindeutige Gründe für die schwache Resonanz auf das TPB gibt.

Kritisiert werden:
- eine für die Budgetnehmer schwer voneinander zu trennende Vielfalt von Budgetmodellen (Persönliche Budgets gemäß Paragraf 17 SGB IX, Pflegebudgets nach Paragraf 8 Absatz 3 SGB XI, TPB, Integriertes Budget, Budgets nach Paragraf 101 a BSHG),
- die ungeklärte Finanzierung von im Einzelfall notwendiger Assistenz bei der Budgetbeantragung und -verwaltung,
- extrem lange Verfahrensdauern bei der Beantragung eines Budgets,
- Ungewissheit bei den Budgetnehmern über die zu erwartende Höhe des Budgets infolge uneinheitlicher Verfahren der Hilfebedarfsermittlung,
- Abwicklungsschwierigkeiten, die aus dem Umstand resultieren, dass Sachleistungen der Pflegeversicherung im Rahmen der Budgets nur als Gutschein ausgegeben werden." (Deutscher Bundestag Drs. 16/2145, 2006)

Die Praxis relativiert die angestrebte Veränderung der Arbeitsintegration durch Assistenz. So werden zu über 90 Prozent Betriebsangehörige als „Hilfskräfte" tätig und stellen damit das eigentliche Assistenzkonzept in Frage. Offensichtlich entspricht beim personenbezogenen Ansatz die Förderhöhe nicht dem erforderlichen Aufwand (BIH 2003). Die Regieleistung, die quasi in Form einer „Ich-AG" erbracht wird, stellt eine komplexe Verwaltungstätigkeit dar, die Trennung zwischen Kern- und Randleistung bei der Durchführung der Arbeiten sowie die Abgrenzung zur ggf. erforderlichen persönlichen Assistenz ist zu formal und realitätsfern (Schulz 2005, 86–101). Außerdem bestehen erhebliche regionale und zielgruppenspezifische Unterschiede. Die übliche Ausgrenzung von Personen mit kognitiven oder psychischen Beeinträchtigungen von der selbstbestimmten Assistenz ist dabei als Problem noch gar nicht benannt worden. Besondere Probleme entstehen auch für behinderte Frauen, die persönliche oder Arbeitsassistenz in Anspruch nehmen (Franz 2002). Kritisch werden auch der Kostendruck und die tatsächlich zu erwartenden größeren individuellen Freiräume gesehen (Windisch 2006; Finke 2006, 57–64; Springmann 2006, 12 f.). Die Bundesarbeitsgemeinschaft der WfbM weist auf die Diskrepanz zwischen Budgetrecht und Werkstattrecht hin und hebt hervor, dass das politisch gewollte personengebundene Marktinstrument der Teilhabeleistung „Persönliches Budget" nur bei „staatlicher Regulierung" und „solidarischer Wettbewerbsordnung" durchgesetzt werden kann (BAG:WfbM, Nr. 476; Mosen u. a. 2006, H. 4).

Vor allem in unzulänglicher Information potentieller Budgetnehmer und Skepsis auch der Leistungserbringer und in den unterschiedlichen Budgetformen, Verfahrensfragen und Unsicherheiten bei der Bedarfsfeststellung werden Gründe für die Situation gesehen (BAG:WfbM Nr. 507). So erstellt eine Arbeitsgruppe des Deutschen Vereins für öffentliche und private Fürsorge (DV) – mit Vertretern der Kostenträger, Wohlfahrtspflege, Fachverbände, Ministerium für Arbeit und Soziales, der wissenschaftlichen Begleitungen der Modellversuche – eine Empfehlung zur Umsetzung des Persönlichen Budgets, um die Inanspruchnahme zu erhöhen. Eine Optimierung erprobt die BAG UB in den Regionen Nürnberg und Hamburg durch eine Vernetzung (BAG UB 2006), auch die Bundesagentur für Arbeit unterstützt die Inanspruchnahme des Persönlichen Budgets durch verbindliche Handlungsempfehlungen für die Beratung. Danach ist „das Persönliche Budget noch in der Erprobungsphase in geeigneten Fällen als attraktive Förderform in den Beratungsprozess einzubringen" (BA 06/2006).

Integrationsprojekte und Integrationsfirmen

Entwicklungsphasen

Die Entwicklung von Integrationsprojekten ist durch drei Phasen gekennzeichnet. In den 1970er Jahren wurden im Zuge der Psychiatriereform Modellvorhaben zur gemeindenahen sozialen Betreuung ins Leben gerufen (Enquete Kommission 1975). Vereinigungen, Wohngemeinschaften, Beratungsstellen, Kontaktkreise schlossen sich zum Dachverband Psychosozialer Hilfsvereinigungen e.V. und zum Bundesverband der Angehörigen e.V. zusammen. Als Selbsthilfe-Idee entstanden dann auch erste Selbsthilfefirmen, die durch die Deutsche Gesellschaft für Soziale Psychiatrie (DGSP) in einem „Arbeitskreis Firmen" vernetzt wurden. Entwickelt wurden einerseits „utopische" Firmen- und Arbeitsmodelle – frei von ökonomischen, hierarchischen, leistungsbetonten Zwängen – andererseits aber auch Konzepte, die marktgerechte Qualität von Produkten und Dienstleistungen sowie entsprechende Preise und Entlohnung anstrebten.

Die zweite Phase seit den 89er Jahren ist mit der Förderung durch die Freudenberg Stiftung und der Gründung des Vereins zur Förderung von Arbeitsinitiativen und Firmenprojekten (FAF) sowie auf internationaler Ebene mit der Gründung der Confederation of European Social Firms, Employment Initiatives and Social Cooperatives (CEFEC) verbunden (Schwendy & Senner 2004, 299 f.). Mit seiner Neustrukturierung gewann der FAF eine größere Professionalität und kann heute als gemeinnützige GmbH Fachberatung und Projektentwicklung, Qualifizierungen und Evaluierungen für Firmen übernehmen. Die Interessen der Integrationsfirmen werden durch die Bundesarbeitsgemeinschaft der Integrationsfirmen e.V. vertreten, die auch die Öffentlichkeitsarbeit trägt. Ihre Mitglieder haben sich auf zehn sozialethische Leitlinien verständigt, die heute noch erkennen lassen, dass sie aus der Arbeit mit psychisch Beeinträchtigten erwachsen sind (ebd., 300 f.):

- Transparenz der Entscheidungen im Betrieb
- Klare Beurteilungskriterien
- Einheit von Förderung und Beschäftigung
- Akzeptanz und Respekt (z. B. Beachtung der psychiatrischen Karriere)
- Personalentwicklung durch Stufung der Ansprüche
- Orientierung am Arbeits- und Tarifrecht
- Solidarisches Betriebsklima
- Offenheit in wirtschaftlichen Fragen des Betriebes
- Normalität, Gleichstellung, Partizipation (bezogen auf behinderte – nicht behinderte Mitarbeiter)
- Normalität des Unternehmens, keine Stigmatisierung als Behindertenfirma.

Als Firmentypen haben sich unterschiedliche Ansätze herauskristallisiert (vgl. auch Czermak 2003, 257–271):

- *Am Markt orientierte Firmen*, die sich konsequent wirtschaftlich ausrichten, ihre Beschäftigten nach Funktion auswählen und die Betreuung dabei an Externe delegieren.
- *Zuverdienst-Firmen* mit der Möglichkeit einer stundenweisen Beschäftigung, z. B. um den Einstieg in Arbeit zu erleichtern. Besonders geeignet ist diese Firmenorganisation für Kranke oder Randgruppen.
- *„Maßnahme-Firmen"* mit ihrer vorrangigen Orientierung an vorhandenen Fördermitteln und Programmen und damit zeitlich befristeten Möglichkeiten. Einerseits können sie als Vorbereitung für eine anschließende Beschäftigung gesehen werden, auf der anderen Seite besteht die Gefahr der Förderung von Maßnahme-Karrieren.

Die dritte Phase der Entwicklung von Integrationsprojekten ist durch ihre Aufnahme ins SGB IX (§ 132) eingeleitet worden. Danach sind die bisherigen Unternehmen und Betriebe unter der Bezeichnung „Integrationsprojekte" zusammengefasst und können unterschiedliche Organisationsformen aufweisen. Sie können als Integrationsunternehmen rechtlich und wirtschaftlich selbständig sein oder unternehmensinterne „Unterbetriebe" bilden oder als Integrationsabteilungen in von öffentlichen Arbeitgebern geführten Betrieben bzw. Abteilungen agieren.

Die Belegschaft von Integrationsprojekten ist heterogen zusammengesetzt, die Quote der Arbeitnehmer mit anerkannter Schwerbehinderung liegt zwischen 25 und 50 Prozent, wobei ab 40 Prozent der Gemeinnützigkeitsstatus gegeben ist. Aufgabe der Firmen ist es unter anderem auch, schwerbehinderten Arbeitnehmern, die auf dem allgemeinen Arbeitsmarkt trotz Ausschöpfung aller Mittel der Arbeitsförderung und der Beteiligung des IFD nicht vermittelbar sind, eine Beschäftigungsmöglichkeit zu bieten. Die Integrationsprojekte stellen somit einen „dritten Weg" in den Arbeitsmarkt dar. Ihre Aufgaben umfassen:

- Beschäftigung von schwerbehinderten und nicht behinderten Arbeitnehmern,
- arbeitsbegleitende Betreuung,
- berufliche Weiterbildung,
- Maßnahmen, die die Vermittlung in den allgemeinen Arbeitsmarkt unterstützen.

Seit 2004 ist die Zuständigkeit für alle Integrationsprojekte bei den Integrationsämtern gebündelt. Finanziert werden die Projekte vor allem aus der Ausgleichsabgabe. Aus Mitteln der Arbeitsagentur sowie der Rehabilitationsträger können zusätzlich individuelle Hilfen, Eingliederungszuschüsse oder Leistungen an die Arbeitgeber getragen werden.

Zwischenbilanz

Im Vergleich von Anspruch und Realität gelangt die Bundesregierung in ihrem Bericht über die Lage behinderter Menschen und die Entwicklung ihrer Teilhabe zu dem Ergebnis, dass die „Brückenfunktion" der Integrationsprojekte in der Praxis noch keine ausreichende Bedeutung erlangt hat (Deutscher Bundestag, Drs. 15/4575, 2004, 102). „Die Integrationsunternehmen haben in den vergangenen Jahren einen kleinen Gründungsboom erlebt. Auch bei ihnen reichen jedoch die zur Verfügung stehenden Arbeitsplätze nicht aus, um in großem Umfang die Arbeitsmarktsituation nachhaltig zu verbessern, auch sie bleiben ein Mosaikstein bei der Lösung des Gesamtproblems" (BIH 2006, 7). Gefördert wurden laut Statistik der Integrationsämter 2001 rund 250, 2003 dann 365 Projekte. Von den etwa 9.000 Beschäftigten waren 4.100 der schwerbehinderten Arbeitnehmer sozialversicherungspflichtig beschäftigt. An Mitteln aus der Ausgleichsabgabe wurden 40,5 Millionen Euro aufgebracht, zuzüglich weiterer Leistungen durch BA bzw. Reha-Träger. Der Trend zu Integrationsprojekten hat sich fortgesetzt, denn die Bundesarbeitsgemeinschaft der Integrationsfirmen ermittelte 2004 rund 500 Integrationsprojekte mit etwa 7.800 schwerbehinderten und 8.100 nicht behinderten Mitarbeitern. Für die behinderten Arbeitnehmer wird folgende Zusammensetzung ausgewiesen (Schwendy & Senner 2005, 306):

50 %	psychische Behinderung
24 %	körperliche Behinderung
15 %	geistige Beeinträchtigung
8 %	Sinnesschädigung
3 %	Mehrfachbehinderung.

Die Zahlen verweisen darauf, dass der Ansatz bei psychisch erkrankten Arbeitnehmern Tradition hat, eine Übertragung aber auf andere Gruppen, z. B. als Alternative zur Tätigkeit in Werkstätten für behinderte Menschen, bisher nicht umfassend gelungen ist.

Betriebliche Strategien und Maßnahmen

Als betriebliche Maßnahmen sieht das SGB IX (2004) zwei Ansätze vor: die Integrationsvereinbarung (§ 83) und das betriebliche Eingliederungsmanagement (§ 84). Darüber hinaus werden, insbesondere durch Krankenversicherungen gefördert, Formen der gesundheitsgerechten Beschäftigung entwickelt (DAK 2005, DVfR 2006).

Die Integrationsvereinbarung beruht auf einer vertraglichen Regelung zwischen der Schwerbehindertenvertretung des Betriebes und dem Arbeitgeber (Niehaus & Schmal 2005, 246–257). Beide Seiten können sich vom Integrationsamt beraten lassen, dem die Vereinbarung ebenso wie der Agentur für Arbeit zugestellt wird. Geregelt sind in der Vereinbarung für schwerbehinderte Arbeitnehmer die Personalplanung, einschließlich einer Frauenbeschäftigungsquote, Arbeitsplatzgestaltung, Arbeitsumfeld, Arbeitszeit und Durchführung der Vereinbarung. Auch Aspekte, wie z. B. die Ausbildung behinderter Jugendlicher oder Teilzeitarbeit oder Gesundheitsförderung, können aufgenommen werden.

Das betriebliche Eingliederungsmanagement bezieht alle Arbeitnehmer des Unternehmens mit ein, also behinderte und nicht-behinderte gleichermaßen. Voraussetzung für die Entwicklung besonderer Maßnahmen ist eine mindestens sechswöchige Arbeitsunfähigkeit. Stimmt der Arbeitnehmer einer Maßnahme zu, kann der Arbeitgeber, ggf. mit Beratung des Integrationsamtes und der betrieblichen Interessenvertretung, Hilfen einleiten. Dabei kann es sich um technische Unterstützung oder um arbeitsorganisatorische Alternativen zum Erhalt des Arbeitsplatzes und zur Vorbeugung von Arbeitsunfähigkeit handeln. Das Integrationsamt kann dieses Eingliederungsmanagement durch Prämien fördern.

Eine weitergehende Strategie verfolgen die Krankenversicherungen mit der betrieblichen Gesundheitsvorsorge. Auch dieser Ansatz bezieht alle Beschäftigten mit ein und setzt konsequent auf Prävention. Die Vorsorge soll strukturell angelegt sein, d. h. Organisation, Entscheidungsprozesse und Arbeitsabläufe sind einbezogen. Ebenso ist die Personalentwicklung wesentlicher Eckpunkt des Konzepts. Inwieweit sich dieser Ansatz in einer älter werdenden Gesellschaft „rechnet" und damit auch akzeptiert wird, bleibt zunächst noch offen. Voraussetzung für eine Umsetzung des Konzepts ist, dass Wirkungen nachzuverfolgen und messbar sind und dass Betriebe auch auf der Management-Ebene „lernende Organisationen" darstellen.

Ein neueres Konzept, das auch in Deutschland Betriebe erreicht, ist das Disability Management. Der Deutsch-Kanadier Zimmermann entwickelte vor rund zehn Jahren aufgrund der Erfahrungen mit der eigenen Behinderung nach einem Arbeitsunfall diesen Ansatz, der in kurzer Zeit weltweit Verbreitung fand. Der Hauptverband der Berufsgenossenschaften sieht im Disability Management eine Philosophie und Chance, eine Win-Win-Situation für alle Beteiligten – für die Rehabilitanden und Arbeitnehmer, die Betriebe, Versicherer, Ärzte – zu schaffen und über das von den Krankenkassen praktizierte Case-Management und das ärztliche Disease-Management hinauszugehen. Entscheidend ist, dass betriebliche Prävention und Rehabilitation und Wiedereingliederung in Arbeit gleichermaßen Teile des Konzepts sind. Aus einer Hand sollen die medizinischen, rechtlichen, psychologischen, sozialen Aspekte bei Unfallfolgen und bei Gesundheitsrisiken am Arbeitsplatz koordiniert werden. Nach Zimmermann (2004, 25) hat das Disability Management drei Schwerpunkte:

- Gesetzgebung
- Ökonomische Anreize und Strafen
- Arbeitsplatz-Fokus.

Das Internationale Arbeitsamt (ILO) hat 2001 einen Code of Practice (Leitfaden) zum Disability Management seinen Mitgliedsländern zur Anwendung empfohlen. Für ein erfolgreiches Durchführen des Konzepts werden von der ILO folgende Kriterien benannt:

- Programme zur Arbeitssicherheit, Prävention von Arbeitsunfällen
- Gesundheitsförderung und Wellness-Angebote unterstützt durch Betriebe
- Return-to-work Programme
- Sozialleistungen und Aktivitäten zur Wiedereingliederung, die belohnend wirken, statt den Behindertenstatus zu konservieren
- Eine von Arbeitnehmern und Betriebsleitung getragene Re-Integrationspolitik, die sich eng an Arbeitsplätzen orientiert, Schlüsselpersonen für das Disability Management benennt und eine entsprechende Unternehmenskultur entwickelt. (Zimmermann 2004, 29 f.).

Das Konzept deckt sich weitgehend mit den Vorstellungen des SGB IX und den Integrationsvereinbarungen und dem Eingliederungsmanagement, geht aber über innerbetriebliche Regelungen hinaus. In der Praxis haben vor allem Großunternehmen den Ansatz zuerst erprobt und ein Forum entwickelt, das Organisations- und Personalentwicklung verknüpft (Gassmann 2004, 39). So verfolgt die Ford AG die IMBA Methode (Integration von Menschen mit Behinderung in die Arbeitswelt), mit der eine Abkehr vom Defizit-Modell vorgenommen wird. „Die semiquantitativen Fähigkeits- und Anforderungsbeschreibungen und ihr Profilvergleich führten zu der Idee, alle erforderlichen betrieblichen Akteure unter der Leitung eines verantwortlichen Managers in einem Integrationsteam zusammenzubringen. [...] Für den Betriebsarzt bedeutete diese Teamstruktur einen Wandel seines Rollenverständnisses: Prävention, Rehabilitation und Integration wurden zu strukturierten betrieblichen Prozessen, in denen der Mediziner seine fachliche Führungsrolle nicht abgibt, sie aber stärker als *Beitrag* akzeptieren muss" (Knülle 2004, 55 f.). Auch in Klein- und Mittelunternehmen (KMU) erprobte die Bundesagentur für Arbeit modellhaft das Konzept des Disability Managements. Zwar sind die externen Partner von der Unfallversicherung bis hin zu Kammern und staatlichen Behörden bei Groß- und Kleinbetrieben gleich, das KMU-Projekt ergab aber einen spezifischen Bedarf unbürokratischer Verfahren bei dieser Betriebsgröße (ebd. 56, Schian 2004, 68).

Tab. 12: Betriebliches Disability Management

IMBA – Elemente Ford AG	IMBA – Anforderungen KMU
IMBA Team, Dokumentation, Assessments	Vereinfachung der Strukturen
Kooperation mit Sozialversicherungen, Integrationsämtern, Arbeitsagentur	nur 1 Ansprechpartner
Soziale Beratung, Unterstützung	Zuständigkeiten, rechtliche Fragen extern regeln und das Angebot aus 1 Hand den Betrieben darstellen
Weiterbildung, Training	vereinfachte Instrumentarien zur Arbeitsanalyse
Perspektive einer Lebensarbeitszeit	vereinfachte Instrumentatrien zur Fähigkeitserkennung
Frühwarnsystem	Transparenz und barrierefreier Zugang
Ergonomie	
Gesundheitsvorsorge, Betriebliche Gesundheitsförderung	
Reha- und Integrationsprozesse	
Kommunikation mit niedergelassenen Ärzten	

Quelle: Mehrhoff (Hrsg.) 2004, 56, 68

Die gewerblichen Berufsgenossenschaften unterstützen Unternehmen, um Gesundheitsrisiken am Arbeitsplatz präventiv zu vermeiden. Bildung ist nach Auffassung ihres Hauptverbandes (HVBG) eine wesentliche Komponente bei der Umsetzung betrieblicher Gesundheitsförderung. Ausgehend von den kanadischen Erfahrungen des National Institute of Disability Management and Research (NIDMR) mit einer modularisierten Ausbildung auf Bachelor- und Masterniveau sind vom HVBG die Rechte an den Curricula und Tests erworben worden und fließen in die Ausbildung von Sachbearbeitern, Case-Managern und Betriebshelfern ein, die mit einem Bachelor of Arts in Social Security Management abschließen (Mehrhoff 2004, 13–15).

Modellversuche, Projekte und Programme

In der beruflichen Bildung sind Modellversuchsprogramme seit Jahrzehnten ein wichtiges Instrument zur Entwicklung von Struktur und Qualität der Ausbildung (Ploghaus 1992). Während die betriebliche Ausbildung durch Wirtschaftsmodellversuche gefördert wird, können die Berufsschulen über die Bund-Länder-Kommission für Bildungsplanung und Forschungsförderung (BLK-Versuche) ihr Profil fortschreiben. Fragen der beruflichen Rehabilitation und der Integration bei Behinderung spielen dabei eine eher untergeordnete Rolle. Die EU forcierte in den 90er Jahren die Teilhabe behinderter Menschen durch das Horizon-Programm. Beispiele für die Förderung sind die „Hamburger Arbeitsassistenz", die frühen

IFD-Projekte oder das „Open Road Project" in Irland. Die Programme „Equal" – mit Bezug zur Arbeitsmarktintegration – und „Leonardo da Vinci", mit dem Bildung allgemein gefördert wurde, boten Möglichkeiten, auch Projekte bei Behinderung zu initiieren. Ein Beispiel dafür ist das Projekt „disabil IT y": Hier beteiligten sich verschiedene europäische Partner mit dem Ziel, besonders körperbehinderte Jugendliche mit Hilfe des Mediums „Neue Technologien" beruflich vorzubereiten. Drei Berufsbildungswerke in Deutschland entwickelten die Curricula, die von den anderen Partnerorganisationen erprobt, fortgeschrieben und evaluiert wurden. Darüber hinaus wurde ein Manual verfasst, also ein Handbuch für Ausbilder und Lehrer, um Rahmenbedingungen und methodische Vielfalt aufzuzeigen, um die Curricula zu ergänzen und die von Jugendlichen erstellten Medienprojekte zu dokumentieren (www.mediability.org).

Ein weiteres Beispiel ist der Modellversuch „Virtuelles Berufsbildungswerk", der mit schwer körperbehinderten Auszubildenden in den Einrichtungen Potsdam, Hannover und Neckargemünd durchgeführt wurde. Durch die Kombination von systematischem internetgestütztem Lernen mit Hilfe einer besonderen Lernplattform und Präsenzphasen, also dem Ansatz des Blended Learning, wurde es für die Auszubildenden möglich, Therapiezeiten und Lernen miteinander zu verbinden und dabei anspruchsvolle Berufsziele in kaufmännischen Branchen zu erreichen (Schröder 2006). Offensichtlich stellt Blended Learning ein Lern-Verfahren dar, das bei Schwerstbehinderten und bei mobilitätseingeschränkten Frauen gleichermaßen erfolgreich anzuwenden ist. So bieten z. B. Berufsförderungswerke für die Qualifizierung von Frauen eine tutorgestützte Lernplattform an, die es erlaubt, Familienbetreuung und Lernen aufeinander abzustimmen. Auch hier stehen kaufmännische Tätigkeiten im Vordergrund (BFW Dortmund 2007).

Die Bundesregierung legte 2004 das Programm „job" (Jobs ohne Barrieren) auf (BMAS 2007). Es handelt sich um eine Initiative für Ausbildung, Beschäftigung und Prävention bei behinderten Arbeitnehmern im Betrieb. An der Aktion beteiligen sich fast alle gesellschaftlichen Großorganisationen, die mit Arbeit, Erwerb oder Qualifizierung zu tun haben: Gewerkschaften, Verbände von Behindertenorganisationen, Integrationsämter, die Bundesagentur für Arbeit, die Bundesländer, Rehabilitationsträger usw. Die von der Regierung als erfolgreich eingestufte Initiative job wird fortgesetzt und mit dem neuen Programm „Job 4000" verbunden, das die individuelle Förderung von Ausbildung und Erwerbstätigkeit betont und Arbeitgeber für die Belange behinderter Menschen sensibilisieren will (BMAS 27.6.2007).

Ein Projektbeispiel des Programms „job" ist der Modellversuch V.A.M.B. von zehn Berufsbildungswerken in Kooperation mit der Metro-Gruppe (Verzahnte Ausbildung Metro Group mit Berufsbildungswerken). Kern des Konzepts ist die Verknüpfung von betrieblicher und außerbetrieblicher Ausbildung. Auszubildende der beteiligten Berufsbildungswerke können zehn Monate in den Märkten des Konzerns praktische Erfahrungen in den Bereichen Verkauf, Gastronomie und Lagerwirtschaft sammeln. Die Lernortkooperation beruht auf folgenden Kriterien:

- Kooperationsvertrag
- Gemeinsamer Ausbildungsplan, abgestimmt für die jeweiligen Lernorte und Berufe

Tab. 13: Institutionelles Geflecht für Leistungen zur Teilhabe am Arbeitsleben

Institutionelle Angebote

Betriebliche / Arbeitsplatzbezogene Maßnahmen

Präventive Maßnahmen
- Integrationsvereinbarung,
- behindertengerechte Arbeitsplatzgestaltung
- Umschulung
- Gesundheitsmanagement

Integrationsfirmen / I-projekte
- behinderte und nichtbehinderte Arbeitnehmer
- Zuverdienstfirmen
- Lohnzuschüsse

Arbeitslosenmaßnahmen & Berentung
- keine Erwerbsbeteiligung,
- mithelfende Familienangehörige
- 1 Euro-Jobs
- Projekte und Programme

Traditionelle Säulen der beruflichen Reha

BBW
- Berufsvorbereitung, BvB - Reha
- Jgdl. in anerkannter Ausbildung oder in Sonderausbildungsgängen n. § 666 GiBB
- Sonderberufsschule + Arbeitsbereiche

BFW
- Erwachsene Rehabilitanden
- Assessment, Vorbereitungslehrgang
- anerkannte Ausbildung oder arbeitsplatzbezogene Umschulung/Weiterbildung

WfbM / (Tagesförderstätten)
- schwere Behinderung und nicht a.d. allgem. Arbeitsmarkt vermittelbar
- Eingangsbereich
- Bereich Berufliche Bildung
- Arbeitsbereich
- Förderbereich für Schwerstmehrfachbehinderte (Arbeit als Therapie)

Neue Dienste für Leistungen zur Teilhabe am Arbeitsleben

IFD
- Vermittlung von schwerbehinderten Arbeitnehmern
- Berufsbegleitende Begleitung
- Beratung von Betrieben

BTZ / RPK
- psychisch kranke Arbeitnehmer
- Arbeitsplatzqualifizierung
- Praktika, ggf. Integrationsfirmen

UB & Arbeitsassistenz
- schwerbehinderte Arbeitnehmer
- Persönliches Budget für Assistenz
- ambulante Unterstützung (Job-Coaching, Arbeitsassistenz)
- Training on the Job

- Kompetenzanalyse mit dem Verfahren „Profil AC"
- Standardisierte Beurteilung der Praxisleistungen.

Wissenschaftlich begleitet wird das Vorhaben vom Institut für Berufs- und Wirtschaftspädagogik der Universität Hamburg (Wolfgang Seyd: www.vamb-projekt.de).

2.3   Benachteiligtenförderung

2.3.1   Verortung

Als weiteres Subsystem beruflicher Bildung ist seit 1980, zwischen der beruflichen Rehabilitation und dem Regelsystem verortet, die Benachteiligtenförderung (BNF) des Bundes entstanden. Dieses System ist einerseits mit dem Regelsystem durch ausbildungsbegleitenden Stützunterricht verbunden sowie durch den Anspruch, in betriebliche Ausbildung oder Arbeit vermitteln zu wollen, andererseits aber auch mit dem Subsystem Rehabilitation verknüpft, da die Zielgruppen nicht trennscharf abgrenzbar sind und seit 2006 ein reha-spezifisches Maßnahmeangebot im Rahmen der „Berufsausbildungsvorbereitung" eingeführt wurde. Dabei handelt es sich allerdings weitgehend um die Fortschreibung bisheriger Förder- und Eingliederungslehrgänge als Vorstufe zur Ausbildung in Berufsbildungswerken. Typisch für das Subsystem der Benachteiligtenförderung sind spezifisches Lehr- und Ausbildungspersonal, sozialpädagogisch orientierte Ausbildungskonzepte, eigene Finanzierungsregelungen, rechtliche Grundlagen, Organisationsstrukturen und Trägergruppen, aber auch eigene Legitimationsmuster und Kommunikationsformen. Damit wird eine in anderen europäischen Ländern bereits vollzogene Entwicklung nachgeholt (Bojanowski 2006, 341–359; Niemeyer 2005).

Neben dieser Form der Benachteiligtenförderung des Bundes wird parallel hierzu die Mehrzahl benachteiligter junger Erwachsener in beruflichen Schulen der Länder betreut. Vor allem in Jungarbeiterklassen, verschiedenen Formen des Berufsvorbereitungsjahres, einjährigen Berufsfachschulen und Berufsgrundbildungsjahren befinden sich zur Benachteiligtenförderung der BA vergleichbare Schüler, die meistens als „Jugendliche mit besonderem Förderbedarf" bezeichnet werden, während das Etikett „Benachteiligte" vor allem von den Arbeitsagenturmaßnahmen besetzt wird (LSW 1994). Ein dritter Komplex der Arbeit mit Benachteiligten ist in der Jugendberufshilfe bei den zuständigen Sozialämtern und Freien Trägern der klassischen Sozialpädagogik verortet. Es handelt sich um randständige Jugendliche, die meistens nicht als Benachteiligte, sondern entsprechend der Maßnahmen bezeichnet werden, z. B. Projekt für Schulmüde oder Delinquente (BMBF 2005, 56–58).

Die drei Bereiche der Arbeit mit benachteiligten Jugendlichen und jungen Erwachsenen sind rechtlich unterschiedlich gefasst, verfolgen auch unterschiedliche Ziele und weisen andere Traditionen und Kompetenzen auf. Für die Benachteiligtenförderung des Bundes tritt die Bundesagentur lediglich als vergebende Stelle regelnd und finanzierend auf, die Durchführungsträger der Maßnahmen sind als Freie Träger den Wohlfahrtsverbänden zuzuordnen. Im Prinzip können sich auch Vereine und andere Organisationen um die ausgeschriebenen Maßnahmen bewerben.

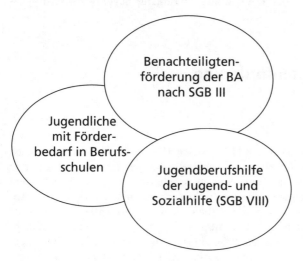

Abb. 14: Feld der Benachteiligtenförderung

2.3.2 Entwicklungsskizze

Die Benachteiligtenförderung des Bundes hat zwei Wurzeln: Sie entwickelte sich zum einen aus den Lehrgängen der Arbeitsverwaltung, die bereits in den 1920er Jahren von der Reichsanstalt initiiert wurden, wie z. B. das „Stuttgarter Anlernjahr", und die während der „Berufsnot der Jugend" in den 1950er Jahren den Lehrstellenmarkt entlasteten (Biermann & Kipp 1989). Vor allem von Funktionären des Handwerks wurden sie als „üble" Konkurrenz angesehen, so dass um 1970 lediglich 1.000 „arbeits- und ausbildungsunreife" Jugendliche in allen Lehrgangsformen bundesweit auf Ausbildung vorbereitet wurden. Im Zuge der Jugendarbeitslosigkeit und der Strukturkrise des Ausbildungssystems seit Mitte der 70er Jahre wuchs dann die Teilnehmerzahl rasch auf 40.000 und heute auf mehr als 100.000 jährlich an (BMBF: Berufsbildungsbericht 2006, 222 f.).

Der zweite Ursprung der Benachteiligtenförderung geht auf eine Initiative des Bundesbildungsministeriums (BMBW) zurück (Biermann 2007). 1980 legte das BMBW (heute: BMBF) einen kleinen Modellversuch zur Benachteiligtenförderung auf. Ziel war nachzuweisen, dass Jugendliche mit Förderbedarf regulär ausgebildet werden können. Um negative Etiketten für die Zielgruppen zu vermeiden und um auf die gesellschaftliche Bedingtheit ihrer Situation hinzuweisen, wurde die Gruppe als „Benachteiligte" bezeichnet. Entwickelt wurde eine „sozialpädagogisch orientierte Berufsausbildung" mit den Instrumenten „regulären Ausbildung" und „Stützunterricht" (BMBW 1992). Bis Mitte der 80er Jahre expandierte das Programm und im Zuge der Haushaltskonsolidierungen, also

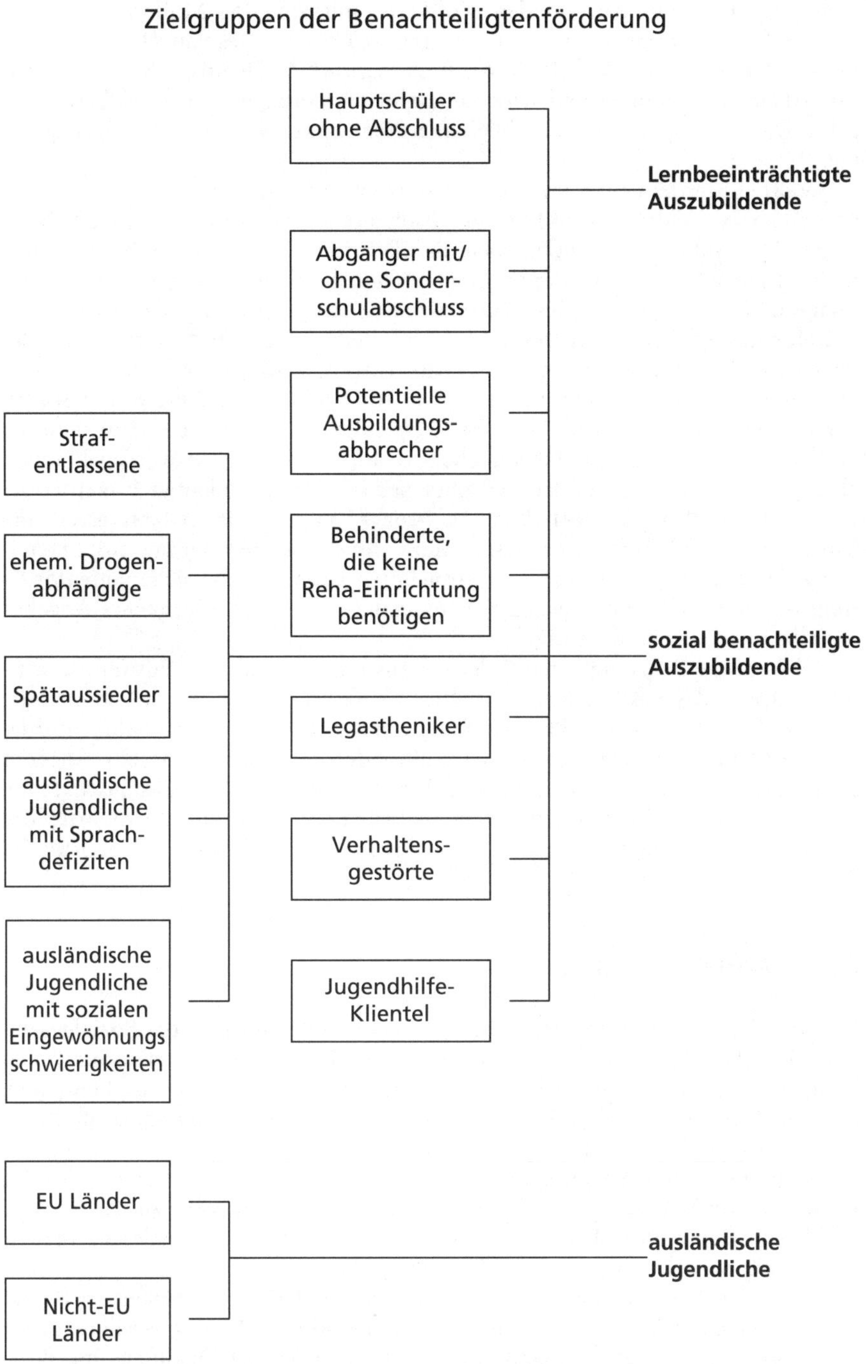

Zielgruppen der Benachteiligtenförderung

Hauptschüler
ohne Abschluss

**Lernbeeinträchtigte
Auszubildende**

Abgänger mit/
ohne Sonder-
schulabschluss

Potentielle
Ausbildungs-
abbrecher

Straf-
entlassene

Behinderte,
die keine
Reha-Einrichtung
benötigen

ehem. Drogen-
abhängige

**sozial benachteiligte
Auszubildende**

Spätaussiedler

Legastheniker

ausländische
Jugendliche
mit Sprach-
defiziten

Verhaltens-
gestörte

ausländische
Jugendliche
mit sozialen
Eingewöhnungs
schwierigkeiten

Jugendhilfe-
Klientel

EU Länder

**ausländische
Jugendliche**

Nicht-EU
Länder

Abb. 15: Zielgruppen der Benachteiligungsförderung nach SGB III

nicht aus pädagogischen Gründen, wurde das mit rund 250 Millionen Euro aus Steuern finanzierte Modellversuchsprogramm 1987 als Regelangebot in die Arbeitsförderung (§ 40 c AFG 1969) der Bundesanstalt und heutigen Bundesagentur für Arbeit übernommen und wird nunmehr aus Beiträgen der Versicherten bezahlt. Das Bildungsministerium blieb allerdings in konzeptionellen Fragen beteiligt.

Während in der ersten Phase des Modellversuchs benachteiligte Jugendliche erfolgreich betriebliche Ausbildungen absolvierten, gelang es den Freien Trägern in den 90er Jahren die Maßnahmen als „Berufausbildung in überbetrieblichen Einrichtungen" (BüE) zu monopolisieren und damit die betrieblichen Ausbildungsanteile in eigene Regie zu übernehmen. Als Instrument blieben aber die ausbildungsbegleitenden Hilfen (abH) für „Betriebslehrlinge" bestehen. In der überbetrieblichen Ausbildung der Freien Träger wurde die sozialpädagogisch orientierte Berufsausbildung im Team von Ausbildern, Stützlehrern und Sozialpädagogen fortgeschrieben. Auch die Zielgruppe für BüE blieb mit Ausländern und sozial benachteiligten Jugendlichen identisch, einbezogen werden konnten aber auch Lernbehinderte oder Legastheniker. Die wenig eindeutige Etikettierung „Benachteiligte" wird beibehalten. Als benachteiligt gilt der Arbeitsverwaltung jemand, der eine berufsvorbereitende Maßnahme absolviert hat und trotz Bemühen keine betriebliche Ausbildung aufnehmen kann. Die Benachteiligtenförderung soll eine zielgruppenspezifische Maßnahme und kein allgemeines Angebot für arbeitslose Jugendliche sein.

Obwohl die Benachteiligtenförderung aus unterschiedlichen Positionen institutioneller, pädagogischer und politischer Kritik unterzogen wurde – Einleitung von Maßnahmekarrieren, Benachteiligung innerhalb der Benachteiligtenförderung, Kompensationspädagogik, systemfremdes interventionistisches Angebot im Dualen System – , stellten BA und Freie Träger in ihrer Selbsteinschätzung die Benachteiligtenförderung pauschal als Erfolg dar, sogar als Systemvorteil des deutschen Ausbildungssystems (vgl. Zielke 1999, 28–32; Pütz 1993; Kutscha 2004).

2.3.3 Angebotsstruktur

Die Maßnahmestruktur der Benachteiligtenförderung wurde in das Sozialgesetzbuch Teil III – Arbeitsförderung aufgenommen. Neben die bereits vorhandenen berufsvorbereitenden Angebote – testen, informieren, probieren (tip), Lehrgänge zur Verbesserung der beruflichen Bildungs- und Eingliederungschancen (BBE), Förderlehrgänge (F 1–F 3), Grundausbildungslehrgänge (G) – treten die Instrumente der Benachteiligtenförderung in der Berufsausbildung (abH und BüE/BaE), wobei aus der BüE, offensichtlich wegen der sprachlichen Nähe zu den überbetrieblichen Zentren der Handwerkskammern, heute die BaE wurde, die Berufsausbildung in außerbetrieblichen Einrichtungen.

Unter den Gesichtspunkten von Effektivität und Effizienz forcierten BMBF und BA gemeinsam ein neues Konzept, das individuelle Bildungsverläufe an die Stelle von Maßnahmen setzt und dabei Dauer und Art der Qualifizierung flexibilisiert (BMBF 2003). Parallel hierzu ist die Kontroverse um Modulausbildungen in Deutschland zu sehen (Schmidt 1997, 42; Zedler 1997, 42 f.), deren Befürworter diese Ausbildungsform in der nachträglichen Qualifizierung erwachsener Ungelernter (Kloas & Selle 1994) sowie in einem Modellversuch zu Qualifizierungsbausteinen (Seyfried 2002; Winter 2006, 57–74) erprobten. Im Herbst 2004 führte die BA noch vor Ablauf des Modellversuchs ein neues Fachkonzept für die berufsvorbereitenden Bildungsmaßnahmen (BvB) als eine Variante der in den „Hartz-Gesetzen" 2002 verankerten Berufsausbildungsvorbereitung ein und ersetzte die bisherigen BA-Angebote (BMBF 2005; BA 2004/06). Neben der Individualisierung von Bildungsverläufen soll mit dem Konzept sowohl in der Vorbereitung als auch in der Berufsausbildung (BaE) der Lernort Betrieb zurückgewonnen werden (BMBF: Berufsbildungsbericht 2006, 229).

Berufsausbildungsvorbereitung (BvB)

Die Berufsausbildungsvorbereitung folgt dem „Neuen Fachkonzept" der BA, mit dem seit 2006 die BvB in „allgemeine" und „rehaspezifische" Maßnahmearten differenziert wird, wobei das BIBB kritisiert, dass es sich bei der BvB nur um einen Teilbereich der im Berufsbildungsgesetz vorgesehenen Ausbildungsvorbereitung handelt (Zielke 2004, 43–47). Weitere Maßnahmen beziehen sich auf den nachträglichen Erwerb des Hauptschulabschlusses sowie auf eine blindentechnische Grundausbildung. Die kombinierten Betriebspraktika (AQJ = Arbeit und Qualifizierung für (noch) nicht ausbildungsgeeignete Jugendliche) wurden nach zwei Jahren dagegen aus den Leistungen des SGB III gestrichen, offensichtlich weil im Rahmen des Nationalen Ausbildungspakts mit dem Instrument der betrieblichen Einstiegsqualifizierung Jugendlicher (EQJ) hinreichend betriebliche Praktika – ca. 40.000 – bereitgestellt werden (BMBF: Berufsbildungsbericht 2006, 25).

Zielgruppen der Benachteiligtenförderung in der Berufsvorbereitung sind die Jugendlichen unter 25 Jahren, die unabhängig von der erreichten Schulbildung ohne berufliche Erstausbildung sind und folgende Merkmale aufweisen (§ 61 SGB III):

- noch nicht berufsreife Jugendliche
- Lernbeeinträchtigte
- Junge Menschen mit Behinderung
- Un- und Angelernte
- Sozial Benachteiligte
- Junge Menschen mit Migrationshintergrund
- Jugendliche, deren Ausbildungs- oder Arbeitsmarktchance durch die weitere Förderung erhöht werden kann (BMBF: Berufsbildungsbericht 2006, 221).

Auf der Grundlage einer i. d. R. zweiwöchigen Eignungsanalyse und dem Ergebnis einer Qualifizierungsvereinbarung soll eine sechsmonatige Grundstufe allgemein beruflich orientieren sowie den Baustein „Medienkompetenz" vermitteln. Bereits im Anschluss ist ein Übergang in betriebliche Ausbildung oder Arbeit möglich, andernfalls schließt sich eine ebenfalls sechsmonatige Förderstufe an, in der aus Ausbildungsberufen abgeleitete Qualifizierungsbausteine mit einem Zertifikat nach der „Berufsausbildungsvorbereitungs-Bescheinigungsverordnung" (BAVBVO 2003) abgeschlossen werden sollen. Diese Phase kann bei Behinderung flexibel auf bis zu 18 Monate erweitert werden. Während der Qualifizierungssequenzen sind eine kontinuierliche Bildungsbegleitung und ergänzende Hilfen, bei Behinderung eine Nachbetreuung vorgesehen. Betriebliche Praktika werden als besonders wichtig für eine realistische Vorbereitung auf den Arbeitsmarkt angesehen. Die rehaspezifische Ausrichtung besteht vor allem in der Möglichkeit, wohnortnahe Maßnahmen vorzusehen, die Förderdauer flexibel zu gestalten und, je nach Ermessen der örtlichen Arbeitsagentur, einen besseren Personalschlüssel anzubieten (INBAS 2006).

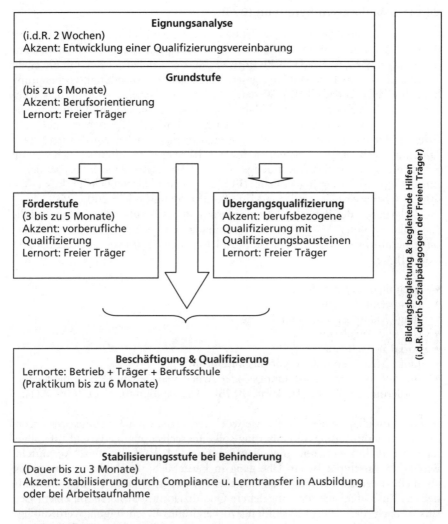

Abb. 16: Neue Förderstruktur der Berufsvorbereitenden Bildungsmaßnahmen
Quelle: BA 2004/06

Berufsausbildung in der Benachteiligtenförderung

Zielgruppe der Förderung auf der Basis des SGB III (§§ 235, 240–247) sind Auszubildende mit schulischen Defiziten oder sozialen Problemen, die eine besondere Unterstützung benötigen, um eine Berufsausbildung zu beginnen, fortzusetzen oder erfolgreich abzuschließen. Darüber hinaus soll im Anschluss an die geförderten Maßnahmen das Beschäftigungsverhältnis gefestigt werden. Instrumente dieser Benachteiligtenförderung sind:

- ausbildungsbegleitende Hilfen (abH)
  Die Förderung besteht in einem, die reguläre betriebliche Ausbildung begleitenden Stützunterricht durch Freie Träger und in einer sozialpädagogischen Begleitung der Jugendlichen.
- Berufsausbildung in außerbetrieblichen Einrichtungen (BaE – integrativ)
  Hierbei handelt es sich um eine Qualifizierung durch einen Freien Träger, die durch betriebliche Praktika ergänzt wird. Außerdem sind von vornherein ausbildungsbegleitende Hilfen (abH) vorgesehen in Verbindung mit sozialpädagogischer Begleitung.
- Berufsausbildung in kooperativer Form (BaE – kooperativ)
  Die Organisation ist angelehnt an das Duale System und bezieht neben dem Ausbildungsvertragspartner ggf. weitere Bildungsträger sowie Betriebe als Lernort für die Berufspraxis ein. Auch hier sind abH und sozialpädagogische Begleitung vorgesehen.
- Übergangshilfen
  Sie können bei einem Abbruch der Ausbildung oder im Anschluss an eine Ausbildung vorgesehen werden.
- Aktivierungshilfen
- begleitende Eingliederungshilfen im Betrieb
  Bei Aufnahme des Arbeitsverhältnisses können Stützunterricht und sozialpädagogische Begleitung fortgeführt werden.

Insgesamt fördert die BA mit einem Volumen von rund einer Milliarde Euro mehr als 100.000 Jugendliche jährlich, davon ca. zwei Drittel in den ausbildungsbegleitenden Hilfen und ein Drittel in der Berufsausbildung in außerbetrieblichen Einrichtungen. Frauen und ausländische Jugendliche sind unterrepräsentiert. Die Vermittlungsquote in sozialversicherungspflichtige Arbeit liegt sechs Monate nach der BaE-Maßnahme unter 25 % (BMBF: Berufsbildungsbericht 2006, 226).

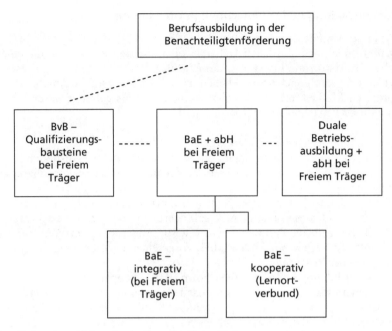

Abb. 17: Berufsausbildung in der Benachteiligtenförderung

2.3.4 Neue Tendenzen

Ein neues Element der Benachteiligtenförderung ist das vom BMBF aufgelegte Programm „Kompetenzen fördern – Berufliche Qualifizierung für Zielgruppen mit besonderem Förderbedarf (BQF)". Ziel ist die strukturelle und qualitative Weiterentwicklung der Benachteiligtenförderung unter den Aspekten Effizienz und Zielgruppenorientierung. 136 Vorhaben werden von einem koordinierenden Projektträger (Deutsches Zentrum für Luft- und Raumfahrt) vernetzt, wobei Gender- und Cultural Mainstreaming als Prinzipien allen Projekten zugrunde liegen. Dabei dienen vier Entwicklungsplattformen der Ergebnissicherung und dem Transfer (BMBF: Berufsbildungsbericht 2006):

1. Gewinnung des Lernortes Betrieb
2. Kompetenzentwicklung vor dem Übergang Schule – Berufsbildung
3. Individuelle Förderung
4. Netzwerkbildung.

Die Ergebnisse und Beispiele werden durch Newsletter, Fachtagungen und eine gesonderte Datenbank im Bundesinstitut für Berufsbildung „Good-Practice-Center Benachteiligtenförderung" (GPC) in der Fachöffentlichkeit verbreitet. Im GPC-Portal ist eine Datenbank zu Qualifizierungsbausteinen enthalten, die auch in der Berufsvorbereitung eingesetzt werden. Die Länder beteiligen sich inzwischen ebenfalls an der Entwicklung von Qualifizierungsbausteinen, „dualieren" ihre Berufsvorbereitung oder „modularisieren" die Angebote und dokumentieren online im Rahmen der GPC ihre Programme und Projekte (www.laenderaktiv.good-practice.de). Als Folgerung aus den bisherigen Programmen legte das BMBF 2007 die Initiative JOBSTARTER mit dem Motto auf: Für die Zukunft ausbilden. Ziel ist vor allem eine bessere regionale Versorgung Jugendlicher mit betrieblichen Ausbildungsplätzen, ein optimiertes Matching von Angebot und Nachfrage, die Strukturentwicklung durch Stärkung der regionalen Verantwortung. Ausbildung wird als nachhaltiger und intelligenter Teil von Wirtschaftsförderung gesehen.

2.3.5 Bilanz

Bilanziert man die Benachteiligtenförderung, so ist festzustellen, dass sich innerhalb von 25 Jahren aus einem punktuellen Konzept ein Segment für eine Zielgruppe zwischen Regelausbildung und Rehabilitation entwickelt hat, das hinsichtlich der Zielgruppen, Instrumente und Zuständigkeiten nach Verwaltungskriterien gesteuert wird. Aus der Verankerung der Berufsvorbereitung als eigenständige Aufgabe im Berufsbildungsgesetz entsteht allerdings noch kein Rechtsanspruch für Jugendliche auf ein solches Angebot und noch keine dauerhafte Etablierung von entsprechenden Trägern. Bund und Länder stimmen ihre Kompetenzen in dieser Frage nicht zugunsten eines Förderkonzepts für alle Jugendlichen ab, so dass ein Dschungel von Maßnahmen unter dem Etikett „Förderung" entstanden ist. Die fehlende Koordination wird besonders am neuen Fachkonzept der Bundesagentur für Arbeit deutlich, weil die Flexibilisierung von Qualifizierungselementen nicht in Einklang mit betrieblichen wie berufsschulischen Organisationsformen zu bringen ist. Auch wurde die ursprüngliche Heterogenität der Zielgruppen (BA 2004/06), die eine Behindertenquote von 25 Prozent beinhaltete, bei der Fortschreibung des Konzepts 2006 durch eine äußere Differenzierung in allgemeine und rehaspezifische Maßnahmen aufgegeben. Damit teilen sich Rehabilitationsträger und eher sozialpädagogisch ausgerichtete Freie Träger den „Bildungsmarkt" für Benachteiligte.

2.4 Neue Handlungsfelder – Thesen zur Diskussion

2.4.1 Vom deutschen Berufsbildungssystem zum europäischen Qualifizierungsrahmen

Das Handwerk, eingebettet in die Bismarcksche National- und Sozialstaatspolitik, wurde zur Lernstätte der Nation, während die Industrie, vor allem im technisch-gewerblichen Bereich, lediglich fachliche Eliten qualifizierte. Heute befindet sich dieser etablierte deutsche Sonderweg der Berufsbildung in einem Prozess der Erosion. Staatliche Interventionen versuchten zwar in der letzten Phase dieses

Zeitleiste & Intervention / Segmente	1970 Reformen: BBiG, AFG "Berufsausbildung für alle"	1975 Jugendarbeitslosigkeit Maßnahmen, Appelle	1990 Ausbildungsplatzprogramm Ost+ JUMP Transfer	heute Ausbildungspakt neu: BBiG, SGB IX Differenzierung
Berufliche Bildung: Regelsystem				
1. dual: Betrieb + Teilzeitberufsschule	Erstausbildung + Sonderformen für Behinderte Modernisierung: BGJ + Sek.II (Kollegstufe) Berufsgrundbildungsjahr (BGJ) (BGJ 1. Jahr der regulären Ausbildung)	Modernisierung "Neuordnung"		Elite-Berufe 2-j. Berufe BGJ (Schule)
2. Berufsfachschulen (privat/öffentl.) (BFS Vollzeit 1 – 3 Jahre)	Berufsfachschulen (BFS)	Sonderformen des BGJ / BVJ (je nach Land) real: BGJ als Auffangmaßnahme für Arbeitslose real: BFS als Auffangmaßnahme für Ausbildungssuchende		BFS (Schule) mit/ohne Berufsabschluss
Benachteiligtenförderung				
1. Ungelerntenbeschulung Jungarbeiterpädagogik in der Teilzeitberufsschule Status im Betrieb: Ungelernter Arbeiter, arbeitslos, mithelfende Familienangehörige	3-jährige Teilzeitberufsschule	1-jährige Vollzeitbeschulung	BVJ je nach Land: (i.d.R. Ende Schulbesuch)	(Anschlussmöglichkeit) Praktika: EQJ (Betrieb) BVJ (Schule)
2. BA -Lehrgänge "Ausbildungsunreife" bei Freien Trägern	Lehrgänge zur Förderung der Berufsreife / Verbesserung der Eingliederungsmöglichkeiten Grundausbildungslehrgänge		S GB III -Lehrgänge: BBE, F 1-3, G, Tipp	
3. BMBF-Modellversuche Benachteiligte bei Freien Trägern			BA-Benachteiligtenförderung - Berufsvorbereitung - ausbildungsbegleitende Hilfen (abH) - Berufsausbildung in außerbetriebl. Einrichtungen (BaE)	BA: neues Fachkonzept: BvB : Module/ Qualifizierungs- bausteine abH + BaE
Reha-Netzwerk Freie Träger	BBW für Jugendliche BFW für Erwachsene Werkstätten (WfB) (BMAS -Aktionsplan)	bundesweite Institutionalisierung	Ausbau neue Länder: BBW, BFW, WfbM Modellversuche als Alternative zur WfbM	BvB-Reha BBW, BFW, WfbM BTZ/RPK IFD, UB Arbeitsassistenz Persönl. Budget

Abb. 18: Entwicklung der Berufsbildungssegmente

106

traditionellen Berufsbildungssystems noch durch Reformen einen Bildungsanspruch analog zum allgemeinen Bildungssystem zu verankern, scheiterten aber und hinterließen Reformruinen, die zur weiteren Verästelung der Bildungslandschaft beitrugen: Berufsgrundbildungsjahr, Sonderformen der Berufsvorbereitung, berufliche Oberstufen oder Kollegs. Dabei führte jede pädagogisch intendierte Verbesserung der Ausbildung zugleich zum Ausbau von Subsystemen, dem für benachteiligte und dem für behinderte Auszubildende. Da die Risikogruppe um ein Vielfaches größer ist als die Zahl der in den Subsystemen aufgenommenen Jugendlichen, wurde verwaltungslogisch und tautologisch festgelegt, dass nur diejenigen, die diese Maßnahmen besuchen, ihrer auch bedürfen. Dabei sei kein Subsystem entstanden, sondern eine Stabilisierung des Regelsystems durch Entlastung von Problemfällen. Der deutsche Sonderweg auch in der Sozialpolitik sicherte denen, die an den Subsystemen teilhaben konnten, privilegierte Lernbedingungen und eine bevorzugte Vermittlung in Arbeit. Sowohl die berufliche Rehabilitation als auch die Benachteiligtenförderung sind sozialstaatlich umfassend alimentiert und teilen das öffentlich finanzierte Budget auf etablierte Verbände und neu entstandene Organisationen auf.

Dem Dualen System, oft mit dem deutschen Berufsbildungssystem schlechthin gleichgesetzt, gelang es über einen fast hundertjährigen Zeitraum und zusammen mit beruflichen Vollzeitschulen, heterogene Schul-Entlassjahrgänge junger Erwachsener zu absorbieren und sozial zu platzieren. Während einer kurzen Zwischenphase von etwa zehn Jahren stellten dann die Wirtschaftsrepräsentanten, assistiert von Gewerkschaften, das Berufsbildungssystem mit der so genannten Neuordnung auf den Kopf. Aus der industriellen Lehrwerkstatt entstand das Qualifizierungszentrum und selbst die Arbeitsplätze im Handwerk und im kaufmännischen Bereich wurden durch auftragsbezogenes, prozessorientiertes Lernen pädagogisch akzentuiert. In der Phase der globalen Ausrichtung der Wirtschaft folgte die Personalstrategie dem Motto: Qualifizierung als Prognoseersatz, um die Human-Ressourcen für die Behauptung in der internationalen Konkurrenz bereitzustellen. Im Vergleich zur Genese des deutschen Berufsbildungssystems stehen die neuen Qualifizierungsformen seitens der Wirtschaft unter einem rigiden ökonomischen Kalkül und nicht mehr in erster Linie unter einem Bildungsgebot. Das Leitbild vom emanzipierten Arbeiter, der bei flachen betrieblichen Hierarchien eigenständig qualifizierte Facharbeit zu leisten vermag, dabei auch die Arbeitsbedingungen reflektiert und humanisierend gestaltet, ist der allseits verfügbaren, flexibel einsetzbaren personellen Ressource gewichen und international verteilte Kern- und Randbelegschaften stabilisieren die Arbeitsorganisation in den Unternehmen.

Berufsbildungspolitik ist heute dadurch gekennzeichnet, dass sie nicht mehr in das Berufsbildungssystem durch Reformen interveniert, sondern lediglich das exekutiert, worauf sich die Sozialpartner einigen können. Als „strukturelle Weiterentwicklung der Berufsausbildung" führt der Berufsbildungsbericht u. a. Schwerpunkte an, wie 2-jährige Berufe, separate Maßnahmen für behinderte und benachteiligte Auszubildende oder von Verbänden vermutete Bedarfe, z. B. für die Kurier-, Express- und Postdienstleistungsbranche oder für die Tourismus- und Freizeitwirtschaft (BMBF: Berufsbildungsbericht 2006, 191 ff.). Politiker überdecken die fehlende Gestaltung und appellieren, über Bedarf auszubilden und den Lernort Betrieb zurückzugewinnen. Von den Jugendlichen wird dabei gefordert, sich flexibler zu verhalten und Ansprüche an Ausbildung zurückzuschrauben. Eine Lösung aller Probleme erhofft man sich vom demografischen Rückgang nach dem Jahr 2010 und von der Perspektive eines europäischen Zertifizierungssystems. Allgemein wird eine Erhöhung der Attraktivität beruflicher Bildung von den EU-Bildungsministern gefordert, wobei die Befriedigung von Arbeitsmarkterfordernissen einerseits und die Verknüpfung mit dem Hochschulbereich andererseits angestrebt werden (ebd., 318 ff.). Charakteristisch für die Gestaltung eines Bildungsraums und transnationalen Arbeitsmarktes ist der seit 2005 beratene Europäische Qualifizierungsrahmen (EQR) bzw. European Qualifications Framework (EQF).

„Mit dem EQR ist die Zielsetzung verbunden, eine auf alle Bildungssysteme in Europa anwendbare gemeinsame Beschreibung von Qualifikationen zu entwickeln. Tragendes Prinzip des EQR ist die Orientierung an Lernergebnissen, welche definiert werden als die im Rahmen eines Bildungsgangs, durch Berufserfahrung oder auf informellem Wege erworbenen Kenntnisse, Fertigkeiten und Kompetenzen. Aussagen über Ausbildungsdauer, -ort und -form spielen explizit keine Rolle." (ebd., 321).

Auf acht Stufen werden Kompetenzen definiert, wobei die nationalen Qualifikationslevel beibehalten, aber der Achterskala des EQF zugeordnet werden. Es handelt sich zwar um ein Referenzsystem mit empfehlendem Charakter, aber bei einem europäischen Arbeitsmarkt dürfte seine Bedeutung als Vergleichsstandard faktisch zunehmen. Nicht nur Lernorte, Erst- und Weiterbildung, Ansprüche aufgrund von einmal erworbenen Zertifikaten verlieren ihre Bedeutung, sondern auch Beruflichkeit und Ganzheitlichkeit sind nicht mehr Kern von Ausbildung und Grundlage der Arbeitsorganisation. Sie werden ersetzt durch ein additives horizontal wie vertikal differenziertes Schema. Das Programm des lebenslangen Lernens und die Verbindung von Hochschul- und Berufsbildung führen besonders über und unterhalb des Facharbeiterniveaus zu Veränderungen. Die mittleren Kompetenzstufen der bisherigen Techniker und Meister werden von zwei Seiten in Frage gestellt. Einerseits öffnen sich Hochschulen mit den Bachelorausbildungen nach „unten", allerdings ohne die arbeitsplatzbezogene Fachkompetenz vermitteln zu können, andererseits eröffnen Bildungsangebote der Wirtschaft eine Spanne von Trainings bis zum mittleren Management. Auch der Semi-Skilled Worker wird in Deutschland wieder auf Anlernniveau etabliert. Die neuen, zurzeit noch 2-jährigen Ausbildungsberufe sollen eigentlich „praktisch Begabten" ebenfalls eine Qualifizierungschance eröffnen, allerdings besteht auch hier der Trend zur Bestenauslese, so dass Legitimation und Realität sich widersprechen.

Die Vertreter der Subsysteme reagieren auf die Erosion in der Berufsbildung eher passiv und mit zeitlicher Verzögerung und versuchen mit einer Modifizierung der Bildungsansprüche, die Subsysteme als Wert an sich zu retten. So geht es in der Benachteiligtenförderung zunächst um den Nachweis der Ausbildbarkeit der Jugendlichen und nicht um das Generieren von Ausbildungsplätzen, also einer Verkehrung von Ursache und Wirkung. Diskutiert wird die „Ausbildungsreife" von Jugendlichen, nicht aber eine reguläre berufliche Bildung für alle. Auch die Rehabilitationsträger wollen über einen Sonderweg in das Beschäftigungssystem einfügen, bei verknappten Erwerbschancen mit einem für Sonderpädagogen typischen Reflex: Anspruch und Niveau der Ausbildung sollen reduziert werden, Baukästen oder Module flexibel und individuell die Suche nach Arbeitsmarktnischen erleichtern. Das Einfügen der Klientel in Arbeit – orientiert am vermeintlichen Bedarf der Betriebe – gilt auch für die ambulanten Formen der Unterstützten Beschäftigung und Arbeitsassistenz. Im Grunde passen die Qualifizierungsangebote der Subsysteme reibungslos in das EU-Konzept von modularisiertem Training mit einem additiven Zertifikatssystem.

2.4.2 Vom Qualifizierungszentrum zum Profitcenter

Im Dualen System sind die gut ausgestatteten und auf Effizienz ausgerichteten Zentren für Erstausbildung und Weiterbildung durch die Entwicklung der Bildungsträger zu Bildungsfirmen mit weitgehender Autonomie in der Veränderung begriffen. Die pädagogische Renaissance betrieblicher und inzwischen auch berufsschulischer Ausbildungsformen in Qualifizierungszentren, die Entwicklung von Modellversuchen zum Arbeitsprozesslernen, zum Problem- und Transferwissen durch Projekte, auftragsbezogenes Lernen durch Juniorfirmen und Produktionsschulen steht heute nur noch einer Minderheit von Auszubildenden offen, obwohl die Standards der Neuordnung formal für alle gelten. Allein durch die Beschränkung der Ausbildungskapazitäten erfolgt eine Eliteorientierung in der Ausbildung. Die Qualifizierungszentren als Manifestation einer Pädagogisierung der betrieblichen Ausbildung werden im Zuge der Ökonomisierung der Human Ressourcen zur Historie und verändern sich hin zum Profitcenter und zu virtuellen rentablen Bildungsanbietern.

Die meisten großen Unternehmen haben im letzten Jahrzehnt ihre bisher eigenständige Lehrlingsabteilung mit den Lehrwerkstätten und hauptamtlichen Ausbildern zu eigenständigen Bildungsfirmen outgesourct und den traditionellen Auftrag der Erstausbildung um Berufsvorbereitung, Weiterbildung und Anpassungsqualifizierung erweitert. Auch die Akquise von Projekten und Mitwirkung in Programmen der EU, der Länder oder Stiftungen gehört zum Selbstverständnis eines flexiblen und kostenbewussten Bildungsanbieters. Leitbild ist nicht ein idealisierter Bildungsauftrag, z. B. mitdenkende und loyale Facharbeiter für das Unternehmen zu gewinnen, sondern die Orientierung an ökonomischen Vorgaben. Damit spaltet sich auch das Ausbildungspersonal in Kern- und Randbelegschaften.

Während sich bei der Umsetzung der Neuordnung eine Polarisierung zwischen Elite-Ausbildungen und eher einfachen, praxisbetonten Ausbildungsgängen abzeichnete, ist beim Schritt zum Profitcenter und zur Bildungsfirma die Qualifizierung von behinderten Auszubildenden eingeschlossen. Sie ist lediglich eine Frage des Auftraggebers und Kostenträgers, der ggf. auf der Grundlage von Gutachten, Assessmentverfahren, arbeitsmedizinischer Untersuchung, Art und Umfang der Qualifizierung festlegt sowie über die Vergabe des Auftrags bestimmt.

Bildungsreisen, Bildungsmessen, Tagungen, Projekt-Evaluationen, Entwicklungshilfe, Rehabilitation werden ebenso als Produkt und Dienstleistung durchgeführt wie Erstausbildung oder Anpassungsqualifizierung. Die Refinanzierung der Träger ist eine zentrale Aufgabe des Bildungsmanagements. So bietet der gleiche Bildungsträger Maßnahmen zur Berufsvorbereitung für Jugendliche ohne Schulabschluss an, gleichzeitig die Ausbildung von HOGA-Fachkräften im Service oder eine Zusatzausbildung zum Makler für arbeitslos gemeldete Juristen oder eine Fortbildung von Fach- und Führungskräften aus Drittländern.

Flexibilität und Orientierung am regionalen Markt sind die zentralen Eckpunkte und nicht ein durch ein Schulgesetz verfügter allgemeiner Bildungsauftrag. Die Einrichtungen arbeiten oft dezentral, sind aber mit Blick auf möglichen Bedarf und zu akquirierende Aufträge mit anderen transnationalen Trägern vernetzt und als Bietergemeinschaft organisiert. Pädagogisch sind die Bildungsfirmen Alleskönner und keiner Pädagogikkonzeption verpflichtet, wie z. B. der Handlungsorientierung, die bei der Neuordnung in Tarifverträgen vergeblich gesichert wurde. Die Bildungsfirmen sind meistens auch Weiterbildungsträger, selbst wissenschaftliche Begleitungen und Evaluationen gehören inzwischen zu ihrem Aufgabenfeld. Bezogen auf die „Bildungskunden" ist es möglich, ohne Übernahmeverpflichtung der Ausgebildeten zu arbeiten, andererseits aber diejenigen, die von Unternehmen gewünscht sind, mit Bindungsklauseln zu verpflichten.

2.4.3 Aktueller Trend der Lernortentwicklung: Netzwerke

Im pädagogischen Bereich ermöglichen die EU-Programme eine finanzielle Förderung von nicht staatlichen Trägern, nationale Agenturen steuern die Umsetzung. Dabei findet eine europaweite Entwicklung zu so genannten Netzwerken in der sozialen Arbeit statt. Forciert werden EU-Programme zur Modernisierung der Berufsbildung und zur Arbeitsmarktförderung unter dem Motto des lebenslangen Lernens. Durch Tagungen, Publikationen oder Good-Practice-Beispiele in Internetdatenbanken werden die einzelnen Projekte vernetzt. Der Trend geht in den 2007 aufgelegten EU-Programmen weg vom Einzelprojekt und hin zum umfassenden Programm, das allerdings dann nur große überregional agierende Träger leisten können. Auch das Bundesbildungsministerium sowie die Bundesagentur für Arbeit fordern für Maßnahmen zur Teilhabe am Arbeitsleben die Mitarbeit in Netzwerken. Um nicht durch die Vergabepolitik, die die Bildungsträger nicht beeinflussen können, existenzielle Risiken auf sich nehmen zu müssen, bilden sich neben den großen überregionalen Bildungsanbietern vor Ort Bietergemeinschaften und Netzwerke heraus. Für die Kostenträger ist die Konkurrenz der Durchführungsträger durchaus von Vorteil. Bei der „Marktbereinigung" werden kleine Träger verdrängt oder als verfügbare Subunternehmer für Teilprojekte eingebunden. Als Beispiel für ein regionales Netzwerk kann die aus 13 Trägern (Untergliederungen von Diakonie, Caritas, AWO, DPVW, Alternativprojekten) bestehende Initiative sozialgewerblicher Betriebe (ISB) in Dortmund gesehen werden mit einer Auftragspalette vom Profiling bis zur Schuldnerberatung, vom Förderlehrgang für psychisch kranke Jugendliche bis zum Sprachkurs für Aussiedlerinnen, mit netzinternen Praktika und „Ketten-Vermittlungen" in formal eigenständige Einrichtungen. Tatsächlich aber – und damit stellt die ISB keine Ausnahme dar – handelt es sich nicht um ein echtes Netzwerk, sondern um einen Trägerverbund der Geschäftsführungen zur Akquise von Aufträgen in der beruflich-sozialen Arbeit.

Aber auch internationale Unternehmen bilden Netzwerke im Sinne einer Win-Win-Situation, z. B. um angesichts globaler Aktivitäten den Bedarf an standardisierten Qualifikationen in Ländern mit anderen, meist schulischen Ausbildungstraditionen, abzudecken. Ein Beispiel für die Ökonomisierung von Ausbildung und die Abkehr von institutionalisierten Bildungsabteilungen ist das Netzwerk deutscher Firmen unter der Koordination der Auslands-Industrie- und Handels-kammer in Peking (Biermann 2000, 3–8). Bildungsanbieter und Firmen stimmen via Internetplattform ad hoc Nachfrage und Angebot in allen Bildungsfragen ab. Dies können Anfragen auf allen Ausbildungsniveaus zur Prüfungsunterstützung oder beruflichen Grundbildung oder zu Zusatzqualifikationen oder zum Training des Ausbildungspersonals oder zum Anmieten von Ausbildungsstätten und Me-dien, aber auch Hinweise zu Kooperationsmöglichkeiten mit Hochschulen oder zur Vermittlung von Praktikumsplätzen sein.

Unternehmensintern sind ebenfalls Netzwerke gewünscht, z. B. vor und nach der ersten Kompetenzstufe (vergleichbar dem Facharbeiter) und bei der darauf aufbauenden ersten Managementstufe: So arbeiten junge Erwachsene auftrags- und projektbezogen mit anderen Konzernmitarbeitern über Internet am gleichen Projekt, unterstützt durch einen Moderator, der Fragestellung und methodisches Vorgehen sowie die Präsentation steuert. Die Kosten für die Qualifizierung kön-nen entweder durch mehrjährige Bindung an das Unternehmen oder durch die vertragliche Verpflichtung, beim vorzeitigem Ausstieg eine Rückzahlung leisten zu müssen oder durch einen Kostenbeitrag als „Lehrgeld" von vornherein aufge-bracht werden. Bildung, die sich vornehmlich in Kostensätzen ausdrückt, grenzt Personen mit Behinderung weitgehend aus, es sei denn, sie finden eine Finanzie-rungsquelle oder erhalten ein Stipendium im Sinne einer „corporative social responsibility" von Firmen. Da pädagogisch Individualisierung, Selbstlernen und auftragsbezogenes Arbeiten den Lehr- und Lernprozess bestimmen und nicht eine Zielgruppenspezifik, könnten gerade Personen mit handicaps und Behinde-rung mit Erfolg qualifiziert werden, wie es das Beispiel des virtuellen BBW zeigt.

2.4.4 Konkurrenz um Handlungsfelder

Durch die Ökonomisierung auch der Ausbildungssysteme sind eine neue Bil-dungslandschaft und ein umkämpfter Bildungsmarkt in allen drei Ausbildungs-segmenten entstanden. Die bisherige rigide Zielgruppenbindung entfällt, so dass offen ist, wie behinderte und benachteiligte Jugendliche in dem verästelten An-gebot zu verorten sind und welche Chancen und Risiken für diese Gruppen plausibel sind. Wenn die bisherige Fürsorge- und Schutzfunktion des Sozialen Sicherungssystems der Rehabilitation individualisiert wird, ohne dass eine realis-tische Alternative hierzu für alle Betroffenen besteht, ist zu befürchten, dass sich die Waagschale mehr zum Risiko, d. h. zu prekären Ausbildungsverhältnissen und anschließender Dauerarbeitslosigkeit oder Gelegenheitsbeschäftigung neigt. Dabei bluten die Regelsysteme der beruflichen Erstausbildung ebenso wie die der beruflichen Rehabilitation zunehmend aus bei gleichzeitiger Verschleuderung von Ressourcen durch Überlappung von Aufgaben, durch Expansion von Beratungs-diensten auf allen Ebenen sowie durch einzelbetriebliche Finanzierungen aus der Ausgleichsabgabe.

Bildungspolitisch stellt die Ökonomisierung das bisher betonte Konsensprin-zip von Wirtschaft, Gewerkschaft, Bund und Ländern als Eckpfeiler der deut-schen Berufsbildung in Frage. So haben die Arbeitnehmervertreter den Nationa-len Pakt für Ausbildung und Fachkräftenachwuchs nicht mit abgeschlossen und auch die modularisierten Qualifizierungsbausteine treffen nicht auf allgemeine

Zustimmung. Erörtert werden Randfragen und nicht die wesentlichen System-elemente von der Finanzierung bis zu den quantitativen Angeboten, von der Qualität der Lernorte bis zu der des Ausbildungspersonals.

Die Subsysteme der Benachteiligtenförderung und beruflichen Rehabilitation versuchen ihre Autonomie und ihre Privilegien zunächst vor allem durch gesetz-liche Verankerung zu retten. Dabei bieten sie der Sozialpolitik mit dem Paradig-menwechsel zu mehr Selbstständigkeit und Individualisierung auch eine neue sozialstaatliche Legitimation, zugleich liefern sie ein Bekenntnis zur ökonomi-schen Rationalität durch Effizienz und Flexibilisierung, durch Qualitätsmanage-ment und eine Abkehr vom Maßnahmedenken. Konkret zielen die neuen ambu-lanten Dienste mit Generalisten als Fachpersonal vor allem auf Beratung und Begleitung, nicht auf die fachliche Qualifizierung, die sie delegieren. Inzwischen müssen auch die traditionellen Reha-Träger über die Reha hinausgehende Bil-dungsmaßnahmen anbieten. Während sich ihr klassisches Angebot um etwa ein Drittel verknappt, entwickeln sie sich zu allgemeinen Weiterbildungsträgern und zu Kompetenzzentren für die regionale Wirtschaft, betreiben präventives Gesund-heitsmanagement in Betrieben oder verdingen sich als internationale Consulting in der Reha-System-Planung. Wie sich die Trägerlandschaft im nächsten Jahr-zehnt entwickelt ist völlig offen, da auch die Bildungsfirmen des Regelbereichs potentielle Konkurrenten sind.

2.4.5 Alternative: Kommunale Qualifizierungszentren

Da der Lernort Betrieb aus strukturellen Gründen nicht mehr den gesamten Entlassjahrgang aufnehmen kann, wäre eine Angebotserweiterung erforderlich. Bei dem Versuch, über Subventionierung und Praktika den betrieblichen Lernort weiter umfänglich aufrechtzuerhalten, besteht die Gefahr einer Fehlsteuerung in Branchen, wie z. B. Baugewerbe, Landwirtschaft, Bergbau, die volkswirtschaft-lich nicht das Bruttosozialprodukt tragen. Eine alternative Strategie wäre eine Umgestaltung der Berufsfachschulen analog zu den Qualifizierungszentren der großen Unternehmen. Dies wäre allerdings mit hohen Kosten für die i. d. R. kommunalen Schulträger verbunden. Außerdem müssten die Länder zusätzlich Lehrer für Fachpraxis ausbilden und beschäftigen und der Bund müsste angesichts der regionalen und sektoralen Wirtschaftssituation Grundberufe entwickeln, um die Arbeitsmarktintegration zu optimieren. Der heute favorisierte handlungsori-entierte Lehr- und Lernprozess müsste auf Produktionsschulen und auftragsbe-zogenes Lernen hin ausgerichtet werden, das wiederum würde anders ausgebil-dete Berufsschullehrer erfordern. Die Ressourcen die Umgestaltung sind zwar vorhanden, werden aber nicht gebündelt. Sie fließen vor allem noch in die sepa-rierenden Subsysteme der Benachteiligtenförderung und beruflichen Rehabilita-tion und können nicht für eine qualifizierte berufliche Erstausbildung aller Ju-gendlichen in einem differenzierten Regelsystem von kommunal verankerten Kompetenzzentren verwendet werden.

3 Handlungsformen

Die Ausbildungspraxis ist durch eine Vermischung aller Bezugsdisziplinen und ihrer vorherrschenden Konzepte gekennzeichnet. Traditionell orientieren sich Sonder- und Sozialpädagogik vor allem am Individuum, also am Schüler bzw. Klienten. Dabei sind sie immer noch durch ein medizinisches Denkmodell und psychologische Orientierung geprägt, gehen von Diagnostik oder Profiling aus und legitimieren damit ihre Intervention – von Therapie bis Förderpädagogik – , rechtfertigen damit aber auch die von ihnen verfügten Lernorte und letztlich den (niederen) Status der Absolventen nach den Maßnahmen. Dagegen orientiert sich die Berufspädagogik stärker an den Fachdidaktiken in Technik und Wirtschaft, verstanden als Vermittlung berufsbezogener Fertigkeiten und Kenntnisse, heute zum Arbeitsprozesswissen weiterentwickelt. Diese, im 19.Jahrhundert ausge-formten „Spezialpädagogiken" haben sich im Zuge gesellschaftlicher Entwick-lungen in ihrer wissenschaftlichen Orientierung und ihren spezifischen Inhalten und Methoden verändert (Biermann 2003, 831–847). Einheitlichkeit und Ge-schlossenheit der jeweiligen Disziplin sind nicht mehr gegeben, empirische Aus-richtungen stehen neben ideologiekritischen, pragmatische neben normativen Fixierungen. Für die Praxis gilt generell methodische Vielfalt: Medienlernen, Renaissance der Reformpädagogik, das „Lernen mit allen Sinnen" (Montessori), mit „Kopf, Herz und Hand" (Pestalozzi), selbstgesteuertes Lernen in Projekten, aber auch Empowerment, gruppendynamische Ansätze und Moderationsmetho-den. Dabei ist die Situation in sich durchaus widersprüchlich. Während in der Sonderpädagogik Inklusion und gemeinsames Lernen favorisiert werden, bestim-men Sozialpädagogen und Psychologen die Ansprüche auf Teilhabe am Arbeits-leben mit Hilfe von Profilings, Assessments und Tests und selektieren damit die Zugänge zu Bildungsmaßnahmen. Die starke Orientierung an einer auf dem Behaviourismus beruhenden Lernzielpädagogik ist heute vom Postulat der Ganz-heitlichkeit verdrängt. Verbunden mit diesem „anything goes" ist eine geradezu babylonische Sprachverwirrung. „Schlüsselqualifikationen" und „Handlungsori-entierung" werden zu Schlagworten in jeder Form von Qualifizierung, wobei das zugrunde liegende Konzept häufig ignoriert und auf Sekundärtugenden oder das Nachvollziehen vorgegebener Informationen reduziert wird.

3.1 Berufspädagogische Orientierungsmuster

3.1.1 Mikrosysteme beruflicher Bildung

Nach der ersten UNESCO-Konferenz zu Berufsbildungssystemen stand auf der Folgeveranstaltung die Frage der Systematisierung beruflicher Lernkonzepte im Vordergrund (BMBW 1990). Dabei zeigte sich, dass der oft angenommene Zusammenhang zwischen Makro- und Mikrosystemen nicht zwingend ist, sondern Freiräume für Gestaltung offenlässt. Die von Wolf-Dietrich Greinert skizzierte Einteilung der Berufsbildungssysteme in bürokratische, Markt- und kooperative Modelle lassen sich nicht bis auf die Ebene der Mikrokonzepte deduzieren (Greinert, ebd., 15–19). So sind im zentralistischen Berufsbildungssystem Frankreichs mit seinen staatlichen Berufsfachschulen und systematischen Lehrgängen auch Formen der Public-Private-Partnership möglich, während im Bildungsmarkt der USA Ordnungsmittel dualer Ausbildung Beachtung finden. Ein direkter Zusammenhang besteht allerdings zwischen der Lernortgestaltung und dem didaktischen Konzept. So erfordert z. B. die lehrgangsförmige Ausbildung eine separate Bildungsinfrastruktur, entsprechend reproduzierbare Lernsoftware und eine funktionale Aufteilung der Lern- und Arbeitsbereiche. Handlungsorientierte Ausbildung bedingt dagegen die Erweiterung von Arbeitsplätzen um Lernecken, Lerninseln oder die Etablierung von Produktionsinseln in Ausbildungszentren.

Die in der allgemeinen Bildung üblichen Einteilungen nach lernpsychologischen oder fachsystematischen Kriterien greifen nicht im Hinblick auf die Komplexität beruflicher Arbeits- und Lernprozesse, der Vielfalt der Lernorte und Makrosysteme. Geprägt ist Ausbildung vor allem durch das jeweilige Theorie-Praxis-Verhältnis. Danach ergeben sich mehr schulförmige oder mehr betriebliche Vermittlungs- und Aneignungsformen, die sich letztlich aufheben in einer Verknüpfung von arbeitsprozessbezogenen Kompetenzen. Unterschiedlich zu disziplinärem allgemeinem Wissen ist eine Interdisziplinarität beruflicher Kenntnisse und Fertigkeiten durch die Orientierung am Arbeitsergebnis, an der zu erbringenden Dienstleistung, am Arbeitsprodukt erforderlich. Günter Wiemann ordnet die Mikrosysteme beruflichen Lernens nach ihrem Grad der Ganzheitlichkeit bzw. Elementarisierung und setzt „naturwüchsigem" Lernen am Arbeitsplatz und in betrieblichen Verwertungssituationen artifizielle didaktische Modelle, wie Lehrgänge, Projekte und Produktionsschulen, gegenüber.

Tab. 14: Grundlegende Modelle der Organisation beruflichen Lernens

Lernen am Arbeitsplatz:

Die Lösung beruflicher Probleme erfolgt in betrieblichen Verwendungssituationen. Der Schwerpunkt des Lernens liegt in der Arbeitsdurchführung unter Anleitung erfahrener Mitarbeiter; das berufliche Wissen wird informell durch die Vermittlung von Erfahrungsregeln erworben.

Machen \ Wissen	Technische Kommunikation	Technische Mathematik	Technologie
Planung			
Durchführung	Lernen durch Mitarbeit im Betrieb		
Kontrolle			
Verwertung	Arbeiten für den Markt		

Lernen im Lehrgangsunterricht (I):

Berufliche Probleme werden in Lernsequenzen zerlegt und nach lerntheoretischen Überlegungen linear in Kursform angeordnet. Das Lernen erfolgt außerhalb der betrieblichen Verwendungssituationen an einem eigenen Lernort unter Anleitung hauptberuflichen Lehrpersonals.

Machen \ Wissen	Technische Kommunikation	Technische Mathematik	Technologie
Planung			
Durchführung			Lehrgang: Drehen
Kontrolle			Lehrgang: Prüfen
Verwertung			

Lernen im Lehrgangsunterricht (II):

Berufliche Probleme werden in Lernsequenzen zerlegt und nach sachlogischen Überlegungen getrennt nach Fächern geordnet. Das Lernen erfolgt außerhalb der betrieblichen Verwendungssituationen an einem eigenen Lernort unter Anleitung hauptberuflichen Lehrpersonals.

Machen \ Wissen	Technische Kommunikation	Technische Mathematik	Technologie
Planung	Lehrgang: Technisches Zeichnen		
Durchführung			Kurs: Getriebe
Kontrolle		Kurs: Übersetzungen	
Verwertung			

Lernen im Projektunterricht:

Die Lösung beruflicher Probleme wird durch die didaktische Konstruktion komplexer Lernsituationen simuliert, in denen Wissen und Machen miteinander vernetzt sind. Das Lernen erfolgt außerhalb der betrieblichen Verwendungssituationen an einem eigenen Lernort unter Anleitung hauptberuflichen Lehrpersonals.

Machen \ Wissen	Technische Kommunikation	Technische Mathematik	Technologie
Planung			
Durchführung	Integratives Lernen durch Herstellung komplexer Produkte		
Kontrolle			
Verwertung			

Lernen in der Produktionsschule:

Die Lösung beruflicher Probleme erfolgt unter quasi-realen Lernbedingungen einer betriebsnahen Schulorganisation. Eine Vernetzung des Lernens am Arbeitsplatz, im Lehrgangs- und Projektunterricht ist möglich. Die Produktionsschule verbindet berufliches Lernen mit einer Marktproduktion unter Anleitung hauptberuflichen Lehrpersonals.

Machen \ Wissen	Technische Kommunikation	Technische Mathematik	Technologie
Planung			
Durchführung	Integratives Lernen durch Herstellung komplexer Produkte für den Markt		
Kontrolle			
Verwertung			

Quelle: Günter Wiemann: Didaktische Modelle in der Berufsbildung im internationalen Vergleich. Bonn: Bundesminister für Bildung und Wissenschaft, 1990, S. 40

3.1.2 Lernort und Konzeptgestaltung

Imitationslernen

Eine authentische Lernform ist die produktionsgebundene Ausbildung im Handwerk bzw. bei Dienstleistern. Gelernt wird unmittelbar im Vollzug der Arbeiten, die erforderlich sind, um einen Auftrag von Dritten fachgerecht und zu einem bestimmten Termin und einem vereinbarten Preis und in einer akzeptierten Qualität zu erfüllen. Dem berufserfahrenen Gesellen, Meister, Vorgesetzten wird ein künftiger Fachmann während der Arbeiten „beigestellt". Der Lernprozess besteht im Beobachten, Erklären, Imitieren, wobei Zug um Zug, je nach Geschick und Dauer der Zugehörigkeit zum Betrieb, Arbeiten übernommen werden, bis die Aufgabe ganzheitlich erfüllt werden kann. Dieses „en passant-Lernen" folgt der Produktionslogik und nicht der Systematik von Unterrichtsfächern oder Wissenschaftsdisziplinen.

Diese über Jahrhunderte gewachsene Ausbildung prägte sowohl die Identität der „Lehrherren" als auch die der Lehrjungen und Lehrmädchen. Der Dreiklang „Lehrling – Geselle – Meister" intendiert einen leistungsgerechten Status aufgrund von Zuwachs an Wissen und Können. Die Beistell-Lehre im Betrieb setzt „Poren" im Arbeitstag voraus, d. h. der Geselle oder Meister muss im Prozess der Arbeit noch die Muße haben, Techniken vorzumachen, Übungen zu korrigieren und Anleitungen wie Anregungen zu geben. Außerdem setzt diese Form der „naturwüchsigen" Qualifizierung, der Mitarbeit und des langsamen Hineinwachens in die Berufsrolle eines Experten voraus, dass die Arbeiten durchschaubar, nachvollziehbar und durch Habitualisierung zu erlernen sind. Durch die sich zunächst nur langsam vollziehende Einführung neuer Kommunikationstechniken und Digitalisierung von Arbeitsprozessen war es lange möglich, im traditionellen Handwerk und bei einfachen Dienstleistungen, Nischen für Jugendliche mit Abstraktionsproblemen zu finden. Prinzip der Beistell-Lehre ist das Ineinanderübergehen von Praxis und Theorie. Gelernt werden Berufsregeln, trainiert werden die darauf bezogenen Fertigkeiten. Dieses eher geschlossene Berufsbild stellt dann auch den Kern der Prüfungen dar. Subjektive Prüfungsverfahren sind typisch für Berufe, die bis heute direkt im Prozess der Arbeit qualifizieren. Performanz als messbares Tun wird verlangt, weniger Innovation, Transfer und Methodenkompetenz. Erwartet werden auch ein für diesen Beruf typischer Habitus sowie eine ganzheitliche Professionalität, die zur Erledigung des Auftrags eine Kooperationsfähigkeit mit anderen Berufen und Betrieben einschließt.

Ergänzt wird das Arbeitslernen im Betrieb durch ausbildungsbegleitende Berufsschulen, die die Aufgabe der systematischen Reflektion des Arbeitslernens wahrnehmen. Die strikte Trennung von Theorie und Praxis ist Prinzip. Während schulisches Lernen in allgemeinen Schulen auf dem Fächerprinzip beruht, abgeleitet aus der wissenschaftlichen Systematik von Disziplinen, geht Berufsschulpädagogik von Beruflichkeit aus, stellt also ihren Lernprozess unter das Primat der betrieblichen Fach-Arbeit. Da ein Gleichlauf von theoretischer Durchdringung einer Arbeitstätigkeit und praktischer Ausführung nicht möglich ist, die jeweilige Auftragslage der Firmen zu unterschiedlichen Arbeitserfahrungen führt, beruht die klassische Fachdidaktik beruflicher Bildung auf dem Prinzip Heterogenität. Im Idealfall stellt der Lehrer den gesamten Unterricht eines Tages bzw. einer

Blockphase unter ein berufsbezogenes Thema, wobei dem staatlichen Auftrag, zum „Gemeinde-, Staats- und Weltbürger" zu erziehen, so ein Schulbuch für Gemeinschaftskunde aus den 1960er Jahren, ebenfalls Rechnung getragen wird. Weiter ist mit Blick auf einen möglichen beruflichen Aufstieg zum Meister auch eine Grundlegung in betriebswirtschaftlichen Fragen erforderlich. Diese im Preußischen Lehrplan bereits 1911 verankerten Schwerpunkte hatten rund einhundert Jahre Bestand für die „Beistell-Lehre". Im Laufe der Zeit wurde der Bereich „Fachkunde" modernisiert, Fachzeichnen und Fachrechnen gingen in einer wissenschaftsorientierten „Technischen Kommunikation" auf.

Abb. 19: Berufsbezogener schulischer Lehrplan der Beistell-Lehre
Quelle: Biermann, Greinert, Janisch 2001, S. 68

Bezogen auf die Berufsverläufe behinderter Personen könnte die skizzierte patriarchalische Arbeits- und Lebensweise durchaus erfolgreich zur Teilhabe am Arbeitsleben führen, aber angesichts moderner Arbeitsteilung und gesellschaftlichen Wertewandels fehlen ihr heute Funktion und Akzeptanz. Die Anforderungen an extrafunktionalen Qualifikationen steigen: „Soft-Skills", Planung, Einbringen in Arbeitsteilung, Selbsteinschätzung. Ebenso haben sich – analog zu industriellen Arbeitsformen – traditionelle Arbeitsweisen und Interaktionen im Handwerk verändert, so dass eine Platzierung von Personen mit Behinderung schwierig für alle Beteiligten ist. Gleichwohl fordert die Bundesagentur für Arbeit bei der Zubilligung von Leistungen zur Teilhabe am Arbeitsleben weiter den Lernort Betrieb als vorrangige Ausbildungsstätte für Rehabilitation. Auch die Unterstützte Beschäftigung und die sogenannte ambulante Ausbildung setzen beim Imitationslernen in der Aneignung von Fertigkeiten an. Der betriebs- und fachfremde Job-Coach ist gewissermaßen der „Beigestellte" im Arbeitsprozess der Firma. Allerdings dürfte ein Job-Coach nicht in der Lage sein, den heimlichen Lehrplan und die berufstheoretisch begründeten Tipps, die in langjähriger Facharbeit erworben werden und typischerweise nicht verschriftlicht sind, weiterzugeben. Da bei der Unterstützten Beschäftigung kein ganzheitlicher Lehr- und Lernprozess durchlaufen wird, erfolgt lediglich ein Training für Resttätigkeiten, die (noch nicht) automatisiert worden sind. Damit kann aber auch die Kooptation als künftiger Kollege und Fachmann/Fachfrau nicht vollständig vollzogen werden, bestenfalls entstehen Mitleid und Pflichtgefühl zur Betreuung und Duldung am Arbeitsplatz.

Sequenzielles Lernen

Lehrgänge

Qualitätsmaßstab für die in den 70er Jahren beginnende Reformphase in der Berufsbildung ist die industrielle Lehrwerkstatt. Sie ist auch Vorbild für die Ausstattung und Organisation der zu dieser Zeit sich institutionalisierenden Berufsbildungswerke. Pädagogisches Konzept ist die weitgehende Trennung von Produktion und Ausbildung. In der Lehrwerkstatt wird nach Funktionsbereichen differenziert, z. B. Bankwerkstatt für manuelle Arbeiten, gesonderter Maschinenraum, Labors, z. B. für Hydraulik oder Pneumatik und Theorieräume. Pädagogisches Ziel ist es, produktionsanalog mit hoher Effizienz und fehlerfrei, systematisch Kenntnisse und Fertigkeiten zu vermitteln. Kern der didaktischen Umsetzung ist die Vier-Stufen-Methode nach REFA. Der Grundlehrgang Metall mit dem berühmten U-Eisen ist um die Welt gegangen und steht als Synonym für systematische Ausbildung. Einer der Begründer beruflicher Lehrgänge, Viktor Della Vos, entwickelte bereits im 19. Jahrhundert durch Elementarisierung und Systematisierung von aufeinander aufbauenden Lernaufgaben ein umfassendes System der Qualifizierung, das auf mehreren Weltausstellungen als „Russisches System der sequenzialisierten Berufsausbildung" Beachtung fand (Ploghaus 2003). Die Trennung von der realen Arbeitswelt, von den Widrigkeiten des Arbeitsprozesses – Lärm, Staub, Termindruck – ist sowohl bei der theoretischen Unterweisung als auch im Training von praktischen Fertigkeiten ein wesentliches Element dieser Aneignungsform. Die Qualifizierung lässt sich optimieren und rationalisieren, die Lernergebnisse sind leicht zu standardisieren. Lehrgänge lassen sich weiter in Teillehrgänge gliedern oder umgekehrt zu Kursen verbinden. Kritisiert wurde die Lehrgangsform besonders von der Wirtschaft, die vor allem die mit hohen Kosten verbundene „Verschulung" von Ausbildung bemängelte, so wird für Lehrlinge nach der Ausbildung quasi ein Referendariat als Einarbeitung in reale betriebliche Aufgaben erforderlich. Auch der „heimliche Lehrplan" unterscheidet sich von dem der Beistell-Lehre und ähnelt eher dem einer Berufsfachschule: Eigene Räumlichkeiten, hauptamtliche Ausbilder als Bezugspersonen analog zu einem Klassenlehrer, feste Lerngruppen, Tests, simulierte Arbeitssituationen, Noten und Punkte statt eines verwertbaren Arbeitsergebnisses, dazu klar geregelte Kompetenzen vom Personalchef über den Ausbildungsleiter und Stammausbilder bis zur organisierten Jugendvertretung.

Durch Elementarisierung und Einteilung in Lernsequenzen lassen sich die Anforderungen stufen und in zielgruppenbezogene Leistungsniveaus differenzieren. So sind Jugendliche mit Lernschwierigkeiten problemlos in das Lehrgangskonzept einzubeziehen, da individuell Umfang und Niveau der zu erwerbenden Kenntnisse und Fertigkeiten reduziert werden können. Die Struktur und Aneignungsform des Fachwissens beruht auf Vorgaben und setzt die Rigidität der (sonder-)schulischen Sozialisation fort. Formal stehen die so genannten 64er-Berufe mit Helfer- und Werkeretikett für diese Ausbildung. Der Übergang nach der Qualifizierung in Arbeit kann problemlos erfolgen, wenn die Arbeitsorganisation arbeitsteilig auf Spezialisierung, z. B. als Dreher, Fräser, Metallbearbeiter oder Beikoch, ausgerichtet ist. Die einfachste Stufe stellen letztlich aus Arbeitstätigkeiten abgeleitete, aber zertifizierte Module dar.

Tab. 15: Vor- und Nachteile des Lehrgangslernens

Lehrgangskonzeption in der beruflichen Erstausbildung	
Vorteile	**Nachteile**
Lehrgänge sind „pädagogensicher", ihr Erfolg hängt nicht so sehr von der individuellen Qualität des Ausbilders ab.	Die Ausbildungsform stellt keine innovativen, kreativen Anforderung an Ausbilder und Instruktoren.
Der Erfolg stellt sich rasch ein und ist direkt und objektiviert messbar. Die Ergebnisse sind standardisierbar.	Die Ergebnisse sind „akademisch", d. h. sie entsprechen nicht realen Arbeitsanforderungen.
Neben Fachlichkeit wird auch diszipliniertes Sozialverhalten in Großorganisationen vermittelt, Umgang mit betriebsinterner Bürokratie und Hierarchie. Kollektives Denken innerhalb der Statusgruppe wird gefördert (dichotomisches Arbeiterbewusstsein: die da oben, wir da unten).	Der „heimliche Lehrplan" führt zu eher rigiden Normen und Werten, zu Tugenden wie Gehorchen und Unterordnung, aber auch zum Funktionieren in der arbeitsteiligen Fertigung. Kernproblem: Können Kreativität und Selbständigkeit durch Lehrgänge vermittelt werden?
Unter Effizienzgesichtspunkten lassen sich Lehrgänge bis hin zu programmierten Unterweisungen rationalisieren.	Es entstehen hohe Kosten, wenn man Auslastung und Abschreibung der Lernorte einrechnet.
Lernen lässt sich visualisieren, mit Lehrmedien optimieren, mit Stützunterweisung verbinden, wiss. begründen (Bauphysik, Mechanik usw.).	Simulation und Abstraktion der Lern- und Übungsaufgaben führen zu Realitätsverlust.

Modularisierte Ausbildungsformen

Das sequenzielle Lernen findet heute seinen Ausdruck in Modulen und Baukästen. Auch hier erfolgen eine Elementarisierung und Reduktion des komplexen Berufsbildes, wobei durchaus aber eine Verbindung von Theorie und Praxis möglich ist. Im Wesentlichen lassen sich drei Ansätze unterteilen:

- Module, die Zusatzausbildungen vermitteln, z. B. in der Weiterbildung
- Lernorganisatorische Differenzierungsmodule von Curricula und Lerneinheiten
- Eigenständige, in sich abgeschlossene Module, die für sich zertifiziert werden (singuläre Module).

Module werden bildungspolitisch kontrovers beurteilt, wobei sich die Kritik vor allem an den isolierten Einzelmodulen entzündet, da sie das ganzheitliche Berufskonzept infrage stellen. Bei der Vielzahl von Modulen haben Personalverantwortliche Schwierigkeiten, das vorhandene Qualifikationsportfolio von Bewerbern richtig einzuschätzen. So sind z. B. in England über 1000 Module mit unterschiedlichen Niveaus zertifiziert. Pädagogisch stellt sich vor allem die Frage, wie mit Modulen Methodenkompetenz und Komplexität vermittelt werden können. Die typische Schrittfolge für Module besteht aus Eingangstest, Durchführung des Moduls durch Abarbeiten der Lernziele und abschließendem Test mit (Teil-)Zertifikat. Module, die im Gegensatz zum behaviouristischen von einem handlungstheoretischen Konzept ausgehen, sind eher die Ausnahme und dem Ansatz der Differenzierung von Lerneinheiten zuzuordnen.

Berufsschule stößt bei Modulen an ihre organisatorischen und konzeptionellen Grenzen, da sie keine berufstheoretisch ergänzenden Fachklassen zur Vielzahl von Modulen bei verschiedenen Bildungsträgern bilden kann. Bei der industriellen Lehrgangsmethode dagegen besteht sogar die Möglichkeit, firmenbezogene Fachklassen zu bilden und eine Abstimmung der Lehr- und Ausbildungsinhalte vorzunehmen. Modularisierte Ausbildung kann nur dort stattfinden, wo ein Bildungsträger in seiner Lernorganisation weitgehend autonom ist und wie ein betriebliches Bildungszentrum oder ein Berufsbildungswerk über Lehrwerkstätten und eine eigene Ersatzberufsschule verfügt. Module gelten als „die" Lösung in der beruflichen Qualifizierung behinderter Auszubildender, insbesondere für den Berufsbildungsbereich der Werkstätten.

Lernzielpädagogik

Das pädagogische Konzept der sequenziellen Gliederung von Aufgaben und Inhalten beruht auf der Lernzielpädagogik. Robert Mager fasst das Konzept der pädagogischen Lernziele mit dem Motto: „Wenn man nicht genau weiß, wohin man will, landet man leicht da, wo man gar nicht hin wollte" (Mager 1965, S. XVII). Messbares Endverhalten zu einem definierten Zeitpunkt, kalkulierte Rahmenbedingungen und der Maßstab der Beurteilung werden vor Beginn des Lernens operationalisiert und objektiviert ausgewiesen. Lernzielpädagogik steht in der Praxis für Kataloge von Lernzielen, die beginnen mit: „Der Schüler/Auszubildende soll können" – dann folgt die Liste der beobachtbaren Tätigkeiten und messbaren Ergebnisse am Ende des Lernvorgangs. Dabei haben sich typische Operationalisierungsbegriffe herausgebildet, die konkretes Tun beschreiben: messen, feilen, ausfüllen, wiegen. Mager vergleicht mehrdeutige und aussagekräftige (Aktions-)Verben wie wissen, verstehen, glauben, vertrauen mit schreiben, auswendig hersagen, aufzählen, vergleichen (Mager 1977, 19 f.).

In der beruflichen Bildung führte dieses Verfahren in Berufsschule und Lehrwerkstatt zu einer starken Fachorientierung mit „Arbeitsblatt-Unterweisung" und einem typischen Lernverlauf:

1. Präsentation der Aufgabe, z. B. mit Hilfe einer Folie,
2. Eigenarbeitsphase mit Arbeitsblättern, in der die Arbeitsaufgabe differenziert beschrieben ist,
3. Ergebnisfolie zum Festhalten der Einzellösungen und ggf. eine Musterlösung zum Eigenvergleich.

Mit lernzielorientierter Unterweisung lässt sich auch die oft gewünschte Sozialform der Gruppenarbeit verbinden; die Gruppen präsentieren dann ihre Ergebnisse und vergleichen sie mit anderen Gruppenarbeiten bzw. mit dem Muster. Bei Schülern mit Lernproblemen kann die Bearbeitung kleinschrittig untergliedert bzw. durch Multmedia ergänzt werden (Skizzen, Info-Kasten, Formeln, Musterantworten, Übungsaufgaben). Die Arbeitsblätter dienen zugleich immer der Lernzielkontrolle.

Aufgrund umfassender Analysen von Lehrgängen beim Militär gelangte die Gruppe um Bloom zu drei Clustern von Lernzielen und ordnete sie einem kognitiven, affektiven und psycho-motorischen Bereich zu (Bloom 1972). Die Lernzielbereiche wurden wiederum in sich hierarchisiert und ergaben so eine Lernziel-Taxonomie, die der Deutsche Bildungsrat aufgriff, allerdings mit nur vier Stufungen versah: Reproduktion, Reorganisation, Transfer und problemlösendes Denken (Dt. Bildungsrat 1969, 78 ff.). Ordnet man Bereiche und Stufen in einer Matrix, so lassen sich Curricula sowohl planen als auch analysieren.

Tab. 16: Lernzielbereiche und Lernzielstufen

Bereiche	Lernzielbereiche		
Stufen	kognitiv	affektiv	psycho-motorisch
4. Innovation			
3. Transfer			
2. Reorganisation			
1. Reproduktion			

Lernziele lassen sich hierarchisch in Form einer Pyramide fassen und von Oberzielen bis zu Feinzielen ordnen. Diese Ebenen können dann der jeweiligen Hierarchieebene in Betrieben oder im Schulwesen zugeordnet werden: Das Ministerium würde das Bildungsziel durch Schulgesetz vorgeben, die Lehrer hätten dann die Feinziele im Unterricht umzusetzen.

Die Kritik an dieser Form der Planung und Durchführung von Lernprozessen bezieht sich zum einen auf den behavioristischen Denksatz, der zum Beispiel im affektiven, aber auch im kognitiven Bereich seine Grenzen für Operationalisierung findet. Zum anderen hebt die Lernzielpädagogik nur auf die aktuelle Leistungserbringung des beobachtbaren Handelns ab und kann später generierte Entwicklungsmöglichkeiten in Form von Kompetenzen nicht mit einbeziehen. In der Ausbildungspraxis bleiben Lernziele auf die unteren Ebenen beschränkt, Innovation wird als Zielebene weitgehend ausgeblendet. Für berufliche Bildung bedeutet dies eine Konzentration auf Training von Fertigkeiten und reproduzierbare Kenntnisse. Zusammenhänge von Technik, Ökonomie und Politik werden nicht zum Gegenstand eines komplexen Lernprozesses gemacht. Ebenso wird mit diesem Ansatz der „heimliche Lehrplan", der aber für den Lernerfolg maßgeblich mit von Bedeutung ist, nicht erfasst (vgl. Jank & Meyer 1990, 342 ff.).

Betrachtet man die Entwicklung der Vermittlungs- und Lehrmethoden, so stellt die Arbeit mit Lernzielen eine technokratisch-bürokratische Modernisierung dar, eine Wendung zu „Teaching Methods" an Stelle von Didaktik. Angesichts der damaligen vorherrschenden geisteswissenschaftlichen Lehrplantheorie mit ihren mehrdeutigen Inhaltsvorgaben stieß die pragmatische Lernzielpädagogik in der Praxis auf eine starke Resonanz. Galt der Berufsschüler und Lehrling in den Lehrplänen bisher als „praktisch begabter Mensch", so ließen sich jetzt eindeutig Art und Grad der Kenntnisse und Fertigkeiten bestimmen, messen und vergleichen. Begünstig wurde die Lernzielpädagogik auch durch technische Entwicklungen. So ersetzten Fotokopierer in Betrieben und Schulen die „Spiritkarbonmatrizenumdrucker" und erleichterten die schnelle Reproduktion von Folien, Arbeits- und Übungsblättern sowie permanenten Lernzieltests. Lehrer und Ausbilder wurden unabhängig von geschlossenen kommerziellen Lehrgängen und konnten sich ihre Ausbildungsthemen aus verschiedenen Quellen ohne großen Aufwand montieren. Lernen ließ sich als Folge von Arbeits-, Übungs- und Testblättern vorbereiten, in der Unterweisung straff durchführen und prüfungsgerecht seitens der Auszubildenden dokumentieren.

Vernetztes Lernen

Handlungslernen

Die Arbeiten von Winfried Hacker (TU Dresden) und Walter Volpert (TU Berlin) zur Handlungstheorie in den 1970er Jahren stellen einen entscheidenden Schritt auf dem Weg zur pädagogischen Begründung der Neuordnung der Ausbildungsformen dar. Bei der Handlungstheorie handelt es sich nicht um eine geschlossene Theorie. Es lassen sich Bezüge zu Chomskys (1969) generativer Transformationsgrammatik festmachen, ebenso zur materialistischen Tätigkeitspsychologie und Kulturhistorischen Schule – Tomaschewski, Galperin, Leontjew, Rubinstein –, aber auch zur Kognitionspsychologie – Miller, Galanter, Pribram. Das Menschenbild unterscheidet sich von behaviouristischen Vorstellungen, da es die Wechselwirkung von aktiver Gestaltung der Umwelt und Veränderung der Persönlichkeit betont. Die Beziehung von Handlung und Sprache wird in dem Projekt Computer-Lernen-Arbeit-und-Sprache (CLAUS) deutlich. Lernungewohnte Erwachsene, die noch mit Analogtechnik sozialisiert waren, entwickelten u. a. heuristische Regeln für CNC-Arbeiten (Krogoll u. a. 1988). Handlungen lassen sich analog zur sprachlichen Grammatik strukturieren und z. B. in Graphenbäumen abbilden. Analog zu Sprachschöpfungen lassen sich auch Handlungen unendlich generieren, allerdings in beiden Fällen regelhaft, in Strukturen und damit auch erlernbar und habitualisierbar. Die Regulation von Handlungen lässt sich direkt auf berufliche Tätigkeiten übertragen (Volpert 1974).

Die Handlungsregulationstheorie bietet in der Berufsbildung die Möglichkeit, die stark ideologisch geprägte Kategorie Beruf zu überwinden und von empirisch erhobenen realen Tätigkeitsanforderungen auszugehen (Hacker 1973). Legitimiert wird eine handlungsorientierte Ausbildungsform vor allem durch veränderte Anforderungen im Arbeitsprozess (Lehmkuhl 1994). So sollen in der Neuordnung der industriellen Metall- und Elektroberufe über Fachkompetenz hinaus Schlüsselqualifikationen und Soft-Skills vermittelt werden (Ott 2000). Von praktischer Bedeutung für Ausbildung in allen Berufsfeldern sind drei Unterscheidungen der Handlungsorientierung (Halfpap & Marwede 1994; Dörig 1995, 205–214):

1. Handlungslernen als Regelprozess der „vollendeten Handlung", der Lernen und Arbeiten gleichermaßen in Phasen einteilt, die zirkulär von der Zielsetzung bis zur Evaluation angeordnet sind
2. Handlungsorientierung als Zielvorstellung vom breiten Kompetenzerwerb (Fach-, Sozial-, Methoden- und personale Kompetenzen)
3. Handlungslernen als Aktionsebene des Selbstlernens, der eigenen Steuerung von Arbeiten.

Tab. 17: Schlüsselqualifikationen

Schlüsselqualifikationen			
Typologie nach Mertens (IAB, 1974)	**Operationalisierungen** (Beispiele)	**Mittel**	**Typologie nach „PETRA"** (Siemens1988)
Basisqualifikationen	– logisches Denken – analytisches Denken – strukturierendes Denken – kooperatives Denken – konzeptionelles Denken – kreatives Vorgehen	– formale Logik – Organisationslehre – Planungstechniken – Spieltheorie – Brainstorming	1. Organisation und Ausführung der Arbeitsaufgabe 2. Kommunikation und Kooperation 3. Anwenden von Lern- und geistigen Arbeitstechniken
Horizont-Qualifikationen	– Lernen lernen – Recherchieren u. Informationen verarbeiten	– Datenbanken (Bibliotheken, Internet) – Fremdsprachen, – Fachsprache	4. Selbstständigkeit und Verantwortung 5. Belastbarkeit
Breitenelemente	– Kulturtechniken – Messtechnik – Arbeitsschutz – Umgang mit PC – Kommunikationsfähigkeit	– Mathematik – Ingenieurdisziplinen – Arbeitswissenschaft – Informatik – Sprache	
Vinatagefaktoren (Generationsbezug)	– (keine) Differenzen zw. Jahrgängen	– Mengenlehre – volkstümliche vs. wiss. Bildung – Programmiertechniken	

Quelle: Mertens 1974, 36-43; Arnold, Lipsmeier, Ott 1998, 19; Borretty u. a. 1988 (PETRA = Projekt- und transferorientierte Ausbildung)

Der Begriff der Schlüsselqualifikationen, in der angelsächsischen Literatur mit key bzw. cross qualifications diskutiert, wird wegen seiner Mehrdeutigkeit für Sekundärtugenden ebenso wie für die Anwendung wissenschaftlich begründeter Methoden gebraucht. In Deutschland hat Dieter Mertens (1974) im Zusammenhang mit der Frage, wie Ausbildung gestaltet sein muss, um auch bei Berufswechsel über ein verwertbares Qualifikationspotential zu verfügen, Schlüsselqualifikationen als geeignetes und notwendiges Konzept vorgestellt. Für Berufsbildung wurden Schlüsselqualifikationen in Modellversuchen (z. B. PETRA bei Siemens, BENNO für benachteiligte Jugendliche) weiter konkretisiert und sind heute wesentliches Element aller Ausbildungen (Reetz & Reitmann 1990; Koch & Hensge 1992).

Handlungslernen setzt einen Situations- und Erfahrungsbezug voraus, verändert die Rollen von Lehrenden und Lernenden und schließt reformpädagogische Ansätze, wie Projekte, durchaus ein. Methodisch sind von Bedeutung:

- Exemplarisches und generierendes Lernen statt Vollständigkeit oder lexikalischem Wissens
- Selbststeuerung, Selbstmotivation, vollendete Handlung statt externer Kontrolle, Anleitung, repetitiver Teilarbeit
- biografisches Lernen, Reflexion von Erfahrungen statt normierter, regelhafter Vorgaben
- Interdisziplinarität, Denken in Alternativen, Szenarien, Modellen statt isolierten Fachwissens.

Die verschiedenen Kompetenzmodelle setzen zwar unterschiedliche Akzente, enthalten aber als wesentliche Elemente komplexer beruflicher Handlung Fach-, Methoden- und Sozialkompetenz. Dieses Grundmodell wird heute oft erweitert um die individuelle Dimension als personale Kompetenz. Ihr werden z. B. zugeordnet: Eigeninitiative, Zielorientierung, Stressresistenz.

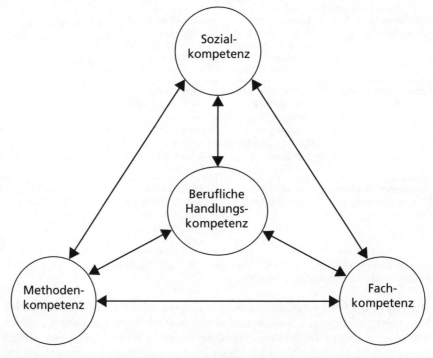

Abb. 20: Elemente beruflicher Handlungskompetenz

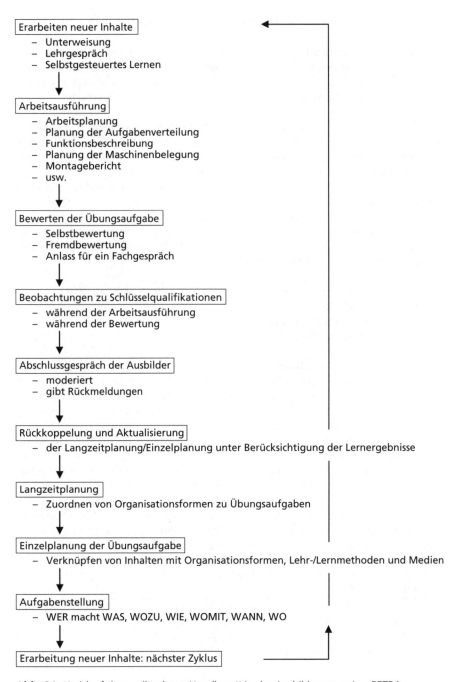

Abb. 21: Kreislauf der „vollendeten Handlung" in der Ausbildungspraxis – PETRA

125

Interessanterweise wurden die handlungsorientierten Ansätze in den 70er Jahren zunächst von einer Minderheit der Berufspädagogen erprobt, insbesondere von denjenigen, die mit ungelernten Jugendlichen arbeiteten. Ohne stigmatisierende Etiketten und ohne den tradierten ideologisierten Berufsbegriff konnte eine neue Form der beruflichen Qualifizierung entwickelt werden. Aufgegriffen und verbreitet wurde das Konzept durch Unternehmen, die ihre Mitarbeiter in jeder Hinsicht flexibel machen und in der Phase der Einführung neuer Technologien und Arbeitsorganisation in einen Rollenwechsel einbinden wollten. So entwickelte die Siemens AG mit der Projekt- und transferorientierten Ausbildung (PETRA) eine auf ihre Situation bezogene handlungsorientierte Ausbildung, die in ihren Phasen dem aus der Projektmethode entlehnten Regelkreis folgt.

Der Modellversuch zur Gestaltung von Geschäfts- und Arbeitsprozessen (GAPA) des Verbandes Deutscher Maschinen- und Anlagenbauer (VDMA), wissenschaftlich begleitet durch das Institut für Technik und Bildung (ITB, Uni. Bremen), zielt seit dem Jahr 2000 darauf ab, Handlungslernen mit der Organisationsentwicklung von Betrieben zu verbinden. Dabei werden drei Schwerpunkte für Qualifizierungsprozesse entwickelt:

1. Lernortkooperationen, um die Stärken des jeweiligen (spezialisierten) Betriebes und der Schulen zu nutzen
2. Gestaltungsorientierte Berufsausbildung
3. Offene dynamische Beruflichkeit.

Die Ausbildungspartnerschaften sind eher eine pragmatische Antwort auf die betriebswirtschaftlich notwendige Spezialisierung. Der Aspekt der offenen dynamischen Beruflichkeit berücksichtigt, dass die bisherigen Lernzyklen nicht der technischen Entwicklung folgen, sondern einen time lag aufweisen. Die Antwort wird in einem Lernprozess gesehen, der vom Orientierungs- und Überblickswissen, über Zusammenhangswissen hin zum Funktionswissen führt. Kern ist die eigenständige Gestaltung von Arbeit, Arbeitsorganisation, Technik. Nicht nur der jugendliche Auszubildende muss sich im Prozess der Arbeit qualifizieren, sondern der gesamte Betrieb stellt sich der Aufgabe der Organisationsentwicklung (Schemme 2005, 524–532).

„Ziel einer gestaltungsorientierten Berufsbildung ist es, die Auszubildenden zur Mitgestaltung der Arbeitswelt zu befähigen, ihnen also Gestaltungskompetenz zu vermitteln. Niemand vermag heute zu sagen, wie sich Arbeit und Technik in den nächsten Jahren entwickeln werden und demzufolge auch nicht, welche Anforderungen sich daraus für die Berufsausbildung ableiten. In der Vergangenheit hat dies oft dazu geführt, dass die Berufsausbildung der Technikentwicklung hinterher geeilt ist. Inhalte, die nach mehr oder weniger umfangreichen und langwierigen Neuordnungsverfahren von Berufen beschlossen wurden, waren häufig bei ihrem Inkrafttreten schon veraltet. Dem stellt der Gestaltungsansatz eine Wechselwirkung zwischen Arbeit, Technik und Bildung/Qualifizierung entgegen. Er unterstellt, dass nicht nur die Technikentwicklung Auswirkungen auf die Arbeit und ihre Organisation sowie die (Berufs-)Bildung hat, sondern umgekehrt, eine angemessene Berufsbildung sehr wohl die Technik und die Arbeitsorganisation beeinflussen kann und wird" (Ausbildungskonsens NRW, ITB, VDMA 2000, 7).

Projektmethode, Leittexte, Lernfelder

Das didaktische Konzept der Handlungsorientierung wird durch aktive Lehr- und Lernmethoden umgesetzt. In der beruflichen Bildung haben sich neu gestaltete Lehrgänge, Leittexte und Projekte sowie auftragsbezogenes Arbeiten und Lernen in der Praxis bewährt. Im betrieblichen Ausbildungswesen hat bereits in den 70er Jahren Mercedes-Benz in Gaggenau die Projektmethode erprobt, und in der Folge führten alle Großunternehmen ähnliche Modelle ein – von der Lufthansa bis zur Bahn, von Ford bis VW (Wiemann 2002, 135 ff.). Die Ausbildung in Gaggenau geht von einer heterogenen Lehrlingsgruppe aus, deren Aufnahmequote sich nach dem Schulentlassjahrgang richtet, schließt also Sonderschulabsolventen ebenso ein wie Abiturienten. Die Ausbilder erfahren die Vorbildung ihrer Gruppen nicht, um Stigmatisierungseffekten und Vorurteilen vorzubeugen. Die für eine berufliche Grundbildung erforderlichen Kompetenzen wurden mit dem Projekt „Dampfmaschine" vermittelt. Methodisch handelt es sich allerdings eher um vernetzte Lehrgänge, die zu einem technisch anspruchsvollen Gesamtprodukt führen. Das Lern- und Sozialverhalten wurde durch Gruppenlernen gesteuert. Bei Lernschwierigkeiten standen den Gruppen Lernkabinen im Werkstattbereich zur Verfügung, in denen alle erforderlichen Medien für „Lernschleifen", Eingreif- und Wiederholungsübungen vorhanden waren. Die Rolle des Ausbilders verlagerte sich hin zur Funktion des Lernberaters und des Medienentwicklers. Damit ist eine konzeptionelle und methodische Grundlegung der neugeordneten Ausbildungsberufe ohne äußere Selektion der Lerngruppen vorgenommen und erfolgreich durchgeführt worden. Ähnliche Projekte sind typisch für die Anfänge der beruflichen Grundbildung, so die „Hobbymaschine" bei VW oder der „Getriebebaukasten" in der Berufsschule Salzgitter (Wiemann 2002). Am Beispiel des Getriebebaukastens wird die Diskussion um Längsschnitt- und Querschnittsqualifikationen, um die Bedeutung der Methoden-, Sozial- und Fachkompetenz deutlich. Lehrgänge werden zur systematischen und zeitlich optimierten Vermittlung von Fertigkeiten eingesetzt, die dann in Teilprojekten zusammengefasst werden, die ihrerseits wieder das Gesamtprojekt ergeben. Im Sinne des Projektgedankens werden fächerübergreifend auch Fragen der Ökonomie und Reflexion der Arbeitsbedingungen einbezogen, ebenso naturwissenschaftliche Aspekte. Entscheidend für eine mehrjährige Berufsausbildung ist vor allem die Reflexion und Transferleistung aller Phasen des Lern- und Arbeitsprozesses für eine nächste Aufgabenstellung, um so eine „hermeneutische Erkenntnisspirale" fortzuführen.

Während bei Dewey und Kilpatrick um 1900 die Kultivierung demokratischer Verhaltensweisen im Vordergrund stand, betonten die Projekte in der beruflichen Grundbildung mehr den komplexen Charakter der Produkte, den technisch-ökonomischen Planungsprozess und die Bewertung des Arbeitsprozesses. Bei Leittexten geht es dagegen eher um den Nachvollzug von Zielen und Vorgaben. Sie stellen eine konsequente Weiterentwicklung systematischen Lernens dar. Die sequenziellen Lehrgänge wurden durch Beobachtungstraining, mentales und verbales Training gerade bei praktischen Aufgaben und motorischen Übungen optimiert. In mehreren Großbetrieben wurde die Leittext-Methode zunächst als Modellversuch durchgeführt. Beteiligte Unternehmen waren Daimler-Benz AG in Gaggenau, die Ford-Werke AG in Köln, Stahlwerke Peine-Salzgitter AG, Hoesch Stahl AG in Dortmund. Heute finden sich Leittexte in allen Branchen

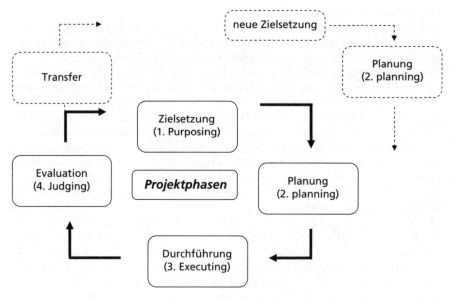

Abb. 22: Projektphasen nach William Heard Kilpatrick (1918)
Quelle: Wiemann 2002, S. 162

und sind Standard in Aus- und Weiterbildung. Entwickelt wurden vier, je nach Ausbildungsaufgabe unterscheidbare Typen (BIBB 1987):

1. Produkt- oder projektbezogene Leittexte
   Selbstständige Arbeitsvorbereitung, Fertigung, Prüfung eines Arbeitsgegenstandes oder einer Dienstleistung bzw. Verwaltungstätigkeit
2. Auftrags- oder auftragstypenbezogene Leittexte
   Selbstständige Bearbeitung fachtypischer Aufträge
3. Tätigkeitsbezogene Leittexte
   Selbstständige Bearbeitung von beruflichen Tätigkeiten
4. Arbeitsplatzorientierte Leittexte
   Selbstständiges Lernen am Arbeitsplatz.

Leittexte sind der Versuch, die Vorteile von Lehrgang und Projekt miteinander zu verbinden. Sie sind keine eigenständige pädagogische Methode, sondern unterstützen handlungsorientierte Phasen der Ausbildung. So soll der Lernfortschritt optimiert werden, gleichzeitig aber auch individualisiertes Lernen möglich sein. Ein Anlass für die Entwicklung des Verfahrens war die übliche Erfahrung von Lehrenden, dass Gruppen unterschiedlich schnell arbeiten, Teilaufgaben nicht parallel ausgeführt werden und Theorie- und Praxisphasen bei einer Aufgabe nicht zeitgleich erfolgen. Die Diskussion um Vorlauf, Gleichlauf und Nachlauf von Theorie und Praxis lässt sich durch Leittexte, die Theorie und Praxis zugleich vermitteln, klären. Leittexte bestehen aus einer umfassenden Aufgabe, sie bieten, bezogen auf diese Aufgabe, selektiv die erforderlichen Informationen, die Lernziele, die Beschreibung des Auftrags, ggf. der Teilaufgaben, stellen Leitfragen zur Informationserarbeitung, geben Hinweise auf Recherchemöglichkeiten, enthalten Tipps zur Planung, listen Fragen zur Selbstkontrolle auf und steuern die Dokumentation von Erfahrungen, der Vorgehensweise sowie der Ergebnisse an. Die Texte sind in aller Regel nicht hinreichend, um selbstgesteuert die angestrebten Kompetenzen zu erreichen, daher werden sie um entsprechende Medien ergänzt, die auch unterschiedliche Lernvoraussetzungen berücksichtigen: Tabellenbücher, technische Zeichnungen, DIN-Normen, rechtliche Vorgaben, Kataloge, Videos, Powerpoint-Serien, Diagramme, Lernprogramme, Internetquellen, Modelle. Leittexte können individuell oder auch für kleinere Gruppe eingesetzt werden. Der Ausbilder bzw. Lehrer organisiert den Lernprozess, ist Lernberater und Coach und ergänzt die Medien bzw. schreibt die Leittexte fort. Dabei kann der Lehrende individuelle Probleme im Ausbildungsfortschritt feststellen und entsprechend ergänzende Hilfen und Aufgaben einplanen. Lernen nach Leittexten definiert sich durch Lernphasen, die den Stufen der Projektmethode entlehnt sind:

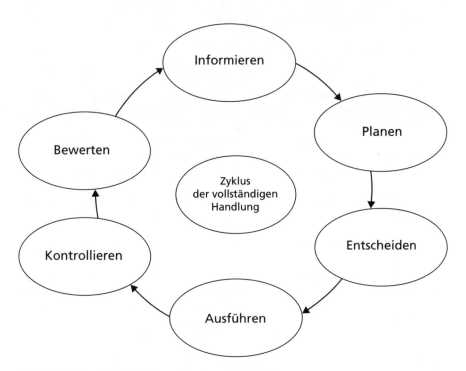

Abb. 23: Zyklus der vollständigen Handlung in Leittexten
Quelle: Gutschmidt & Laur-Ernst 2006, BIBB Ausbilderförderung, Abb. 6/3

Leittexte lassen sich problemlos auf Auszubildende mit Behinderung übertragen, zumal sie Visualisierungsmöglichkeiten bieten und in der Komplexität der Aufgaben, dem Denken in Alternativen, dem Grad der Eigenständigkeit flexibel zu gestalten sind. Gegenüber der Erprobungsphase der Leittexte bietet es sich an, sie heute mit computergestütztem Lernen zu verbinden und so fachbezogen, und nicht in einem isolierten PC-Führerschein-Lehrgang, Medienkompetenz zu vermitteln.

Mit der Verabschiedung des Lernfeld-Konzeptes hat die Kultusministerkonferenz (KMK) Ende der 90er Jahre eine neue Gestaltung der Lehr- und Lernprozesse in beruflichen Schulen eingeleitet. Es handelt sich um einen fächerübergreifenden Ansatz, der die Arbeits- und Geschäftsprozesse in den Mittelpunkt handlungsorientierter Qualifizierung stellt und damit eine Abkehr vom lernzielorientierten Fachunterricht vornimmt. „Lernfelder sind durch Zielformulierungen beschriebene thematische Einheiten. Sie sollen sich an konkreten beruflichen Aufgabenstellungen und Handlungsabläufen orientieren" (KMK 1996, 32). Dabei ergibt sich, wie bei allen aktiven Lernformen, das Problem der Umsetzung: Die „Schere im Kopf" der Lehrenden aufgrund ihrer eignen traditionellen Lernerfahrungen, die vorhandene Bildungsinfrastruktur (getrennte Theorieräume und Werkstätten, Speziallabors, keine multifunktionalen, dezentralen Ausstattungen), die Abstimmungsprobleme zwischen den Lernorten und nicht zuletzt die Jugendlichen mit Lern- und Verhaltensproblemen.

Das Lernfeld-Konzept orientiert sich an drei Aspekten (Pahl & Schütte 2000):
1. Schulische Lernfelder als didaktische Konstruktion von Handlungsfeldern im Betrieb anstelle von thematischen Unterrichtseinheiten. Die Zielformulierungen sollen die in dem jeweiligen Lernfeld zu erreichenden Ergebnisse beruflicher Handlungskompetenz fassen, während die Inhaltsangaben im Detail die Unterrichtsinhalte des Rahmenlehrplans angeben.
2. Lernfelder berücksichtigen sowohl die Fachsystematik als auch die Handlungssystematik. Beide stehen in einem Spannungsverhältnis, da es schwierig ist, das über das Lernfeld hinausgehende Grundlagenwissen und systematische Kenntnisse in die didaktische Konstruktion einzubeziehen.
3. Je nach didaktischer Konstruktion der Lernfelder ergeben sich auch Inhalte, die über das Schul- und Ausbildungsjahr hinaus gehen.

Um arbeitsorientierte Lernfelder zu entwickeln, werden sowohl die betrieblichen Berufsbilder als auch die Ausbildungsordnungen analysiert. Empirische Untersuchungen von betrieblichen Tätigkeiten sind eine weitere Voraussetzung für die Curricula. Die Beschreibung der Lernfelder enthält Zielbeschreibungen über die zu erwartenden Kompetenzen, die zugeordneten Lerninhalte, wobei auch Inhalte aus allgemeinbildenden Fächern aufgenommen werden. Ferner werden berufstypische Handlungen, Lernträger und der zeitliche Umfang bestimmt (Bader & Sloane 2000).

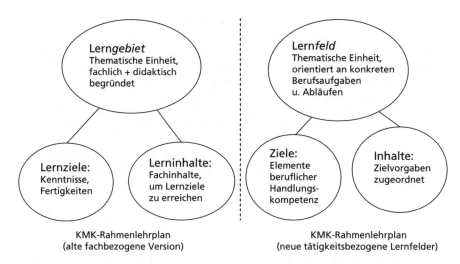

Abb. 24: Vergleich Lerngebiet – Lernfeld
Quelle: Biermann, Greinert, Janisch: Berufliche Lernkonzepte, 2001, 75

Auftragsbezogenes Arbeiten und Lernen

Auftragsbezogenes Lernen ist eine Variante, die Großbetriebe entwickelten, um die schultypische Lehrgangsunterweisung und auch die Freiräume des Lernens in Projekten mit einem „Ernstcharakter" zu konfrontieren. Juniorfirmen, die als Lehrlingsabteilung z. B. Wartungsaufgaben der Produktionsbereiche übernehmen oder kaufmännische Auszubildende, die die Verwaltung des Bildungssektors des Unternehmens managen, sind ein Ansatz, der Arbeiten und Lernen mit sinnstiftenden realen Aufgaben verknüpft (Halfpap u. a. 1996; Kutt 2000). Diese firmeninterne Beautragung ist in Modellversuchen weiterentwickelt worden zu der professionellen Bearbeitung externer Aufträge. So wurden Arbeiten in der Entwicklungszusammenarbeit angenommen, z. B. Rollstühle für Namibia oder Drechslerbänke für Indonesien. Auch berufliche Schulen, Träger in der Benachteiligtenförderung und Berufsbildungswerke stehen vor der Frage, sich an realer Nachfrage zu positionieren. Pädagogisch betrachtet, ist damit der Sprung von einer Fachorientierung über Handeln in Lernfeldern hin zur Kundenorientierung vollzogen.

Produktionsschule

Eine weitere Form der Verbindung von Arbeiten und Lernen liegt in der Kombination eines Betriebsmodells und einer beruflichen Schule, mit der Möglichkeit, externe Aufträge zu übernehmen oder eigene marktfähige Produkte und Dienstleistungen zu entwickeln und zum Gegenstand des Lernens zu machen. Produktionsschulen sind nicht durch eine formale Definition gekennzeichnet, zum Teil bezeichnen sie sich als Berufsfachschulen, wie die Schule für Metalltechnik in Bremen, oder sie sind Ausbildungsabteilungen von Unternehmen, wie bei MAN, oder sie sind Freie Schulen, wie die Hibernia Schule in Wanne-Eickel. Kern des um 1900 entwickelten reformpädagogischen Konzepts ist die Verbindung von Arbeiten und Lernen. Bei weltanschaulich normativ ausgerichteten Einrichtungen wird dieser Kern um den Aspekt „gemeinsam leben" ergänzt. Anders als bei Schülerfirmen im allgemein bildenden Bereich, handelt es sich bei der Produktionsschule um ein Simulationsmodell von Schulstruktur und Betriebsförmigkeit. Seit dreißig Jahren dient sie in Europa als Instrument gegen die Jugendarbeitslosigkeit, von besonderer Bedeutung ist sie in der Entwicklungszusammenarbeit (Greinert & Wiemann1992). International lassen sich heute vier Gruppen von Produktionsschultypen klassifizieren (Arbeitsgemeinschaft Produktionsschule 1992, 128):

1. Produktionsschulen als Alternative im staatlichen Sekundarschulwesen. Eine solche „Vocalisation" des Curriculums fördert u. a. die Weltbank
2. Produktionsschulen als Job-Training im informellen Sektor der Wirtschaft
3. Produktionsschulen zur Refinanzierung im formellen Bildungswesen
4. Produktionsschulen als Instrument für didaktische Innovationen in Schulen, Betrieben, bei Freien Trägern.

In Deutschland konnten sich Produktionsschulen zunächst nur bei Freien Trägern etablieren, weil ideologische Sichtweisen, wie z. B. die bürgerliche Arbeitsschulbewegung im Sinne Georg Kerschensteiners bzw. die sozialistische Produktionsschule im Sinne des Bundes Entschiedener Schulreformer, pragmatische Schulversuche behinderten und durch den Nationalsozialismus alle reformpädagogischen Ansätze zum Erliegen kamen (ebd.). Im Ausland dagegen konnten sich Produktionsschulen mit unterschiedlichen Akzenten entwickeln, so in der Schweiz die Metallfacharbeiterschule Winterthur, deren Absolventen sich überwiegend zum Ingenieur qualifizieren, die berufsvorbereitenden und kommunal verankerten Produktionsschulen in Dänemark oder die auf Refinanzierung ausgerichteten Schulen in China. Auch die Brigaden in Botswana oder die Don-Bosco-Schulen des Salesianer Ordens arbeiten nach dem Prinzip der Einheit von Arbeiten und Lernen. Produktionsschulen sind offene Lernkonzepte, die sowohl hinsichtlich des Lernortes, der Zielgruppen als auch der curricularen Gestaltung nicht von vornherein festgelegt sind. Damit bieten sie auch heterogenen Lerngruppen Qualifizierungsmöglichkeiten. Die kreativen dänischen Produktionsschulen zeigen die Vielfalt von „Tätigkeiten zum Lernen" auf: Fischzucht, das Betreiben einer Rundfunkstation, ein Reisebüro für ältere Bürger in ländlichen Gegenden, die Rekultivierung von industriellen Agrarbrachen. Gerade Aufgaben, für die es keine schablonenhaften Antworten gibt, die Alternativen zulassen und Fantasie erfordern, eignen sich besonders, um Schulversager zu motivieren und ihnen die Methodik des Lernens erfahrbar zu machen. Genauso aber bieten sie die Chance einer Eliteausbildung in Großbetrieben (Biermann & Janisch 1994).

3.2 Reha-spezifische Akzente

Bei der Etablierung des beruflichen Reha-Netzes gingen eine Reihe von traditionellen sonderpädagogischen Aspekten aus dem allgemeinen Bildungsbereich in die institutionelle und inhaltliche Gestaltung der beruflichen Bildungsgänge mit ein. Mit zunehmender Kritik an separaten Einrichtungen und dem als Paradig-menwechsel bezeichneten Übergang vom „behüteten" zum selbstbewussten und selbstständig agierenden behinderten Menschen, entwickelten sich unter dem Begriff „Empowerment" neue Unterstützungskonzepte. Während sie für be-stimmte Bereiche, z. B. Wohnen, Freizeit, soziale Teilhabe, relativ differenziert ausgearbeitet sind, ist ihre Bedeutung für berufliche Qualifizierung und Teilhabe am Erwerbsleben durchaus kritisch zu sehen. Ein Spezifikum der beruflichen Rehabilitation sind diagnostische Verfahren, die der eigentlichen beruflichen Qualifizierung vorgeschaltet werden mit dem Ziel, Bildungsgang, Institution und Abschlussniveau festzulegen. Neben der sonderpädagogischen Ausrichtung im engeren Sinn spielen auch sozialpädagogische Interventionen mit Beratung und ergänzenden Angeboten eine wichtige Rolle.

3.2.1 Sonderpädagogische Traditionen

Betrachtet man die Arbeit in den speziellen Reha-Einrichtungen, aber auch die der ambulanten Dienste, so lassen sich als Merkmale festhalten:

- Berufliche Reha definiert sich durch institutionelle Flexibilisierung der Bil-dungsgänge
- Berufliche Reha definiert sich durch die Übernahme von Merkmalen und Elementen aus der Sonderschulpädagogik der allgemeinen Bildung, insbeson-dere durch Orientierung an Ressourcen und die Ausrichtung auf Zielgruppen nach Behinderungsarten
- Berufliche Reha definiert sich durch Übernahme allgemeiner oder berufspä-dagogischer Konzepte, Methoden, Organisationsformen, ergänzt um techni-sche oder personelle Hilfen
- Berufliche Reha definiert sich durch die Legitimation von Maßnahmeketten auf der Grundlage von Diagnostik und Assessment.

Flexibilisierung

Die alte sonderpädagogische Forderung nach Flexibilisierung von Ausbildungs-gängen, die Kritik am so genannten Alles-Oder-Nichts-Prinzip der Lehre, bezieht sich sowohl auf die Inhalte und Abschlüsse als auch auf die Dauer der Ausbildung (Dt. Bildungsrat 1975, Bd. 37, 51–69; Felkendorff & Lischer 2005, 124 ff.). Berufliche Bildungsgänge für beeinträchtigte Jugendliche und Erwachsene kön-nen variabel gestaltet werden durch:

- Verlängerung der Ausbildungsphasen
- Verkürzung der Ausbildung zu Anlernausbildungen, Kurzausbildungen von einem oder zwei Jahren, ggf. auch Stufung von Ausbildungsgängen
- Reduzierung von Inhalten, Zielen und Abschlüssen, ggf. praktische, theorie-geminderte Ausbildungen
- verschiedene Formen der Modularisierung – von einer lernorganisatorischen Differenzierung regulärer Ausbildungsgänge bis zum „Bildungspatchwork" additiver zufällig belegter Kurse

- Intensivierung, z. B. durch Stützunterricht, Blended-Learning, Coaching, überbetriebliche Unterweisung, Lernortverbünde.

Während Reduzierung der Ausbildungszeit eine passive Strategie kennzeichnet und die bloße Verlängerung keine pädagogisch begründete Antwort für den bisherigen unbefriedigenden Ausbildungsverlauf gibt, stellt sich erst mit der Intensivierung von Lernprozessen die Frage nach einer eigenständigen rehabilitationsspezifischen Pädagogik.

Ressourcen-Orientierung

Die Vorstellungen einer „Ressourcenpädagogik" gehen von separaten, weitgehend autonomen Einrichtungen, zumindest von selbstkontrollierter und selbstdefinierter Arbeitsleistung aus, von eigenen Studienrichtungen und Laufbahnen, damit verbundenen höheren Gehältern, geringerer Unterrichtsverpflichtung und besonderer Schulaufsicht. Begründet mit den Eigenheiten ihrer Schüler werden auch besondere Arbeitsbedingungen gefordert, wie kleine Klassen, besondere Berufe, Prüfungen, Lehrpläne, Ausstattungen. Idealtypisch zeigen die Standards für Berufliche Förderschulen in Bayern mit ihrer Verästelung von separaten Maßnahmen sowie die Leitlinien der Schulleiter von Berufsschulen in Berufsbildungswerken die Gleichsetzung von sonderpädagogischer Förderung und Ressourcen:

„Neben der Verbindlichkeit der Rahmenziele des allgemeinen Berufskollegs ist eine Besonderheit in der Schwerpunktsetzung von spezifischen Handlungs- und Lernfeldern durch die Betonung von Nahzielen, durch veränderte Lernzeiten, soweit dies im Rahmen der beruflichen Förderung möglich ist, und durch das Ausrichten der Methodik und Didaktik auf die besondere Lern- und Leistungssituation der behinderten Schüler zu sehen" (AK BKSF o.J., 8).

Zwar grenzen sich die neuen Dienste von den etablierten Reha-Einrichtungen konzeptionell ab und betonen ihr anderes Menschenbild, aber auch sie definieren sich über Ressourcen, die sie einerseits akquirieren und möglichst gesetzlich sichern wollen, während sie andererseits aber auch einen extrem aufwändigen, fest installierten Verwaltungs-, Betreuungs-, Beratungsapparat für unabdingbar halten.

Zielgruppenorientierung

Vor allem Berufsbildungswerke orientieren sich an sonderpädagogisch definierten Zielgruppen und bezeichnen sich entsprechend als BBW für Körperbehinderte, Blinde, Lernbehinderte. Auch wenn Voraussetzungen, Erwartungen und Möglichkeiten der „Lerner" – wie bei jedem didaktischen Entwurf – reflektiert werden müssen, kann die formale berufliche Bildung die Standardisierung der Qualifikation und die Gebundenheit an Arbeits- und Geschäftsprozesse nicht aufgeben. Daher spielen „Zielgruppenpädagogiken", wie z. B. die Körperbehindertenpädagogik, in der beruflichen Bildung inhaltlich keine Rolle. Konzepte zur beruflichen Qualifizierung, die auf einer Fokussierung von Zielgruppen nach Behinderungsmerkmalen in Verbindung mit diagnostischen Verfahren beruhen, laufen Gefahr, raum-zeitlich unabhängig zu werden und sich dadurch aus den regulären Systemen zu lösen bzw. mit erheblichem Timelag dortige Entwicklungen nachholen zu müssen.

Adaption

Die Privilegien und der Freiraum von Sondereinrichtungen und von ambulanten Diensten sind bisher kaum für didaktisch-methodische Innovationen genutzt worden, die evtl. auch zu Veränderungen im Regelbereich hätten führen können. Vielmehr sind die skizzierten arbeits- und berufspädagogischen Ansätze auf die jeweilige Situation der Reha-Einrichtungen bzw. der Dienste übertragen worden, so z. B. die Lehrgänge, die sich optimal für die Werkstattunterweisung in Berufs- bildungs- und Berufsförderungswerken, aber auch für die betriebliche Qualifizie- rung von Anlernkräften eignen. Auch die Projektmethode wurde in reduzierter Form von Bell u. a. bereits vor zwanzig Jahren bei geistigbehinderten Jugendli- chen im Arbeitstrainingsbereich der Werkstatt erprobt und testpsychologisch dabei ein relativ hoher IQ-Punkte-Zuwachs ermittelt. Allerdings lässt der Erfolg – angesichts des Verzichts auf die für die Projektmethode zentralen Phasen der Zielsetzung und der Evaluation und der geringen Sinnstiftung der erstellten Ge- genstände – eher auf eine vorherige Unterforderung der trainierten Personen schließen als auf die Wirkungen des handlungstheoretisch begründeten Konzepts (Bell u. a. 1988).

Ebenso adaptiert Grampp mit seinem Arbeitspädagogischen „BildungsSystem (ABS)" die Handlungstheorie, um gleichermaßen Professionalisierung und Per- sönlichkeitsentwicklung bei der Klientel der Werkstattmitarbeiter durch berufli- che Bildung zu fördern (Grampp, 1996, D 9 u. 2006, 145–161). Er referiert Volpert und Hacker, deren theoretische Bezüge und geht vom üblichen Kompe- tenzmodell in der Berufsbildung aus.

Der hieraus entwickelte Qualifizierungsplan wird in Didaktik-, Methodik- und Pragmatikmodule differenziert und auf einen dreieinhalbjährigen Ausbil- dungsgang ausgerichtet, der zu neuen Berufen führen soll, z. B. Montierer, Kon- fektionierer, Pfleger im Umweltbereich. Aus den Rahmenplänen für diese neuen Berufe sollen dann Kataloge für Tätigkeiten und Anforderungen sowie pädago- gische Maßnahmen abgeleitet werden. Kenntnisse, Fertigkeiten und Einstellun- gen werden in Profilen festgelegt. Die Kluft zwischen den theoretischen Bezügen und der konkreten Umsetzung ist nicht zu übersehen: So werden in Übereinstim- mung mit der „Lebenshilfe" neue Berufe, für junge Frauen z. B. im Wäscherei- bereich in den Lahnwerkstätten Marburg, als Modulausbildung erprobt. Da diese Berufe aber nicht aus anerkannten Ausbildungen entwickelt wurden, weisen sie weder Durchlässigkeit noch Tariffähigkeit auf.

Die Adaption von Projektmethode und Modulausbildung für geistig behin- derte Auszubildende berücksichtigt weder die „vollendete Handlung", noch eine Verknüpfung der Kompetenzen, noch auftragsbezogenes Lernen. Vor allem wer- den die theoretisch anspruchsvollen und für berufliche Bildung unverzichtbaren Aspekte der eigenständigen Zielsetzung, Planung und Bewertung der Arbeitser- gebnisse und Arbeitsprozesse weitgehend ausgeblendet. Gefordert werden zwar ambulante Formen des Trainings und der Teilhabe am Arbeitsleben, aber die realen Arbeitsbedingungen werden als nicht geeignet eingeschätzt, denn Stress und komplexe Tätigkeiten, z. B. bei der Ausbildung von Helferinnen im Alten- heim, sollen vermieden und wiederholbare Arbeitsaufgaben vorgesehen und die durchschnittliche Arbeitszeit schrittweise erhöht werden (Schüller 2006, 248). Dagegen ist die Übertragung arbeitspädagogischer Konzepte auf die Rahmenbe- dingungen der Berufsförderungswerke vergleichbar dem Transfer in Betriebe oder

Schulen. Der pädagogische Ansatz und weniger die „Defizite" der Zielgruppe stehen im Mittelpunkt. So werden im EU-Projekt „Kaufleute in einem Europa von morgen" Geschäftsprozesse in Modellunternehmen, Lernbüros und Lernfirmen erprobt (Tramm u. a. 2006).

3.2.2 Empowerment im Beruf

Empowerment steht als Begriff und Konzept für „befähigen", auch im Sinne von sich selbst befähigen. Theunissen und Plaute (2002) weisen in ihrem Handbuch auf seinen Ursprung in der amerikanischen Bürgerrechtsbewegung und auf Selbsthilfegruppen hin. Allgemeines Ziel ist es, Kontrolle über das eigene Leben zu gewinnen. Empowerment stellt eine Mischung aus philosophischer Grundhaltung und praktischen Abläufen im Alltag dar. Dabei geht es nicht nur um die individuelle Befähigung, sondern auch Randgruppen sollen ihre Angelegenheiten in die eigene Hand nehmen und soziale Ressourcen gewinnen. Selbstverfügungskräfte entwickeln, politische Macht gewinnen und zu kollektivem Handeln anstiften sind die von deutschen Selbsthilfegruppen adaptierten Orientierungsmuster (Hermes & Rohrmann 2006). Bezogen auf Bildung und Schule wird eine strikte Abgrenzung von traditioneller, auf Defizite hin orientierter Sonder- und Heilpädagogik vollzogen (ebd., 43). Acht Leitprinzipien, denen vier Unterrichtselemente zugeordnet sind, sollen einen Rollenwechsel vom Helfer zum Unterstützer einleiten und dabei Schule und Unterricht verändern (ebd., 144 ff.):

Leitprinzipien
- vertrauensstiftendes Vorgehen
- Subjektzentriertheit
- Autonomieorientiertheit
- Identitätsstiftung
- Sinnstiftung
- Entwicklungsangemessenheit
- sozialerzieherische Orientierung

Unterrichtselemente
- fähigkeitsorientierte Curricula
- Mentorenorientierung
- gemeindenahe Programme
- individuelle Zukunftsplanung

Eine mit Unterstützern entwickelte Zukunftsplanung – „individualized education plan (IEP), individualized transition plan (ITP)" und „Personal Centred Planning" (PCP) – soll helfen, alle Lebensbereiche zu gestalten: Berufsfindung, Arbeit, Wohnen, Freizeit, aber auch Identität und Partnerschaft (ebd., 127). Durch ein personenbezogenes Netzwerk sollen Perspektiven für die berufliche und private Zukunft individuell entwickelt werden. Das Prinzip Fantasie, die Förderung von Kreativität, Träumen und Visionen sollen auch Personen mit Behinderung erfahren und für sich nutzen lernen (Doose 2004; Lebenshilfe 1998). Die relativ hohe Zufriedenheit der Mitarbeiter von Werkstätten und von Heimbewohnern wird mit „erlernter Hilflosigkeit" und falschem Bewusstsein erklärt, da die Personen nie gelernt hätten, Fantasie und Perspektiven zu entwickeln (Wacker u. a. 2003, A5, 3). Das Kreativitätstraining bleibt eher biografisch begrenzt und orientiert sich nicht an gesellschaftskritisch-emanzipatorischen Konzepten, wie sie Oskar Negt für die Erwachsenenbildung und gewerkschaftliche Arbeit vorgestellt hat (Negt 1971). Während für Freizeit, politische Arbeit und allgemeines Persönlichkeitstraining eine Vielzahl von Methoden für alle Lebensphasen vorgestellt werden – Portfolio, Unterstützerkreise, Selbstvertretungsgruppen oder auch special love talks –, wird für den Lebensbereich der Arbeit pauschal Assistenz gefordert (Theunissen 2003; Boban & Hinz 2005, 133–145).

Die Ziele der Unterstützten Beschäftigung (UB) lehnen sich an die Independent Living Philosophie an. Das Konzept selber beruht auf folgenden Prinzipien (Doose 1998):

- Integration, d. h. Zusammenarbeit von Arbeitnehmern mit und ohne Behinderung
- Reguläre Arbeit, d. h. tariflich entlohnte, sozialversicherungspflichtige Beschäftigung
- Akquise von Arbeitsplätzen mit nachfolgender Qualifizierung dafür
- Individualisierte Unterstützung und Hilfen zur Wahrnehmung der Arbeitsmöglichkeiten
- Keine zeitliche Begrenzung der Leistungen
- Wahlmöglichkeiten, z. B. zwischen WfbM und UB.

Zielgruppen sind laut Bundesarbeitsgemeinschaft BAG UB Personen mit Lernschwierigkeiten, psychischen oder autistischen Beeinträchtigungen, Körper- und mehrfachen Behinderungen und Personen mit Hirnschädigungen. Die Unterstützte Beschäftigung differenziert ihr Konzept in fünf Phasen (Ciolek 1998, 22):

1. Entwicklung einer Bedarfsplanung und eines individuellen Fähigkeitsprofils
2. Akquise von Arbeitsplätzen, ggf. das „Erfinden" von Arbeitsmöglichkeiten
3. Arbeitsplatz- und Tätigkeitsanalyse, ggf. Anpassung der Arbeitsorganisation und des Arbeitsplatzes an die Fähigkeiten der betroffenen Arbeitnehmer
4. Qualifizierung direkt am Arbeitsplatz
5. Nachsorge und Coaching am Arbeitsplatz.

Das Konzept setzt voraus, dass Eignung und Anforderungen in eine Balance gebracht werden können, dass die Akquise von Stellen erfolgreich ist und dass durch den Ausgleich von Kompetenz und Bedarf die, zunächst als Praktikum angelegte Qualifizierung, störungsfrei verläuft. Faktisch beruht die Qualifizierung auf einem Arbeitstraining von Fertigkeiten und von sozial verträglichen Verhaltensweisen. Die Konzeption ist kurzfristig erfolgreich, weil vom Konkreten ausgegangen wird, für unnötig gehaltene Theoretisierungen entfallen und alle erdenklichen Hilfen vorgesehen werden können. Theunissen und Plaute folgern aus den vorliegenden empirischen Arbeiten zur Arbeitsassistenz, dass kleine Betriebe wegen ihres Personenbezugs und ihrer Überschaubarkeit geeignet und vor allem Hilfstätigkeiten möglich sind, z. B. in der Gastronomie, im Lager, beim Versand, in der Kantine, bei Reinigungsarbeiten. Um die Ausgrenzung schwerstbehinderter Personen zu verhindern, fordern sie einen vom Leistungsgedanken unabhängigen Zugang zum Arbeitsmarkt: „Damit wird nicht die heterogene Behindertengruppe gefordert, die in eigenen Behindertenwerkstätten ihre Arbeit leisten soll, sondern die Öffnung des Arbeitsmarktes für alle Menschen mit Behinderungen unter dem Aspekt der persönlichen, individualisierten Arbeitsassistenz. Nur dieser Ansatz geht von der Gleichberechtigung aller Menschen aus und vermeidet eine weitere Differenzierung in verschiedene Klassen von Menschen mit Behinderung." (Theunissen & Plaute 2002, 323). Falls Betriebe behinderte Arbeitnehmer einstellen, lassen sie sich von zwei Motiven leiten: entweder fühlen sie sich sozial verpflichtet oder sie suchen billige Arbeitskräfte für einfachste Tätigkeiten (Trost & Schüller 1992). Dabei werden als „Schlüsselqualifikationen" für das Arbeitsverhalten erwartet:

- Antrieb
- Auffassung
- Ausdauer
- Konzentration
- Kritische Kontrolle
- Kritisierbarkeit
- Pünktlichkeit
- Sorgfalt.

Die Vertreter des Empowerment-Konzepts kritisieren in erster Linie nicht die unzumutbaren Tätigkeiten und fehlenden Entwicklungsmöglichkeiten auf dem allgemeinen Arbeitsmarkt, sondern üben Fundamentalkritik an Werkstätten mit beschützten Arbeitsplätzen. Eine Alternative wird in der österreichischen Werkstattkonzeption gesehen, die Arbeit bei Behinderung nicht mehr zum direkten Erwerbszweck vorsieht, sondern als Vehikel zur Tagesstrukturierung und zur kreativen Beschäftigung (Theunissen & Plaute 2002, 316–318).

Empowerment, Unterstützte Beschäftigung, Arbeitsassistenz bleiben dem angelsächsischen behaviouristischen Denken verhaftet: Beobachtung, Tests, Entwicklungsbögen werden offenen Lernformen mit Freiarbeit und Lernwerkstatt vorgezogen, auch die Arbeitsplatzintegration beruht auf Eignungs- und Tätigkeitsanalysen, nicht aber auf einem Konzept der „Humanisierung der Arbeitswelt" und entsprechend zu gestaltenden Arbeits- und Lernbedingungen. Das berufspädagogische Prinzip der neugeordneten Ausbildungen beruht auf Grundbildung in Verbindung mit dem Prozess der „vollendeten Handlung". Gerade die anspruchsvollen Aufgaben der Planung und Bewertung der Arbeitsergebnisse werden nicht zum Kern des Arbeitstrainings gemacht. Durch diese Art der Qualifikation entstehen Barrieren zu anderen Erwerbschancen auf anderen Arbeitsplätzen und in anderen Betrieben. Freizügigkeit als EU-Arbeitnehmer ist nicht intendiert, was auch angesichts der geforderten gemeindenahen Unterstützerkreise und begleitender ortsabhängiger Assistenz kaum möglich wäre.

3.2.3 Assessmentgeleitete Verfahren

Feststellung des sonderpädagogischen Förderbedarfs

1994 beschloss die Kultusministerkonferenz, das Sonderschulüberweisungsverfahren durch die Feststellung des sonderpädagogischen Förderbedarfs zu ersetzen. Die Entscheidung über den Lernort und über erforderliche Ressourcen ist somit erst an zweiter Stelle zu beantworten. Eine Situationsanalyse, eine personenorientierte individuelle Sicht vom Schüler, von dessen Entwicklung und Fähigkeiten sowie ein breites Angebot von Hilfen zur Unterstützung des Lernprozesses sollen im Förderplan ihren Ausdruck finden und Perspektiven aufzeigen. Förderschwerpunkte und Förderbereiche wie Sensorik, Motorik, Kognition, Kommunikation treten an die Stelle einer Defizit-Zuschreibung. Die Kritik an den diagnostischen Methoden, die eine Selektion in ein separates Sonderschulwesen rechtfertigten, führte zu erweiterten gutachterlichen Verfahren, allerdings „nicht die Methoden der Diagnostik, sondern die schulsystembedingten Selektionszwänge sind das Problem." (Schuck 2006, 296). Entwickelt wurde auch eine Prozessdiagnostik in Kombination mit einer Förderung, die von bildungstheoretisch begründeten pädagogischen Notwendigkeiten ausgeht. Allerdings zeigen alle Beiträge auf einer Tagung zur Förderplanung, dass Eltern und Schüler nur marginal in die Gutachten eingebunden werden, dass hauptsächlich immer noch die Lernorte und Institutionen gerechtfertigt werden und pädagogisch umsetzbare Empfehlungen für den Lernprozess die Ausnahme sind (Mutzeck 2000).

Der Übergang Schule-Ausbildung wird oft in einem mehrjährigen Prozess begleitet, wobei diagnostische Verfahren mit Beratung, Praktika, Netzwerken und Runden Tischen der beteiligten Institutionen verbunden werden (Kortenbusch 2004). Der Verband Deutscher Sonderschulen schlägt vor, durch differenzierte Beobachtungen und diagnostische Verfahren eine passgenaue berufliche Bildungsplanung für den einzelnen behinderten Schüler vorzunehmen und dadurch seine Chancen für eine berufliche Eingliederung zu verbessern. Die Berufsberatung soll mit einem umfassenden Befundbogen informiert werden. Ziel der Sonderschule ist es, von der Berufsberatung der Arbeitsverwaltung eine Empfehlung zu erhalten, z. B.: „erscheint ausbildungsfähig, ist nicht ausbildungsreif, bedarf der Vorbereitung zur Arbeitsaufnahme", um dann die Sonderberufsschulbedürftigkeit festzustellen (Schardt & Scharff 1998, 48). Der Fachverband für Behindertenpädagogik empfiehlt den Erziehungsberechtigten, bei der Anmeldung zur Facharbeiterprüfung die „Nachteils-Ausgleichsregelung" zu beantragen. In einem Musterformular werden dabei als Beeinträchtigungen aufgelistet: Wahrnehmungsstörungen im auditiven oder im visuellen Bereich, motorisch-expressive Störungen, Störungen der Merkfähigkeit und der Gedächtnisleistung und minimale cerebrale Dysfunktion (ebd., 53).

Die Feststellung des sonderpädagogischen Förderbedarfs in der Sekundarstufe II ist zwar formal möglich, stößt aber in der Praxis allein deswegen auf Schwierigkeiten, weil Sonderberufspädagogen fehlen und allgemeine Sonderpädagogen ggf. den Förderbedarf bei Seh-, Hör-, Lern- und Entwicklungsschädigungen oder bei Körperbehinderungen feststellen, nicht aber methodisch-didaktische Konsequenzen für berufliche Qualifizierungsprozesse empfehlen können. Die in der allgemeinen Schule begonnenen förderdiagnostischen Ansätze laufen somit in den beruflichen Schulen ins Leere, Ausnahmen bilden die spezifischen Reha-Einrichtungen, die eigene Beurteilungsverfahren entwickelt haben.

Assessments und Diagnoseverfahren

In der beruflichen Erstausbildung und Weiterbildung sind Assessmentverfahren von besonderer Bedeutung, weil sie der eigentlichen Ausbildung in der Reha meistens vorgeschaltet sind und die Folgemaßnahmen sowie die Gelder hierfür legitimieren. Dabei bestehen je nach Lernort, Zielsetzung und Kostenträger erhebliche Unterschiede in der Anwendung und in den Konsequenzen, die aus den Verfahren abgeleitet werden (Jakobs & Trattnig 2004, 88–103).

Fallbeispiel: Förderplanung in der Berufsvorbereitung und bei Eingangsverfahren

Die Agentur für Arbeit schaltet bei der Feststellung der Leistungen zur Teilhabe am Arbeitsleben, besonders wenn eine kostspielige Empfehlung für eine Werkstatt oder ein Berufsbildungswerk getroffen wird, in aller Regel für die Gutachten den medizinisch-psychologischen Dienst ein, so dass standardisierte Testverfahren zur Anwendung kommen. In den Berufsvorbereitenden Maßnahmen der Freien Träger ist die Erstellung eines Förderplans ein durch die Bundesagentur für Arbeit vorgegebenes Qualitätskriterium. Dieser Plan beruht auf einer Eingangsanalyse und einem Profiling, in der Regel durch Sozialpädagogen durchgeführt, die in Fortbildungsworkshops ihre gutachterliche Kompetenz erwerben (vgl. HIBA, Projektgruppe Förderplan 2001; Schnadt 1997). Die Jugendlichen werden in aller Regel mit in die Verfahren einbezogen und müssen den Förderplan unterschreiben. Im Wesentlichen handelt es sich um eine Auflistung von Maßnahmen und Inhaltsangaben, die mehrdeutig sind und über den Lehr-/Lernprozess wenig Aussagen zulassen. Umfassend und standardisiert sind die Aufnahmeverfahren in den Berufsbildungswerken, da diese Einrichtungen über hauptamtlich tätige Psychologen verfügen und interessiert sind, in einer Längsschnittperspektive die Veränderung der Leistungsfähigkeit und Kompetenzen ihrer Auszubildenden festzustellen (Mentz u. a. 2005).

Fallbeispiel BBW: Leipziger Modell

Ein an Rehabilitanden orientiertes Verfahren entwickelte das BBW Leipzig für Hör- und Sprachgeschädigte (Haring 1999, 73–83; Berufsbildungswerk Leipzig 2006). Das Konzept zielt darauf ab, Planung, Beratung und Begleitung zu koordinieren, die Beteiligten zu informieren, vor allem den Betroffenen als aktiven Gestalter mit einzubeziehen und den Reha-Verlauf zu dokumentieren. Kernstück des Kreislaufes von der Ausgangsanalyse zur Ausführung ist der „Reha-Pass". Der Beratungsprozess verläuft nicht linear, weil z. B. alternative Berufswünsche entwickelt werden müssen, die wiederum diagnostisch geprüft werden.

Fallbeispiel WfbM: MELBA & IDA

In Werkstätten für behinderte Menschen wird vor allem das MELBA-Verfahren bzw. das Instrumentarium zur Diagnostik von Arbeitsfähigkeiten (IDA) eingesetzt (BMA 1997; Föhres u. a. 2000). Die „Merkmalprofile zur Eingliederung Leistungsgewandelter und Behinderter in Arbeit" (MELBA) sind ein Verfahren, mit dessen Hilfe die Fähigkeiten einer Person und die Anforderungen für eine Tätigkeit bestimmt und eine fähigkeitsadäquate Platzierung ermöglicht werden soll. IDA ist ein diagnostisches Modul, das arbeitsrelevante Schlüsselqualifikationen erhebt, die dann mit MELBA dokumentiert werden. Insgesamt bietet IDA 14 Arbeitsproben an, um kognitive Fähigkeiten, die Art der Arbeitsausführung, Psychomotorik, Kulturtechniken und Kommunikation zu beobachten und analog zu MELBA zu klassifizieren. Durch MELBA können tätigkeitsbezogene allgemeine Fähigkeiten 29 Merkmalen zugeordnet und in einem Profilvergleich in einer 5er Rating-Skala ausgewiesen werden. Das Verfahren wird für die Bereiche Industrie, Handwerk, WfbM, Verwaltung, Dienstleistungen angewendet. Dokumentieren lassen sich Stärken und Schwächen, Förderbedarf und Fähigkeitsentwicklung im Verlauf der Reha.

Tab. 18: Merkmalsgruppen nach MELBA

Merkmalsgruppen	Merkmale
kognitive Merkmale	Arbeitsplanung, Auffassung, Aufmerksamkeit, Konzentration, Lernen/Merken, Problemlösen, Umstellung, Vorstellung
soziale Merkmale	Durchsetzung, Führungsfähigkeit, Kontaktfähigkeit, Kritikfähigkeit, Kritisierbarkeit, Teamarbeit
Art der Arbeitsausführung	Ausdauer, kritische Kontrolle, Misserfolgstoleranz, Ordnungsbereitschaft, Pünktlichkeit, Selbstständigkeit, Sorgfalt, Verantwortung
Psychomotorische Merkmale	Antrieb, Feinmotorik, Reaktionsgeschwindigkeit
Kulturtechniken / Kommunikation	Lesen, Rechnen, Schreiben, Sprechen

Anforderungsprofil
29 Merkmale

Fähigkeitsprofil
29 Merkmale

Profilvergleich
5 Merkmalsgruppen

Quelle: BMAS 1998

Fallbeispiel BFW: Reha-Assessment
Über ein entwickeltes Assessmentverfahren verfügen die Berufsförderungswerke, das bundesweit nach einheitlichen Standards angeboten wird und als Trade-Marke „Reha*Assessment*" eingetragen ist. Unter dem Assessment verstehen die BFW ein modularisiertes Beurteilungssystem:

„Reha*Assessment*" ist die umfassende Klärung des Fähigkeitspotenzials von Menschen mit Behinderungen oder von Behinderung Bedrohten in Bezug auf die Anforderungen eines konkreten oder eines perspektivisch angestrebten Arbeitsplatzes bzw. eines Spektrums von Fähigkeiten einer Berufsrichtung. Durch den Vergleich wird der Rehabilitationsbedarf erfasst und das Rehabilitationspotential beschrieben. Auf dieser Grundlage wird der Rehabilitationsplan entwickelt und eine Erfolgsprognose erstellt. Der Einsatz erfolgt in den Bereichen Prävention, Diagnostik und Orientierung." (ARGE BFW 2002).

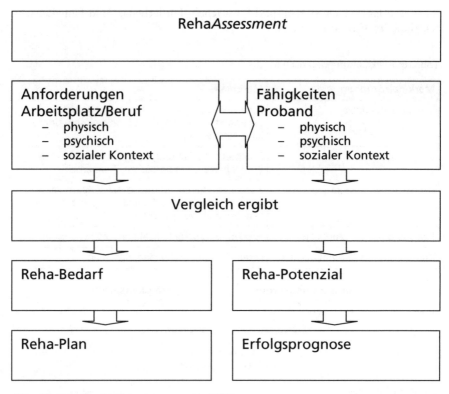

Abb. 25: Schema des Reha*Assessment* in BFW

Die Arbeitsplatzanforderungen werden bei konkret vorhandenen Stellen durch Analysen der Tätigkeiten und Arbeitsplätze ermittelt, bei allgemeinen Berufsanforderungen durch repräsentative Merkmale. Arbeitsmedizinisch wird die funktionelle Leistungsfähigkeit untersucht, z. T. auch mit Hilfe des Simulators ERGOS, mit dem in Belastungsproben Leistungsdaten gemessen werden können. Gutachterlich beauftragt ein Kostenträger, z. B. die Berufsgenossenschaft, ein BFW mit der Prognose, ob jemand auf der Grundlage der aktuellen Fähigkeiten unter den Bedingungen eines BFW – oder eines anderen Lernortes – den Anforderungen eines Berufes, Arbeitsplatzes, einer Umschulung gerecht werden kann und unter welchen Bedingungen das zu vereinbarende Reha-Ziel erreichbar erscheint. Der vorgeschlagene Reha-Plan umfasst rechtliche und finanzielle Aspekte, den regionalen Arbeitsmarkt, das Reha-Potenzial. Anders als bei dialogischen Verfahren sind hier keine Selbst- und Fremdeinschätzung und kein nachfolgendes Monitoring des Kompetenzzuwachses in der Umschulung vorgesehen. Das „Reha*Assessment*" bietet ein Bündel von Maßnahmen zur Erprobung und Beratung an (BFW Dortmund 2007):

• Abklärung der beruflichen Eignung (speziell auch für psychisch Vorerkrankte)
• Informationsveranstaltungen

- Psychologische Eignungsdiagnostik mit anschließender Berufsberatung
- Arbeitsmedizinische Begutachtung und Beratung
- Arbeitsmedizinische Feststellung der aktuellen funktionellen Leistungsfähigkeit
- Gezielte berufspraktische Erprobung
- BOM: Berufliche Orientierungs-Maßnahme
- BDE: Beratung-Diagnose-Erprobung
- AOM: Arbeitsmarktliche Orientierungs-Maßnahme
- Prävention (in Betrieben).

Fallbeispiel Betrieb: Assessment Center

Betriebe verfolgen mit ihrem eigenen Assessment Center oder mit entsprechendem Auftrag an eine Consulting zwei Interessen (Pauly 2004):

1. Potenzial-Analyse, Entwicklungsmöglichkeiten von Auszubildenden prüfen
2. Personalauswahl, Bewerberauswahl – von Auszubildenden bis hin zu Führungskräften.

Typisches Merkmal der Assessment Center ist die Vielfalt der angewandten Methoden. Außerdem ist eine Beobachtung durch mehrere Führungskräfte üblich – bis zu sechs Betriebsangehörige beobachten mit strukturierten Vorgaben die Probanden bei den jeweiligen Übungen. Die Dauer des Assessments beläuft sich auf mehrere Tage, aus Kostengründen werden bei Auszubildenden in aller Regel die Assessments in Gruppen und nur bei künftigen Führungskräften als Einzelassessment durchgeführt. Die gestellten Aufgaben beziehen sich auf alle Kompetenzbereiche und werden aus betrieblichen Situationen abgeleitet. So dienen Rollenspiele zur Beobachtung des sozialen Verhaltens, für eine Potenzialanalyse lautet die typische Aufgabe, ein Werbekonzept für ein neues Produkt vorzustellen, wobei eine Vorbereitungszeit von 10 Minuten und Durchführungszeit von 30 Minuten vorgegeben werden. In Gruppendiskussionen werden Merkmale beobachtet, wie: Überzeugungskraft, Kompromissbereitschaft, Zielorientierung, wirtschaftliches Denken, ganzheitliches Denken, aber auch Auftreten, sprachlicher Ausdruck, Kreativität, Entscheidungsfreude oder Gründlichkeit. Anschließend werden die Einzelbeobachtungen zusammengetragen, durch Rankings der Merkmale ein Mittelwert und schließlich eine Gesamtnote gebildet, die bei Bewerbungen zu einem Ja oder Nein führt (ebd.). Betriebliche Assessmentverfahren dieser Art gelten für alle, also auch für behinderte Bewerber.

Ein ganzheitliches Beurteilungsverfahren zur Feststellung des individuellen Profils wurde im PETRA-Modellversuch als „Kompetenz-Spinne" entwickelt. Ähnliche Konzepte sind heute in der Personalentwicklung Standard (Ott 2006), sie werden jedoch nicht nur im Ausbildungsprozess genutzt, sondern allgemein zur Selbst- und Fremdeinschätzung, wobei, ausgehend von einer Zielvereinbarung, dann Stärken und Schwächen bzw. zu verbessernde Fähigkeiten festgelegt werden. Für die Ausbildung ist die aus fünf oder sechs Ranking-Kreisen bestehende „Kompetenz-Spinne" in Segmente der zu beurteilenden Kompetenzen – in der Regel: Fach-, Methoden-, Sozial- und Individualkompetenz – gegliedert. Der erreichte Stand wird jeweils festgehalten, aus der Verbindung der Kompetenzgrade ergibt sich das individuelle Profil. Es handelt sich um ein einfach zu handhabendes Instrument, die Visualisierung ergibt auf den ersten Blick Hinweise auf Stärken und Schwächen, und im Vergleich der Profile zeigen sich rasch und eindeutig Veränderungen. Üblich ist ein dialogisches und oft auch fachöffentliches Vorgehen (vgl. ebd. 19):

1. Funktions- und Qualitätsprüfung des Arbeitsergebnisses (Zwischen- und Endkontrollen)
2. Präsentation der Ergebnisse, ggf. als Gruppe, vor Ausbildern, betrieblichen Mitarbeitern, Berufsschullehrern u. a.
3. Bewertung (Selbst-/Fremdeinschätzung) auf der Grundlage einer Einschätzungscheckliste
4. Rückmeldung und Dokumentation, i. d. R. in einer Firmendatenbank, z. B. Einscannen des Profils in die jeweilige Personalakte.

Da die Verfahrensschritte vorgegeben sind, können Lehrlingsgruppen die Beurteilung auch untereinander anwenden. Die individuellen Kompetenzprofile differenzieren nicht nach Defiziten oder Behinderungsformen und gelten vom Konzept her für alle im Betrieb. Sie stellen neben der Beurteilung gleichzeitig einen Lernvorgang dar, in dem Arbeitsergebnis und die Art und Weise, wie es zustande gekommen ist, systematisch reflektiert werden.

<table>
<tr><th colspan="2">Rückmeldebogen (Fördergespräch)</th></tr>
<tr><th>Ganzheitliches Kompetenzprofil</th><th>Verbesserungsvorschläge/
Zielvereinbarungen</th></tr>
<tr><td rowspan="4">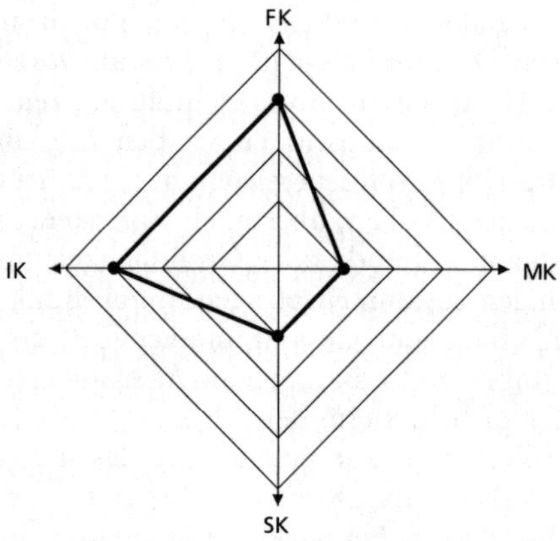
</td><td>FK (Fachkompetenz):
Planungs- und Fertigungsfähigkeiten sind deutlich erkennbar auf hohem Niveau vorhanden. Abstimmungsgespräche sollen öfters und intensiver geführt werden. Funktions- und Qualitätsprüfung sind beanstandungsfrei.</td></tr>
<tr><td>MK (Methodenkompetenz):
Das Gruppenverhalten ist stark verbesserungsbedürftig: Bei Projektarbeiten ist eine stärkere Beteiligung am Gruppenprozess notwendig. Die Präsentationstechnik muss trainiert werden, um Vortragssicherheit zu erreichen.</td></tr>
<tr><td>SK (Sozialkompetenz):
Der Arbeitsprozess wirkt „einzelkämpferisch"! Künftig muss auf verstärkte Informationen und Kommunikation bei der Gruppenarbeit geachtet werden.</td></tr>
<tr><td>IK (Individualkompetenz):
Die Fertigung wird selbstverantwortlich durchgeführt und physische und psychische Belastbarkeit sind dabei groß. Verbesserungen: „Helfer-Prinzip" und stärkere Teamorientierungen beachten!!!</td></tr>
</table>

Abb. 26: Kompetenz-Spinne
Quelle: Ott 2006, 20

3.3   Aus der Praxis

3.3.1   Gestaltungsspielräume

Die nachfolgend skizzierten Fallbeispiele illustrieren die für berufliche Qualifizierung bedeutsamen Lernprozesse in ihren Gestaltungsmöglichkeiten und ihrer jeweiligen Verortung. Sie spiegeln das breite Spektrum zwischen den Polen „Qualifizierung durch Trennen von Theorie und Praxis" und „Kompetenzerwerb durch Verknüpfen von Theorie und Praxis" wider, zwischen kleinschrittiger Vorgehensweise und komplexen Lernsituationen und zeigen, dass pädagogische Freiräume unabhängig vom Lernort und unabhängig von der Behinderungsart für durchaus unterschiedliche, z. T. widersprüchliche Konzeptionen genutzt werden. Auch auf Fragen der beruflichen Integration und der Gestaltung von Arbeitsbeziehungen zwischen behinderten und nicht behinderten Auszubildenden bzw. Arbeitnehmern werden unterschiedliche Antworten gegeben. Die Fallskizzen bilden Ausschnitte und Akzente ab, beanspruchen also nicht, umfassende Fallstudien zu dokumentieren, können aber eine Einordnungshilfe für die eigene Praxis sein und vielleicht auch Anregungen für neue Lernort- und Konzeptgestaltung geben.

Wenn Konzepte und Lernorte entwickelt und gestaltet werden, wirkt sich dieser Prozess auch auf andere Bereiche und Ebenen aus. Die Rollen der Agierenden verändern sich ebenso wie Inhalte, Ziele, Arbeitsformen, wie Rahmenbedingungen und „Qualifizierungs- bzw. Unternehmens-Philosophien". Umgekehrt führen aber auch Entscheidungen auf Makro- oder Mesoebene zu Veränderungen im beruflichen Lernprozess (Kell 1989, 12). So beeinflussen Finanzierungsmodelle oder Entscheidungen der EU über die Anerkennung und Einstufung von Zertifikaten oder die modularisierte Einführung praxisbetonter zweijähriger Ausbildungen pädagogische Spielräume. Auf mittlerer Ebene spielen z. B. die Art der Kammerprüfungen (subjektbezogen oder standardisiert nach PAL im Multiple-Choice-Verfahren) oder die Vorgaben von Modellversuchen (Zielgruppenorientierung, Lernortkooperationen) oder innerbetriebliche Vereinbarungen (gestufte Anforderungsprofile nach Hierarchieebenen) eine Rolle für die Ausformung von beruflichen Handlungsmöglichkeiten.

Tab. 19: Möglichkeiten der Gestaltung von Ausbildung auf der Ebene der Lernorte

Organisationsentwicklung	– Ausbildung outsourcen in „Bildungsfirmen" und Profitcenter – Lernortverbund, Netzwerke – Virtuelle Lernorte, Kompetenzzentren – Lernende Organisation, Wissensmanagement
Personalentwicklung	– Moderatoren statt hauptamtliche Ausbilder, ältere Lehrlinge als Tutoren – Fortbildung über Modellversuche etc. – bei Azubis: Bestenauslese vs. heterogene Gruppen

Lernortgestaltung & Konzeptentwicklung	– Lerninseln, Lernstudio, Produktionsinsel – Juniorfirmen, kaufmännische Übungsfirmen, dezentrale Lernorte – virtuelle Lernorte, blended learning, Selbstlernzentren, Lernwerkstatt
methodische Ansätze	– Lehrgänge, Simulationsmodelle – schülerzentrierte Formen, Projekte, Moderation, Coaching – auftragsbezogenes Lernen, Leittexte und Fach-Interviews, sozialwissenschaftliche Methoden – medienbezogenes Lernen – handlungsorientiertes Lernen – Modellversuche wie CLAUS, LOLA, PETRA
„Komplexansätze"	– Produktionsschulen – Sozialbetriebe

3.3.2 Fallbeispiele

Vier-Stufen-Methode nach REFA

Die Personalentwicklung nach Methoden der „Wissenschaftlichen Betriebsführung" hat nach dem Ersten Weltkrieg durch das Konzept der Taylorisierung, durch die Arbeitspädagogik im Dritten Reich und die Umstellung der Rüstungsindustrie auf Friedensproduktion in den 50er Jahren praktische Bedeutung erlangt. In der Aufbauphase der Bundesrepublik gelang es, nach dem Vorbild von Training Within Industry (TWI) mit der Vier-Stufen-Methode des Verbands für Arbeitsstudien und Betriebsorganisationen e.V. (REFA, ursprünglich „Reichsinstitut für Arbeitsstudien") vor allem Facharbeiter systematisch zu qualifizieren. Die vier Stufen sind (REFA 1975):

1. Vorbereiten
2. Vorführen
3. Nachmachen
4. Üben.

Für jede dieser Stufen erhält der Ausbilder detaillierte Hinweise zum methodischen Vorgehen, wie ein Ausschnitt von Stufe 2 zeigt (Schelten 1991, 90 f.):

Stufe 2: Vorführung
(Unterweiser betont)
2.1 Erste Vorführungsart: Überblick geben/erste Vorstellung bilden
– die Arbeit vollständig (im Ganzen) vorführen und erklären WAS geschieht, dabei schrittweise von Lernabschnitt zu Lernabschnitt vorgehen, vgl. in der Unterweisungsgliederung die Spalte Lernabschnitte
– Nicht auf Einzelheiten (WIE, WARUM SO) eingehen
– komplizierte Arbeiten öfter im Ganzen vorführen
– bei wiederholtem Vorführen: Vor dem jeweils nächsten Lernabschnitt, diesen vom Lernenden benennen lassen

2.2 Zweite Vorführungsart: In das Detail gehen
– Vorführen der Arbeit in Lernabschnitten und genau erklären und begründen: WAS, WIE und WARUM SO ....

Diese Unterweisungsmethodik lässt sich optimal mit der Lehrgangsform verbinden und führt zu einer Grundbildung und zur Standardisierung von Kenntnissen und Fertigkeiten in den jeweiligen Berufen.

Tab. 20: Vor- und Nachteile der Vier-Stufen-Methode nach REFA

Vorzüge	Grenzen
„Ausbildersicher", d. h. lediglich Instruktorenniveau ist erforderlich, leicht zu lehren	Ausbilder- und lehrerzentriert, extrinsische Motivation
rationalisierbar, effizient	bürokratisch, nicht spontan
inhaltlich definierte Standards	Aufwand für Zusatzmaterial bei innerer Differenzierung
kontrollierbare und vergleichbare Ergebnisse	keine subjektiven Bewertungen
für alle Zielgruppen anwendbar	Homogenisierung der Lerngruppe
unmittelbar anwendbar, klare Erwartungen und Vorgaben	restriktive Lehr- und Lernform, passives Verhalten
arbeitsplatzbezogen	keine Berufsförmigkeit, wenig Transfermöglichkeiten auf andere Arbeitsplätze / Betriebe
i. d. R. Trennung von Entwicklung des Curriculums und Durchführung der Unterweisung, ermöglicht einfache Anwendung im Betrieb	timelag durch Fortschreibung überholter Kenntnisse und Fertigkeiten, geringes pädagogisch-methodisches Innovationspotential besonders bei Konflikten
anschaulich	Problem, abstrakte Vorgänge abzubilden und zu bearbeiten
keine sektorale Begrenzung, generell anwendbar	–

Die Vier-Stufen-Methode kann in allen Berufsfeldern angewendet werden, ist eindeutig für alle Beteiligten und planbar. In der industriellen Ausbildung fand sie daher, über Deutschland hinaus, eine weltweite Verbreitung (Wiemann 2002, 213). Der Grundlehrgang Metall zeigt die Schrittfolge des gestuften Lernens, wobei sich die Inhalte stark an der Fachlichkeit orientieren, von realen Arbeitsaufgaben und betrieblichen Anforderungen abstrahieren (ebd. 91–117).

Angesichts der Bedeutung für die industrielle Ausbildung in Deutschland haben gerade die aus Betrieben kommenden Werkstattleiter und Anleiter in Berufsbildungswerken auf diese Unterweisungsmethode zurückgegriffen, zumal sich die Vier-Stufen-Methode gut auf Personen mit Behinderung übertragen lässt. Umfang und Niveau werden reduziert, die Realität simuliert und die Übungen zeitlich variabel durchgeführt. Der Erfolgsmaßstab ist standardisiert und die gegenstandsbezogene Beurteilung daher leicht nachzuvollziehen. Diese Unterweisungsmethode ist vielfach variiert und ergänzt worden. Eine ähnliche Vorgehensweise findet sich beim Skills Analysis Training, in Deutschland als Analytisches Arbeitsmethodentraining bezeichnet. Ausgangspunkt für die Bestimmung der Inhalte sind Tätigkeitsanalysen, aus denen Kenntnisse und Fertigkeiten abgeleitet werden. Die Orientierung an realen Tätigkeiten hat den Vorteil, dass „akademische" Aufgabenstellungen vermieden und ein direkter Übergang von Qualifizierung in Arbeit ermöglicht wird.

Modules of Employable Skills (MES)

Das Internationale Arbeitsamt (ILO) hat vor dem Hintergrund fehlender mittlerer Qualifikationen, wie Meister und Techniker, in kleinen Ausbildungsbetrieben in Schwellenländern ein Trainingskonzept für praktische, auf Arbeitsplatz und Tätigkeiten bezogene Anforderungen entwickelt, das MES-System (Chrosciel, 1990, 41–43). Auch dieses Konzept folgt im Wesentlichen der Unterweisungsmethode des Vormachens, Nachmachens, Übens und Kontrollierens. MES bezieht sich auf folgende Bereiche:

- Entwicklung eines Verfahrens zur Curriculumerstellung
- Materialerstellung auf der Grundlage von Tätigkeitsanalysen, Umsetzung in Ausbildungsunterlagen und ihre Überprüfung
- Aufbau einer Datenbank von Lehrmaterialien und Lernelementen
- Fortbildungspaket für Ausbilder: Konzept, Materialien, Durchführung.

Differenziert wird in modulare Einheiten (MU), die in sich geschlossene Arbeitsabschnitte innerhalb eines Berufs, einer Arbeitsaufgabe, eines Beschäftigungsbereichs umfassen. Die Teilqualifikationen werden in MES-Ausbildungsprogrammen gebündelt und der jeweiligen Situation angepasst. Sie sind daher in Umfang und Komplexitätsgrad unterschiedlich. „Ein alleine arbeitender Elektroinstallateur würde zum Beispiel alle Teilqualifikationen benötigen, um selbständig Hausinstallationen durchführen zu können. In einem etwas größeren Betrieb mit zwei Arbeitskräften könnte eine gewisse Arbeitsteilung vorgenommen werden, bei der ein Arbeiter die Installationspläne anreißt, die Geräte montiert und die Kabel verlegt und der zweite Arbeiter die Stromkreise schaltet und prüft. In einem noch größeren Betrieb ist eine weitere Arbeitsteilung möglich." (ebd., 1990, 41). Das MES-System bietet die Möglichkeit, verschiedene Beschäftigungsfelder und Berufe zu verbinden, neue Anforderungen zu bewältigen oder Umschulungen vorzunehmen. So lassen sich beispielsweise die zehn modularen Einheiten für einen Elektriker um neun weitere Module ergänzen, die ihm neue Installationsmethoden und zusätzliche Schaltungen vermitteln (ebd., 42).

Die Lernmaterialien sind in Form von in sich abgeschlossenen Heften mit den aufgelisteten erforderlichen Kenntnissen und Fertigkeiten vorgegeben. Diese Elemente sind sowohl für die Ausbilder als auch für die Auszubildenden geeignet und umfassen:

- Operationalisierte Lernziele
- Erforderliche Hilfsmittel (Werkzeuge, Maschinen, Materialien)
- Liste mit verwandten Lernelementen
- Unterrichtsblätter (illustriert, kurze Texte)
- Lernfortschrittskontrollen bezogen auf die Lernziele.

Die Lernelemente beziehen sich auf sechs zentrale Aspekte:
- Arbeitssicherheit
- Praktische Fertigkeiten
- Theorie
- Grafische Informationen, wie Schaltpläne
- Technische Informationen, wie Komponenten und Verfahren
- Technische Informationen, wie Werkzeuge und Ausstattung (ebd., 42).

Tab. 21: MES-Modulbeispiele der ILO für einen einfachen Instandhaltungsmechaniker eines kleinen Hotels

Modulbezeichnung	Berufsfeld	Tätigkeitsfeld
01 Glühbirnen auswechseln	Elektroinstallateur	elektrische Hausinstallation
03 Sicherungen ersetzen	Elektroinstallateur	elektrische Hausinstallation
06 Instandsetzung von verstopften Abflüssen	Klempner und Rohrinstallateur	Montage und Wartung der Entwässerung
07 Ersetzen von Tür- und Fensterbeschlägen	Tischler	Montage und Wartung von Türen und Fenstern
12 Radwechsel bei Kundenfahrzeugen	Automobilmechaniker	Wartung von Kraftfahrzeugen

Quelle: Chrosciel 1990, 42

Das MES kann sich auf alle Bereiche beruflicher Bildung beziehen: Erstausbildung, Weiterbildung oder Umschulung. Rund 50 Lernelemente liegen allein für die Qualifizierung von Ausbildern beim ILO vor. Das Konzept wurde ursprünglich für lernungewohnte Arbeitnehmer in nicht industrialisierten Ländern entwickelt, lässt sich generell aber auch auf behinderte Auszubildende übertragen. Es entspricht heutigen Formen zertifizierter Modulansätze. Da das MES bereits seit Jahrzehnten angewendet wird, haben sich Vor- und Nachteile herauskristallisiert:

Vorteile
- standardisierte Lernformen
- einfach für Ausbilder anwendbar
- erweiterbar
- tätigkeitsbezogen, direkt verwertbar
- kurze Ausbildungszeiten
- ohne hohe allgemeine Vorbildung anwendbar
- individualisierbar
- erwerbsbegleitende Weiterbildung ist möglich

Nachteile
- das Niveau von Anlernung und Kurzausbildung wird kaum überschritten
- methodische Kompetenzen werden nur am Rande erlernt
- das gesamte Ausbildungspaket muss vorgehalten werden, da „Lücken" i. d. R. durch die Ausbilder nicht eigenständig geschlossen werden können
- Abhängigkeit vom Curriculum-Ersteller.

Detmolder Lernwegemodell (DLM)

Das Lernwegeprogramm aus Detmold wurde Anfang der 1980er Jahre unter den Bedingungen einer WfbM entwickelt und zeigt aufgrund seiner behavioristischen Ausrichtung starke Parallelen zu den MES auf, wenn auch ohne direkten Bezug und offensichtlich ohne deren Kenntnis. Im Richtungsstreit um die konzeptionelle Gestaltung der Werkstattpädagogik, um die Professionalisierung des Anleiters zur arbeits- und berufspädagogischen Fachkraft und bei der Umgestaltung des Arbeitstrainingsbereichs in den Berufsbildungsbereich konkurriert die Lernzielpädagogik des Detmolder Lernwegeprogramms mit handlungsorientierten Qualifizierungsansätzen. Legitimiert werden beide Ansätze mit dem jeweiligen Menschenbild bei Behinderung (Frühauf & Grampp & Schmitz 1997). Das DLM-Konzept beruht auf drei Säulen (Schmitz ebd., 10–19):

1. die rechtliche Fundierung durch die Sozialgesetzbücher, die Werkstättenverordnung und die Rahmenvereinbarung zwischen der BA als Kostenträger und der BAG:WfbM als Durchführungsträger.
2. Psychologische Säule
3. Pädagogische Säule.

Die „psychologische Säule" wird definiert durch Arbeits- und Tätigkeitsanalyse sowie umfassende Eignungsdiagnostik. Im Fragebogen zur Arbeitsanalyse wird auf das sechsstufige Verfahren nach Hoyos und Frieling (FAA) Bezug genommen (Frieling & Hoyos 1978). Hier ließen sich auch andere, neuere Instrumente einsetzen, aber das Prinzip bliebe gleich, nämlich die Ermittlung der Inhalte über die Feststellung der Anforderungen. Die Eignungsdiagnostik entspricht einem reduzierten Assessmentverfahren: standardisierte Tests, Arbeitsproben, Beobachtung und Praktika sollen das Fähigkeitspotential beschreiben. Das Curriculum – die „pädagogische Säule" – geht vom einem Dreieck „Ziele–Medien–Methoden" aus, in dessen Mitte sich die Zielgruppe befindet. Dieser Ansatz erinnert an das „Berliner Modell der Didaktik" (Heimann & Otto & Schulz 1965), allerdings in reduzierter Version. Die Lernzielkataloge werden, besonders mit Blick auf geistigbehinderte Mitarbeiter aus den Arbeitsanalysen abgeleitet. Mit Bezug auf Piaget werden die Personen in Werkstätten als entwicklungsbehindert betrachtet, das messbare Leistungsvermögen der älteren Mitarbeiter wird erfasst und den Entwicklungsphasen Piagets zugeordnet. Das Verfahren wird auch für die Gruppe der psychisch Beeinträchtigten vorgeschlagen, allerdings nicht bezogen auf das Anforderungsprofil, sondern auf den Katalog der Berufstüchtigkeit, verstanden als Arbeitstugenden, wie Selbstständigkeit, Zeitplanung, Erinnerungsvermögen, Selbsteinschätzung, Frustrationstoleranz oder Kontaktfähigkeit. Auch auf schwerstbehinderte Personen lässt sich das Konzept mit einer sogenannten „P-A-C Treppe" nach Günzburg (Pädagogische Analyse, Curriculum, Sozialentwicklung) anpassen. Rund 200 Lernziele sowie weitere Teillernziele werden aufgelistet, die auch bei Erwachsenen mit Behinderung angewendet werden können. Der Lernzielkatalog bezieht sich auf Bereiche wie

- Selbsthilfe
- Verständigungsvermögen
- Sozialanpassung
- Beschäftigung.

Mit dem P-A-C-Verfahren sollen Schwerstbehinderte auf die erste Stufe des DLM vorbereitet werden. Den Lernzielsequenzen werden sogenannte P-A-C-Fragen vorangestellt (Schmitz 1997, S. 18 f.):

DLM Lernzielsequenz: „Montieren/Demontieren
2.31./1 Kann arbeitswichtige Montageteile oder Werkzeuge funktionsgerecht greifen.
2.32./2 Kann Montageteile so in den Händen halten, dass sich die Verbindungsstücke gegenüberliegen ...usw."

Als entsprechende P-A-C-Fragen werden aufgeführt:
„174 Verschließt Schachteln mit Deckeln.
176 Stellt Gegenstände richtig zusammen und benutzt beide Hände dabei.
177 Faltet Papier, Handtücher, Servietten usw."

Am Beispiel der P-A-C-Frage 179: „Macht einzelne kurze Schnitte mit einer Schere" wird die Stufung des Verfahrens deutlich. Als Teilschritte zu Nr. 179 werden aufgeführt:
„1. Hält seine Finger im Griffteil der Schere.
2. Macht richtige Scherenbewegungen in der Luft.
3. Macht kurze Einschnitte in das Papier, schafft es aber nicht, die Schere nach den Schnitten wieder zu öffnen.
4. Macht einige Schnitte in das Papier, indem er die Schere auf- und zumacht."

Mit Erreichen des 4. Teilschrittes wird der Fragepunkt 179 als „gekonnt" angesehen und wird analog zum Lernwegemodell dokumentiert. Es folgt die P-A-C-Frage 180 „Schneiden mit einer Schere."

Das DLM beansprucht, über Werkstätten hinaus, auch in BBW und BFW, in Unterstützter Beschäftigung oder in der industriellen Lehrwerkstatt geeignet zu sein, weil aus den skizzierten Säulen Aufgaben und Methoden der Berufsförderung sowie Vermittlung von Schlüsselqualifikationen abgeleitet werden können (vgl. Brackhane u.a 2002).

Bigger Ausbildungskonzeption (BAUKON)

Das Berufsbildungswerk Bigge-Olsberg entwickelte in Kooperation mit dem BBW Neckargemünd, aufbauend auf ein Modulsystem im technisch-gewerblichen Bereich, eine Qualifizierung im Baukasten-Modell für kaufmännische Berufe (BAU-

KON – Bigger Ausbildungskonzeption, Dings & Landes 1998). Die Module stellen eine curriculare und lernorganisatorische Differenzierung dar, ihre Inhalte werden aus dem Ausbildungsrahmenplan und dem Rahmenlehrplan abgeleitet, orientieren sich also an anerkannten (Voll-)Berufen. Neben dieser fachsystematischen Gliederung steht eine Aufgabenorientierung, die sich an Arbeits- und Geschäftsprozessen ausrichtet. So ist zum Beispiel der Themenschwerpunkt „Bürowirtschaft und Statistik" untergliedert nach: Organisation des Arbeitsplatzes, Arbeits- und Organisationsmittel, Bürowirtschaftliche Abläufe, Statistik. Die angestrebte berufliche Handlungskompetenz wird bei BAUKON unter vier Aspekten differenziert:

- Fachkompetenz: Aufgaben bewältigen, selbstständig planen, durchführen und kontrollieren
- Methodenkompetenz: fachgerechte Planungs-, Entscheidungs- und Gestaltungsfähigkeit
- Sozialkompetenz: Fähigkeit zur Zusammenarbeit, Mitverantwortung, Hilfsbereitschaft
- Individualkompetenz: Fähigkeit zur Eigenmotivation, Umgang mit sich selbst, Lern- und Leistungsbereitschaft (Dings & Frese 2002, 20).

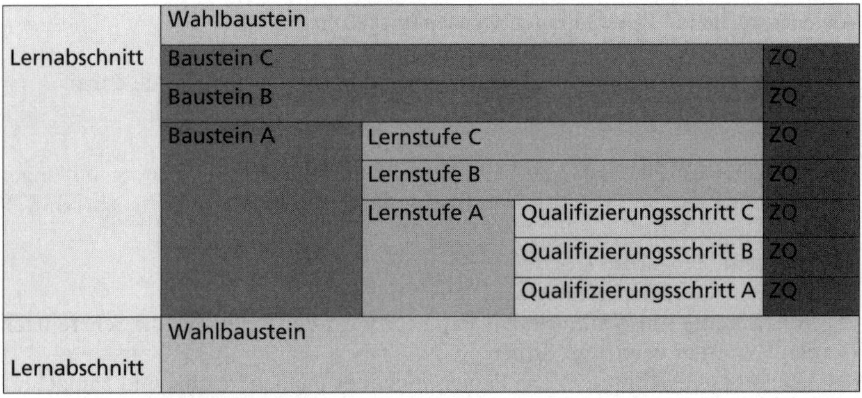

Lernabschnitt	Wahlbaustein			
	Baustein C			ZQ
	Baustein B			ZQ
	Baustein A	Lernstufe C		ZQ
		Lernstufe B		ZQ
		Lernstufe A	Qualifizierungsschritt C	ZQ
			Qualifizierungsschritt B	ZQ
			Qualifizierungsschritt A	ZQ
Lernabschnitt	Wahlbaustein			

Abb. 27: Modifizierte Struktur des BAUKON für WfbM
Quelle: Brandt 2005,.75

Das pädagogische Konzept von BAUKON beruht auf dem handlungstheoretischen Ansatz und setzt damit selbstständiges Lernen voraus. Jede Lerneinheit besteht aus den Phasen: Orientierung, Planung, Durchführung, Kontrolle und Nachbereitung.

Bei den körperbehinderten Auszubildenden des BBW sind durch die gestufte Ausbildung in Modulen Unterbrechungen aufgrund von Klinik- oder Therapiephasen möglich, ohne dass der Ausbildungserfolg in Frage gestellt ist. Durch Zusatzqualifikationen (ZQ) soll die Vermittlungschance nach der Ausbildung gesteigert werden.

Das Baukastensystem wurde für die Mitarbeiter der WfbM modifiziert, indem die Lernschritte in kleinere Qualifizierungsschritte unterteilt wurden. Das Beispiel

„Ausbildung für Tätigkeiten in einer Telefonzentrale" zeigt auszugsweise, wie die kleinschrittige Vorgehensweise organisiert und inhaltlich gefüllt ist (Brandt 2005, 75–83).

Tab. 22: Arbeiten in der Telefonzentrale, Baukon für WfbM

Lernabschnitt:	Arbeiten in der Telefonzentrale
Baustein: (B 6)	Richtig telefonieren
Lernstufe:	Telefonverbindungen herstellen und richtig telefonieren
Qualifizierungsschritt:	Ein Telefongespräch richtig führen

Orientierung		
	Inhalt	Aktivierungstechniken, Methoden und Mittel
Ausgangsituation	Ein Video mit verschiedenen extremen Szenen vorspielen, bei denen einige Verhaltensregeln nicht beachtet werden: z. B. – falsches Melden – während des Telefonats essen – Unhöflichkeiten – Radio auf großer Lautstärke im Hintergrund – etc.	Videorecorder
Analyse des Videos	Anschließend ein Gespräch bzgl. der einzelnen Szenen mit Feststellung der Fehler oder Unhöflichkeiten, die gezeigt wurden.	Gesprächsrunde Whiteboard-Tafel (Abb. 2)
Frage an die Teilnehmer:	Fallen Euch noch weitere Fehler bzw. Unhöflichkeiten ein, die während eines Telefonats gemacht werden können?	

Quelle: Brandt 2005, 76

Eine BAUKON ähnliche Ausbildung bietet auch das BBW Hamburg mit dem Modell IntAB an (Dings & Frese 2002, 62–72). Die Rehabilitanden schließen einen Ausbildungsvertrag über den Vollberuf Bürokauffrau/-mann ab, obwohl zu der Körperbehinderung in aller Regel weitere Beeinträchtigungen im Lernen kommen. Praktisch ausgebildet wird am Lernort „Übungsfirma" mit Praxisarbeitsplätzen in den Abteilungen Einkauf/Lager, Verkauf/Sekretariat, Personalverwaltung, Rechnungswesen sowie Mitarbeit im BBW (Service-Center, Verwaltung) und durch externe Praktika. Die pädagogischen Konzepte ähneln sich durch ihre Orientierung an der Handlungstheorie und weichen damit von der behaviouristischen Arbeitsplatzschulung ab (MES, DLM). Vor allem das Prinzip der „Vollendeten Handlung" wird auch in der Ausbildung bei geistigbehinderten Personen aufrechterhalten.

153

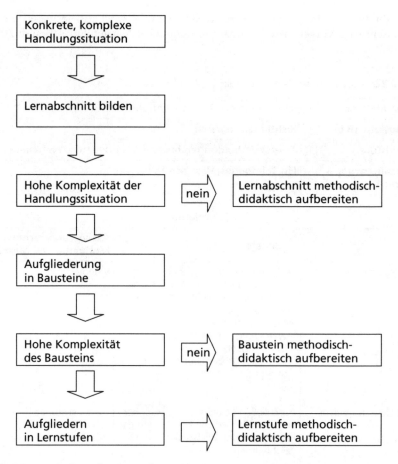

Abb. 28: Von der komplexen Handlungssituation zur Lerneinheit
Quelle: Dings & Frese 2002, 75

Der Träger Josefsgesellschaft gründete vor Ort ein Praxis-Qualifizierungs-Center (PQC) als eine kaufmännische Abteilung im Berufsbildungswerk. In diesem PQC wird die Büromaterialbestellung für das gesamte Josefsheim mit seinen Ausbildungsstätten und Firmen durchgeführt. Typisch kaufmännische Aufgaben ergeben sich aus dem Einkauf, der Lagerhaltung, der Auslieferung sowie den Abrechnungen mit den einzelnen Abteilungen. Die personelle Besetzung des PQC wird sowohl vom Berufsbildungswerk (Azubis und Jugendliche in vorberuflichen Maßnahmen) als auch der Werkstatt (WfbM-Berufsbildungsbereich) vorgenommen.

Virtuelles BBW

Mehrere Berufsbildungswerke suchten aufgrund ihrer schwerst- und mehrfachbehinderten Klientel einen Weg, das Prinzip Ausbildung vor Rente zu realisieren. Im Jahr 2000 gründeten sie zusammen mit einer Medienfirma und einer Berufsbildenden Schule das „Virtuelle Berufsbildungswerk (VBBW)" mit dem Ziel, eine Ausbildung zum Bürokaufmann, zur Bürokauffrau mit anschließender Arbeitstätigkeit zu ermöglichen. Zwar handelt es sich bei den Auszubildenden formal um eine homogene Gruppe Körperbehinderter mit dem Status der Schwerbehinderung, die aber in sich erhebliche Differenzen in ihren Möglichkeiten und Beeinträchtigungen aufweist. So reicht die Spanne hinsichtlich der Vorbildung vom Hauptschulabschluss bis zur Hochschulreife. Kennzeichen der Behinderung ist eine erhebliche Mobilitätseinschränkung und damit verbunden die Fixierung auf die eigene Wohnung, so dass die im SGB IX geforderte ambulante, wohnortnahe Rehabilitation nur schwer einzulösen ist, zumal die betreuenden BBW im Durchschnitt 200 km vom Wohnort entfernt liegen. Die Betroffenen sind außerdem auf Therapien angewiesen, die die Kernarbeitszeiten tangieren, und ihre Beeinträchtigung ist so umfassend, dass auch unter den Bedingungen im BBW keine hinreichende Betreuung möglich ist.

Im virtuellen BBW können über internetgestütztes Lernen und Arbeiten auf einer Lernplattform, die von Coaches für Tele- bzw. E-Learning betreut wird, die Auszubildenden medial aufbereitete Aufgaben lösen, z. B. auch abends und an Wochenenden. Sie kommunizieren in Audio- und Videokonferenzen, mailen und chatten. Neben das E-learning treten „Face-to-Face"–Phasen durch halbjährliche Besuche. Die betriebliche Praxis wird vor allem durch Übungsfirmen vermittelt.

Tab. 23: Beispiel für einen Tagesablauf im VBBW

Zeiten	Tätigkeiten
7:30	Aufstehen, Pflege, Anziehen
8:30 – 9:45	E-Mails abrufen; ggf. beantworten
9:45 – 10:00	Vorbereiten auf Unterricht; Dateien bereithalten
10:00 – 11:00	**Online–Konferenz Berufsschule**
11:00 – 12:00	Lernaufgaben Berufsschule
12:00 – 13:00	Mittagspause
13:00 – 13:10	Vorbereiten auf Unterricht; Dateien bereithalten
13:10 – 14:10	**Online-Konferenz Praxis**
14:00 – 17:00	Erledigung von Arbeitsaufträgen/Hausaufgaben und / oder Teilnahme an Zusatzqualifizierungen (z. B. Englisch, Multimedia)
17:00 – 17:15	E-Mails abrufen; gff. beantworten

Quelle: Fietz & Ringwald 2004, 36

Der Tagesablauf zeigt die intensive Eigenarbeit und Betreuung, so dass von den sonst üblichen 45 Minuten-Unterrichtsstunden abgegangen werden kann. Vor allem das erlernte Zeitmanagement stellt einen Vorteil für künftige freiberufliche oder selbstständige Tätigkeiten dar. Die Prüfung am Schluss der Ausbildung erfolgt nach dem in Baden-Württemberg üblichen zentralen Verfahren. Die Auszubildenden beantworten die schriftlichen Aufgaben im Beisein eines Prüfungsmitglieds zu Hause und legen die mündliche Prüfung Online vor einem Prüfungsausschuss der Kammer ab.

Die wissenschaftliche Begleitung hat diese Form des Lehrens, Lernens und Arbeitens als sehr effizient und wirkungsvoll beschrieben (Schröder 2006). Von den Teilnehmern waren bei einer Nachbefragung zwei Jahre nach der Ausbildung über die Hälfte der Teilnehmer noch im erlernten Berufsbereich tätig, ein Absolvent hatte sich selbstständig gemacht, ein weiterer studierte.

Mit dem Ansatz der virtuellen Ausbildungsform wird eine überregionale Qualifizierung von Personen möglich, die sonst keine Ausbildungschancen hätten. Sie können hier Therapie- und Lernzeiten bedürfnisgerecht aufeinander abstimmen, weitgehend autonom ihre Lernfortschritte bestimmen und sich selbstorganisiert in einem nur für Auszubildende vorbehaltenen Chat-Room austauschen. Telearbeit bietet gerade bei körperlicher Beeinträchtigung und in kaufmännischen Berufen eine Perspektive für Erwerbstätigkeit, da die Teilhabe am Arbeitsleben flexibler gestaltet werden kann und zwar sowohl bei einem Normalarbeitstag oder bei Teilzeitarbeit als auch bei freiberuflicher Arbeit und Selbstständigkeit. Wünschenswert wären spezifische Weiterbildungsangebote, z. B. Existenzgründerseminare für behinderte Arbeitnehmer.

MAN: Modellversuch CHANCE

Mit der Entwicklung von einer industriellen Lehrwerkstatt hin zu einer kunden- und produktionsorientierten Lernorganisation gelang es dem Konzern MAN nicht nur seine Ausbildung zu modernisieren, sondern eine neue Ausbildungskultur zu institutionalisieren (Wiemann 2002). Von besonderer Bedeutung waren dabei die Modellversuche „Drehmaschinen für Indonesien" und „Kfz-Werkstatt für Russland". Die anspruchsvollen Aufgaben wurden von einem, hinsichtlich Geschlecht, Vorbildung, Alter, Nationalität und Ausbildungsberuf heterogenen Ausbildungsteam übernommen und nach dem Konzept der „vollendeten Handlung" von der Planung bis zur Präsentation und Übergabe autonom gelöst. In der Auswertung dieser Modellprojekte wurden die kommunikativen Schwächen herausgestellt, da mit den „Kunden" nur indirekte, über Fax oder Brief laufende Kontakte und keine direkten Dialoge möglich waren.

Mit dem Modellversuch CHANCE erprobte MAN 1996 auftrags- und kundenorientiertes Lernen erfolgreich in Kooperation mit einer Behinderteneinrichtung, der Evangelischen Stiftung Neuerkerode (Wiemann 2002, 231–281). Die Einrichtung fertigt mit 70 behinderten Beschäftigten vor allem Holzspielzeug und Schmuckwaren. Etwa 40 Prozent werden über eigenen Vertrieb in zwei ehrenamtlich betriebenen Verkaufsläden in der Stadt und auf Weihnachtsbasaren verkauft. Konkret wurde mit den elf Werkstätten des Trägers zusammengearbeitet, der als Kunde das Lehrlingszentrum beauftragte, die Fertigung zu optimieren, um so die Eigenproduktion erhöhen zu können und von Fremdaufträgen unabhängiger zu werden. Als Ziele wurden dabei mit verfolgt, den behinderten Arbeitern selbstständigeres Arbeiten zu ermöglichen, die Arbeitsmotivation zu erhöhen, fehlerfreie Produkte zu fertigen und ein marktgerechtes, vom Kunden akzeptiertes Design anzubieten.

Wiederum heterogen zusammengesetzte Teams mit verschiedenen Ausbildungsberufen übernahmen diese Aufgabe: Teilezurichter, Fahrzeuglackierer, Mechatroniker, Industriekauffrauen. Kern des Projektes war es, neben der Bewältigung technischer Herausforderungen und kreativen Gestaltungsentwürfen einen permanenten Dialog herzustellen zwischen den Jugendlichen mit beruflicher Perspektive in einer „Eliteausbildung" – davon ein Drittel Migranten sowie lernungewohnte Jugendliche – und den geistig und mehrfach behinderten Arbeitnehmern der Werkstätten. Fragen des Umgangs mit „lebensunwertem Leben" im Nationalsozialismus stellten sich ebenso wie die der praktischen Kommunikation und Partizipation der behinderten Arbeitnehmer an der Entwicklung der Projektideen. Die Jugendlichen lösten die Aufgabe durch teilnehmende Beobachtung, Teilnahme am Leben in der Einrichtung und Visualisierung der identifizierten Probleme sowie deren Lösungen. Entwickelt und gefertigt wurden mehrere Projekte: ein Papierschrank, ein Transportwagen, eine Bohrvorrichtung, eine Konfettipresse und eine teure Lackieranlage. Messbare Erfolge zeigten sich in einer höheren Produktzahl, in der Verbesserung der Arbeitssicherheit und in den gestiegenen Verkaufszahlen der Produkte. Die Projekte wurden nach der Fertigung installiert und eingefahren, die behinderten Mitarbeiter geschult und zunächst noch die Wartung übernommen. Außerdem erfolgte ein Wissenstransfer durch die Übergabe der Zeichnungen, Schaltpläne, Wartungspläne.

In der Planungsphase des Modellversuchs sahen die Ausbilder der Begegnung von Lehrlingen mit geistig behinderten Menschen durchaus skeptisch und mit Sorge entgegen. Als ein Fazit nach Abschluss des Modellversuchs wurde festgehalten:

„Die jungen Leute fügen sich durch das Projekt CHANCE erstmalig in die Rolle kulturellen Mitgefühls und gemeinschaftlichen Helfens ein, sie nehmen Anteil an fremdem Leiden. Und – sie haben den „Test" wahrlich mit Bravour bestanden, es hatte sich nicht als notwendig erwiesen, einen Einführungsvortrag über Toleranz und Akzeptanz des Andersseins vorzusehen, die Unmittelbarkeit der Begegnung mit dem Schicksal der Behinderten reichte aus, dieses zu respektieren. Überzeugend waren vor allem die Selbstverständlichkeit, die Natürlichkeit im Umgang mit den Beschäftigten in den Werkstätten und die Rückführung der Emotionen auf die „Sache" des Kundenauftrags, die Anlagen zu optimieren" (Wiemann, 2002, 235 f.).

Das Beispiel MAN steht für die Möglichkeit, Bildungszentren nach pädagogischen und fertigungstechnischen und arbeitsorganisatorischen Gesichtspunkten zu gestalten, die Partizipation der Jugendlichen zu fördern und heterogene Gruppen produktiv tätig werden zu lassen. Zugleich ist es ein Beispiel für corporate social responsibility von Unternehmen und für die „umgekehrte Integration" bei Behinderteneinrichtungen.

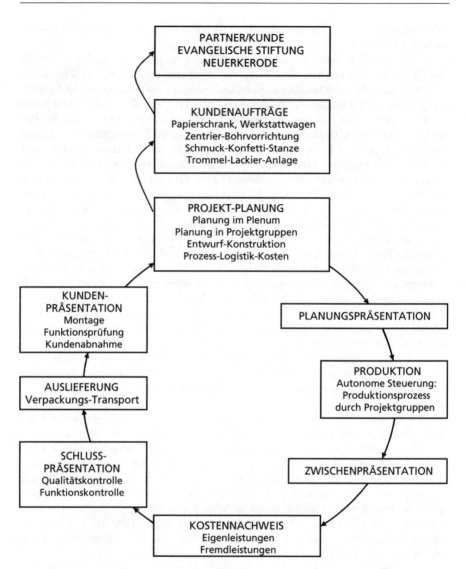

Abb. 29: MAN – Projektverlauf Chance
Quelle: Wiemann 2002, 240

Produktionsschule für Metalltechnik in Bremen

Die staatliche Berufsfachschule für Metalltechnik in Bremen hat sich aus der Allgemeinen Arbeiterberufsschule für ungelernte Jugendliche gebildet und bietet seit 1991 Jugendlichen, die keine Chance auf dem Ausbildungsmarkt haben, eine Vollausbildung in den neugeordneten Metallberufen mit Kammerprüfung an (Voigt & Rau u. a. 1987). Die Mehrzahl der Auszubildenden verfügt nicht über einen allgemeinen Schulabschluss. Typisch ist die Mischung von lernbeeinträchtigten, verhaltensschwierigen und von Delinquenz bedrohten Jugendlichen sowie randständigen ausländischen Schulabgängern und Quereinsteigern aus östlichen und südeuropäischen Ländern.

Da die Berufsfachschule von vornherein für Produktion geplant wurde, herrschen baulich Werkstätten vor, in denen Praxis und Theorie nach Erfordernis des Arbeitsfortschrittes vermittelt werden können. Im Zentrum befindet sich ein Richt- und Montagehof, der von allen Räumen des Winkelbaus eingesehen werden kann und die Endarbeiten von Aufträgen für alle Lernenden und Arbeitenden sinnlich nachvollziehbar macht. Ergänzt werden die Arbeitsbereiche um Funktionsstätten, wie Labors für Werkstofftechnologie, für Mechanik und Elektrotechnik, Pneumatik, Kunststofftechnik. Eine Zerspanungswerkstatt für CNC-Technik und eine zertifizierte Schweißlehrwerkstatt, auch für externe Prüfungen, runden das sächliche Angebot ab. Die Schule vergleicht sich nicht mit kleinen Handwerksbetrieben, sondern will in ihrem technischen Niveau von kommerziellen Metallbetrieben akzeptiert werden. Die Lage der Berufsfachschule in einem Industriegebiet ist konsequent.

Der Bildungsgang ist gestuft und bietet die Möglichkeit, nach der beruflichen Vorbereitung oder der beruflichen Grundbildung in eine betriebliche Ausbildung zu wechseln. Die produktionsorientierte Lernorganisation bildet ein hohes Maß an betrieblicher Realität ab, verlangt Professionalität der Arbeiten. Im Mittelpunkt steht ein Leitprojekt, auf das Theorie und Praxis bezogen werden. Kleinere Aufträge ergänzen die Produktionspalette und lasten die Kapazitäten aus. Erlernt werden so alle erforderlichen Fertigungsverfahren, verbunden mit der Montage einzelner Bauteile. Systematische Ausbildungsinhalte, die in der Produktion nur schwer zu vermitteln sind, können in Lehrgängen gelernt werden, z. B. Lichtbogenhand- und Schutzgasschweißen oder Zerspanung.

Eines der Hauptprobleme für Lehrer und Ausbilder ist es, geeignete Projekte zu akquirieren, mit denen sich Lehrende und Auszubildende identifizieren können und die so komplex sind, dass sie einerseits hinreichend Lernchancen bieten, andererseits aber nicht zu zeitaufwändig bei Vorbereitung und Planung werden. Typische Aufträge kommen von kommunalen Einrichtungen, z. B. Turmtreppenanlagen, Falttore für Schulturnhallen, Zuschauertribünen, Bootsanleger für Schulsport oder Spielplatzgeräte. Auch Projekte für Drittländer, wie Rollstühle für Behinderte in Namibia, zählen zu den Arbeiten. Der Projektablauf beinhaltet Kalkulation, Planung, Konstruktion und die eigentliche Fertigung, Montage und Abnahme durch den Kunden.

Als Ergebnis ist festzustellen: die Schule vertieft ihre fachliche Profilierung und bietet nicht eine Vielzahl von berufsfeldähnlichen Qualifizierungsmöglichkeiten an. Die Vermittlungsquote nach der anerkannten Facharbeiterprüfung ist hoch, Eltern und junge Erwachsene sind „ihrer" Berufsfachschule verbunden.

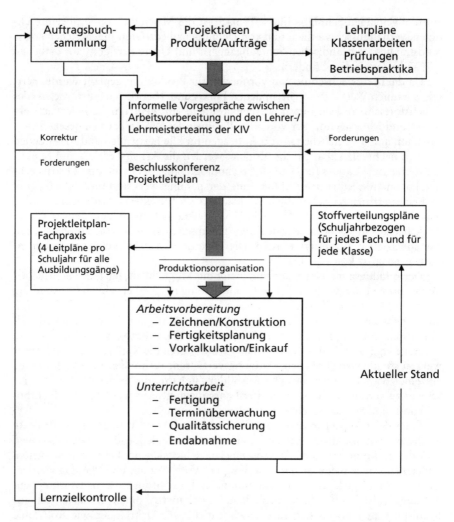

Abb. 30: Lern- und Arbeitsschema der Produktionsschule für Metalltechnik
Quelle: Biermann & Greinert & Janisch 2001, Bd. 2, 134

Beschäftigungsprojekt für schwerbehinderte Arbeitnehmer

Arbeitnehmer mit mehrfachen Beschäftigungsrisiken – Alter, geringe und überholte Vorbildung, Schwerbehinderung, psychische Beeinträchtigungen, oft in Verbindung mit psychiatrischer Behandlungserfahrung – stellen für die Integration in den Arbeitsmarkt ein besonderes und bisher wenig befriedigend gelöstes Problem dar. Die Stadt Iserlohn versuchte die Vermittlungschancen für diesen Personenkreis in einem mehrjährigen kommunalen Projekt zu erhöhen, indem sie zweijährige Tätigkeiten in Betrieben und Ämtern der Stadt und darüber hinaus besondere Programme zur Persönlichkeitsstabilisierung und eine sozialpädagogische Begleitung als „Konfliktmanagerin" und Ansprechpartnerin für alle Beteiligten vorsah (v. Larcher 2002). Zum einen konnten die Arbeitnehmer das übliche Fortbildungs- und Sportangebot der Stadtbediensteten wahrnehmen, zum anderen wurden gesonderte Angebote entwickelt – vom Bewerbungstraining über Freizeiten bis hin zu einem Kunstprojekt über die eigene Person. Angesichts der Berufserfahrung standen fachliche Lernangebote nicht im Vordergrund, denn ein gelernter Gärtner konnte z. B. im Friedhofsbereich, ein umgeschulter Einzelhandelskaufmann im Archiv arbeiten. Zu erlernen waren vor allem Schlüsselqualifikationen im Sozialverhalten, der Umgang mit Stress und subjektiv wahrgenommenen Benachteiligungen. In einer Evaluation, die zu Beginn der Beschäftigung die Erwartungen und im weiteren Verlauf die Stärken und Schwächen des Projekts thematisierte, gaben die Betroffenen zahlreiche „Tipps", mit denen die Situation behinderter Arbeitnehmer in Betrieben erleichtert werden könnte (Biermann 2005).

Stärken des Projektes
aus Sicht der Teilnehmer

Hilfestellung durch Sozialarbeiterin	Finanzielle Eigenständigkeit	Chance, wieder zu sich selbst zu finden
Arbeitstraining, Arbeitsrhythmus	Stabilität-Selbstbewusstsein	Arbeitszeit wird als positiv empfunden
Umgang mit Kollegen	Habe mein „Anspruchsdenken" zurückgeschraubt	Mitarbeiter unterstützen mich bei der Arbeit. Fragen kann man immer
Im Team arbeiten	Selbsterkennung	
Einzelgespräche, Gruppenarbeit, Konfliktlösungen	Steigendes Selbstwertgefühl durch Anerkennung	Sehr gutes Arbeitsklima – nette Kollegen – kein direkter Stress
Soziales Umfeld	Zurück ins Arbeitsleben	
Selbstbewusstsein	Glück	Zurückgeben (an Partner)
Unterstützung bei – beruflichen Problemen – privaten „P" – Bewerbungen	Breites Angebot, Freizeitprojekte, Kunstprojekt	Umgang mit Kollegen
Individuelle Betreuung	Freizeit in Grömitz	Psychologische Unterstützung

Abb. 31: Stärken des Beschäftigungsprojekts

Schwächen des Projektes
aus Sicht der Teilnehmer

Unzumutbare Hilfstätigkeiten	Käseglocken-effekt	Skepsis
Krankheit anderen erklären	Man wird mit Samthand-schuhen angefasst	Man ist eine zusätzliche Arbeitskraft
Kollegen machen einem Hoffnung, übernommen zu werden	Projekt ist zeitlich begrenzt	Verwöhnt werden durch arbeiten im öffentlichen Betrieb
Man weiß nicht, wie es weiter geht	Man outet sich	
Mehr Nähe zu Arbeitgebern für die Zukunft	Chancen werden oft nicht genutzt	Durch Betriebs-führungen evtl. auf das Projekt aufmerksam machen
Mehr Kompe-tenzen am Arbeitsplatz wären wünschenswert		Oft zu wenig Einfluss auf den Praktikumsplatz

Abb. 32: Schwächen des Beschäftigungsprojekts

Brainstorming: Tipps für öffentliche Arbeitgeber

Arbeit	Soziales	Rahmen	Legitimation
ständiger Arbeitsplatz	Paten	Finanz-ausstattung	Vorbildfunktion öffentlicher Arbeitgeber
konkrete Arbeitsplätze	fester Ansprech-partner	Infrastruktur Arbeitsplatz	Vorzüge der Bewerber, Vorteile für Betrieb
richtiger Platz für richtigen Bewerber	Ansprechpartner im Betrieb	Qualifizierungs-möglichkeiten	Vorurteile abbauen
feste Aufgaben	Ansprechpartner außerhalb des Betriebes	begleitende Qualifizierung	über Beispiele informieren
nicht nur Hilfsarbeiten	Unterstützung sichern	individuelle Gestaltungsmög-lichkeiten	Projektentwickler
genaue Arbeitsplatz-beschreibung	Kollegen sensibilisieren	Zeit (individueller Bedarf)	Arbeitsplätze für alle gesund gestalten
Arbeitsbereiche festlegen	Vorgesetzte sensibilisieren	finanzielle Absicherung	
festes Aufgabengebiet	Gespräche führen	Anschluss „Netz" danach	
Verantwortlichkeit festlegen	sorgfältige Auswahl v. TN, Betreuer, Betrieb		

Abb. 33: Tipps für öffentliche Arbeitsgeber

Der Dialog im Beschäftigungsprojekt der Stadt mit den betroffenen Arbeitneh-mern zeigte den Einfluss psychiatrischer Behandlung. Erlernte (Krankheits-)Spra-che, Habitus und die einfache Möglichkeit, sich bei Belastung in die Krankheit zurückzuflüchten, stellten die größten Beschäftigungsbarrieren und das höchste Abbrecherrisiko in der neuen Beschäftigung dar und machen, angesichts allge-mein steigender psychischer Erkrankungen, deutlich, wie wichtig eine Organisa-

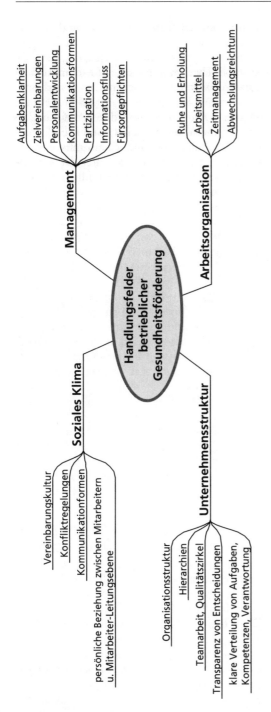

Abb. 34: Handlungsfelder betrieblicher Gesundheitsförderung
Quelle: DAK 2005

tionsentwicklung zu gesundheitsförderlichen Arbeitsplätzen für behinderte und nicht behinderte Arbeitnehmer gleichermaßen ist.

Präventives Gesundheitsmanagement ist zwar seit der Novellierung des SGB IX eine Aufgabe von Betrieben, wird aber eher im Sinne eines Regelungsmanagements nur bei Behinderung verstanden: Welche technischen Hilfen sind sinnvoll, wer kann Beratung übernehmen, wer trägt Kosten, wer wird wohin auf einen anderen Arbeitsplatz umgesetzt? Von der DAK (2005) wird dagegen ein umfassenderes Konzept vorgeschlagen, das Organisation, Personal, Arbeitsbedingungen und Kommunikationsformen unter das Primat „Gesundheit am Arbeitsplatz" stellt und damit zu einem „systemischen" Ansatz führen könnte, der für *alle* Beschäftigten in Unternehmen die Voraussetzungen schafft, gesundheitsbewusst zu lernen und zu arbeiten.

4 Handlungsbezüge

4.1 Bildungsverläufe

4.1.1 Struktur und Biografie

Betrachtet man das bestehende Bildungsangebot hinsichtlich der Konsequenzen für benachteiligte und behinderte Schulentlassene, so kann man feststellen, dass faktisch kein System mit klaren Strukturen mehr vorhanden ist, dass vor allem die Berufsbildungssysteme erodieren und nur im Reha-Segment – offensichtlich durch Verwaltungs- und Finanzierungsvorgaben des Bundes – noch kalkulierbare Angebote und Bildungsverläufe bestehen. Die Situation ist gekennzeichnet durch:

Verästelung der Strukturen

Der allgemein bildende Schulbereich in Deutschland hat sich über Jahrzehnte durch die föderale Bildungsverwaltung – trotz KMK und BLK – unterschiedlich entwickelt, mit dem Ergebnis, dass die Lernbedingungen, Bildungsmöglichkeiten und damit auch Lebenschancen kaum mehr vergleichbar sind. Auch der Versuch, über Bildungsstandards wie Zentralabitur oder zentrale Facharbeiterprüfungen oder Sprachstandsmessungen eine Einordnung vorzunehmen, schafft keine weiteren Bildungsangebote und strukturiert die vorhandenen nicht. Die Verästelung des allgemeinen Schulwesens setzt sich fort in den von Bund, Ländern, Wirtschaft ausgebauten Übergangssystemen der Berufsausbildungsvorbereitung und ist sogar innerhalb einer Region nicht mehr überschaubar und zeitlich nicht konstant. Ad hoc werden berufspraktische Jahre oder kooperative Berufsvorbereitungsjahre neben vollzeitschulischen BVJ eingeführt oder Werkstattjahre oder betriebliche Praktika gefördert. Ein ähnliches Bild zeigt die Berufsausbildung. Neben staatliche Berufsfachschulen und private Ersatzberufsschulen mit/ohne Abschluss nach Landesrecht treten nun weitere Berufsfachschulen mit/ohne externe Kammerprüfung und neben der anerkannten Ausbildung werden als Öffnung nach „unten" Qualifizierungsbausteine zertifiziert. Während der zweite, berufliche Bildungsweg mit der Berufsaufbauschule faktisch durch die Fachoberschule abgeschafft worden ist, wird Ausbildung nach „oben" durch Bachelorstudiengänge in Berufsakademien geöffnet. Trainee- und Zielgruppenprogramme von Bildungsfirmen ergänzen das Angebot. Neben dem Bildungs- und Ausbildungsmarkt bietet das geschützte Reha- und Benachteiligtensegment relativ eindeutige Angebote, die aber in der Tendenz in Umfang und Niveau reduziert werden und nur einem Teil der potentiellen Klientel offenstehen.

Politische Barrieren

Mit dem Strukturplan für das Bildungswesen 1969 war politisch eine Neustrukturierung für das Bildungswesen intendiert: das Säulenschulwesen sollte in ein gestuftes Bildungssystem überführt werden mit dem Anspruch einer flexiblen und gesellschaftlich notwendigen Bildung und Berufsbildung für alle. Gerade die Schüler ohne Abschluss sollten von den Reformen profitieren, so auch der EU-Bildungsgipfel 1999 in Köln, auf dem die Bundesregierung eine entsprechend grundlegende Reform zusagte. Allerdings war diese Zusage nicht mit den Ländern abgestimmt und seit der Neuregelung der Kompetenzen von Bund und Ländern stehen bundeseinheitliche Regelungen nun auch im Berufsbildungs- und Hochschulbereich in Frage. Das Defizit an politischem Gestaltungswillen hat einen unüberschaubaren Flickenteppich an Bildungsgängen produziert. Die stets aufs Neue kreierten Zielgruppenangebote versprechen zwar schnelle Abhilfe, ohne dass aber die alten strukturellen Probleme, wie mangelnde Durchlässigkeit, regionale Ungleichgewichte, Unterfinanzierung, unzulängliche Lehrerbildung und -versorgung, gelöst wären. Bezogen auf die Rehabilitation besteht die Unsicherheit, wie die Postulate der Barrierefreiheit und Teilhabe umgesetzt werden können, wenn ein Mehr an Wahlfreiheit zwischen den traditionellen Säulen der beruflichen Reha und den ambulanten Formen gewährt werden und alles mit dem „Persönlichen Budget" bestritten werden soll. Dabei sinkt gleichzeitig das Aufkommen aus der Ausgleichsabgabe für die Finanzierung von unterstützenden Hilfen auf die Hälfte und immer mehr Betriebe werden von ihrer Beschäftigungspflicht entbunden. Außerdem werden von Kostenträgern alle Bildungsangebote auf den Prüfstand gestellt, die nicht zu Beschäftigung führen und die nicht zu den jeweiligen Kernaufgaben des Trägers zählen.

Unkoordinierte Bildungsverläufe

Mit dem „Schwellenmodell" wird vor allem die Situation von Jugendlichen mit besonderem Förderbedarf beschrieben. Danach ist Unterstützung erforderlich, um nach der allgemeinen Schule die „1. Schwelle" in Ausbildung und nach der Ausbildung die „2. Schwelle" in Erwerbsarbeit zu überwinden.

Das einfache Schwellenmodell gilt für alle Bildungsverläufe und geht auf die speziellen Angebote für behinderte Jugendliche nur begrenzt ein, verdeutlicht auch nicht die Übergänge in Umschulung, Weiterbildung oder Beschäftigung als berufstätiger Rehabilitand. Hinzu kommt, dass es bei der Gruppe der Jugendlichen eine Vielzahl an Möglichkeiten in den einzelnen Bildungssegmenten gibt, die dazu führen, dass Schulentlassene nach der Sekundarstufe I parallele Angebote in der Sekundarstufe II durchlaufen, z. B. BGJ, BFS, duale Ausbildung oder innerhalb der Segmente, gerade in der Benachteiligtenförderung und beruflichen Reha, Maßnahmekarrieren absolvieren. Auch bilden Träger strategische Allianzen und vermitteln sich die Jugendlichen gegenseitig, um so die Auslastung zu optimieren und hohe Erfolgsquoten gegenüber dem Kostenträger ausweisen zu können. Ein besonderes Problem sind die sogenannten „Altbewerber", Jugendliche, die keine der gewünschten Ausbildungen eingehen konnten und eine der vom BIBB als Übergangssystem klassifizierten Maßnahmen besuchen. Das Bewerberpotenzial vergrößert sich noch, wenn man diejenigen, deren Verbleib nicht bekannt ist, mit

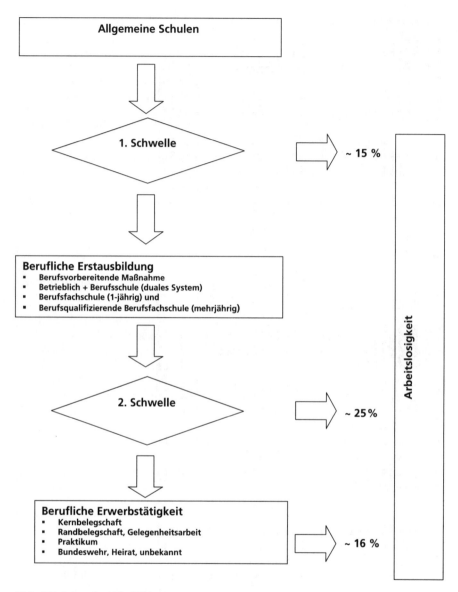

Abb. 35: Schwellen-Modell
Quelle: nach INBAS, in: BMBF 2005, 14

einbezieht. Übergang impliziert eine anschließende Bildung oder Arbeit. Das Paket an Maßnahmen, mit dem eigentlich Übergänge in Berufsbildung oder in Arbeit unterstützt werden sollen, erweist sich zunehmend als Absorptionssystem (Ulrich & Krekel 2007, 11–13). Bei steigender Zahl von höheren allgemeinen Bildungsabschlüssen entsteht das Problem der „over-achiever", z. B. Jugendliche

169

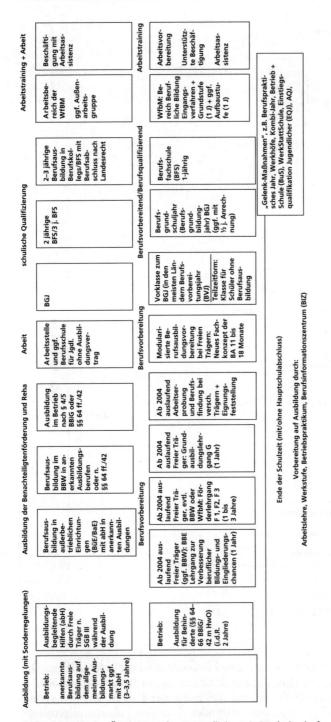

Abb. 36: Feld der Übergänge für Jugendliche mit Förderbedarf

mit Fachhochschulreife, die nicht studieren und sich um Berufe auf Assistenten-
niveau, bei Banken, Versicherungen bemühen, hier die Auswahlverfahren nicht
erfolgreich durchlaufen und für eine gewerbliche Ausbildung den Betrieben aber
überqualifiziert erscheinen. Bei betrieblichen Eliteausbildungen sehen Unternehmen das Risiko, dass die Azubis im Anschluss nicht in der Firma verbleiben,
sondern doch noch studieren, weil die angebotene Erwerbsarbeit nicht den Erwartungen entspricht. Dieses Phänomen besteht in ähnlicher Form bei behinderten Nachfragern mit Sinnes- oder Wahrnehmungsstörungen und mit formal hohen Schulabschlüssen. Am Beispiel Dortmunds wird in der Abbildung 36 das Feld
an Übergängen nur für Jugendliche mit besonderem Förderbedarf skizziert. Nicht
enthalten sind die Maßnahmen der Jugend(berufs)hilfe, die zahlreichen Projekte
und Programme, wie Sprachkurse in Verbindung mit Berufsvorbereitung für
Aussiedlerinnen oder EU-Programme, die Werkstattjahre oder der Werkhof für
„Schulmüde" oder spezielle Angebote, wie blindentechnische Grundbildung.
Während einer Übergangsphase sind Doppelungen zu verzeichnen, weil die BA
einerseits ein neues Fachkonzept einführte, andererseits aber noch Maßnahmen
nach der alten SGB III-Förderung in Auftrag gab.

Statistisches Dilemma

Seit 1977 besteht für die berufliche Bildung mit dem Berufsbildungsbericht eine
Datenbasis für eine Bilanz von Ausbildungsangebot und Nachfrage. Allerdings
sind die statistischen Kriterien nur unzureichend und beruhen auf dem bei den
Arbeitsagenturen gemeldeten Stellen, den dort registrierenden Nachfragern und
den zu einem anderen Zeitpunkt ermittelten tatsächlich abgeschlossenen Verträ-
gen laut Verzeichnis der Kammern. Weder die den Agenturen nicht gemeldeten
Plätze, noch die resignierten Schulabgänger können so berücksichtigt werden.
Auch die Abbrecherproblematik lässt sich statistisch so nicht fassen. Hinzu
kommt, dass die Kriterien für die OECD-Statistik und für „Eurostat" voneinander abweichen (Pfeiffer 2007, 50–52). Die Bundesagentur hat mit COMPAS ein
neues Instrumentarium vorgesehen, aber auch hier bleibt abzuwarten, ob und wie
Bildungsverläufe abgebildet werden können.

Regionale und sektorale Barrieren

Im Unterschied zum allgemeinen Bildungswesen hängen die beruflichen Bildungsverläufe stark vom zufällig gewachsenen regionalen Ausbildungsangebot der
Betriebe, der Maßnahmepalette, der Trägerstruktur und allgemein von der örtlichen Bildungsinfrastruktur ab. So kann das Konzept der Unterstützten Beschäftigung der Hamburger Arbeitsassistenz nicht ohne weiteres auf Ostfriesland,
Mecklenburg-Vorpommern oder den Bayerischen Wald übertragen werden, andererseits kommen Förderregionen in den Genuss EU-geförderter Programme,
wie z. B. REGINE. Ebenso ist es von der jeweiligen Landespolitik abhängig, ob
die Maßnahmen der BA extensiv ausgeschöpft werden und kein eigenes steuerfi-
nanziertes BVJ an staatlichen Berufsschulen angeboten wird, wie in Brandenburg,
oder ob im Gegenteil, wie in Baden-Württemberg und Bayern, die beruflichen
Förderschwerpunkte in differenzierten BVJ- und Ausbildungsmaßnahmen bestehen. Sektoral findet sich ein rückläufiger Trend von Beschäftigungsmöglichkeiten

im produzierenden Gewerbe, den Bereichen Bergbau, Agrarwirtschaft, Forsten, Fischerei. In den Ausbildungsangeboten der Reha-Einrichtungen finden diese Entwicklungen inzwischen Beachtung, aber spezialisierte Tätigkeiten, wie Beikoch oder Haustechniker, sind ohne reguläres, auf die Erstausbildung bezogenes Fortbildungssystem mit einem hohen Beschäftigungsrisiko behaftet. Grundberufe werden dagegen nicht in der kostenintensiven beruflichen Reha, sondern in der Industrie entwickelt und dann je nach Bedarf den betrieblichen Anforderungen angepasst (Fischer, in: Wiemann 2002, 283–289).

Chancenungleichheit zwischen den Generationen

Die Nachkriegsgeneration konnte von der Bildungsexpansion profitieren und höhere Schulabschlüsse erwerben, traf auf dem Arbeitsmarkt auf eine geringe Konkurrenz, weil geburtenschwache Jahrgänge anstanden und konnte ältere Arbeitnehmer ersetzen, die, bedingt durch den Krieg, über keine oder nur geringe formale Qualifikationen verfügten. Nur kurz durch die Wirtschaftskrise Ende der 60er Jahre unterbrochen, konnte sie auf eine Politik der Vollbeschäftigung vertrauen. Dies gilt besonders für die in dieser Zeit entwickelten Konzepte zur beruflichen Rehabilitation. Ausbildung galt auch als Investition in die Sozialsysteme. Diese Situation hat sich allgemein, vor allem aber für Rehabilitanden, völlig verkehrt. Nur in Ausnahmefällen gelingt ihnen nach der – noch weitgehend – gesicherten Erstausbildung der Übergang in Beschäftigung. Im Intergenerationenvergleich haben sich die beruflichen Chancen allgemein, aber auch rehaspezifisch verschlechtert, obwohl die Möglichkeiten durch personelle und technische Unterstützungssysteme und die materiellen Ressourcen der Gesellschaft gestiegen sind. Die Übergangs-Barriere an der „2. Schwelle", also nach der Ausbildung in Arbeit, ist seit etwa fünfzehn Jahren für Rehabilitanden kaum zu überwinden.

Ungleichheit der Lernorte und der beruflichen Sozialisation

Die Ausbildungsbedingungen sind seit Bestehen des formalisierten Ausbildungssystems zwischen Industrie, Handwerk, personenbezogenen Dienstleistern oder zwischen Groß- und Kleinstbetrieben immer schon unterschiedlich gewesen. Rehabilitationseinrichtungen sind als Lernort überdurchschnittlich gut ausgestattet, verfügen im Vergleich zu Regelbedingungen über einen ebenfalls hohen Personalschlüssel und über weitgehende methodisch-didaktische Freiheit. Entgegen den Berichten der traditionellen Reha-Einrichtungen und den euphorischen „Erfolgsstories" der Unterstützten Beschäftigung, Arbeitsassistenz und Integrationsfachdienste, ist die Akzeptanz dieser Qualifizierungen bei Betrieben gering und es müssen erhöhte Aufwendungen unternommen werden, um die Absolventen in Arbeit zu platzieren (vgl. den Modellversuch VAMB von 10 BBW mit der MetroGroup http://vamb-projekt.de sowie für WfbM Schartmann & Steinwede 2000). Die berufliche Sozialisation ist direkt an den Lernort gekoppelt. Ein Qualifizierungszentrum bietet andere Möglichkeiten, Schlüsselqualifikationen und Fachlichkeit zu erwerben als ein Kleinstbetrieb, der auf „Kopfprämien" und Lohnkostenzuschüsse angewiesen ist. Zwar werden in den neuen Untersuchungen von BIBB und IAB auch Testreihen zu Einstellungen, zur Motivation, Selbst- und Fremdeinschätzungen erhoben, nicht aber die nachhaltige Verwertbarkeit der in der Erstausbildung oder Umschulung erworbenen Kompetenzen und Fertigkeiten. Die biografischen Studien über behinderte Menschen, die zunehmend vorgelegt werden, zeichnen eher ein resignatives Bild (Baur u. a. 2006; Zeller 2002).

Stichpunkte zu Ungleichheit und Barrieren

- Bildungsmosaik statt Bildungssystem:
  Reformruinen der Bildungsstruktur verhindern Durchlässigkeit, Flexibilität des Quer- und Wiedereinstiegs, der nachträglichen Qualifizierung.
- Anerkannte Berufe oder Behindertenberufe:
  Es ist zwischen den Ländern und segmentierten Ausbildungsbereichen trotz der Standards der Ausbildungsberufe keine Einheitlichkeit gegeben, insbesondere bei den Sonderregelungen für behinderte Auszubildende (§§ 64-66 BBiG/42m HwO) und bei den Qualifizierungsbausteinen des BvB-Fachkonzepts.
- Chancenungleichheit zwischen den Generationen:
  Trotz längerer Ausbildungsdauer sind die formalen Chancen bei den Schul- und Berufsabschlüssen der benachteiligten und behinderten Auszubildenden nicht gestiegen, sondern im Vergleich der Generationen ist eine neue Benachteiligung entstanden, die durch die Qualifikationsschere zu den modernisierten Eliteausbildungen verstärkt wird.
- Privileg der Beruflichen Reha gegenüber dem Regelbereich:
  Durch Sozialgesetze ist die berufliche Reha noch „beschützt", es besteht aber die Tendenz der „Normalisierung", d. h. der Anpassung an die Erosion der Berufsbildungschancen im Regelbereich und damit einer erheblichen Verschlechterung der Startchancen bei Behinderung.

4.1.2 Idealtypische Bildungsverläufe

Mehr als 950.000 Abgänger verlassen die allgemeinen Schulen jährlich, davon ca. 8 Prozent ohne Abschluss, wobei es 2–3 Prozent gelingt, über berufsvorbereitende und berufsqualifizierende Angebote diesen Abschluss noch nachzuholen. Von den knapp 85.000 Jugendlichen ohne Hauptschulabschluss (+ 10 % gegenüber 1994) verlassen 54.000 die Sonderschulen, davon 35.000 die Sonderschulen mit dem Förderschwerpunkt Lernen und etwa 9.500 aus allen anderen Sonderschulformen. Hinzu kommen noch rund 10.000 Sonderschulabgänger mit Abschluss, von denen fast 9.000 einen Hauptschul-, 900 einen Realschulabschluss erlangen, bundesweit machen 66 Abitur oder erlangen die Fachhochschulreife (BMBF 2005, 94). Der Anteil Sonderschüler an allen Schülern stieg im letzten Jahrzehnt von 4,5 % auf 5,4 % (KMK: Dok. 174, 2005). An der ersten Schwelle von der Schule in Ausbildung scheitern etwa 15 Prozent der Jugendlichen. Da Verlaufsstatistiken fehlen, lassen sich Bildungswege und Maßnahmekarrieren biografisch nicht nachvollziehen. Seit 1997 führen Bundesagentur und BIBB gemeinsam Bewerberbefragungen durch. In der 6. Erhebung 2004 wurde auch der Aspekt „Ausbildungsreife" mit berücksichtigt. Zur 2. Schwelle lassen sich zwar Übergangsquoten ausweisen, aber kaum Aussagen über Berufsverlauf und Risikofaktoren treffen. Allerdings hat EMNID im Auftrag des Bundesbildungsministeriums eine repräsentative Verbleibsuntersuchung bei jungen erwerbstätigen Erwachsenen durchgeführt. Während die EMNID-Untersuchung Auskunft über die Ungelernten, einschließlich der Personen mit Behinderung, für die 80er bis Mitte 90er Jahre gibt, zeigen die BA-BIBB Befragungen kontinuierlich die Entwicklung für Gesamtdeutschland seit Ende der 90er Jahre auf (BMBF 1999; Eberhard & Krewerth & Ulrich 2006).

Barriere „Erste Schwelle": Übergang von der Schule in Ausbildung

Die BA-BIBB Bewerberbefragung bestätigt den langjährigen Trend des Rückgangs an betrieblichen Ausbildungen seit 1990, mit gravierenden Einschnitten 2002 und 2005. Die allgemeine Situation erklärt auch, warum behinderte Jugendliche nicht in anerkannte Ausbildungen zu integrieren sind, sondern auf geschützte Ausbildungskapazitäten in BBW oder bei außerbetrieblichen freien Trägern angewiesen sind, um überhaupt eine Qualifizierungschance zu erhalten.

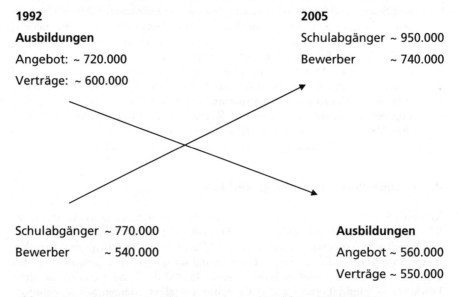

1992	2005
Ausbildungen	**Schulabgänger** ~ 950.000
Angebot: ~ 720.000	**Bewerber** ~ 740.000
Verträge: ~ 600.000	
Schulabgänger ~ 770.000	**Ausbildungen**
Bewerber ~ 540.000	Angebot ~ 560.000
	Verträge ~ 550.000

Abb. 37: Entwicklung von Ausbildungsangebot und Nachfrage (1992–2005)
Quelle: BMBF: Berufsbildungsberichte 1992 ff.; Eberhard & Krewerth & Ulrich 2006

Durch die permanente Unterversorgung mit Ausbildungsplätzen ist ein Potenzial an Altbewerbern entstanden, das aufgrund fehlender statistischer Erhebungsmöglichkeiten nur geschätzt werden kann. Die BA-BIBB Gruppe geht bei den als „ausbildungsreif" klassifizierten Nachfragern von fast 400.000 (51 %) Altbewerbern aus, die für die jeweiligen Schulentlassjahrgänge noch eine zusätzliche Konkurrenz bedeuten (Krekel & Ulrich 2007, 11–13). Bei den Altbewerbern besteht eine langjährige Motivation für Ausbildung, wobei der

Erfolg durch erhebliche Unterschiede in der Vorbildung bestimmt wird: „Im Verlauf von fünf Jahren waren von den Schulabgängern mit mittlerem Abschluss 98 % einmal in eine duale oder andere Ausbildung eingemündet. Bei niedrigem Abschluss betrug dieser Anteil nur 91 %, d. h. fast jedem zehnten war der Einstieg in eine reguläre Berufsausbildung auch nach fünf Jahren nicht gelungen" (Beicht u. a. 2007, 8).

Eine weitere Rahmenbedingung zur Beurteilung der Integrationschancen ist die Expansion der von BA-BIBB als Übergangs- und Chancenverbesserungssysteme charakterisierten Absorptionsmaßnahmen, die durchaus an die Stelle von Ausbildung treten (vgl. Neubauer 2006). Während von 1992–2004 die regulären Ausbildungen um 16 % zurückgingen, stieg im gleichen Zeitraum vor allem die Zahl der Schüler in den unterschiedlichen berufsvorbereitenden Formen, so im Berufsgrundbildungsjahr und in der 1-jährigen Berufsfachschule um 22 % und in berufsqualifizierenden Schulen um 7 %. Unbesetzte Lehrstellen gibt es, wenn man die regionale Streuung berücksichtigt, real seit 15 Jahren nicht mehr. Die freie Berufswahl ist somit allgemein – auch für Nichtbehinderte – nur noch eingeschränkt möglich, bei Behinderung entfällt sie faktisch ganz.

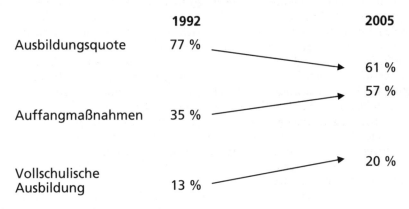

Abb. 38: Verschiebungen innerhalb des Ausbildungssystems (1992–2005)
Quelle: Eberhard u. a. 2006, 5–28

Einen besonderen Zuwachs an Schülern verzeichneten alle Formen beruflicher Vollzeitschulen bei gleichzeitiger Verknappung der Unterrichtsressourcen. Während die Zahl der Auszubildenden seit Jahrzehnten stabil um 1,6 Millionen liegt, wuchsen die absorbierenden Berufsschulangebote erheblich an. Hinzu kommen die berufsfördernden Maßnahmen der Arbeitsagenturen mit über 100.000 Teilnehmern. Allein die Berufsfachschulen nehmen 540.000 Jugendliche auf und erreichen damit den Stand aller betrieblichen Lehren mit 550.000 Azubis. Alle Vollzeitberufsschulen (BFS, BGJ, BVJ) versorgen 670.000 Schüler und liegen damit über der Zahl der abgeschlossenen Lehrverträge und auch die Absorptionsmaßnahmen von Berufsschule und freien Trägern (BVJ, BGJ, 1-j.BFS, BV-M) und übertreffen 2005 erstmals die Zahl der betrieblichen Ausbildungen (BMBF: Berufsbildungsbericht 2006, 180; Reinberg & Hummel 2006).

Tab. 24: Zuwachs an Absorptionsmaßnahmen für Jugendliche mit Förderbedarf

Schulform	Ist (2004/05)	Zuwachs zu allen Lehranfängern (1992-2005)	Zuwachs der jeweiligen Maßnahme (1992-2005)
Berufsschule insgesamt	ca. 2,7 Mio.	+ 68 %	
BFS (1-jährig)	330.000 (275.000 in 2002)	+ 77 %	+ 50 %
BGJ	50.000	+ 27 %	+ 60 %
BVJ u. ä.	80.000	+ 45 %	+ 109 %
sonstige BV-Maßnahme (Träger)	169.000		+ 140 %

Quelle: BMBF: Berufsbildungsbericht 2007, 178 ff.

Die Hoffnung, dass sich durch die demografische Entwicklung nach 2011 durch schwächere Schulentlassjahrgänge und bei wirtschaftlichem Aufschwung die Probleme quasi von selber lösen, kann sich nicht erfüllen, denn nicht nur die Zahl der Ausbildungen, vor allem im Handwerk und öffentlichen Dienst geht zurück, sondern auch die Zahl der Ausbildungsbetriebe und damit das Potenzial und Know-how betrieblicher Ausbildung insgesamt. Die BA-BIBB Befragung 2004 offenbart einen Zusammenbruch des dualen Ausbildungssystems, in dem, wenn überhaupt, behinderte Bewerber noch eine Chance gehabt hätten. Von den 950.000 des Schulentlassjahrgangs wurden nur diejenigen, die als ausbildungsreif gelten und sich bei den Agenturen als Bewerber registrieren ließen, bei der Befragung berücksichtigt und als 100 Prozent gesetzt. Die Vorbildung beeinflusst das Wahlverhalten entscheidend. Je geringer der Schulabschluss, desto häufiger werden Warteschleifen durchlaufen.

Betrachtet man nur das Segment der behinderten Bewerber, so stehen den rund 40.000 Schulabgängern von Sonderschulen jährlich 160.000 Beratungsfälle der Berufsberatung gegenüber, ein Zeichen dafür, dass sich der Berufswahlprozess über mehrere Jahre erstreckt. Als Risikogruppe können auf der Grundlage der PISA-Studie bis zu 200.000 Jugendliche betrachtet werden. Angesichts der erfolgreichen, von der Arbeitsagentur beratenen Bewerber um betriebliche und außerbetriebliche Lehrstellen von nur 45 %, haben Sonderschüler nur eine Chance in Berufsbildungswerken und im Berufsbildungsbereich der Werkstätten. Selbst die Berufsausbildung bei Freien Träger (BaE) bleibt vorrangig den Schülern ohne Hauptschulabschluss vorbehalten. Der lineare Bildungsverlauf von der Sonderschule über Berufsqualifizierung in den allgemeinen Arbeitsmarkt, wie er als Beratungsmodell den Arbeitsagenturen und Integrationsdiensten zugrunde liegt, widerspricht der BIBB-Verlaufsuntersuchung.

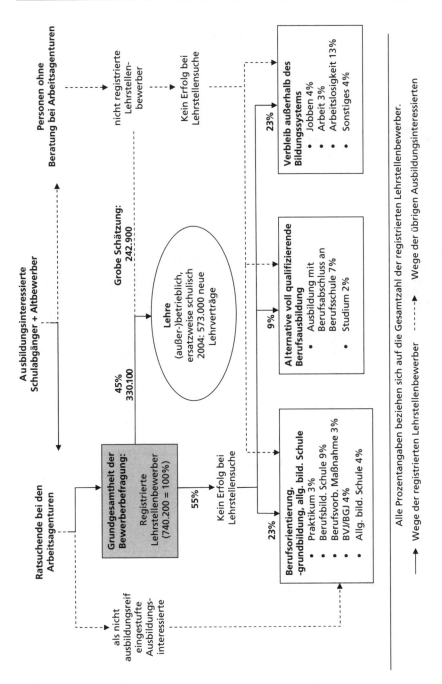

Abb. 39: Die Nachfrage des Ausbildungsmarktes und der Verbleib der registrierten Bewerber
Quelle: Eberhard & Krewerth & Ulrich (Hrsg.) 2006, 218, Übersicht 1 (BA-BIBB Bewerberbefragung 2004)

Sonderschule

Agentur für Arbeit
- Integrationsfachdienst
- Berufsberatung (U 25 Team)
  - Berufliche Eignung klären, ggf. med./psych. Gutachten
  - Berufsorientierung
  - Feststellung Leistungen zur Teilhabe am Arbeitsleben

Betrieb	BBW	Berufsvorbereitung	WfbM
• anerkannte Ausbildung • Sonderregelungen (sogen. Helfer- u. Werkerberufe)	• Arbeitserprobung • Berufsvorbereitende Bildungsmaßnahme (BvB-rehaspezifisch) • anerkannte Ausbildung • Sonderregelung	• Berufsvorbereitende Bildungsmaßnahme (BvB)	• Eingangsverfahren • Berufsbildungsbereich (BBB) • Arbeitsbereich • Übergangsförderung i.d. allgemeinen Arbeitsmarkt

Ziel: Durchlässigkeit und Übergänge

Arbeitsagentur
- Integrationsfachdienst
- Vermittlung in allgemeinen Arbeitsmarkt, ggf. begleitende Hilfen (Arbeitsassistenz)

Arbeitsplatz
- allgemeiner Arbeitsmarkt (sozialversicherungspflichtig)
- Sonderarbeitsmarkt („zweiter" Arbeitsmarkt, subventioniert)
- Integrationsprojekt (Integrationsfirma, -abteilung)
- begleitende Hilfen des IFD (an Arbeitgeber o. schwerbehind. Arbeitnehmer)

Abb. 40: Beratungsmodell: Von der Sonderschule in den allgemeinen Arbeitsmarkt

Tab. 25: Übergänge behinderter Jugendlicher in Ausbildung und Maßnahmen

Reha-Angebote 2004/05	
Beratungen	160.000
Berufsfördernde Maßnahmen	98.600
Ausbildungen	58.500 (2 bis 3 Jahre)
– anerkannte Ausbildung	29.000 (2-3 Jahre)
– Behindertenberufe	13.300 (ca. 1-2 Jahre)
Lernorte	
– Betriebe	16.400
– WfbM (Eingang)	17.200 (bis zu 2 Jahren)
– BBW	10.800
– davon anerkannte Ausbildung	4.500
– davon Behindertenberuf	6.300
– außerbetrieblich	
(Reha-BNF, Freie Träger)	13.300 (bis zu 3 Jahren)
– BvB-Reha	21.600 (bis 1,5 Jahre)

Quelle: BMBF 2006, 41, 228, 231

Während 2005 der Rückgang an anerkannten Ausbildungen 3,7 Prozent betrug, gingen die Ausbildungen mit Sonderregelungen für Behinderte um 10 Prozent zurück. Auffällig ist die Konzentration auf wenige Branchen und Berufe. Der Rückgang an anerkannten Ausbildungen ist durchgängig, nur in der Seeschifffahrt, bei Fleischern und Gebäudereinigern waren noch offene Stellen zu verzeichnen, die für behinderte Jugendliche allerdings nicht geeignet sind. Typisch ist das Nachrücken in die Bereiche, die Nichtbehinderte freilassen, dann allerdings nicht als reguläre, sondern eine reduzierte Form nach der Behindertenausbildungsregelung. Die Anforderungen der Betriebe lassen sich bei Bedarf offensichtlich ad hoc flexibilisieren. Obwohl Sonderschüler speziell beraten und beruflich vorbereitet werden, stehen ihnen bei betrieblicher Ausbildung nur die Branchen und Berufe mit schlechter Entlohnung, geringer Übernahme nach der Ausbildung, hoher Arbeitslosenquote offen. Hinzu kommt, dass im Regelfall in „Behindertenberufen" qualifiziert wird, die kaum Schlüsselqualifikationen vermitteln.

Tab. 26: Ausbildungsbereiche von behinderten Jugendlichen

2004/05	Veränderung (Rückgänge) anerkannter Verträge insgesamt		Abschlüsse Reha neu: 13.292 Ausbildungen	Anteil an den Ausbildungen in der Branche
IHK	6.600	– 2,0 %	5.538	1,8 %
Handwerk	11.300	– 6,7 %	3.856	2,5 %
Öffentl. Dienst	1.000	– 6,3 %	–	–
Landwirtschaft	400	– 2,7 %	1.642	11,3 %
Freie Berufe	2.900	– 6,3 %	–	–
Hauswirtschaft	800	– 15,3 %	2.236	54,3 %

Quelle: BMBF: Berufsbildungsbericht 2006, 41 u. 55 f.

Tab. 27: Die zehn häufigsten Ausbildungsberufe für Abgänger ohne Hauptschulabschluss

1997			2004		
1.	Behindertenberufe im Handwerk	2.250	1.	1.081	Hauswirt. Helferin § 66 BBiG
2.	Maler/Lackierer	1.800	2.	1.030	Maler, Lackierer
3.	Behindertenberuf Industrie	1.000	3.	595	Bau-/Metallmaler, § 42 HwO
4.	Hauswirtschaftl. Betriebs-helfer/-in	900	4.	561	Friseur/in
5.	Maurer	800	5.	555	Werker Gartenbau, § 66 BBiG
6.	Tischler	700	6.	521	Holzbearbeiter § 42 HwO
7.	Friseur/in	600	7.	438	Metallbauer
8.	Behindertenberuf Landwirtschaft	550	8.	365	Bäcker
9.	Metallbauer	500	9.	351	Verkäuferin
10.	Bäcker/-in	500	10.	345	Tischler
	insgesamt	9.600		5.842	

Quelle: BMBF: Berufsbildungsbericht 1999, 62 (gerundete Werte); 2006, 107

Barriere „Zweite Schwelle": Übergang von Ausbildung in Arbeit

Ende der 90er Jahre bestanden rd. 450.000 Auszubildende die Ausbildungsab-schlussprüfung. Die Übernahmequote in Arbeit betrug in den alten Ländern 54 % – 1995 lag die Quote noch bei 60 %. In den neuen Ländern wurden von den 100.000 Ausgebildeten nur 49 % übernommen. Mit sinkender Übernahme in Arbeit stieg gleichzeitig die Arbeitslosenquote bei den unter 25-Jährigen inner-halb von fünf Jahren von 8,5 % (1993) auf über 12 % (1997). 1998 sank der Wert wieder leicht auf 11,8 % und stagniert seitdem. Die Übernahme in Arbeit wird beeinflusst von der Betriebsgröße, vom Sektor und dem Geschlecht (vgl. IAB-Betriebspanel, in: BMBF: Berufsbildungsbericht 1999, 146–149):

Betriebsgröße
Kleinbetriebe (< 9 AN) übernahmen in den alten Ländern zu 45,5 %, Großbe-triebe (> 500 AN) zu 63,5 %.

Sektoral
Verlage stellten zu 23 %, Gaststättengewerbe zu 37 %, aber Versicherungen zu 80,5 % und Bergbau zu 84 % nach der Ausbildung ein.

Geschlecht
Junge Frauen, gerade in den neuen Ländern, werden am wenigsten betrieblich ausgebildet, sie ziehen schulische Ausbildungen vor, bei denen allerdings auch die größten Übergangsprobleme bestehen. Im Anschluss an die erfolgreiche Ausbil-dung (dual, schulisch, außerbetrieblich) wurden in den neuen Ländern 47 % der

Absolventinnen direkt erwerbslos, zum Vergleich: in den alten Ländern lag Ende der 90er Jahre die Quote für Männer bei 21 % und für Frauen bei 25 %, die nach einer Ausbildung an der 2. Schwelle erwerbslos wurden, auch fünf Jahre danach beträgt die entsprechende Arbeitslosenquote mit 46 % bei den Frauen und 44 % bei den jungen Männern noch sieben Prozentpunkte (39 % m., 41 % w.) mehr als in den alten Ländern (BMBF: Berufsbildungsbericht 1999, 149, ebd. 2006, 241 f.).

Berufsbewährung: die Situation der jungen Ungelernten

EMNID erstellte im Auftrag des Bundesbildungsministeriums eine für die Wohnbevölkerung repräsentative Studie über die 20 bis 30-jährigen „Nicht-Formal-Qualifizierten" (NFQ). Erhoben wurde unter Einschluss der ausländischen Bevölkerung eine repräsentative Stichprobe. Hochgerechnet sind danach in dieser Altersgruppe etwa 1,3 Millionen oder ca. 12 % ohne Erstausbildung (BMBF/EMNID 1999).

Folgende Merkmale sind hinsichtlich der Situation der jungen Erwachsenen bedeutend und schreiben die Risikofaktoren der ersten Schwelle fort: Vorbildung, Alter, Nationalität, Geschlecht. Die unterschiedlichen Lebenschancen ergeben sich als Folge und Kombination dieser Merkmale, die sich dann auch in den Berufsbiografien widerspiegeln.

Kriterium Vorbildung

Unter Qualitätskriterien müssten sich alle Bildungsinstitutionen nach dem Verbleib ihrer Absolventen fragen lassen – auch die Hochschulen hinsichtlich ihrer Studienabbrecher. Die Sonder- und Hauptschulen sind angesichts der Erwerbschancen ihrer Klientel als besonders problematisch zu bewerten. Die Absolventen mit Realschulabschluss behaupten sich offensichtlich im mittleren Berufsbereich und verdrängen Hauptschüler mit und ohne Abschluss und Sonderschüler nach der Ausbildungsphase vom Arbeitsmarkt.

Tab. 28: Nicht Formal Qualifizierte (NFQ) und Schulabschluss

Schulabschluss	Vorbildung bei den unter 30-jährigen NFQ (%)	Wahrscheinlichkeit, NFQ zu werden (%)
mit Hauptschule	57	17
mit Realschule	16	6
Fachhochschulreife	19	11
Hochschulreife		10
ohne Hauptschule u. Sonderschule	8	58
Ausländer ohne Hauptschule	15	
Ausbildungsabbrecher	24	
BGJ/BVJ/1j.BFS	9	
ausländischer Schulabschluss		48

Quelle: Emnid 1999

Kriterium Alter

Mit zunehmendem Alter nimmt der Anteil der NFQ ab. Während bei den unter 20-Jährigen der Anteil noch 23 % beträgt, liegt er bei unter 23-Jährigen bei 14 % und verbleibt dann auf dem Niveau von 10 %.

Kriterium Nationalität

8 % der Deutschen unter 30 Jahre sind NFQ, aber ein Drittel der ausländischen jungen Erwachsenen, davon 40 % Türken. Rechnet man die Ausländer, die nach dem 10. Lebensjahr zugezogen sind, aus der Stichprobe heraus, dann reduziert sich die Quote um 8 % auf 25 %. Entscheidend ist das Einreisealter: Wenn jemand als Ausländer nach dem 10. Lebensjahr eingereist ist, liegt die Wahrscheinlichkeit NFQ zu werden bei 88 %, bei denjenigen, die als Kinder einreisen, „nur" bei 53 %.

Kriterium Geschlecht

Geschlechtsspezifisch bestehen kaum Unterschiede im Ausmaß, wohl aber hinsichtlich der Art der Beschäftigung. 38 % der Frauen, aber nur 0,5 % der Männer arbeiten in Haushalten.

Berufsbiografien

EMNID hat die Berufsbiographien von jungen Erwachsenen nach Bildungsgang und Verbleib typisiert, wobei Ausbildung und Schule nicht weiter in sich differenziert werden:

Tab. 29: Idealtypische Bildungsverläufe von NFQ

Anteil	Bildungsgang	Verbleib
Typ Abbrecher		
54%	Schule Ausbildung Abbruch	12% priv. Haushalt 8% neuer Ausbildungsversuch 58% Arbeit als NFQ
Typ Ungelernter Arbeiter		
35%	Schule Arbeit	45% Arbeitswechsel 7% Wehr-/Zivildienst 11% Haushalt
Typ Bundeswehr		
13%	Schule Wehrdienst/Zivildienst	32% Arbeit
Typ Maßnahme		
10%	Schule BVJ/BGJ/BFS oder Praktikum/Ausland	16% Ausbildung 54% Arbeit
Typ Unentschieden		
7%	Schule keine Pläne	40% Arbeit 14% Wehr-/Zivildienst

Anteil	Bildungsgang	Verbleib
Typ „Hausmutter"		
6%	Schule Haushalt	priv. Haushalt
Typ Weiterbildung		
8%	Schule weiterführende Schule	30% Arbeit 15% Ausbildung davon 50% Abbruch

Quelle: BMBF 1999

Fazit

Die Zahl der Schulabgänger ohne Hauptschulabschluss und der Jugendlichen ohne Berufsausbildung ist über Jahre im Wesentlichen konstant geblieben. Dabei sind die Aufwendungen für Maßnahmen und Bildungsangebote enorm gesteigert worden. Allerdings gelangen die Jugendlichen – wenn überhaupt – nur noch über den Umweg berufsvorbereitender Angebote in Ausbildungen. Die Ausbildungsdauer hat sich deutlich verlängert. Träger der Ausbildung sind vor allem Reha-Einrichtungen oder die der Benachteiligtenförderung, nicht aber die Betriebe. Bereits die Übergänge in Facharbeit sind gering, angesichts der Prognosen für die angebotenen Berufe sind die Ausbildungen als problematisch zu bewerten. Charakteristisch sind Maßnahmekarrieren geworden.

Obwohl nur rund die Hälfte der Minderqualifizierten als Hilfsarbeiter arbeitet, ist insgesamt die Erwerbsbiografie diskontinuierlich, das Einkommen niedrig und Aufstiegschancen sind kaum vorhanden. Nicht nur die Erwerbschancen, sondern auch die Lebensqualität ist deutlich geringer als bei denen mit Ausbildung:

„Bei den Geringqualifizierten gibt es dagegen vor allem Verlierer. Zwar mag die Gesellschaft zunächst einige Ausbildungskosten sparen, obwohl auch dieser Punkt nicht überschätzt werden sollte, denn auch neun Jahre Schulpflicht und häufig anschließende Fördermaßnahmen haben ihren Preis. Aber dessen ungeachtet: Wie gezeigt, ist nur ein relativ kleiner Teil der NFQ erwerbstätig und dies auch nur für eine vergleichsweise kurze Erwerbslebensdauer. Außerdem sind Geringqualifizierte während des gesamten Erwerbslebens in besonders starkem Maß von Arbeitslosigkeit bedroht und beziehen in diesen Zeiten nicht selten auch Transferleistungen und auch wenn sie Arbeit haben, sind ihre Stellen häufig im Niedriglohnbereich angesiedelt. Die so erzielten Einkommen reichen kaum, das alltägliche Leben zu bestreiten, geschweige denn, um davon die faktischen Kosten für die Bildung der Kinder, die Gesundheit, oder auch nur für eine minimale Versorgung im Alter oder Pflegefall aufbringen zu können. Bei vielen Geringqualifizierten ist das erzielte Lohnniveau deshalb bereits jetzt nicht sehr viel mehr als ein kleiner Eigenbeitrag zum Lebensunterhalt. Ein großer, wenn nicht sogar der größere Teil wird von der Gesellschaft dauerhaft bereitgestellt. Da Bildung aber auch in Zukunft weiter an Bedeutung gewinnen wird, laufen Geringqualifizierte immer mehr Gefahr zum dauerhaften Subventionsfall zu werden" (Reinberg & Hummel 2006, 136).

4.1.3 Individuelle Bildungskarrieren

Die veränderte Struktur der beruflichen Bildung zeichnet sich ab in den konkreten Bildungsverläufen. Die biografische Sicht zielt darauf ab, System und Individuum für pädagogische Arbeit und Konzeptionen in Ausbildung und Beschäftigung bei Personen mit besonderem Förderbedarf gleichermaßen zu denken. Methodisch wird keine Biografieforschung bzw. umfassende Dokumentation beansprucht, vielmehr werden die skizzierten Fallbeispiele bewusst tabellarisch kurz dargestellt und Merkmalen zugeordnet bzw. kommentiert. Die Daten beruhen auf veröffentlichten Studien, wie der Dissertation von Wolfgang Zeller, der seine Jahrzehnte als Theorielehrer in einem BBW reflektiert und auf Chancen der Klientel der Schwerstbehinderten eingeht, ferner wird aus einer Autobiografie eines behinderten Schriftstellers zitiert und vor allem wird auf eigene Erfahrungen in Hauptschul- und Berufsschulklassen, die nur zum Teil veröffentlich sind, zurückgegriffen. Des Weiteren wurden Interviews von Studierenden der Rehabilitationspädagogik der Universität Dortmund in Theorie-Praxis-Seminaren erhoben. Die Befragung (2006) galt Teilnehmern in einer reha-spezifischen Berufsvorbereitungsmaßnahme in Berufsbildungswerken der Region, um deren Erwartungen an Ausbildung zu ermitteln und die Nachbetreuungsphase auf der Grundlage eines Kompetenzmodells zu konzipieren. Eine weitere Gruppe sind Teilnehmer einer kommunalen Integrationsmaßnahme in den allgemeinen Arbeitsmarkt. Es handelt sich um ältere, schwerbehinderte Arbeitnehmer mit psychischen Beeinträchtigungen und Mehrfachbehinderungen. Diese Beispiele sind den Projektberichten der wissenschaftlichen Begleitung entnommen.

Fallbeispiele	Kommentar & Merkmale
Beispiel 1: 30 Jahre Hauptschule (Quelle: Biermann-Berlin 1979, 51–56; 1981, 9–12; 1991, 422–424)	• Barrieren, durch Schule aufgebaut, z. B. Antrag auf Schulzeitverlängerung
Klasse 8, Hauptschule 1970/71 • Klaus ist ein guter und beliebter Schüler. Seine Klasse wird ausschließlich von „Junglehrern" unterrichtet, die überrascht sind, als Klaus ihnen mitteilt, dass er zum Schuljahresende die Schule verlassen müsse, da er bei der Einschulung um ein Jahr zurückgestellt worden und in der zweiten Klasse sitzengeblieben sei. Mit einem Abgangszeugnis verlässt Klaus die Schule: Über Möglichkeiten der Schulzeitverlängerung oder des Nachholens des Hauptschulabschlusses sind seine Lehrer nicht informiert und können ihn daher nicht beraten. Bei einer Besichtigung des BBW in N. treffe ich zufällig Klaus wieder. Er steckte gerade in den Vorbereitungen auf die externe Prüfung zur Erlangung des Hauptschulabschlusses.	• der Hauptschulabschluss ist noch etwas „wert" • Übergänge klappen noch nach der Hauptschule, selbst ohne Abschluss • eine Klasse, aber ganz verschiedene Berufsverläufe
• Elke gilt in der Schule und im Dorf als lernbeeinträchtigt, eine Überweisung in die Sonderschule hat es aber nie gegeben, weil in dieser ländlichen Gegend der Ausbau von Sonderschulen während ihrer Grundschulzeit noch nicht stattgefunden hatte. Sie verlässt mit einem Abgangszeugnis die 9.Klasse und wird Lehrling im hauswirtschaftlichen Bereich, bricht die Ausbildung aber ab, als sie ein Kind erwartet.	• Zeugnisse haben einen geringen Prognosewert • aus der Volksschule ist gerade die Hauptschule (HS) geworden, also Arbeitslehre ist eingeführt, für Englisch fehlen bei uns noch die Lehrkräfte
• Ralf ist der „Sonnyboy" der Klasse, schafft einen mittelmäßigen Hauptschulabschluss. Beim 30-jährigen Klassentreffen sehe ich einen Ingenieur vor mir, der inzwischen das Baugeschäft seines Vaters leitet.	
• Carsten macht nach dem HS-Abschluss eine landwirtschaftliche Lehre und hat inzwischen den Hof seines Vaters übernommen.	• die Berufsaufbauschule in Verbindung mit einer Lehre eröffnet noch den Weg zur Fachhochschule

185

Fallbeispiele	Kommentar & Merkmale
Klasse 9, Hauptschule 1980/81 Nach 40 Bewerbungen, die ablehnend oder gar nicht beantwortet werden, ist Karin einem Nervenzusammenbruch nahe. Hannes könnte sich seinen Ausbildungstraum vom Kfz-Mechaniker erfüllen, denn eine Mercedes-Werkstatt hat ihm einen Vertrag zugesichert, wenn er den HS-Abschluss schafft. Einer seiner Fachlehrer kann es nicht mit seinem Gewissen vereinen, ihm statt einer „5" eine „4" zu geben. Daran scheitert zunächst sein Traum – aber das BGJ ist in Niedersachsen eingeführt, so dass er über diesen (Um-)Weg doch noch zu seinem Ausbildungsplatz kommt, wenn auch ohne Anrechnung des Jahres. Die meisten versuchen in „Berufsschulen" unterzukommen, einige Mädchen in privaten Kosmetikschulen oder privaten kaufmännischen Schulen. Große Distanz besteht zu Arbeitsamt und Berufsberatung. „Die Testerei geht mir auf den Wecker. Ich bin doch nicht blöd!" „Die will mich nur in Stellen drängen, für die sie Angebote hat."	• Englisch ist inzwischen Unterrichtsfach, säuberlich wird nach A- und B-Kursen unterschieden • Lehrer spielen Schicksal • Selektion ist eines der Hauptgeschäfte im allgemeinen Bereich • Chancen durch das neue BGJ, gleichzeitig wird es zum Sammelbecken für Ausbildungslose
Klasse 10, Hauptschule 1991/92 25 Schüler und Schülerinnen, davon 18 mit nicht-deutschem Pass, obwohl hier geboren. Die Möglichkeit, einen mittleren Bildungsabschluss erwerben zu können, wirkt sehr motivierend. Mit einer Ausnahme schaffen es alle. Einige bekommen eine Ausbildungsstelle: Gas- und Wasserinstallateur, Technische Zeichnerin, Speditionskaufmann, Fachverkäufer, Arzthelferin. Zwei gehen weiter zum Gymnasium, die anderen kommen im BGJ und in Berufsfachschulen unter. Einer der ausländischen Jugendlichen geht mit seinem Realschulabschluss als ungelernter Arbeiter zur Conti und erfüllt sich einen „Lebenstraum": Er kauft sich einen weißen Mercedes. Ahmet kommt von der Orientierungsstufe in die 7. Klasse der Hauptschule. Sein Zeugnis weist Zensuren von 4 bis 6 auf, die Gutachten lassen das Schlimmste vermuten (verhaltensauffällig, unmotiviert, Störfaktor). Es ist anstrengend mit ihm. Nach einer resignativen Phase ist er von Ehrgeiz geradezu befallen, bis er in der 9. und 10. Klasse langsam die Balance gewinnt, mit der er es schafft, den Erweiterten Sek.I-Abschluss zu erreichen und in die Klasse 11 der Oberstufe der Gesamtschule zu wechseln.	• Modell-Hauptschule mit 10. Klasse, alle Sek.I-Abschlüsse sind möglich • Lehrerteams für Klassenstufen 7–10, Freiarbeit, Projekte, Aufhebung von A-B Kursen in Mathe u. Engl., Elternarbeit, Berufsschul- u. Betriebspraktika • mehr Bildungsaufwand, verlängerte Schulzeit, aber keine größeren Chancen auf hochwertige Ausbildung, alle Ausbildungen konnte man früher mit Hauptschulabschluss machen • Abgänger der Hauptschule sind keine Kinder mehr, es sind junge Erwachsene: selbstbewusster, selbständiger, anspruchsvoller

Fallbeispiele	Kommentar & Merkmale
Beispiel 2: Ausländer-Generationen Özden kommt 1977/78, 15-jährig, in die Vorbereitungsklasse für Seiteneinsteiger einer Hauptschule. Er spricht kein Deutsch, hat in der Türkei mit Erfolg ein Gymnasium besucht, bis sein Vater ihn nach Hannover nachkommen ließ. Seine Englischkenntnisse sind besser als die seiner deutschen Mitschüler, spielen aber in der Vorbereitungsklasse keine Rolle. Mit 16 Jahren verlässt er die Hauptschule ohne Abschluss, ohne Ausbildungsvertrag. Als ich ihn nach Monaten wiedertreffe, erzählt er mir, dass er im BGJ nicht zurecht gekommen sei, er arbeite jetzt in einem Großhandel, stelle Einkaufswagen zusammen und sei „Junge für alles". Sein Berufswunsch, als er zu uns kam: Elektroingenieur. Gülten, 16 Jahre: „Ich darf nicht in die Berufsschule, ich lerne bei Singer nähen und arbeite zu Hause." Nurten, 16 Jahre, ein Jahr Vorbereitungsklasse an der HS: „Ich will in Deutschland bleiben, ich will zur Berufsschule, ich will irgendetwas lernen, am liebsten Friseuse." – Nurten „darf" während der Schulzeit bei einem renommierten Friseur „probearbeiten". Sie verwechselt das mit einer Ausbildungsstelle und ist zutiefst getroffen, als sie nach dem Umbau des Salons verabschiedet wird. Deutschland ist für sie nun „Scheiße". Filiz und Leyla, Freundinnen, die 1993 die 10. Klasse der HS mit einem „Realschulabschluss verlassen, zur Frage nach ihrem wichtigsten „Lernergebnis": „Wir haben unsere Rechte kennengelernt, können uns besser durchsetzen, sind anderen Lebensformen begegnet, und wir wollen gleichberechtigt sein." Leyla bricht eine Ausbildung als Arzthelferin ab, weil sie mit den Arbeitsbedingungen nicht zufrieden ist, Filiz ihre Handelsschule, weil sie Bürotätigkeiten zu langweilig findet. Beide beginnen noch einmal neu in einer Kinderarztpraxis: „Jetzt sind wir erst einmal zufrieden. Die Arbeit ist anstrengend, aber macht viel Spaß. Sieben Arzthelferinnen arbeiten in der Praxis, fünf Türkinnen und zwei Deutsche, drei haben schon ausgelernt. Zu uns kommen viele ausländische Patienten, deswegen ist es ganz günstig, dass wir neben Englisch auch Türkisch und Kurdisch sprechen. Nach der Ausbildung können wir hier weiterarbeiten, aber das wollen wir nicht. Es ist uns zu anstrengend, immer von 8.00 bis 19.30 zu arbeiten. Außerdem möchten wir uns noch weiterbilden. Zum Stichwort „Zukunftsträume" antwortet Filiz: „Ich würde gern eine Ausbildung als Krankenschwester anschließen. Ich wünsche mir einen Ehepartner, keinen Ehemann. Berufstätig will ich auf jeden Fall bleiben, auch wenn ich Kinder habe. Zurück in die Türkei? Ich bin hier zu Hause." Leyla: „Ich möchte gern noch Röntgenassistentin werden. Später will ich auch heiraten, wie Filiz suche ich einen Partner. Ich kann mir auch vorstellen, mit einem Deutschen verheiratet zu sein. Für meine Töchter werde ich bestimmt mehr Verständnis haben. Ich weiß nicht, ob ich in die Türkei zurückgehe. Vielleicht nach Istanbul?"	• Verschleuderung von Human Ressources • fehlende Integrationsangebote • Informationsdefizite bei allen Betroffenen (Lehrer, Schüler, Eltern, Betriebe, Schulverwaltung) • geschlechtsspezifische Behinderung • Probearbeit, Praktikum als Ausbeutung? • Das Problem eines früh selektierenden Schulsystems wird deutlich • mit Verspätung entdeckt die Wirtschaft das Potenzial ausländischer Jugendlicher • Kluft von Normen und Werten zwischen Eltern und Kindern, größeres Selbstbewusstsein, mehr Selbstständigkeit vor allem bei Mädchen • Deutschland als Heimat der „3. Generation" • Ausbruch aus Traditionen durch einen qualifizierten Beruf

187

Fallbeispiele	Kommentar & Merkmale
Beispiel 3: Berufsschüler **Tischler- und Maurerklassen – 70er Jahre** Sonder-, Haupt- und Realschüler lernen gemeinsam einen Beruf. Realschüler wollen über den 2. Bildungsweg zur Fachhochschule und die anderen haben keine andere Ausbildung gefunden, die meisten haben keinen Hauptschulabschluss, Abgänger aus Klasse 7, ein Schüler ist Ausländer. Wie bringt man alle durch die Prüfungen? Wie differenziert man im Unterricht? Welche verschiedenen Berufswege sind für die „Gesellen" möglich? Lösung: Tutorprinzip, Fachzeichnen als gemeinsame Kommunikation, fachübergreifender Unterricht bezogen auf Arbeitserfahrung. Abstimmung mit Innung über subjektive Zwischen- und Gesellenprüfungen Nach dem Abschluss arbeiten die meisten Haupt- und Sonderschüler im Motorenwerk von VW: bessere Entlohnung, bessere Sozialleistungen	• Heterogenität des Personenkreises, weil Beruf organisatorisches und didaktisches Prinzip ist • Geringes Schüleraufkommen, Bausammelklassen werden gebildet • Ausbildung ist „Eintrittskarte" für irgendeine Beschäftigung, keine Übernahme im erlernten Beruf üblich • Heute kaum noch möglicher Bildungsweg, weil auch für Bauberufe Realschüler genommen werden
Qualifiziert – und dann? Wolfgang Zeller (2002) beschreibt in seiner Dissertation die Lebensgeschichten junger Körperbehinderter. Einige Auszüge beleuchten die zweite Schwelle, den Übergang von Ausbildung in Erwerbstätigkeit: A leidet seit seiner Geburt an Spina bifida, er ist auf den Rollstuhl angewiesen. Mit einem guten Hauptschulabschluss will er im BBW eine Berufsausbildung machen. Wegen der Schwere der Behinderung werden seitens des BBW und der BA Bedenken geäußert. Die Hauptfürsorgestelle übernimmt schließlich die Kosten für die Ausbildung an der Sonderberufsschule des Körperbehindertenzentrums, an dem A auch zur Schule gegangen ist. Er lernt Fertigungs- und Funktionskontrolleur nach § 48 BBiG und schließt mit einem guten Zeugnis ab. Alle Vermittlungsversuche in Arbeit scheitern. A beginnt eine neue Ausbildung als Teilzeichner, dann als Technischer Zeichner und schließt wieder mit Erfolg ab. Begleitung bei Vermittlungsbemühungen, Vorstellungsgespräche – ohne Erfolg. „Der junge Mann lebt nun als Arbeitsloser mit formal hervorragenden Qualifikationen und, aus der Sicht des Arbeitsamtes, mit Vermittlungshemmnissen." (ebd., 33 f.) B. leidet an der gleichen Krankheit. Nach dem Hauptschulabschluss wechselt er ins BVJ der Sonderberufsschule des BBW. Danach lernt er über Teilezeichner den Vollberuf Technischer Zeichner und schließt die Prüfung mit 1,5 ab, findet aber keine Anstellung. Auf die Frage nach beruflichen Chancen antwortet er: „Ich hatte nie eine. Und ich glaube auch nicht, dass sich daran etwas ändert." (ebd., 34 f.)	• Qualifizierung war nur möglich in einer Reha-Einrichtung • Qualifizierung ist keine Gewähr für Einstellung • Aufwand und Ergebnis stehen in keinem Verhältnis • Ist bei schwerer Behinderung eine berufliche Qualifizierung überhaupt sinnvoll oder sollte man lieber allgemeine persönlichkeitsförderliche Angebote machen (PC, Sprachen, Kunst...)? • Die zweite Schwelle existiert nicht nur für Behinderte, sondern z. T. auch für hochqualifizierte Nicht-Behinderte

Fallbeispiele	Kommentar & Merkmale
Auch C. ist Rollstuhlfahrer. Er verlässt die Hauptschule, besucht ein BVJ im Körperbehindertenzentrum, absolviert im Anschluss erfolgreich zwei § 48er-Ausbildungen – und findet keine Arbeit. „Dass er jemals eine Arbeit in seinem Beruf findet, hält er für ausgeschlossen. Auch wolle er das gar nicht mehr unbedingt. Er habe einen PC, Zugang zum Internet und dort weltweit etwa 5000 Freunde gewonnen. Neben der Freude an seinem Heimcomputer würde er auch gern Ausflüge mit seinem Auto machen. Dies reiche ihm und mehr wolle er gar nicht." (ebd., 38)	• Maßnahmekarrieren statt Beschäftigung • Tabuisierung der Chancenlosigkeit durch Lehrer und Schüler gleichermaßen; die Situation wird im BBW nicht zum Gegenstand des Lernens gemacht
Berufsvorbereitung für Lernbehinderte im BBW (Quelle: Interviews von Studierenden der Reha-Päd., Uni. Dortmund in BvB-BBW, 2006, unveröffentlicht). M. (17 Jahre) berichtet, wie er in die BvB-Maßnahme gekommen ist. Seiner Aussage nach hat er in einer vorherigen Maßnahme die Ausbildung zum Koch angestrebt. Die Arbeitsagentur hat ihn aber der aktuellen BvB zugewiesen. Darüber ist er verärgert und enttäuscht: „Die haben keine Ahnung!" Zurzeit absolviert er ein Praktikum in der Filiale einer Einzelhandelskette. Es besteht die Möglichkeit, dort in Ausbildung übernommen zu werden. Er ist sehr zufrieden mit seinem Praktikum, es herrscht ein gutes Betriebsklima, man traut ihm viel zu, die Arbeit macht Spaß, so dass er sich mittlerweile eine Ausbildung im Einzelhandel vorstellen kann. M. erzählt von seinem Nebenjob als Sanitäter auf Großveranstaltungen. Vor einiger Zeit hat er einen Lehrgang als Rettungssanitäter gemacht und arbeitet seitdem ehrenamtlich in diesem Bereich. Sein früherer Berufswunsch war Krankenpfleger, aber wegen seiner Nesselsucht hätte er die Hygienevorschriften nicht einhalten können. M. gibt an, prinzipiell in der Schule keine Probleme zu haben, höchstens die Groß- und Kleinschreibung mache ihm manchmal Schwierigkeiten. Angesprochen auf seine Konzentrationsprobleme meint er, dass er ohne sie überhaupt keine Schwierigkeiten in der Schule hätte und einen ganz anderen Schulabschluss hätte. M. war wegen Panikstörung 22 Wochen in einer Klinik, er ist sehr aktiv in seiner Freizeit, seit 11 Jahren betreibt er Eiskunstlauf. Bildungsbegleiter der BvB informiert über die Diagnosen über M.: Borderline-Syndrom, ADHS, Panikstörung, ausgeprägte Krankheitsuneinsichtigkeit. Problem sei, dass M. nicht in die LB-Maßnahme passe, da er eine psychische und keine Lernbehinderung aufweise. M. verfügt über eine knapp durchschnittliche Sprachkompetenz mit migrationstypischem Fehlerbild. M. kann sich nicht lange konzentrieren, nur ca. 10–15 Minuten, daher brauche er 1:1-Kontakt, bei praktischer Arbeit lassen seine Konzentrationsprobleme nach. M.s Panikattacken äußern sich bisweilen auch in körperlicher Gewalt. Die Ausbildung ist extrem gefährdet, sollte sich dies einmal am Arbeitsplatz ereignen. Bislang sei dies aber nur zu Hause vorgekommen. Das Praktikum ist positiv zu bewerten, weil der vorhandene Stress und die viele	• rehaspezifische BvB • Widerspruch zwischen Selbstbild und Fremdeinschätzung • Berufswünsche werden nicht ernst genommen, sondern den Gegebenheiten angepasst • keine pädagogische Interventionen, sondern therapeutische juristische Orientierung der soz.-päd. Begleitung • extrafunktionale Kompetenzen werden nicht für Stabilisierung und Lernen genutzt • Unterforderung im BvB, keine Ausbildung, keine sinnstiftende Arbeit • keine dialogische Kommunikation und Beratung • idealtypische Stigmatisierungseffekte

Fallbeispiele	Kommentar & Merkmale
Bewegung eine gute Ablenkung für ihn darstellen. Empfehlung: erneute neurologische (evtl. medikamentöse/verhaltenstherapeutische) Anbindung für M., dies ist eine Maßnahmeauflage, da M. keine Einsichtigkeit in seine Krankheit zeigt. M. hat Angst, einen Neurologen zu besuchen. Für M. schlägt der Begleiter eine gesetzliche Betreuung in den Bereichen „Umgang mit Ämtern und Behörden" und „Gesundheitsvorsorge" vor. Eindruck der Interviewer: M. hat ein sehr gepflegtes äußeres Erscheinungsbild und ein höfliches Auftreten. Er scheint anderen Menschen sehr freundlich zu begegnen. Nina (18 Jahre) wollte ursprünglich Erzieherin werden. In der BvB war sie zunächst in der Gartengruppe, wechselte dann in die Verkaufsgruppe, ihr Berufswunsch heute: Verkäuferin bei einem Discounter. Bildungsbegleitung: Die BvB-Maßnahme endet für N. im März. Das Praktikum dauert aber nur noch bis Ende Januar. Daher ist es wichtig, eine letzte Praktikumsstelle zu finden, die möglicherweise in Arbeit einmünden könnte. Falls dies nicht klappt, muss N. weiterhin motiviert werden und darf nicht locker lassen. Praktische Fähigkeiten, Motivation und Zuverlässigkeit sind bei N. vorhanden. Sie hat enorme Schwierigkeiten im Fachlichen, daher ist eine Ausbildung zum Verkäufer oder zum Verkaufshelfer nicht zu erreichen. Die schulischen Leistungen sind zu schwach, eine Ausbildung würde N. überfordern. Ziel der Maßnahme ist die Vermittlung in eine einfache Hilfstätigkeit. Verkaufshilfe oder Lagerhilfe in einer größeren Ladenkette wäre wahrscheinlich das Beste. Interviewer: N. ist eine höfliche junge Frau. Sie hält während des Interviews Augenkontakt und ist in der Lage, sich angemessen vorzustellen. Nach ihren Antworten scheint sie eine sehr zuverlässige und motivierte Persönlichkeit zu sein. Einige Schwächen im sprachlichen Ausdruck werden deutlich.	• fehlende BvB-Angebote und Praktika in personenbezogenen Dienstleistungen • Unterschiedliche Selbst- und Fremdeinschätzungen • keine erwachsenengemäßen Umgangsformen im BvB • Reduzieren der Bildungsziele, Einfügen in Hilfstätigkeiten und geschlechtsspezifischen Arbeitsmarkt durch Bildungsbegleitung ohne Dialog mit der Betroffenen • keine Pädagogik der Berufsvorbereitung, zufällige Praktika als BvB • Trennung von Theorie und Praxis, Schulleistung wird mit Ausbildungsfähigkeit gleichgesetzt

Fallbeispiele	Kommentar & Merkmale
Beispiel 4: Reproduktionszirkel + regionale Benachteiligung Frank wird an die Sonderschule für Lernbehinderte überwiesen. Da es in seinem Dorf keine Sonderschule gibt, muss der kleine Knirps in die Stadt fahren, statt mit seinen Freunden einen gemeinsamen Schulweg zu haben. Nach der Sonderschule will er unbedingt eine Lehre machen, egal welche, um den Makel „Sonderschule" loszuwerden. Er beginnt eine Schuster-Lehre, schließt mit dem Gesellenbrief ab, bekommt damit die Gleichwertigkeit zum Hauptschulabschluss und geht mit dem HS-Abschluss zur Bundeswehr, verpflichtet sich für mehrere Jahre. Danach und nach Phasen der Arbeitslosigkeit findet er eine Stelle als Hausmeister. Seit seiner Jugend arbeitet er in verschieden Vereinen mit, trainiert die Handballmannschaft und richtet Turniere aus, macht seinen Bootsführerschein, arbeitet bei der Freiwilligen Feuerwehr mit.	• Teufelskreis der Reproduktion sozialer Ungleichheit, den Schule verstärkt bzw. nicht durchbricht • Regionale und sektorale Benachteiligungen • soziales Netz bei regionaler Eingebundenheit • Schule greift extrafunktionale Qualifikationen nicht auf
Seine Schwester Karin beendet ihre Schulzeit mit einem Hauptschulabschluss. Sie findet in ihrem ländlichen Wohnbereich keine Ausbildungsstelle. Sie versucht es mit einer hauswirtschaftlichen Lehre in einem Kinderheim auf den Nordfriesischen Inseln, hält es aber vor Heimweh dort nicht aus und bricht die Ausbildung ab. Danach besucht sie 1 Jahr einen Förderlehrgang im Jugenddorf in der Bezirksstadt, wohnt im Internat des Freien Trägers. Anschließend keine Ausbildung, keine Arbeit. Besuch des BGJ-Hauswirtschaft. Mit Unterstützung bewirbt sie sich überregional für eine Ausbildung im HOGA-Bereich (Köchin, Hauswirtschafterin, Hotelfachfrau). Von 11 Stellen des Arbeitsamtes sind 8 nicht mehr frei, die restlichen 3 bieten für Ausbildung eigentlich ungeeignete Betriebe an, die nur billige Arbeitskräfte suchen („1. Hotel am Platze" sucht eigentlich Reinigungskraft und jemanden zum Bettenmachen, will keine Vollausbildung anbieten, nur 2-jährige Stufe; außerhalb gelegene Raststätte an der Bundesstraße sucht Köchin, verkauft nur Fast-Food, will Kost und Logis von der Vergütung abziehen und BGJ nicht anrechnen, eine offene Stelle für ländliche Hauswirtschaft bekommt sie nicht, weil die Gutsfrau eigentlich eine Betreuung für ihre Kinder sucht und ein Au-pair-Mädchen vorzieht).	• Reparatur des Schulabschlusses durch Berufsausbildung • Chance durch Bundeswehr, zusammen mit Lehre = Entstigmatisierung vom Sonderschulstatus • geschlechtsspezifische Berufsvorbereitung ohne Arbeitsmarktperspektive • Hoffnung auf Chancenverbesserung durch Berufsvorbereitung und Berufsgrundbildung, Besuch von Parallelangeboten, Maßnahmekarriere
In ihrem Dorf nimmt sie verschiedene Putzstellen an, als „Erbe" von ihrer Mutter, wird unehelich schwanger, heiratet später einen ungelernten Arbeiter, bekommt ein zweites Kind. Ihr Status: Haus- und Putzfrau. Ihre 17-jährige Tochter hat einen Hauptschulabschluss, eine berufsvorbereitende Maßnahme besucht, weil sie keinen Ausbildungsplatz fand, erwartet ein uneheliches Kind – und was dann?	• Benachteiligt durch Förderung • „Karteileichen" bei der Arbeitsagentur, offizielle „Ausbildungsplatz-Nachfrage-Relation" ist eine Fiktion

Fallbeispiele	Kommentar & Merkmale
Der Vater der beiden ist früh verstorben. Er war gelernter Schneider, konnte aber in diesem Beruf keine Arbeit finden und ging als Fahrer zur Bundeswehr. Die Mutter arbeitete bis zur Rente als ungelernte Kraft in Haushalten und als Putzfrau bei Betrieben oder Gemeindeeinrichtungen, die sie bevorzugt beschäftigen, um Sozialhilfe zu sparen. Beide hatten immer den Wunsch, dass ihre Kinder „es einmal besser haben sollten''. Die Familie ist beliebt und geachtet und in das Gemeindeleben voll integriert, hat sich ein kleines Haus auf dem Land vom Munde abgespart, in dem jetzt die Tochter mit Familie lebt.	• Firmen unterlaufen offen Anrechnungsverordnung des BGJ • Firmen suchen billige Arbeitskräfte, Ausbildungsabbruch ist vorgezeichnet • Flucht in Partnerschaft und Kind bekommt Kind • familialer Hintergrund: einfache Leute, arbeitsam, überholte Berufsausbildungen, soziales Netz der Nachbarn und der Gemeinde

| Beispiel 5: Projekt zur beruflichen Wiedereingliederung (Quelle: Biermann 2005)
Das Projekt der Stadt I. wendet sich an Erwachsene im Hauptbeschäftigungsalter und ist offen für alle Behinderungsarten. Es dominieren mehrfach behinderte Personen vor allem mit psychischen Beeinträchtigungen (Auswahl von Teilnehmern der ersten und zweiten Projektphase): | • mit zunehmendem Lebensalter kumulieren die Beschäftigungsrisiken: Alter, Verfall der Qualifikation, mehrfache Behinderung, familiäre Belastung, immobil |

Tn	GdB	Beeinträchtigungen
A	30	Psychosomatische Störungen
B	70	Epilepsie, Nierenerkrankung
C	30	Angststörung, Psychosomatische Erkrankungen
D	80	Verlust der Blase durch Tumorerkrankung, Psychosomatische Erkrankung
E	60	Affektive Psychose
F	50	Zwangsneurose
G	30	Angststörung, Bluthochdruck
H	50	Paranoide Psychose
I	60	Bein- und Hüftgelenksfehlstellung, künstl. Hüftgelenk, Migräne, Bluthochdruck, Depressionen, Haarausfall, starke Adipositas

Kommentar & Merkmale (Fortsetzung):

• hoher Betreuungsaufwand erforderlich, Coaching, Gruppengespräche, Begleitung bei Bewerbungen

• viele Projekte zur Persönlichkeitsstabilisierung, Kunstprojekt, Bewerbungstraining

• Beeinflussung des Arbeitsverhaltens durch Medikamente und Psychiatrieerfahrung

Fallbeispiele	Kommentar & Merkmale
• Tn 1: Der gelernte Landschaftsgärtner hat berufliche Erfahrungen, ist durchaus leistungsfähig, aber in Bewerbungssituationen o. ä. ängstlich und wenig belastbar. Es kommt immer wieder zu krankheitsbedingten Beeinträchtigungen. Nach mehreren Tätigkeiten, Praktika, Bewerbungen konnte auch eine Übernahme bei der derzeitigen Arbeitsstelle beim städtischen Friedhofsamt aufgrund seiner psychischen Konstitution nicht erfolgreich stattfinden. Da die Integration in den allgemeinen Arbeitsmarkt nicht gelingt, ist eine Aufnahme in eine WfbM erfolgt.	• relative Erfolgsbeurteilung: formaler Verbleib positiv geklärt, real – welche Chancen? • Teilnehmer waren 2 Jahre im öffentlichen Dienst beschäftigt mit entsprechender sozialer Sicherung
• Tn 2: Der Arbeitnehmer arbeitete im Sozialamt der Stadt. Er ist unauffällig in seinem Verhalten, bewirbt sich laufend auf freie Stellen des allgemeinen Arbeitsmarktes, hat aber Angstprobleme und wenig Erfolg bei der Suche, offensichtlich auch wegen seines nicht optimalen Bewerbungsverhaltens. • Tn 3: Der gelernte Maler hat nach einer zweijährigen Reha als Hausmeister gearbeitet, steht aber unter enormen Zwängen bei üblichen Arbeitstätigkeiten. Kann nicht eigenverantwortlich und unter Zeitdruck arbeiten. Bisherige Bewerbungen waren nicht erfolgreich, auch hier offensichtlich wegen des nicht angemessenen Bewerbungsverhaltens. • Tn 4: Die unter körperlichen und psychischen Problemen leidende Arbeitnehmerin war trotz ihrer Kinder stets erwerbstätig, hat im Büro des Betriebes ihres ehemaligen Mannes gearbeitet, ist jetzt bei der Stadtkasse tätig, fühlt sich zum Teil unterfordert bzw. nicht optimal eingesetzt. Sie ist aktiv und strebt an, ihre Situation zu verbessern. Wegen ihres Alters (52 Jahre) und der gesundheitlichen Einschränkungen ist eine Vermittlung schwierig, aber die derzeitige Maßnahme ist die einzige Chance der Platzierung auf dem Arbeitsmarkt. • Tn 5: Gelernter Teilezurichter, innerbetrieblicher Aufstieg zum Abteilungsleiter in einem Metallbetrieb. Praktikum für Haustechnik im Altenheim, anschließende Vermittlung in einen Hausmeister-Pool für Kindergärten bei einem freien Träger • Tn. 6: gelernte HOGA-Fachgehilfin, Projektarbeitsplatz für 2 Jahre in der Hauswirtschaft eines Altenheimes, Zusage für Etagendienst in einem Hotel abgelehnt, frühverrentet • Tn. 7: gelernter Werkzeugmacher, psychisch erkrankt, umgeschult im BFW zum Bürokaufmann, Projektarbeitsplatz im Archiv des Bauamtes, Vermittlung in Probebeschäftigung bei Firma für Gerontotechnik, abgebrochen, Arbeit in Schrotthandelsfirma als „Platzwart"	• Wunsch der Teilnehmer: Weiterbeschäftigung im öffentl. Dienst, nicht auf dem allgemeinen Arbeitsmarkt, keine Bewerbungsmotivation • Beeinträchtigung als Syndrom

Fallbeispiele	Kommentar & Merkmale
• Tn. 8: Verwaltungsangestellte, gelernte Bürogehilfin, Auslandsaufenthalt. Projektarbeit im Schulverwaltungsamt, anschließende Übernahme in neu geschaffene Planstelle • Tn. 9: Schreibkraft und Sekretärin, Berufsausbildung in der DDR, abgebrochenes Praktikum, Bewerbungsprobleme, erfolgreiche Projektarbeit im kommunalen Immobilienmanagement, angestrebte Tätigkeit als Reinigungskraft, Frühverrentung	
Beispiel 6: Der behinderte Schriftsteller Quelle: Kriese 1994, 27 f., 32 f., 39 Wilfried Kriese hat seine Lebenserfahrungen als Behinderter veröffentlicht. Einige Auszüge aus seinem Buch: „Denn ich erlitt einen Schock, ausgelöst durch den Tod meines Vaters [...]. Dadurch wurde ich zu einem Angehörigen einer Minderheit, die zu den Sprach- und Lernbehinderten, als auch Legasthenikern gehört [...]. Wäre es nach dem Willen eines Herrn Doktor Hass gegangen, wäre eine Behandlung/Therapie gar nicht nötig gewesen. Denn für ihn stand schon nach kurzer Zeit fest, dass ich ein hoffnungsloser Fall und alle Zeit und Mühe nicht wert war, gefördert zu werden [...] und dass ich am besten in ein Heim für geistesgestörte Kinder gehörte [...]. Meine Odyssee ging mit einer intensiven therapeutischen Behandlung von 1968–69 in Tübingen weiter. [...] In meinem ganzen Leben besuchte ich vier Schulen, die Lernbehindertenschule, die Sprachheilschule, die Sonderberufsschule und die Volkshochschule [...]. Ich machte von 1979–1980 ein Berufsgrundbildungsjahr im Internationalen Bund für Sozialarbeit in Reutlingen [...]. Im Berufsgrundbildungsjahr sollte ich mich orientieren, welchen Beruf ich lernen wollte und mich ans Arbeitsleben gewöhnen. Zwar wusste ich genau, dass ich Tierpfleger lernen wollte, aber das war laut der Meinung der Fachexperten aufgrund meiner schlechten Lernfähigkeit unmöglich. So entschloss ich mich wohl oder übel zu einer Lehre als Holzfachwerker, einer Sonderberufsausbildung. Was meinen Berufswunsch anging, ging es mir nicht besser als vielen anderen Teilnehmern des Berufsgrundbildungsjahres auch. Sie wurden aufgrund ihrer so genannten Lernschwäche in andere Berufe gedrückt. [...]. Leider bin ich auch als Buchautor eine einmalige Ausnahme, weil ich der erste lernbehinderte Buchautor auf dem deutschsprachigen Büchermarkt bin. Ebenfalls dürfte es unter den Verlegern Seltenheitswert haben, dass einer von ihnen Legastheniker ist."	• Es ist schwer, den „Sondermaßnahmen" zu entkommen • Experten und Prognosen können sich irren • Freie Berufswahl gilt nicht für Behinderte • In den vergangenen 20 Jahren hat sich sicher Vieles zum Besseren gewendet. Aber welche Strukturen bestehen heute noch? • therapeutischer Leidensweg und „Selbstheilung" • atypischer Berufsweg

4.2 Professionalisierung des pädagogischen Personals

4.2.1 Aspekte der Professionalisierung

Die Möglichkeiten der Umsetzung des Anspruchs auf Integration und Teilhabe hängen vor allem von den angemessenen Kompetenzen des Personals in der Rehabilitation ab. Der Vielfalt der Anforderungen in den beruflichen Einrichtungen versucht man mit dem Teamansatz gerecht zu werden. Die jeweiligen Förder-, Rehabilitations-, Qualifizierungs- oder Eingliederungspläne dienen wie ein „roter Faden" zur Koordinierung der Arbeit des Teams. Auf der anderen Seite führen die Standardisierung der Einrichtungen und die Leistungen zur Teilhabe am Arbeitsleben auch zu spezifischen Personalvorgaben hinsichtlich Qualifikation, Einstufung und Zuständigkeiten bei medizinischen, sozialen und pädagogischen Aufgaben. Eine Erstausbildung zur Rehabilitationsfachkraft in der beruflichen Bildung ist nicht vorgesehen, daher finden sich verschiedene Berufsgruppen, zum Teil mit einer sonderpädagogischen Zusatzausbildung oder Weiterbildungsverpflichtung, in den Rehabilitationsmaßnahmen und Einrichtungen. Während die medizinischen, psychiatrischen und sozialpädagogischen Dienste weitgehend etablierten Berufsgruppen offenstehen, sind arbeitspädagogische Aufgaben und berufliche Qualifizierung nur im Berufsschulbereich der Berufsbildungswerke durch Laufbahnrecht vorgezeichnet. Aber auch hier bestehen Ausnahmen, denn Sonderschullehrer der allgemeinen Sekundarstufe oder Berufsschullehrer ohne Zusatzausbildung können in den BBW ebenso unterrichten wie Sozialpädagogen, die den Stützunterricht der ausbildungsbegleitenden Hilfen übernehmen. Im Gegensatz zu Berufskonstruktionen von Ausbildungsberufen durch Verbände und Ministerien weisen Professionalisierungsprozesse allgemein folgende Aspekte auf (Hesse 1972; Greinert 1975, 112–120):

1. Abgrenzung einer spezifischen Arbeitsleistung von konkurrierenden Interessengruppen,
2. eine weitgehende Autonomie und Eigenkontrolle durch einen Berufsverband, berufsständische Organisation, Kammer,
3. Kontrolle des Zugangs zum Beruf durch Standesvertreter, Beeinflussung der Eingangskriterien, ggf. der Aufnahmeprüfungen,
4. Einfluss der Berufsgruppe auf das Ausbildungsverfahren, z. B. durch Regelung der Prüfungsverfahren,
5. Öffentlichkeitsarbeit, um den Berufsstand gesellschaftlich akzeptabel zu machen,
6. berufsethische Regeln und Verhaltensweisen und ein akzeptiertes Selbstbild der Berufsrollenträger,
7. ein geschlossener und schlagkräftiger Berufsverband.

Die Ziele der Professionalisierung liegen fast ausschließlich in der Steigerung der Erwerbs- und Versorgungschancen des Berufsstandes und weniger in der öffentlich legitimierten Leistung für andere, zum Beispiel für Patienten oder Schüler. Die eingesetzten Strategien tendieren zur Monopolisierung von Tätigkeiten für Vertreter der Profession. Ob sich die Voraussetzungen für eine Professionalisierung erfüllen lassen, hängt nicht zuletzt von der Professionalisierung anderer Gruppen ab, in Lehrberufen insbesondere von Juristen und in der beruflichen Rehabilitation zusätzlich noch von Medizinern und Psychologen und angesichts der Träger auch von Politikern und Pastoren. Bezieht man die Kriterien für Professionalisierung auf die Arbeit und das Personal in der beruflichen Reha, so ist bestenfalls von einer Semi-Professionalisierung auszugehen. Damit kann auch eine autonome Gestaltung pädagogischer Arbeit nur begrenzt entwickelt werden, d. h. innerhalb der Vorgaben durch andere Professionen und Bezugsdisziplinen.

4.2.2 Ausbildungsgänge

„Sonder-Berufspädagogen"

Berufspädagogen werden seit der Integration der Berufspädagogischen und Pädagogischen Hochschulen in die (Technischen) Universitäten auf akademischem Niveau ausgebildet, vergleichbar zu Wirtschaftspädagogen und Lehrern für die Agrarberufe. Gerade die traditionellen Technischen Hochschulen wie Karlsruhe, Aachen, Darmstadt oder Dresden bilden bis heute „Ingenieurpädagogen" aus, das heißt, angehende Berufsschullehrer müssen zusammen mit Ingenieuren ihre berufliche Fachrichtung und mit Lehramtskandidaten der Sekundarstufe II ein allgemeines Unterrichtsfach studieren. Den dritten Studienschwerpunkt bilden die Erziehungswissenschaft sowie die Fachdidaktiken der beiden Studienfächer. Analog zur Gymnasiallehrerausbildung wird das Studium mit einem Referendariat an Studienseminaren und Berufsschulen fortgeführt und mit einem Zweiten Staatsexamen für den Höheren Dienst abgeschlossen. Die Kultusministerkonferenz beschloss in ihrer Rahmenvereinbarung über die Lehrbefähigung für Fachrichtungen des beruflichen Schulwesens (KMK 1973, 1995), dass an die Stelle des nicht beruflichen Faches auch eine sonderpädagogische Fachrichtung für das Lehramt an berufsbildenden Schulen treten kann. Erforderlich ist außerdem ein längeres Praktikum vor dem Studium, idealerweise eine Lehre in einem anerkannten Ausbildungsberuf, so dass sich eine Ausbildungsdauer von rund zehn Jahren ergibt (Bader & Weber 1994; Buchmann & Kell 2001). Da im ersten Fach gleiche Anforderungen wie bei Ingenieuren oder Diplomkaufleuten verlangt werden, diese aber häufig über bessere Arbeitsbedingungen und Erwerbschancen außerhalb des Öffentlichen Dienstes verfügen, ist die Zahl der Studierenden für das Lehramt an berufsbildenden Schulen gering (Bader & Schröder 2003). Angesichts steigender Zahlen von Berufsschülern bis etwa 2010, entschlossen sich viele Kultusministerien, ein Aufbaustudium für Fachhochschulabsolventen unter Anrechnung der beruflichen Fachrichtung einzuführen oder Quereinsteiger zu rekrutieren und bei diesen eine pädagogisch-seminaristische Zusatzausbildung in Studienseminaren oder direkt an Berufsschulen vorzunehmen. Beim Aufbaustudium besteht, je nach Hochschule, die Möglichkeit auch Sonderpädagogik zu belegen. Das sonderpädagogische Studium umfasst zwischen 30 und 60 Semesterwochenstunden und entspricht damit einem regulären Studienfach. Inhaltlich gibt es drei sonderpädagogische Akzentuierungen innerhalb der Berufsschullehrerausbildung, die von dem Regelstudienangebot der jeweiligen Hochschule geprägt sind:

- In Hannover werden unter dem Etikett „Sonderpädagogik" eher sozialpädagogische Inhalte vermittelt, die für die Arbeit mit randständigen Jugendlichen, z. B. im BVJ, vorbereiten.
- An Hochschulen mit begrenzten sonderpädagogischen Studienangeboten, z. B. in Oldenburg, können Lernbehinderten- und Erziehungsschwierigenpädagogik in Verbindung mit Ausländerpädagogik studiert werden.
- In Köln und Dortmund als den beiden größten und differenziertesten Studienangeboten in der Sonderpädagogik und Rehabilitation erfolgt dagegen eine behindertenspezifische Qualifizierung. In NRW kann – in Liberalisierung der KMK-Regelung – Sonderpädagogik auch anstelle eines beruflichen Faches studiert werden, so dass Berufsschullehrer ohne Berufsbezug für das Berufskolleg ausgebildet werden, die über eine Lehrbefähigung entweder für zwei allgemeine Unterrichtsfächer oder für einen sonderpädagogischen Förderschwerpunkt und ein allgemeines Fach verfügen.

Diese Studienangebote decken nicht den Bedarf an sonderpädagogisch qualifizierten Lehrkräften in der Beruflichen Bildung, weil die Studienwahl „Sonderpädagogik Sek. II" – mit Ausnahme von NRW – abhängig ist von der Einschreibung für das Lehramt an Berufsschulen. Hinzu kommen studienorganisatorische Probleme. Die Studierenden müssen in aller Regel Veranstaltungen in mehreren Fakultäten belegen, so dass studienverlängernde Überschneidungen unvermeidlich sind. Durch die geforderte Doppelqualifizierung in Ingenieurwissenschaften, Pädagogik und einem allgemeinen Unterrichtsfach/Sonderpädagogik konkurrieren sie jeweils mit „Spezialisten", die vertieft das jeweilige Fach studieren. Inhaltlich ist zu beobachten, dass die eher sozialpädagogisch ausgerichteten Studienangebote zu einer unspezifischen Sonderpädagogik führen, während umgekehrt die sonderpädagogische Spezialisierung nach Behinderungsarten mehr auf Frühförderung oder schulische Sozialisation ausgerichtet und daher berufspädagogisch eher unspezifisch ist.

Diplom- und Reha-Pädagogen

Im Rahmen des Studiengangs Diplom-Pädagogik ist es sowohl möglich, Rehabilitationspädagogik als Studienrichtung zu vertiefen als auch Erwachsenenbildung, Weiterbildung, Betriebspädagogik. In beiden Fällen ist aber die arbeits- und berufspädagogische Qualifikation marginal und nicht ingenieur- oder wirtschaftswissenschaftlich und fachdidaktisch fundiert. Auch der aus dem allgemeinen Diplompädagogikstudium in Dortmund entwickelte modularisierte Diplomstudiengang Rehabilitationspädagogik sieht eine solche fachberufliche Qualifikation nicht vor, sondern ermöglicht nur, sich im Modul „Beruflich soziale Rehabilitation" in einem geringen Stundenumfang mit Fragen wie Wohnen, Freizeit, Arbeit bei Behinderung zu befassen als Alternative zu einer Vertiefung in Kunst, Musik, Bewegung.

Betriebliche Ausbilder

Die Eignungsverordnung für die Ausbildung der Ausbilder (AdA) sieht keine rehabilitationspädagogischen Inhalte und Vertiefungsmöglichkeiten vor (Hensge 1998). Dies widerspricht der Forderung der BA als Hauptkostenträger der Rehabilitation von Jugendlichen, dem Lernort Betrieb Vorrang vor behindertenspezifischen Einrichtungen zu geben (AEVO – nach § 21(1) BBiG 1969). Damit fehlen für die im neuen Berufsbildungsgesetz geforderte integrative Ausbildung behinderter Menschen (§ 64 BBiG 2005) qualifizierte Ausbilder und Prüfer, die z. B. die gesetzlich vorgeschriebene Nachteilsausgleichregelung bei behinderten Prüfungskandidaten anwenden können (Vollmer 2007, 33–35). Welchen Stellenwert Pädagogik in der Wirtschaft genießt und wie konkurrierende Professionalisierungsprozesse verlaufen, wird daran deutlich, dass die Vertreter der Wirtschaftsverbände einerseits durchsetzten, die Ausbildereignungsverordnung als ausbildungshemmende Vorschrift vom 1. August 2003 bis zum 31. Juli 2008 auszusetzen, andererseits die Weiterbildungseinrichtungen der Kammern aber eine neue Ausbildung mit aufwertender Berufsbezeichnung kreieren. Die IHKs bieten neuerdings eine nicht-akademische Ausbildung zum „Berufspädagogen" in modularisierter Form mit Kammerzertifikat an (Willker 2006). Dabei widmet sich ein Modul sonderpädagogischen Fragen, um den Arbeitsmarkt Rehabilitation zu erschließen.

„Aufbaumodul 7:

Ausbilder in der Rehabilitations- und Sonderpädagogik
Die Teilnehmer erarbeiten die Besonderheiten der Aus- und Weiterbildung in REHA-Einrichtungen und mit behinderten und benachteiligten Menschen. Die fachliche Kompetenz und die Kenntnis moderner Regelausbildung und ihrer Methoden wird vorausgesetzt. Stichworte zu weiteren Inhalten sind: Eingangsdiagnostik und Eignungsfeststellung, berufliche Integration, Fallbesprechungen im Team, Entwicklung von Förder- und Integrationsplänen, Zusammenarbeit mit Betrieben und potenziellen Arbeitgebern.
Bisher gab es keine ausreichenden Möglichkeiten, sich auf diese spezielle Aufgaben vorzubereiten. Dieses Aufbaumodul wendet sich deshalb an Teilnehmer, die bereits in diesem Bereich tätig sind und ihre Kompetenz verbessern wollen oder eine solche Aufgabe neu übernehmen möchten."

Quelle: Willker: Ausbilder-Hdb. 2006, 9

Fachkräfte zur Arbeits- und Berufsförderung in WfbM

Bereits auf der Grundlage der Werkstättenverordnung von 1980 (§ 9) wurde eine sonderpädagogische Zusatzqualifikation von Gruppenleitern in Werkstätten vorgesehen, um das Kriterium „geeignetes Fachpersonal" zu erfüllen. In einem Rahmenprogramm vereinheitlichten die Träger von Werkstätten und deren Verbände die curricularen Inhalte der von ihnen angebotenen Fortbildungslehrgänge mit einem Umfang von 540 Stunden. Vorgesehen waren neben einer Einführung in

Fragen der Rehabilitation rechtliche, medizinische, psychologische und soziologische Aspekte sowie Arbeitskunde. Die Fortbildungsprogramme der verschiedenen Träger zeigen allerdings keine Einheitlichkeit. Nach diesem Rahmenprogramm wurde etwa ein Jahrzehnt verfahren. 1991 entwickelte die Bundesarbeitsgemeinschaft der Werkstätten ein weitergehendes Konzept mit dem Ziel, die Tätigkeit der Gruppenleiter zu professionalisieren. Die sonderpädagogische Zusatzqualifikation wurde mit dem schlechten Status der Gruppenleiter legitimiert, der zu Rekrutierungsproblemen führe und perspektivlos sei (Göbel 1992). Die Berufsgruppe umfasst etwa 13.600 Gruppenleiter, davon 1.600 in den neuen Ländern. Im Arbeitstrainingsbereich sind 4.000 und im Arbeitsbereich etwa 10.000 Anleiter tätig. Es wurde von BAG:WfB ein zusätzlicher Bedarf an Fachkräften von rund 20 Prozent ermittelt. Inhaltlich wird die Reform neben der materiellen Situation der Gruppenleiter mit gestiegenen Anforderungen begründet. Die BAG kommt zu dem Schluss, dass 540 Stunden Fortbildung nicht hinreichend sind, da sich die Tätigkeit der Gruppenleiter von anderen Berufen, wie Heilerziehungspflege, abgrenzt. Erst im Zuge des Sozialgesetzbuches IX und einer neuen Werkstättenverordnung wird auch die Qualifizierung der Gruppenleiter neu gefasst (§ 9 WVO; BMBF 2001). Die Position der Arbeitsgemeinschaft der Gruppenleiter weicht dabei nicht von der der Trägerverbände ab. Die berufsständischen Forderungen der Gruppenleiter sind moderat. Die Berufsgruppe fügt sich in die Institution Werkstatt ein, will mit anderen Berufsgruppen kooperieren und in Qualitätszirkeln mitwirken. Betont werden vor allem der soziale Auftrag der Werkstätten und die Persönlichkeitsförderung auch in der Produktion. Das von den Trägern erstellte Rahmenprogramm für die Ausbildung zum Arbeitspädagogen ist eine Antwort auf die veränderten Bedingungen in Werkstätten, weist auf Neue Technologien, den veränderten Personenkreis und auf die Notwendigkeit einer zertifizierten Ausbildung der behinderten Beschäftigten zum Werker hin. Auch die neuen Werkstatträte in Analogie zu Betriebsräten ergeben neue Aufgaben für die Gruppenleiter (vgl. CEDEFOP 2003). Gefordert werden ein staatlich anerkannter Abschluss, eine bundeseinheitliche Berufsbezeichnung „Arbeitspädagoge", eine Erweiterung der Fortbildung um fast 50 Prozent sowie Aufstiegsmöglichkeiten in Verbindung mit der Fortbildung. Die Verordnung selber steht im Zusammenhang mit der Umwandlung des Arbeitstrainingsbereichs (ATB) in den Bereich Berufliche Bildung (BBB). Als staatlich anerkannte Weiterbildung führt das Bundesministerium für Bildung und Forschung (BMBF) zum 1. Juli 2001 zwar die „Geprüfte Fachkraft zur Arbeits- und Berufsförderung in Werkstätten für behinderte Menschen" ein, greift aber nur teilweise die Vorstellungen der Verbände auf. Es handelt sich um eine Kann-Bestimmung im Rahmen der sonderpädagogischen Zusatzqualifikation der Werkstättenverordnung, bisherige Fortbildungen werden nicht entwertet, lediglich neu eingestellte Gruppenleiter sind gehalten, die praxisorientierte Prüfung abzulegen. Die spezifischen Tätigkeiten beziehen sich weiter auf die Institution Werkstatt und ihre Organisation, in der sie eigenverantwortlich die erforderlichen Tätigkeiten ausüben und handlungsorientiert die Bedürfnisse behinderter Menschen umsetzen sollen. Die Fortbildung ist nicht auf den allgemeinen Arbeitsmarkt der beruflichen Rehabilitation ausgerichtet, also nicht auf ambulante Assistenz, Integrationsfachdienste und das Spektrum der Leistungen zur Teilhabe am Arbeitsleben. Die anspruchsvollen Rekrutierungskriterien für die neuen Fachkräfte beschränken sich real und wie bisher auf den Status Facharbeiter mit zweijähriger

Praxis, der alternativ durch eine sechsjährige Berufstätigkeit ersetzt werden kann. Eine Höhergruppierung und Aufstiegsmöglichkeiten sind nicht mehr vorgesehen (Keune & Frohnenberg 2001).

Sozialpädagogen

Die Professionalisierung von Sozialpädagogen erfolgte im Zuge der Bildungsexpansion der 70er Jahre an Fachhochschulen vornehmlich in kirchlicher Trägerschaft. Mit der Überführung der Sozialarbeit und Sozialpädagogik in den Hochschulbereich veränderte sich auch die Rekrutierung der Studierenden, die früher über eine Berufsausbildung verfügten und dann eine Fachschulausbildung absolvierten. Verwissenschaftlicht wurden auch die Methoden der Disziplin: Neben den klassischen sozialpädagogischen Methoden der Einzelfall-, Gruppen- und Gemeinwesenarbeit finden heute alle sozialwissenschaftlichen Methoden Anwendung. Bereits in den 70er Jahren wurde von den sich als kritisch und fortschrittlich verstehenden Sozialpädagogen auf das Dilemma der Doppelfunktion ihrer Berufsgruppe hingewiesen: Sozialpädagogen bzw. Sozialarbeiter wollen einerseits parteiisch für marginalisierte Klienten eintreten, andererseits repräsentieren sie als Vertreter von Behörden staatliche Autorität (Khella 1983, 365 ff.).

Die Evangelische Fachhochschule Berlin zeigt exemplarisch das Studienangebot für Diplom-Sozialpädagogen auf. Das Studium hat einen Umfang von acht Semestern, wobei Praktika in diese Zeit einbezogen sind. Als Fächer sind neben Grundlagen, Recht und einem Studium Generale das Fach Soziale Arbeit und wahlfreie Veranstaltungen Kern des Angebots. Das Grundstudium im Umfang von 22 bis 26 Semesterwochenstunden ist nach Disziplinen wie Sozialmedizin, Sonderpädagogik, Psychologie oder Sozialpolitik gefächert. Das anschließende Hauptstudium muss in einem der Studienschwerpunkte vertieft werden:

- Hilfe und Beratung
- Erziehung und Bildung
- Unterstützung bei Krankheit und Behinderung
- Administration, Planung, Sozialmanagement.

Eine Projekt- und Forschungsarbeit führt dann zur Diplomarbeit, die durch ein Diplomanden-Colloquium begleitet und unterstützt wird (http://www.evfh-berlin.de/evfh-berlin/html/sl/sg-sozial/sg-sozial2.asp#1, Zugriff am 9.2.2007). Diese Ausbildung ist analog zu universitären Angeboten mit Grund- und Hauptstudium zu sehen, die Verbindung von Theorie und Praxis ersetzt das für Lehrämter übliche Referendariat. Berufliche Rehabilitation ist nicht als Wahlbereich ausgewiesen. Diese Form des Studiums bildet die eher klassischen außerschulischen Betätigungsfelder ab.

Die neueren BA-Studiengänge orientieren sich an den Bologna-Vorgaben, sind modularisiert und auf sechs Semester angelegt. Das Beispiel der FH Dortmund zeigt (www.asw.fh-dortmund.de, Dez. 2006), dass der bisherige Tätigkeitsbezug zwar beibehalten, aber um wissenschaftliche Fundierung und Reflexionskompetenz vertieft wird. Gleichrangig zum Praxismodul wird Forschung im Fachbereich Angewandte Sozialwissenschaften ausgewiesen. Die Tätigkeitsfelder sind konkreter gefasst und erscheinen daher additiv. Sie beinhalten auch berufliche/betriebliche und außerbetriebliche Bildung/Weiterbildung sowie Heil- und sonderpäda-gogische Beratung/Hilfe und Rehabilitation sowie sozialtherapeutische Beratung von Suchtkranken. Fächer wie Recht oder Psychologie werden durch Module ersetzt, die sich in Basis- und Erweiterungsmodule differenzieren. Zu erwerben sind 180 Leistungspunkte (Credits). Eine Besonderheit ist das Angebot, in zehn Semestern berufsbegleitend die Ausbildung absolvieren zu können. Das Studium schließt künftig mit dem Hochschulgrad Bachelor of Arts (B.A.) ab. Der Studi-engang „Soziale Arbeit" geht von Lebensphasen und Lebenslagen aus, zu studie-ren sind außerdem Ästhetik, Medien, Bildung, Interkulturalität sowie Organisa-tion, Management, Gesundheitsförderung. Die neue inhaltliche Orientierung des Studiums wird besonders an den Wahlpflichtmodulen deutlich. Themen sind u. a.: Öffentlichkeitsarbeit, Akquisition, Vernetzung, Gender Mainstreaming oder Global Social Work bzw. interkulturelle Kompetenz. Das Studium ist dem gesellschaftlichen Wandel angepasst und auf Felder ausgeweitet worden, um die auch andere Disziplinen konkurrieren, außerdem ist eine internationale Fokus-sierung hinzugekommen.

Fortbildungen

Neben den Instituten, Akademien der Verbände und Träger werden besondere Fortbildungen bundesweit durch das Berufsförderungszentrum BFZ Essen ange-boten. Es werden aktuelle Themen berufsbegleitend behandelt, z. B. Schädel-Hirn-Trauma oder Fragen der Beruflichen Trainingszentren. Eine weitere Mög-lichkeit der Fortbildung und Personalentwicklung ergibt sich durch Modellver-suche. Die Universität Flensburg bietet berufsübergreifend eine Qualifizierung für Pädagogen in der Benachteiligtenförderung an (Kampmeier & Niemeyer 2004). Das Konzept beruht auf einem Teamansatz in der praktischen Arbeit und fördert Kooperation, Netzwerkbildung und Reflexion der eigenen Konzeptionen.

Eine umfassende Fortbildung führte die Arbeitsgemeinschaft der Berufsförde-rungswerke in Zusammenarbeit mit der Universität Hamburg durch. Ziel war die Qualifizierung des Personals in BFW im berufs- und wirtschaftspädagogischen Handlungslernen. Damit wird in den Vermittlungsformen zu der modernisierten anerkannten Ausbildung aufgeschlossen und ein Umsetzungsdefizit behoben (Seyd u. a. 2000).

Das Landesinstitut für Schule (LfS) in NRW hat in einem mehrjährigen Ent-wicklungsprozess mit Fachberatern aller Bezirksregierungen und mit wissen-schaftlicher Beratung ein modularisiertes Fortbildungskonzept für Lehrkräfte an Berufskollegs zum sonderpädagogischen Förderbedarf in Berufsschulen ent-wickelt. Vermittlungsform ist die Methode des Blended Learning, also eine inter-netgestützte Lernplattform in Verbindung mit Präsenzworkshops. Daneben wer-den Fortbildungen mit eher sozialpädagogischem Charakter für die Arbeit mit Jugendlichen mit besonderem Förderbedarf angeboten. Hintergrund der rehabi-litativen Fortbildung ist die atypische Forderung von Eltern nach der Feststellung sonderpädagogischen Förderbedarfs in der Berufsbildung. In NRW wären etwa 2.000 Auszubildende in Fachklassen davon betroffen. Mit Blick auf die Profes-sionalisierungskriterien ist naheliegend, dass es bei der Fortbildung für Berufs-schullehrer auch darum ging, Sonderschullehrkräfte der Sekundarstufe I keine Gutachten über den sonderpädagogischen Förderbedarf in Berufskollegs erstellen zu lassen, sondern den Berufsbezug und damit die eigene Zuständigkeit zu bewahren (vgl. Biermann & Niehaus 2003, 113–125).

Entwickelt wurden vier Kernmodule zur sonderpädagogischen Qualifizierung von Lehrkräften an Berufskollegs (ebd.):

1. Förderdiagnostik / Individuelle Förderplanung
2. Unterrichten / Erziehen: Förderschwerpunkte „Lernen"; „soziale und emotionale Entwicklung"; „Sprache"
3. Beratung und Kommunikation
4. Kooperation und Netzwerkbildung.

Die Moderatoren wurden zusätzlich im Coaching über neue Medien ausgebildet. Das entwickelte Konzept konnte durch die dezentrale Neuorganisation der Lehrerfortbildung nicht landesweit umgesetzt werden, weil die in der Fortbildung autonomen Schulen im Rahmen ihres Budgets eigene Prioritäten setzen.

Während sich Organisationen wie HIBA und INBAS auf die Fortbildung vor allem von Sozialpädagogen in der Benachteiligtenförderung konzentrieren, hat sich die BAG UB auf die Berater und Vermittler in Integrationsfachdiensten hin orientiert. In Verbindung mit Modellversuchen und Prozessbegleitungen, eigenen Regionalbüros und einer Vertretung in Brüssel steht INBAS für eine Consulting, die von Wissenschaft bis berufsbegleitender Fortbildung den Bildungs-, Sozial- und Rehabereich bearbeitet. Internetpräsenz und Publikationsreihen bieten Praktikern Hilfen zu Themen wie Arbeiten mit dem Förderplan oder Qualitätsmanagement in der Benachteiligtenförderung. Die Bundesarbeitsgemeinschaft Unterstützte Beschäftigung verfolgt mit der Etablierung ihrer Institution die Ziele, Projekte zur Assistenz und Integration in der Rehabilitation zu vernetzen, ihnen eine Plattform zu bieten, z. B. durch Tagungen und Publikationen. Weiteres Ziel ist die Professionalisierung der in ambulanten Unterstützungsformen Tätigen. Schwerpunkt der letzten Jahre sind die Fachkräfte in Integrationsfachdiensten. Während in anderen europäischen Ländern das Diploma in Supported Employment erworben werden kann und in den USA und in Kanada Hochschulen Bachelor- und Mastergrade mit Spezialisierungen in Case- und betrieblichem Eingliederungsmanagement oder unterstützter Beschäftigung vergeben, bietet die BAG UB seit 1998 eine berufsbegleitende Zusatzqualifikation zum Integrationsberater/in in Unterstützter Beschäftigung an. Die kostenpflichtige 16-monatige Weiterbildung ist modularisiert und verbindet Fernstudien und Workshops. Inhaltliche Eckpunkte sind Praxisnähe, Prozessorientierung und Qualitätssicherung der Beratungstätigkeit. Erfahrene FachdienstmitarbeiterInnen und ExpertInnen werden in die Qualifizierung einbezogen. Die sieben Module umfassen generalisierende Themen und sind nicht disziplinär fixiert (z. B. BAG UB 2004, 35 f.):

- Prozessbegleitung durch Unterstützte Beschäftigung
- Individuelle Berufsplanung
- Marketing und Arbeitsplatzakquisition
- Betriebswirtschaftliches Denken
- Förderrecht
- Qualifizierung – Coaching am Arbeitsplatz

- Nachhaltige Sicherung des Arbeitsplatzes – Konfliktmanagement
- Qualitätsmanagement und Lernende Organisation.

Neue Bachelor- und Master-Ausbildungen

Geht man von den pädagogischen Spezialdisziplinen aus, so ergeben sich konkurrierende, zumindest aber voneinander abgegrenzte Tätigkeitsbereiche innerhalb der Rehabilitation. Mit der Einführung von Bachelor- und Masterstudiengängen eröffnet sich prinzipiell die Möglichkeit, das bisherige Ausbildungsdefizit in der beruflichen Rehabilitationspädagogik zu korrigieren. Die „Gemeinsame Kommission Lehrerbildung" bei der KMK hat als Kernaufgaben für jede Lehrerarbeit drei Aspekte genannt: Organisation von Lehr- und Lernprozessen sowie Beraten und Beurteilen und Entwickeln von Schule (Wissenschaftsrat 2001; Terhart 2000; KMK 2004). Diese Kompetenzen müssen sowohl im Bachelor- als auch im Masterstudium erworben werden können.

Die Bachelorausbildungen sind sowohl in Fachhochschulen als auch Universitäten möglich. Vermittelt werden sollen grundlegende fachliche und methodische Kenntnisse und Fähigkeiten, die zu einer Berufsausübung qualifizieren. Die Regelstudienzeit soll drei Jahre umfassen. Exemplarisch steht die Universität Dortmund als eine der größten Ausbildungsstätten für den Reformprozess auch in der Sonderpädagogik. Lehrämter mit Staatsprüfungen und das modularisierte Diplomstudium in Rehabilitationspädagogik sind in BA- und MA-Studiengänge zu überführen. Der außerschulische Bachelor führt in sechs Semestern Regelstudienzeit zum Berufsabschluss in Sprachpädagogik oder in Psycho-Sozialer Rehabilitation. Während das Zeugnis in Sprachpädagogik der fachschulischen Logopädieausbildung in der Berufspraxis gleichgestellt ist, besteht für den Bereich Psycho-Soziale Reha kein spezifisches Berufsbild. Die Beruflich Soziale Reha ist diesem Bereich zwar zugeordnet, führt aber zu keinem verwertbaren Abschluss in der beruflichen Rehabilitation. Das Angebot eines Masterstudiums ist forschungsorientiert auslegt oder qualifiziert für Leitungstätigkeiten.

Am Beispiel des Modellversuchs zu gestuften Studiengängen in der Lehrerbildung in NRW stellt sich das neue BA-Studium als differenziertes Angebot mit einem ersten Berufsabschluss dar. Drei Profile werden in der Lehrerbildung erprobt:

- BA mit einem vermittlungswissenschaftlichen Profil (BvP) und einem MA-Anschluss in den Lehrämtern Grund-, Haupt-, Real- und Gesamtschule (GHRGe)
- BA mit einem fachwissenschaftlichen Profil (BfP), der anschlussfähig ist für einen MA in den Lehrämtern für Gymnasien, Gesamtschulen, Berufskollegs (GYGeBK)
- Bachelor mit einem rehabilitationswissenschaftlichen Profil (BrP), der zu einem MA im Sonderpädagogik-Lehramt oder in Rehabilitationswissenschaften erweitert werden kann.

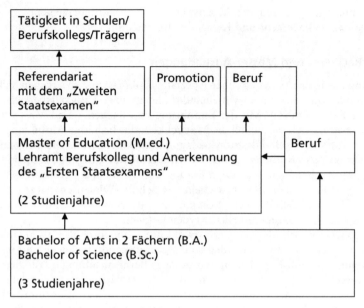

Abb. 41: BA-MA Lehrerbildung in NRW, Beispiel Dortmund

Im BA-Studium müssen neben Erziehungswissenschaften zwei Fächer belegt werden, ein Kern- und ein Komplementärfach, die sich vor allem im Studienumfang unterscheiden. In der Rehabilitation sind zwei Förderschwerpunkte zu belegen und ein Komplementärfach. Eine Besonderheit ist der Studienbereich Bildung und Wissen (BiWi), der integraler Bestandteil der Fächer ist. Als fachübergreifender Bereich vermittelt Bildung und Wissen Schlüsselkompetenzen, Fremdsprachen oder den Umgang mit Medien. Zwei Pflicht-Praktika ergänzen die Studien. Förderschwerpunkte und Fächer in der Reha können zum Beispiel sein:

- Lernen (Pflicht für alle Studierende)
- Emotionale und soziale Entwicklung
- Geistige Entwicklung
- Körperliche und motorische Entwicklung
- Sehen
- Sprache
- Germanistik
- Kunst
- Sport
- Technik
- Theologie.

Die Studienorganisation ist modularisiert, so dass eine permanente Beurteilung der Studienleistungen gegeben ist. Der Abschluss eines Bachelor of Arts (B.A.) sowie der Bachelor of Science sind ein erster berufsqualifizierender Abschluss. Vorgesehen ist für Sonderpädagogik ein weiter gehendes Masterstudium. Die Evaluation des Modellversuchs in NRW zur Lehrerbildung belegt zwar einen besonderen Bedarf in beruflicher Rehabilitation, aber die Reform durch die „BAMA-Studiengänge" stellen hierfür eine verpasste Chance dar (AQAS u. a. 2007):

- Die vertiefte rehabilitationswissenschaftliche Qualifizierung hebt nicht die Trennung in schulische und außerschulische Studienrichtungen auf.
- Der Bachelor und der Master in Education (M.ed.) in Rehabilitations- bzw. Sonderpädagogik thematisieren zwar Aspekte beruflicher Rehabilitation, eine Doppelqualifizierung in Sonderberufspädagogik ist aber nicht vorgesehen. Auch beziehen sich die Inhalte des Studiums weitgehend auf Frühförderung, Kindheit und Jugend, nicht aber auf lebenslanges Lernen, Arbeit und Erwerbstätigkeit. Damit bleibt die Abhängigkeit vom Berufsschullehramt bestehen und eine Professionalisierung zum arbeits- und berufspädagogisch qualifizierten Reha-Pädagogen, der nicht auf Zielgruppen, Institutionen und Laufbahnen fixiert ist, findet nicht statt.
- Das sich auf die Eckpunkte der KMK beziehende Kerncurriculum für Berufs- und Wirtschaftspädagogik der Deutschen Gesellschaft für Erziehungswissenschaften (DGfE 2003) benennt keine Inhalte für berufliche Rehabilitation. Die alte KMK-Regelung von 1973 bleibt bestehen, nach der im Rahmen des Lehramtes für berufsbildende Schulen auch Sonderpädagogik anstelle eines Unterrichtsfachs studiert werden kann. Als berufliche Fachrichtung werden wie im bisherigen Lehramt Sekundarstufe II zum Beispiel Elektrotechnik oder Wirtschaftswissenschaften und als allgemeinbildende Fächer Deutsch, Englisch oder Mathematik usw. belegt. Diese Qualifizierung hat den Nachteil einer starken Orientierung auf die Institution Berufsschule und ist nicht geeignet, den Personalbedarf in allen Einrichtungen der beruflichen Rehabilitation umfassend zu decken.

Eine am Bedarf und an der Professionalität orientierte Qualifizierung für den Rehabilitationsbereich könnte durch ein MA-Weiterbildungsstudium erreicht werden, das dann auch Quereinsteigern mit einem Ingenieur- oder Wirtschaftsstudium offen stünde. Damit hängt auch die Frage zusammen, inwieweit Nicht-Akademiker – Meister oder Techniker aus Berufsbildungswerken und Werkstätten – zu diesem Studiengang Zugang erhalten könnten. Wenn nicht mehr das Lehramt Kern des Studiums ist, ausgerichtet auf den Arbeitgeber Staat, sondern ein polyvalenter BA-MA-Abschluss in der beruflichen Reha-Pädagogik möglich wäre, können sich Tätigkeitsfelder bei Bildungsträgern, Integrationsfachdiensten oder in der Wissenschaft und auch an Berufsschulen eröffnen. Inhaltliche Orientierung für eine solche Ausbildung liefert die interdisziplinäre Verknüpfung von Berufs-, Sozial- und Sonderpädagogik einerseits und Ökonomie, Technik, Politik andererseits.

4.2.3 Bilanz

Zusammenfassend zeigt sich, dass die Professionalisierung der Berufs- und Wirtschaftspädagogen in den Höheren Dienst gelungen ist. Sie bleibt dennoch wegen der eingeschränkten Autonomie und Selbstkontrolle eine Semi-Professionalisierung, wobei abzuwarten ist, wie der Mangel an Lehrkräften und die Tendenz, Berufsschulen zu autonomen Excellenzzentren zu entwickeln, sich auswirken wird (Mizdalski 1996, 46–57). Es liegt nahe, sozial- und sonderpädagogische Aufgaben dann an Freie Träger zu delegieren. Bezogen auf berufliche Rehabilitation hat die Standesgruppe der Berufspädagogen dieses Segment und die spezifischen Tätigkeiten anderer Berufsgruppen, z. B. Sozialpädagogen in der Berufsvorbereitung, allgemeinen Sonderschullehrern in den Werkstufen der Schulen für Geistigbehinderte, Fachkräften zur Arbeits- und Berufsförderung in Werkstätten und berufsfachlich vorgebildeten pädagogischen Mitarbeitern überlassen. Auch der extreme Mangel von Lehrkräften an den Berufsschulen der Berufsbildungswerke durch die bevorstehende Pensionierungswelle ist kein Anreiz für Hochschulen mit Berufschullehrerausbildung, sich diesen Sektor zu erschließen. Die Gruppe der Sozialpädagogen hat sich zwar anfänglich professionalisiert, ist aber nicht in den Status des Höheren Dienstes gelangt und hat sich in der sozialen Rehabilitation vor allem den Bereich der Begleitenden Dienste und neuerdings den der Beratung und Begleitung in Fachdiensten und Kliniken als spezifische Tätigkeit gesichert. Eine Professionalisierung der Gruppenleiter in Werkstätten ist misslungen. Sie werden trägerspezifisch fortgebildet und erwerben damit lediglich eine Beschäftigungschance. Ihre Versorgungs- und Erwerbschancen haben sich nicht durch die erhöhten Ausbildungsanforderungen verbessert.

Die Reform der Studiengänge in den Lehrämtern und der außerschulischen Pädagogik zeigt eine starke Tendenz zur Entprofessionalisierung und Abwertung von Tätigkeiten in der Bildung. Anders als beim Diplomkonzept mit Grund- und Hauptstudium, kennzeichnet den BA eine polyvalente Ausrichtung und die Durchlässigkeit zum MA-Studium ist keineswegs gewollt, sondern durch Quotierung beschränkt. „Weiterbildungs-Master" können zwar berufsbegleitend erworben werden, sind aber nicht zwingend laufbahnbezogen und karrierefördernd, außerdem wird eine Studiengebühr verlangt. Im Lehrerbildungs-Modellversuch ist ein Übergang vom BA in den MA zwar vorgesehen, aber die Einstellungspraxis für Schulen in anderen europäischen Ländern geht im Regelfall nur noch vom BA-Niveau aus. In außerschulischen Tätigkeitsfeldern ist der MA vor allem auf Leitungs- oder wissenschaftliche Aufgaben hin ausgerichtet und die BA-Absolventen müssen mit den für nicht-akademische Arbeiten funktionaler ausgebildeten Fachkräften für personenbezogene Dienstleistungen, z. B. mit Logopäden, Ergotherapeuten, Heilerziehungspflegerinnen konkurrieren.

Wenn offensichtlich eine spezifische Qualifikation des Personals für die berufliche Rehabilitation nicht erforderlich ist, stellt sich die Frage, wie die Postulate nach Teilhabe an beruflicher Bildung und am Arbeitsleben eingelöst werden können.

4.3   Forschungslandschaft

4.3.1 Theorie-Steinbruch

Historisch betrachtet hat die Medizin nicht nur die Heilpädagogik, sondern auch die berufliche Rehabilitation in ihren Theoriekonzepten geprägt. Ein Grund für die Bedeutung der universitär verankerten Disziplin liegt in der Akzeptanz ihrer Gutachten in sonderpädagogischen Fragen, gerade im Vergleich zu den in den Anfängen nicht akademischen Pädagogiken mit ihrem normativen Menschenbild und Fürsorgekonzept. Auch heute verfügen Mediziner als Akteure im Reha-Team über mehr Entscheidungsmöglichkeiten als die Praktiker und Meister im Bereich des Arbeitstrainings bzw. der beruflichen Schulung. Das medizinische Denkmodell wurde zwar zunehmend in den Bereichen der sozialen und beruflichen Rehabilitation von sozialwissenschaftlichen Theoriebezügen verdrängt, dennoch aber hat die Medizin als die erste der Phasen im Reha-Prozess weiter Vorrang in der Forschung.

Als zweite Bezugsdisziplin gewann die Psychologie mit ihren Spezialisierungen, wie pädagogische, klinische oder Entwicklungspsychologie, auch in der Sonderpädagogik Einfluss und zeichnet sich durch eine konzeptionelle Vielfalt aus, die von geisteswissenschaftlicher oder psychoanalytischer bis hin zu empirisch behaviouristischen oder ideologiekritischen Modellen reicht. In der beruflichen Rehabilitation sind die erforderlichen gutachterlichen Stellungnahmen ohne diagnostische Verfahren, ohne Assessment heute nicht mehr akzeptiert.

Auch die aktuellen Handbücher zur Sonderpädagogik und Rehabilitation weisen einen starken Bezug zu psychologischem Denken auf (z. B. Leonhard & Wember 2003; Antor & Bleidick 2001). Ebenso spielt die Psychologie in der sonderpädagogischen Lehre eine zentrale Rolle. Allein die Anzahl psychologischer Professuren im Studium der Sonderpädagogik und die Besetzung pädagogischer Lehrstühle mit Psychologen, wie Verhaltensgestörten- und Erziehungsschwierigenpädagogik, zeigt die Dominanz dieser Disziplin. Im Ordnungsschema der Handbücher wird berufliche Rehabilitation zu einem Einzelproblem oder sie wird, wie bei den „Grundfragen der Sonderpädagogik", als ein Aspekt in der Lebensspanne verortet (Leonhardt & Wember 2003). Arbeit und Beruf wirken nicht konstituierend für sonderpädagogisches Denken. Bei der größten schulischen Behinderungsform in Deutschland, Lernbehinderte und Sonderschüler mit Migrationshintergrund, werden der Reproduktionszirkel sozialer Ungleichheit und der Einfluss beruflicher Sozialisation nicht im Zusammenhang mit dieser Klientel gesehen und daher auch nicht thematisiert. Für die modernisierten sonderpädagogischen BA-MA-Curricula weist lediglich die Universität Dortmund ein Pflichtmodul Arbeit-Wirtschaft-Technik als Allgemeinbildung in einer Industriegesellschaft und theoretische Grundlage für Sonderpädagogik aus.

Im Kompendium zur Rehabilitation führen Mühlum und Oppl (1992) sozialwissenschaftliche Theoriekonzepte, wie Interaktion, Stigmatisierung, Systemtheorie, Entwicklungspsychologie sowie Lerntheorie und ökologische Sozialisationstheorie als Beiträge zu Habilitation und Rehabilitation auf. Gleich einem Steinbruch lassen sich sozialwissenschaftliche Konzepte zur Erklärung von Phänomen und Situationen heranziehen. Auch in der Einführung von Baudisch u. a. (2004) wird eine Forschungs- und Theorienlandkarte von Philosophen und Begründern der Sozialwissenschaft wie Kant, Marx, Freud über die Frankfurter Schule bis zu systemtheoretischen oder strukturalistischen Konzepten gezeichnet (ebd. 283). Als Standorte sonderpädagogischer Forschung klassifizieren Baudisch u. a. folgende Richtungen (ebd. 285):

- wertgeleitete Heilpädagogik, Vertreter: Hanselmann, Moor, Haeberlin
- anthropologische Behindertenpädagogik, Vertreter: Bach, Bleidick
- ökosystematisch begründete Heil- und Behindertenpädagogik, Vertreter: Sander, Speck
- interaktionstheoretisch-sozialkritische Behindertenpädagogik, Vertreter: Jantzen, Feuser und Rödler.

Daneben hat sich in den letzten Jahrzehnten unter dem Genderaspekt die Biografieforschung als aussagekräftig erwiesen, hinzu kommen soziologische und ökonomische Theoriekonzepte (Solga 2005; Cloerkes u. a. 2007). Für die berufliche Rehabilitation lassen sich sowohl eine Erweiterung als auch eine Verengung in der theoretischen Fokussierung ausmachen. Mühlum und Oppl (1997) weisen für die Kategorien Teilhabe und Rehabilitation auf die Analogie zum Strafrecht hin, das begrifflich die Rehabilitation im Sinne von Wiedereingliederung in Gesellschaft eingeführt hat. Bei der Beurteilung von (Wieder-)Eingliederungschancen geht es in diesem Sinne um die Erklärung von Triebkräften, Ursachen für Abweichungen, Schädigung, schädliche Neigungen, spezifische Beeinträchtigung einerseits und um Wirkungen, Nachhaltigkeit, Evaluation von Instrumenten, Strategien und Maßnahmen andererseits. Arbeit gilt dabei als Ziel und Mittel zugleich. Eine weitere theoretische Einengung liegt auch in der Renaissance normativer Konzepte von Empowerment, Normalisierung oder Assistenzmodellen, deren Deduktionsketten zu einer Pädagogik der Postulate führen. Umgekehrt zeigt sich eine Erweiterung der Theoriebezüge, da neben den Lern- und Qualifizierungsprozessen auch Technik und Ökonomie – Form, Anwendung und Wirkung von Hilfesystemen, Kommunikation und Arbeitsgestaltung und Arbeitsmarktstrukturen – mit einbezogen werden. Desgleichen werden die über Arbeit hinausgehenden Lebensbereiche und Lebensphasen, die Organisationsformen und Gestaltungsmöglichkeiten des Gemeinwesens theoretisch mitgefasst. Insgesamt betrachtet gibt es keine in sich geschlossene Theorie der beruflichen Rehabilitation mit bestimmten, zu anderen Disziplinen abgegrenzten Fragen und eigenen Methoden. Die in der Medizin übliche Kategorisierung sich überlagernder, verknüpfter Ursachengeflechte als Syndrom eignet sich auch, um die Vielschichtigkeit in der beruflichen Rehabilitation Jugendlicher und Erwachsener und ihre gesellschaftliche Teilhabe theoretisch zu fassen.

4.3.2 Cluster der Forschungen

Ein pragmatischer Zugang zu Forschungsthemen sind Fachzeitschriften, Arbeitsmarkt-, Sozial- und Bildungsprogramme der EU sowie von Bund und von Ländern mit entsprechenden Evaluationen, Einzelquellen wie der periodische Behinderten- und Teilhabebericht der Bundesregierung, besonders die Datenbank RE-HADAT, aber auch die Internetpräsentationen von Organisationen und Bundesarbeitsgemeinschaften. Clustert man diese Arbeiten, so ergeben sich Schwerpunkte und Tendenzen in der wissenschaftlichen Diskussion sowie „weiße Flecken" in der Forschungslandschaft:

Marginalität im Wissenschaftsbetrieb

Nur relativ wenige Personen, Lehrstühle, Forschungsgruppen befassen sich überhaupt kontinuierlich mit der beruflichen Rehabilitation. Medizinische und sozialpsychologische Arbeiten stehen im Vordergrund, originäre pädagogische Beiträge sind die Ausnahme. In den letzten Jahrzehnten hat vor allem die Stiftung Rehabilitation Heidelberg (SRH) Forschungen und Entwicklungsarbeiten zur beruflichen Teilhabe und Rehabilitation durchgeführt. Die Arbeitsgemeinschaft der Berufsförderungswerke nennt drei zentrale Projekte, die die Entwicklung der institutionalisierten Rehabilitation widerspiegeln, zugleich auch die allgemeine Diskussion der Berufs- und Wirtschaftspädagogik nachholen (Seyd & ARGE BFW 2000, 3 f.):

- in den 70er Jahren: Computer im Bildungswesen
  Mit dem Forschungs- und Entwicklungsprojekt förderte das Bundesbildungsministerium die SRH – trendgemäß – im computergestützten Unterricht.
- in den 80er Jahren: Abbrecherproblematik in BFW
  Die Abbrecherproblematik wird in Verbindung mit einem Forschungsprojekt zur Verbesserung der Vorbereitungsmaßnahmen für erwachsene Rehabilitanden untersucht, dabei wird das Zusammenwirken begleitender Dienste in BFW optimiert. Auch dies ist eine typische Forschungshaltung der damaligen Zeit: die Defizite der Rehabilitanden geraten als Ursache für Ausbildungsabbruch in den Blick, mit der Folgerung, dass die Betroffenen besser „präpariert" werden müssen. Nicht reflektiert werden die Berufslenkung oder die Perspektivlosigkeit vieler Schulungen, die zum Ende der Maßnahme bereits technisch überholt waren.
- um 2000: Ganzheitliches Handlungslernen
  In mehreren BFW wird das Forschungs- und Entwicklungsprojekt „Ganzheitlich rehabilitieren, Lernsituationen handlungsorientiert gestalten" unter aktiver Mitwirkung der Mitarbeiter vor Ort durchgeführt. Kern dieses Projektes ist die Personalfortbildung mit dem Ziel, das Konzept der handlungsorientierten Lehr- und Lernprozesse auch in BFW zu etablieren.

Ähnliche Schwerpunkte wie in den BFW sind auch von den Berufsbildungswerken bearbeitet worden, allerdings auch ausbildungsmethodische Fragen im engeren Sinne, wie z. B. die Entwicklung von Leittexten oder die Nutzung neuer Technologien für bestimmte Zielgruppen. Ein weiterer Schwerpunkt von Langzeituntersuchungen sind die Eignungsanalysen und die Verbleibsuntersuchungen der Berufsbildungswerke, die in der BBW-Zeitschrift Berufliche Rehabilitation publiziert sind. Die Diskussion um angemessene Konzepte für schwerbehinderte Jugendliche und Auszubildende mit psychischen Beeinträchtigungen zeigen die Arbeiten des Instituts für angewandte Bildungsforschung im CJD, z. B. zur modularisierten Qualifizierung schwer lernbehinderter Azubis (Doerfert & Bleh 1993).

Die Werkstätten als dritte traditionelle Säule haben kaum eigene wissenschaftliche Arbeiten hervorgebracht, sondern waren eher Gegenstand von Studien. Typische Themen sind Möglichkeiten der Organisationsentwicklung (Schubert 1997) oder Fragen des Übergangs in den allgemeinen Arbeitsmarkt (Trost & Schüller 1992; Biermann 2005). Die Deutsche Vereinigung für die Rehabilitation Behinderter hat im Jahr 2000 eine inhaltlich wie methodisch interessante Studie zum Problem der Auftragslage der Werkstätten durchführen lassen (Berg & Viedenz 2001), in der empirisch erhobene Daten mit einem Feedback an die Befragten bzw. Experten der Werkstätten gekoppelt wurden. Die Idee, das Konzept des „Fair Trade" aus der Entwicklungszusammenarbeit auch auf Werkstätten und den Vertrieb ihrer Produkte und Dienstleistungen anzuwenden, wurde aber von den Werkstätten nicht umgesetzt.

Die neuen Dienste, insbesondere im Rahmen der EU-Projekte, wurden meistens von vornherein wissenschaftlich begleitet. Kennzeichnend für die Berichte ist, dass sie Programme und Maßnahmen durchweg als Erfolg werten, obwohl die Realität auf dem Arbeitsmarkt, die Folgen der Umstrukturierung der BA und die modifizierten Finanzierungsvorgaben inzwischen auch ambulante Programme erreichen.

Insgesamt umfassen heutige Arbeiten in der beruflichen Rehabilitation ein breites Spektrum an Themen: von der Organisationsentwicklung der Werkstätten für behinderte Menschen, Qualitätsmanagementfragen in sozialen Organisationen, ökonomischen Kosten-Nutzen-Rechnungen von Rehabilitation bis hin zu zielgruppenspezifischen Studien. So werden Situation, Fördermöglichkeit, Verbleib von Aphasikern, Epileptikern oder Personen mit Schädelhirntraumata untersucht. Von sonderpädagogischen Lehrstühlen wird die berufliche Rehabilitation relativ selten thematisiert oder nur deskriptiv als ein Aspekt in Einführungen erwähnt. Von Interesse sind in der allgemeinen Sonderpädagogik vor allem Fragen des Gemeinsamen Unterrichts, der Integration und Inklusion sowie der Lehrerbildung oder der Geschichte der Sonderschulen. Ein Schwerpunkt ist die Auseinandersetzung über diagnostische Fragen, die Überweisungsverfahren und die sonderpädagogische Förderung. Auch der Einsatz neuer Informations- und Kommunikationstechnik, also der PC im Lernprozess oder die Entwicklung von Lernwerkstätten, sind zunehmend Themen in den Fachzeitschriften. Bezogen auf die Kategorie Arbeit geht es um Schülerfirmen oder die Übergänge in Ausbildung, z. B. um konkrete Hinweise zum Schülerbetriebspraktikum, zu Vereinbarungen mit Partnerbetrieben, Screening und Assessmentverfahren zur „Ausbildungsreife". Die Landauer Gruppe um Hiller befasst sich, als Konsequenz aus Langzeitverbleibsuntersuchungen auch mit Möglichkeiten eines Lebens ohne Erwerbsarbeit, mit der lebensweltlichen Gestaltung des Alltags (Baur u. a. 2006; Hiller 1994; Galuske 1998, 6–14).

Die Vielzahl der Themen in der Rehabilitationsforschung kann nicht darüber hinwegtäuschen, dass keine Forschungsprogramme die Aktivitäten bündeln und dass die Ergebnisse die wissenschaftliche Diskussion in anderen Disziplinen kaum beeinflussen.

Legitimationsforschungen

Bereits die EU-Programme, wie Horizon, Equal und Leonardo da Vinci, wurden in der Konzeptionsentwicklung wissenschaftlich begleitet, evaluiert und dokumentiert. Ein derartiges Vorgehen ist inzwischen Standard bei Projekten und Programmen. In der Forschungspraxis ist dabei die Tendenz festzustellen, dass die politischen Ziele und Setzungen der Programme und gesetzlichen Regelungen durch die Begleitungen lediglich legitimiert werden und eine kritische Wirkforschung nicht stattfindet. Typische Beispiele sind die Begleitung und Evaluation des „50.000er-Gesetzes" zur Vermittlung von schwerbehinderten Arbeitnehmern und die Einführung des Persönlichen Budgets. Charakteristisch ist bei den Studien das Ausblenden komplexer Folgen politischer Entscheidungen. So wird das Verwaltungshandeln, mit dem die Postulate gebrochen werden, nicht thematisiert. Auch die Interessen von neuen Organisationen werden nicht, z. B. ideologiekritisch, analysiert. Die Unterschiede zwischen Ziel- und Implementierungsebene verwischen sich. Gerade die Nationalen Agenturen von EU-Programmen, aber auch modellführende Ministerien verfügen über ein Interpretationsmonopol des Erfolges von Einzelprojekten, die als Good Practice und mit Internetpräsentationen dargeboten werden, ohne dass die Projektrealität noch intersubjektiv überprüfbar wäre.

„Weiße Flecke"

Obwohl die berufliche Rehabilitation allgemein als wesentliche Maßnahme zur Erreichung des Ziels der Teilhabe am gesellschaftlichen Leben bewertet wird, finden sich relativ wenig belastbare Daten über den nachhaltigen Erfolg der Instrumente und Leistungen. Das Institut für Arbeitsmarkt- und Berufsforschung (IAB) folgert in einer Analyse über die Wirkungen der Arbeitsmarktpolitik mit Blick auf Behinderte: „Je mehr und je schwerer die Defizite der Person, um so geringer ist der Anteil der Personen, die eine berufliche Wiedereingliederung schaffen" (Blaschke 1997, 135). In der Rehabilitation und bei der Gewährung von Leistungen zur Teilhabe am Arbeitsleben wird immer noch die Strategie verfolgt, Behinderte so zu qualifizieren, dass sie den Arbeitsplatz optimal ausfüllen, ihnen ggf. Helfer oder Assistenten an die Seite zu stellen oder weitere Hilfen am Arbeitsplatz wie Einarbeitung, Betreuung, technische Hilfsmittel, Begleitung vorzusehen. Dieses Vorgehen setzt voraus, dass es den Arbeitsplatz bzw. Ausbildungsplatz bereits gibt und dem Behinderten auch tatsächlich zur Verfügung gestellt wird. Man strebt mit Instrumenten, die für eine andere Situation zugeschnitten sind, nämlich für Arbeitskräfteknappheit ein Matching an von Arbeitsplatzanforderungen der Betriebe einerseits und von Qualifikationsvoraussetzungen der behinderten Bewerber andererseits. Eine derartige Strategie greift aber nicht bei einem Arbeitsplatzdefizit. Die oft als erfolgreich ausgewiesenen punktuellen Vermittlungen behinderter Arbeitnehmer ignorieren die Strukturen und Prinzipien des Arbeitsmarktes und Verdrängungseffekte durch subventionierte Beschäftigung. Da es keinen gesonderten Arbeitsmarkt für Behinderte gibt, gelten die auf dem Arbeitsmarkt allgemein üblichen Kriterien für Stellenbesetzungen. Allerdings bestehen Gruppen-Vorurteile gegenüber Behinderten oder gegen Älteren oder Ungelernten.

Dieter Blaschke weist auch auf das Problem stigmatisierender Effekte von Forschung hin. Risikogruppen werden empirisch immer wieder ermittelt und Kriterien ausgewiesen: „Die Chancen werden geringer, das Risiko, arbeitslos zu bleiben, wird größer: mit steigendem Alter, mit wachsenden Qualifikationsdefiziten, [...], insbesondere mit ansteigender Dauer der Arbeitslosigkeit und mit gesundheitlichen Einschränkungen" (ebd., 139). Diese Kriterien wirken z. B. bei einer Computerselektion von Stellenbewerbern negativ und stigmatisierend und der Personalverantwortliche fühlt sich bestätigt, weil er erfährt, was er vorausgeahnt hat. Im Sinne der sich selbst erfüllenden Prophetie erfolgen negative Selbstzuschreibungen bei den Bewerbern. Durch Veröffentlichungen in Medien werden die Ergebnisse der Forschung verinnerlicht. Es entsteht ein Mechanismus, bei dem zyklisch alle zwei bis drei Jahre ältere langzeitarbeitslose Schwerbehinderte in der Presse thematisiert, die privaten Arbeitgeber ermahnt, moralisch unter Druck gesetzt werden und die jeweilige Regierung vorgeführt wird – ohne dass sich die Situation für die behinderten Arbeitssuchenden verbessert (ebd. 141).

Flächendeckende Untersuchungen fehlen, die auch geringfügig oder nicht behinderte Personen einschließen, außerdem werden meist nur wenige, nicht verallgemeinerbare Fälle erhoben. Analysen, z. T. bereits vor Jahrzehnten durchgeführt, zeigen Maßnahmekarrieren und nicht echte Vermittlungserfolge auf. Auch die Strategie, aus Forschung unmittelbar Hinweise für das Handeln gewinnen zu wollen, ist fragwürdig, da Einflussfaktoren wie Alter, Dauer von Arbeitslosigkeit, Bildungsvoraussetzung nicht zu beeinflussen sind. Als typisch für fehlerhafte Analysen in der Arbeitsmarktforschung bei Behinderung sieht Blaschke folgende Punkte an (1997, 141):

1. Probleme auf der Angebotsseite: individuelle Merkmale, Motivation, Flexibilität, Umstellungsfähigkeit, Selbstzuschreibungen.
2. Vorurteile auf der Marktseite: bei Arbeitgebern, Personalverantwortlichen, Mitarbeitern der Unternehmen und Behörden.
3. Probleme der Datenlage: es gibt nicht zu wenig Daten, sondern einen Überfluss an wenig aussagefähigen Daten.
4. Das Problembewusstsein von Psychologen, Arbeitswissenschaftlern, Arbeitspsychologen in Bezug auf Objektivität, Reliabilität und Validität von Daten, also zur indikatorischen Valenz von Daten, ist höchstens in Ansätzen vorhanden.
5. Daten sind oft Nebenprodukte von Verwaltungshandeln, Daten über die Aktivitäten der öffentlich Beschäftigten werden publiziert, weil sie vorhanden sind und sie „täuschen über den Mangel an wirklich brauchbaren Daten hinweg" (ebd., 141). Die Folge ist Beliebigkeit, denn mit ihnen kann jede Lösung abgewiesen oder zurückgestellt werden.
6. Proxy-Variablen, die für das eine oder andere Indikator sein sollen, sind in ihrer indikatorischen Valenz meist unbrauchbar, werden aber dennoch angewendet. Wenn Ältere, Langzeitarbeitslose, Behinderte, Ungelernte zu den Risikogruppen zählen, werden diese Merkmale den Entscheidungen vorab zugrunde gelegt.
7. Positive, zu generalisierende Beispiele fehlen.

Das Kernproblem besteht offensichtlich darin, dass Konzepte der 70er Jahre, die auf einer präventiven Arbeitsmarktpolitik für Risikogruppen und auf Vollbeschäftigung beruhen, bis heute in ihrem gesetzlichen Anspruch bestehen, der Arbeitsmarkt aber nach der Ölkrise bereits seit Mitte der 1970 Jahre dauerhaft durch eine umfangreiche „Stille Reserve" belastet ist. Dieser Widerspruch zwischen progressiven Ansprüchen und realen Arbeitsmarktchancen wird nicht zum Gegenstand von Forschung.

Als „weißen Fleck" hat der Ausschuss für Bildung, Forschung und Technikfolgenabschätzung des Deutschen Bundestages die Evaluation von behinderungskompensierenden Technologien (bkT) ausgemacht, obwohl alle Rahmenaspekte, wie demografische Entwicklung, technische Möglichkeiten, Behinderungsbegriff nach ICF usw., eigentlich für die Nutzung von Technik als Unterstützungschance sprechen.

Das Projekt zur Abschätzung von Technikfolgen (TA) gliedert sich in drei Untergutachten zu den Themen (Deutscher Bundestag 2007, 2):

- Bestandsaufnahme verfügbarer behinderungskompensierender Technologien (bkT) am Arbeitsplatz sowie die Beschreibung sich abzeichnender Entwicklungen und Potenziale
- Überblick und Analyse der (sozial-)gesetzlichen und sozialpolitischen Rahmenbedingungen für den Einsatz von bkT am Arbeitsplatz
- Sozioökonomische Voraussetzungen, Perspektiven und Potenziale für den Einsatz von bkT am Arbeitsplatz.

Neben den Defiziten in der Arbeitsmarktforschung, der unzulänglichen Wirkforschung politischer Strategien sind auch die Fragen der Professionalisierung des Personals in der beruflichen Rehabilitation wenig erforscht. Auch zu dem wichtigen Bereich der beruflichen Sozialisation bei Behinderung liegen wenige Arbeiten vor. Eine neuere Untersuchung bezieht sich auf lernbehinderte junge Frauen, die in Interviews Antwort auf die Berufsvorbereitung geben. Danach sind die jungen Frauen durchgängig flexibel, belastbar und sehr realitätsorientiert. Sie möchten eine Ausbildung absolvieren und beabsichtigen, Arbeit und Familie in Einklang zu bringen. Berufsvorbereitende Maßnahmen akzeptieren sie in der Erwartung, dadurch in Ausbildung zu gelangen. Die Feinheiten zwischen anerkannten Ausbildungen und Ausbildungen aufgrund von Sonderregelungen sind ihnen – wie offensichtlich auch ihren Lehrern – unbekannt. Die tatsächlichen Chancen sind seit Jahrzehnten gering. Der Prozess der Selbststigmatisierung drückt sich in der Akzeptanz eines sozial niedrigen Status aus und in der Bereitschaft, jede Erwerbsarbeit anzunehmen (Wagner 2005; Pfahl 2003). Damit stellt sich die Legitimationsfrage für Arbeitslehre in der Sonderschule und für das neue Konzept der Bundesagentur für die Berufsvorbereitung bei Freien Trägern.

Auch die propagierten Lehr- und Lernprozesse wie handlungsorientierte Bildung, modularisierte Qualifizierung, Lernen in Baukastensystemen, Selbstlernzentren, Blended Learning, Job-Coaching und Arbeitsassistenz werden – im Gegensatz zum virtuellen BBW – nur punktuell wissenschaftlich begleitet und objektiviert dokumentiert. Diese Situation erklärt sich auch dadurch, dass der Stellenwert von Fachdidaktiken in der beruflichen Bildung allgemein an Bedeutung verloren hat und in der beruflichen Rehabilitation eine fachdidaktische

Fundierung nicht erfolgt. Ein weiteres Problem stellt sich hinsichtlich der Methoden bei einer Untersuchungsgruppe mit Behinderung. So müssen bei einer Klientel, die z. B. Kommunikationsprobleme hat und von kognitiven Beeinträchtigungen geprägt ist, kreative und unorthodoxe Instrumente entwickelt werden, weil übliche schriftliche Befragungen oder Interviews nicht oder nur ansatzweise möglich sind. Zu dialogischen Verfahren bei Evaluationen und Forschungen zu Rehabilitanden finden sich in den klassischen Lehrbüchern empirischer Sozialforschung kaum Anregungen. Qualitative Methoden beruhen oft auf Sprache, wie bei narrativen Interviews oder auf einer Reflexion der Biografie, auf Beobachtungen oder hermeneutischen Verfahren. Es besteht das Risiko, Instrumente stark zu vereinfachen, Erhebungsdetails zu infantilisieren oder überzuinterpretieren. Auch Einschätzungen von Betreuern werden leicht mit der Realität behinderter Personen gleichgesetzt. Das Themenheft des IAB zur beruflichen Rehabilitation zeigt hinsichtlich der Themen einen Flickenteppich auf und bestätigt die unbefriedigende methodisch-handwerkliche Kompetenz bei Forschungen zu Behinderung (MittAB 1997, H. 2).

4.3.3 Theoretische Orientierungen

Subjektorientierung

Sonderpädagogik kennzeichnet die Annahme, über kontinuierliche Förderdiagnostik individuelle pädagogische Hilfen planen und diese dann im Hinblick auf ihre Wirkungen evaluieren zu können. Bezogen auf berufliche Qualifizierungen findet sich dieser Denkansatz im Assessment wieder. Dabei werden die Rahmenbedingungen der ausbildenden Institution mit als feste Größe in die Beurteilung der Möglichkeiten einbezogen; Beispiel: Unter den Gegebenheiten eines Berufsförderungswerkes (Umschulung, verkürzte Ausbildungsdauer, Internatsleben o. ä.) ist es möglich, den Rehabilitanden erfolgreich auszubilden und ausbildungsgerecht betrieblich zu vermitteln. Zieht man den von Goffman (1967) entwickelten Etikettierungsansatz mit zur Einschätzung dieses Verfahrens heran, so findet eine idealtypische Stigmatisierung statt. Eine Attribuierung ist formal erforderlich, um Gelder zu rechtfertigen für die beeinträchtigte Person oder den zu fördernden Betrieb, für die Finanzierung der Bildungseinrichtung oder für spezielle Angebote. Das Konzept der Stigmatisierung geht von einer Generalisierung der Etiketten aus sowie von einer Selbststigmatisierung durch Übernahme der beschriebenen Verhaltensmuster. Die Self-fulfilling prophecy schließt den Teufelskreis ab, indem letztlich so gehandelt wird, wie unterstellt, erwartet, etikettiert. Dieses Konzept greift bei Randgruppen und deviantem Verhalten und ist auf totale Institutionen, wie geschlossene Einrichtungen der Psychiatrie, aber auch auf Schule und Sonderschule übertragen worden (Cloerkes u. a. 2001, 126 ff.). In diesem Sinne ist zu fragen, ob auch Berufsbildungs- und Berufsförderungswerke, Werkstätten für behinderte Menschen mit einer „totalen Institution" gleichzusetzen sind. Einerseits haben sich diese Institutionen verändert und eine Organisationsentwicklung vollzogen, andererseits bleiben sie normativ ausgerichtet mit einer Tendenz zu Abschottung, Hierarchie, Geschlossenheit gegenüber Dritten. Allerdings sind Stigmatisierungsprozesse nicht auf die traditionellen Einrichtungen der Sonderpädagogik und der beruflichen Sozialisation beschränkt, sondern wirken auch bei den neuen ambulanten Formen, da die Ausübung der sozialen Kontrolle auch individualisiert erfolgen kann. Der Widerspruch zwischen der postulierten Teilhabe und der realen Erwerbssituation kann nur durch zwei Mechanismen neutralisiert werden: durch die Stigmatisierung der Betroffenen als selbst verantwortlich für ihre Situation und Ausgrenzung oder durch staatliche Intervention zugunsten einiger Zielgruppen. Die Nichtvermittlung fällt als Stigma allerdings immer auf die Betroffenen selbst zurück.

„Es ist anzunehmen, dass Stigmatisierungen besonders häufig und ausgeprägt in Gesellschaften auftreten, die entweder auf den Prinzipien der individuellen Leistung und Konkurrenz beruhen oder in denen starke Spannungen zwischen gesellschaftlichen Gruppen bestehen. Beide Merkmale treffen mehr oder weniger auf alle Industriegesellschaften zu. In diesen Gesellschaften haben außerdem bestimmte Organisationen, die Instanzen sozialer Kontrolle, eine wichtige Funktion bei der Durchsetzung von Stigmata. Ihre Tätigkeit trägt heute in hohem Maße dazu bei, ein Stigma zu gestalten und ihm Geltung zu verschaffen" (Hohmeier 1975, 10).

Den Effekten von Stigmatisierung soll mit der Strategie des Empowerment, also einer komplexen Persönlichkeitsförderung der Risiko-Person, begegnet werden (vgl. Stark 1996; Cloerkes u. a. 2001, 158 ff.). Ein solches Konzept erscheint plausibel, um Schlüsselqualifikationen zu vermitteln und dem Lernenden als Experten in eigener Angelegenheit Raum zur Entwicklung zu geben, allerdings sind die vorliegenden wissenschaftlichen Arbeiten zu Wirkungen und Erfolgen dieses Vorgehens meist punktuell und nicht generalisierbar. Darüber hinaus vermögen die subjektorientierten Ansätze von Stigmatisierung und Empowerment nicht die Komplexität beruflicher Sozialisationsprozesse zu fassen.

Aspekte der beruflichen Sozialisation

Wolfgang Lempert zeigt die Entwicklungsgeschichte und theoretischen Einflüsse auf die berufliche Sozialisationsforschung der letzten vier Jahrzehnte in Deutschland auf und unterscheidet dabei zwischen personalistischer Sicht beruflicher Sozialisation, einer interaktionistischen Mitte und milieudeterministischen Vorstellungen (Lempert 2007, 12–40). Während für die 70er Jahre zahlreiche Beiträge vor allem interaktionistischer Ausrichtung vorliegen, wird die Zahl der Arbeiten im Folgejahrzehnt geringer und seit den 90er Jahren wird berufliche Sozialisation kaum noch thematisiert.

Allgemein definiert sich Sozialisation durch die Wechselbeziehung zwischen Individuum und Gesellschaft, bezogen auf berufliche Sozialisation bedeutet das die Analyse von Arbeitsmarkt- und Berufsstrukturen, Arbeitsanforderungen und individuellem Kompetenzerwerb sowie ihren Beziehungen untereinander. Gerade die Verfestigung der segmentierten Ausbildungs- und Arbeitsmärkte führt verstärkt zu Brüchen in der Berufsbiografie und trägt zur sozialen Segmentierung bei.

„Angesichts der negativen Auswirkungen solcher Bruchstellen auf die gesellschaftlichen Beteiligungschancen sind identitätsfördernde und nachhaltige Sozialisationsprozesse in Bezug auf Arbeitsmarkt, Beruf und Organisation Kernaufgaben lebenslanger Bildungsprozesse. Dies bedeutet für die Analyse beruflicher Sozialisation, sich auch mit den Gründen und Folgen der Diskrepanz zwischen den Leitbildern des kooperativen Individualisten und des unternehmerischen Selbst, den Erwerbs- und Qualifizierungschancen und den Handlungskompetenzen der arbeitssuchenden und erwerbstätigen Menschen zu befassen" (Heinz 2005, 329).

Walter Heinz weist angesichts der Komplexität dieses Untersuchungsfeldes auf die Notwendigkeit hin, Forschungsressourcen und -personal langfristig zu bündeln, so wie es dem Institut für Arbeitsmarkt- und Berufsforschung, dem Max-Planck-Institut für Bildungsforschung oder dem Deutschen Jugendinstitut möglich ist. Sowohl bei den Shell-Jugendstudien als auch bei den neueren Untersuchungen spielt berufliche Sozialisation keine hervorstechende Rolle, Berufspädagogik und Arbeitswissenschaft dagegen ignorieren weitgehend die Gruppe der Auszubildenden mit Behinderung bzw. ordnen sie den Benachteiligten, den Nicht-Formal-Qualifizierten oder Personen ohne Bildungsabschluss zu (Solga 2005, Kutscha 2004).

Geht man von Lemperts gewähltem interaktionisten Rahmen für Bedingungen, Prozesse und Produkte beruflicher Sozialisation aus (Lempert 2007, 15), so zeigt sich, dass bei Behinderung, folgende Aspekte besondere Bedeutung haben:

- Übergänge in Ausbildung, Abbrecherrisiko, Verbleib nach der Ausbildung, Versagensängste und Gefahr des Statusverlusts durch Anlernung für einfache Arbeiten
- Lernen und Qualifizierung unter erschwerten Bedingungen, wie zeitlicher Druck, Trennung von der Familie, Schuldenlasten, Suchtrisiko
- Behinderung als Bruch (Interferenz) im Lebenslauf, Angst vor der progressiven Verschlimmerung der Beeinträchtigung, z. B. bei Sehschädigung
- Beeinträchtigung der Wahrnehmungsfunktion, Mobilitätsprobleme, Kommunikationsbarrieren
- Beziehungsrisiken zu Gleichaltrigen, neuen Kollegen, zu Selbsthilfegruppen.

Berufliche Sozialisation ist gerade für behinderte junge Erwachsene ein ambivalenter Prozess: Einerseits kann die schulische und gesellschaftliche Selektion fortgeschrieben und die Stigmatisierung verfestigt werden, andererseits besteht die Chance, den „Teufelskreis der Benachteiligung" (Wiemann 1975, 20) zu durchbrechen, wenn berufliche Bildung so gestaltet wird, dass sie selbst zum Empowerment wird.

Didaktische Orientierung

Eine kritische Standortbestimmung interdisziplinärer Berufsbildungsforschung nehmen Pätzold und Rauner (2006, 7–28) am Beispiel der Qualifikationsforschung und Curriculumentwicklung vor. Zwei Jahrzehnte beherrschte die Lehr- und Lernforschung das Erkenntnisinteresse in Berufs- und Wirtschaftspädagogik und auch das Modellversuchsprogramm zu dezentralem, prozessorientiertem Lernen reduzierte neue Ausbildungskonzepte auf Lernformen, vernachlässigte also die Frage nach den angemessenen Inhalten und Zielen der beruflichen Bildung. Als Messkriterien für Qualifikations- und Curriculumforschung gehen sie von den Vorgaben der KMK aus:

- Unterstützung der Prozesse der Berufsentwicklung
- Empirische Begründung der Inhalte und Ziele beruflicher Bildungsgänge, Frage nach ihrer prospektiven Qualität und den Gestaltungspotenzialen für Auszubildende
- Lernortkooperationen, festgeschrieben in den Ordnungsmitteln beruflicher Bildung (ebd. 9).

Die Inhalte und Ziele systematischer Bildungsprozesse müssen von den informellen des Arbeitsprozesses durch Wissenschaftsorientierung, Situationsbezug und Persönlichkeits-Prinzip abgegrenzt werden (ebd. 17–20).

Eine didaktische Analyse – eigentlich das originäre Handwerkszeug von Pädagogen – muss in der Rehabilitation mit dem Ziel der Integration und Teilhabe an Arbeit vor allem von den regulären Konzepten beruflicher Aus- und Weiterbildung ausgehen und von darauf bezogener Berufsbildungsforschung. Die Vielzahl der didaktischen Konzeptionen und ihre Reduktion auf ein Einfügen in den Arbeitsmarkt oder in Maßnahmen und die Dominanz der Subjektorientierung legen unter dem Aspekt der Ganzheitlichkeit und des systemischen Denkens eine Rückbesinnung auf die Berliner Schule der 60er Jahre nahe. Heimann & Otto & Schulz (1965) gingen von sechs Strukturmomenten für Unterricht aus (ebd. 23):

- den anthropogenen Voraussetzungen
- den sozio-kulturellen Voraussetzungen
- und bezogen auf Unterrichten:
  - Intentionalität
  - Thematik
  - Methodik
  - Medienwahl.

Dieses Modell ist um eine Theorieebene zu erweitern, auf der Ziele, Inhalte, Methoden begründet, evaluiert und erforscht werden, wobei die derzeitige Diskussion um ökologische und ganzheitliche Bildung behaviouristische Positionen ausschließt. Die eher pragmatische Dimension der Lehr- und Lernprozesse wäre bei Behinderung um spezifische Unterstützungsangebote anzureichern, die z. B. experimentell entwickelt werden müssten. Die sozio-kulturellen Voraussetzungen sind in der im Vergleich zur allgemeinen Bildung komplexeren beruflichen Bildung durch eine Analyse der Arbeitssysteme (Strukturen des Marktes, Arbeitsorganisation, Art und Grad der Technisierung, Gestaltungsspielräume) und Reflektion der Berufsbildungssysteme zu ergänzen (Ordnungsmittel, Kompetenzen, Finanzierungsmodelle, Lernortkooperationen, Zertifizierungssysteme).

Bereits Charles Silberman (1973) schlägt vor, die Krise der Erziehung dadurch zu bewältigen, indem mehr über Inhalte und Ziele der Bildung reflektiert wird. Bezogen auf behinderte Menschen stellt sich die Frage, warum bei schwerster Beeinträchtigung und geringer Lebenserwartung Ausbildungen absolviert werden sollen, die nicht ausgeübt werden können, weil Betriebe und öffentliche Arbeitgeber diese Klientel nicht beschäftigen. Hieran lässt sich die Grenze pädagogischen Handelns aufzeigen. Geht man von der Verwertung beruflicher Rehabilitation aus, ist der übliche Schematismus: Schädigung – Reha-Maßnahme bzw. Leistung zur Teilhabe am Arbeitsleben – individuelle Chancenverwertung nicht

Subjektive Dimension:
Individualität, Normen, Werte, Identität, Lerndispositionen, Kompetenzen

Theoretische Grundpositionen:
Behaviorismus, normative Pädagogik
Konstruktivismus

Konzepte:
Handlungslernen
Reformpädagogik
Lernzielpädagogik

*Berufsbildungssystem
im Strukturwandel:*
– Neuordnung, Modernisierung
  Interaktionspädagogik
– Segmentierung:
  – Reha-Netzwerk
  – Benachteiligtenförderung
– Ökonomisierung
– Profitcenter
– Differenzierung und
– Flexibilisierung

+--+
| **Lehr- und Lernprozesse in Verknüpfung** |
| **mit Arbeit** |
| |
| Allgemein   Förderpädagogik |
| |
| – 4-Stufen   – Fördern, Stützen, |
| Methode   Beraten, abH |
| – Handlungstheo-   – Lernorganisa- |
| retische Konzepte   tionsansätze |
| – Projektmethode   – Module, Bau- |
| – Lernbüro, Juniorfirma kästen, Stufen |
+--+

Gesellschaftliche Dimension:
– Strukturwandel und Segmentierungsprozesse, Migration, Randgruppenbildung
– Technischer Wandel, u.a. Chancen und Risiken für Behinderte, Benachteiligte (Kommunikationsmöglichkeiten,
  Reha-Hilfen)
– Ökonomische Strategien, neue Formen der Arbeitsorganisation, Kern- u. Randbelegschaften,
  Qualifizierungsanforderungen

Abb. 42: Mehrdimensionales Modell der Qualifizierung

mehr aufrecht zu erhalten. Betrachtet man dagegen Bildung als Wert an sich, stellt sich die Frage nach der Qualität der beruflichen Sozialisation verschärft: Matching von Kompetenzen und Anforderung, Einfügen in den allgemeinen Arbeitsmarkt oder Reduzierung der Ausbildung erweisen sich als zu einfache Antworten, gefragt ist „didaktische Fantasie" in Verbindung mit Berufsbildungsforschung.

Literatur

abi-Projekt: Aktionsbündnis für barrierefreie Informationstechnik. http://abi-projekt.de/ (abi gefördert v. BMAS, Zugriff am 7.7.2007)

AEVO: Verordnung über die berufs- und arbeitspädagogische Eignung für die Berufsausbildung in der gewerblichen Wirtschaft (Ausbilder-Eignungsverordnung gewerbliche Wirtschaft – AEVO). Vom 16. Februar 1999, geändert d. VO v. 28. Mai 2003

AK BKSF: Arbeitsgemeinschaft der Leiter an Sonderschulen im Bildungsbereich des Berufskollegs NRW (Hrsg.): Leitlinien für das Berufskolleg für Schülerinnen und Schüler mit sonderpädagogischem Förderbedarf – BKSF. Wetter o.J.: Ev. Stiftung Volmarstein

Aktion Psychisch Kranke (Hrsg.): Individuelle Wege ins Arbeitsleben – Abschlussbericht zum Projekt „Bestandsaufnahme zur Rehabilitation psychisch Kranker". Psychiatrie-Verl.: Bonn, 2004

Antor, Georg; Bleidick, Ulrich (Hrsg.) Handlexikon der Behindertenpädagogik. Schlüsselbegriffe aus Theorie und Praxis. 2. ü. Aufl. Stuttgart u. a.O.: Kohlhammer, 2006

AQAS: Agentur für Qualitätssicherung durch Akkreditierung von Studiengängen; Ministerium für Innovation, Wissenschaft, Forschung und Technologie des Landes Nordrhein-Westfalen; Ministerium für Schule und Weiterbildung des Landes Nordrhein-Westfalen: Ausbildung von Lehrerinnen und Lehrern in Nordrhein-Westfalen. Empfehlungen der Expertenkommission zur Ersten Phase. Düsseldorf: MIWFT, 2007

Arbeitsförderungsgesetz (AFG) vom 25. Juni 1969. BGBl. I S. 582

Arbeitsgemeinschaft Produktionsschule (Hrsg.): Produktionsschulprinzip im internationalen Vergleich. Alsbach: Leuchtturm-Verlag, 1992 (Hochschule & Berufliche Bildung, Bd. 27)

ARGE BFW: Arbeitsgemeinschaft Deutscher Berufsförderungswerke (Hrsg.): Die Berufsförderungswerke – Netzwerk Zukunft. Kongress 2004 der Arbeitsgemeinschaft Deutscher Berufsförderungswerke am 17. und 18 November 2004 in Hamburg. Hamburg: Feldhaus, 2005

ARGE BFW: Arbeitsgemeinschaft Deutscher Berufsförderungswerke: Berliner Programm der Arbeitsgemeinschaft Deutscher Berufsförderungswerke – Weiterentwicklung des Erfurter Programms. Hamburg: BFW, 2002

ARGE BFW: Arbeitsgemeinschaft Deutscher Berufsförderungswerke: Reha*Assement* in den Berufsförderungswerken. Broschüre. Hamburg: BFW, 2002

ARGE BFW: Arbeitsgemeinschaft Deutscher Berufsförderungswerke: Wir bilden Zukunft. Unternehmen und Berufsförderungswerke im Dialog. Ergebnisband Erfurter Kongress 1998. Hamburg: Selbstverlag, 1998

Arnold, Rolf; Lipsmeier, Antonius; Ott, Bernd: Berufspädagogik kompakt. Berlin: Cornelsen, 1998

Ausbildungskonsens NRW, Institut für Technik und Bildung (ITB), Verband Deutscher Maschinen- und Anlagenbauer (VDMA): Projektinformation Modellversuch „Geschäfts- und arbeitsprozessbezogene Ausbildung" (GAPA) für KMU und Industriebetriebe im Rahmen von Ausbildungspartnerschaften. O.O.u.J. (Bremen, 2000).

BA: Bundesagentur für Arbeit (Hrsg.): Nationaler Pakt für Ausbildung und Fachkräftenachwuchs in Deutschland – Kriterienkatalog zur Ausbildungsreife. Nürnberg: BA 2006. www.arbeitsagentur.de; www.pakt-fuer-ausbildung.de (Stand Feb. 2006)

BA: Bundesagentur für Arbeit: Berufsvorbereitende Bildungsmaßnahmen (BvB). Neues Fachkonzept. Vom 12. Januar 2004. Anlage 1: Fachliche Hinweise, Anlage 2: Verfahrensregelung. Hekt. Nürnberg: BA, 2004, desgl. ü. F. 2006

BA: Bundesagentur für Arbeit: Teilhabe behinderter Menschen am Arbeitsleben – Persönliches Budget gemäß Paragraf 17 SGB IX in Verbindung mit Paragraf 103 SGB III. Handlungsempfehlung/Geschäftsanweisung 06/2006, lfd. Nr. 03 Nürnberg: BA, 2006

BA: Bundesanstalt für Arbeit (Hrsg.): Gemeinsame Grundsätze der Beruflichen Trainingszentren zur Qualitätssicherung in der beruflichen Rehabilitation seelisch behinderter Menschen. In: Informationen für die Beratungs- und Vermittlungsdienste – ibv (2003) Nr. 5, S. 591 f.

BA: Bundesanstalt für Arbeit (Hrsg.): Teilhabe durch berufliche Rehabilitation. Handbuch für Beratung, Förderung, Aus- und Weiterbildung. Nürnberg: BA, 2002.

BA; BAG BBW: Bundesanstalt für Arbeit; Bundesarbeitsgemeinschaft der Berufsbildungswerke: Rahmenvertrag über die Zusammenarbeit zwischen der Bundesanstalt für Arbeit und der Bundesarbeitsgemeinschaft der Berufsbildungswerke. Nürnberg: BA 15.7.1999 (Hekt. 7 Seiten); Anlage 1: Grundsätze zur Qualitätssicherung und Leistungsbeschreibung in Berufsbildungswerken. Ebd. 7 S. Anlage 2: Kalkulationsblatt

Bach, Heinz: Das Mainzer Modell. In: Sonderpädagogische Problemanalyse. In: Bundesinstitut für Berufsbildungsforschung (Hrsg.): Berufliche Bildung für gesellschaftliche Randgruppen. Das Beispiel der Jungarbeiter. Hannover: Schroedel, 1974, S. 71–102 (Schriften zur Berufsbildungsforschung, Bd. 28)

Bader, Reinhard; Schröder, Bärbel: Lehrernachwuchs für die berufsbildenden Schulen. In: Die berufsbildende Schule Jg. 55 (2003), 5, S. 145–151

Bader, Reinhard; Sloane, Peter, F.E. (Hrsg.): Lernen in Lernfeldern. Theoretische Analysen und Gestaltungsansätze zum Lernfeldkonzept. Markt Schwaben: Eusl, 2000

Bader, Reinhard; Weber, Günter (Hrsg.): Das Höhere Lehramt an beruflichen Schulen. Sicherung der wissenschaftlichen Qualifizierung der Lehrkräfte für den fachtheoretischen Unterricht an beruflichen Schulen. Bonn: BLBS, 1994 (Bildung und Beruf)

Baethge, Martin u. a.: PEM 13: Dienstleistungen als Chance: Entwicklungspfade für die Beschäftigung. Im Rahmen der BMBF-Initiative „Dienstleisungen für das 21. Jahrhundert". Abschlußbericht. Göttingen: SOFI, 1999

BAG UB: Bundesarbeitsgemeinschaft für Unterstützte Beschäftigung (BAG UB): NEUE Weiterbildungsangebote der BAG UB für Integrationsfachkräfte in 2005/2006. In: impulse. Jg. 8 (2004) Nr. 32, S. 35 f.

BAG UB: Bundesarbeitsgemeinschaft für Unterstützte Beschäftigung. (Hrsg.): Handbuch Arbeitsassistenz. Ergebnisse eines Projekts der Aktion Mensch. Hamburg: BAG UB, 2005 (www.bag-ub.de und www.arbeitsassistenz.de)

BAG UB: Bundesarbeitsgemeinschaft für Unterstützte Beschäftigung: Stellungnahme der BAG UB zur Umsetzung des Rechtsanspruchs auf Arbeitsassistenz – SGB IX, Paragraf 102 Absatz 4 – vom Juli 2005. In: Impulse. Jg.9 (2005) Nr. 35, S. 19–21

BAG: WfbM: Bundesarbeitsgemeinschaft der Werkstätten für behinderte Menschen: Empfehlung zur Umsetzung des Persönlichen Budgets. http://www.bagwfbm.de/article/507 (Zugriff 7.7.2007)

BAG: WfbM: Bundesarbeitsgemeinschaft der Werkstätten für behinderte Menschen: Menschen in Werkstätten. http://www.bagwfbm.de/page/25 (Zugriff: 3.7.2007)

BAG: WfbM: Bundesarbeitsgemeinschaft der Werkstätten für behinderte Menschen: Mut zur Zukunft. Positionen des Vorstandes über die strategische Ausrichtung der BAG:WfbM. Hekt. Skript, Stand: 30.05.2007, 9 Seiten

BAG: WfbM: Bundesarbeitsgemeinschaft der Werkstätten für behinderte Menschen: Warum verdienen Werkstattbeschäftigte so wenig? http://www.bagwfbm.de/page/101 (Zugriff: 4.7.2007)

BAG: WfbM: Bundesarbeitsgemeinschaft der Werkstätten für behinderte Menschen: Zum Bericht über das Persönliche Budget. http://www.bagwfbm.de/article/476 (Zugriff 7.7.2007)

BAG:WfB: Bundesarbeitsgemeinschaft Werkstätten für Behinderte in Kooperation mit den Trägerverbänden (1991): Zur staatlichen Anerkennung des Berufsbildes Arbeitspädagoge in der WfB – Antragstext an das zuständige Ministerium. In: Lebenshilfe: WfB-Handbuch. Marburg: Lebenshilfe-Verl., Erg.-Lfg. 10/1992

Bank-Mikkelsen, Niels Erik: Das Normalisierungsprinzip – eine Rückschau (1979). Ein Interview. Wiederabdruck in: Thimm, Walter (Hrsg.): Das Normalisierungsprinzip. Ein Lesebuch zu Geschichte und Gegenwart eines Reformkonzepts. Marburg: Lebenshilfe-Verlag, 2005, S. 62–76

Barlsen, Jörg: Unterstützte Beschäftigung und Integrationsfachdienste im Spiegel empirischer Forschung. In: Barlsen, Jörg; Hohmeier, Jürgen (Hrsg.): Neue berufliche Chancen für Menschen mit Behinderung. Düsseldorf: Verl. Selbstbest. Leben, 2001, 39–63

Barlsen, Jörg; Bungart, Jörg; Hohmeier, Jürgen; Mair, Helmut.: Projekt Integration – eine Untersuchung von Integrationsfachdiensten in Westfalen-Lippe. Abschlussbericht. Münster: LWL, 1999

Barlsen, Jörg; Hohmeier, Jürgen (Hrsg.): Neue berufliche Chancen für Menschen mit Behinderungen. Unterstützte Beschäftigung im System der beruflichen Rehabilitation. Düsseldorf: Verlag Selbstbestimmtes Leben, 2001

Bartz, Elke: Das Persönliche Budget. Ein Handbuch für Leistungsberechtigte. Hrsg.: Forum selbstbestimmter Assistenz behinderter Menschen e.V. – ForseA. Mulfingen: Eigenverl., 2006

Baudisch, Winfried; Schulze, Marion; Wüllenweber, Ernst: Einführung in die Rehabilitationspädagogik. Stuttgart: Kohlhammer, 2004

Baur, Werner; Mack, Wolfgang; Schroeder, Joachim (Hrsg.): Bildung von unten Denken. Aufwachsen in erschwerten Lebenssituationen – Provokationen für die Pädagogik. Festschrift zu 60. Geburtstag von Gotthilf Gerhard Hiller. 2. Aufl. Bad Heilbrunn. Klinkhardt, 2006

Beck, Ulrich: Risikogesellschaft. Auf dem Weg in eine andere Moderne. Frankfurt (M.): Suhrkamp, 1986

Begemann, Ernst: Die Erziehung der sozio-kulturell benachteiligten Schüler. Zur erziehungswissenschaftlichen Grundlegung der „Hilfsschulpädagogik". Hannover: Schroedel, 1970

Beicht, Ursula; Friedrich, Michael; Ulrich, Joachim Gerd: Steiniger Weg in die Berufsausbildung – Werdegang von Jugendlichen nach Beendigung der allgemeinen Schule. In: Berufsbildung in Wissenschaft und Praxis. Jg. 36 (2007) H. 2, S. 5–9

Beiderwieden, Kay: Trotz schwieriger Rahmenbedingungen: 62 % der Absolventinnen und Absolventen der Arbeitsgemeinschaft Deutscher Berufsförderungswerke bundesweit wiedereingegliedert – Ergebnisse der Zwei-Jahres-Nachbefragung 2003. Vortrag auf dem Vierzehnten Rehabilitationswissenschaftlichen Kolloquium vom 28. Februar bis 2. März 2005 in Hannover. In: Deutsche Rentenversicherung. Sonderausgabe: Rehabilitationsforschung in Deutschland – Stand und Perspektiven. Jg. 9 (2005), S. 236–238

Bell, Helmut; Kuznik, Rainer; Laga, Gerd; Runde, Peter: Arbeit, Orientierung, Rehabilitation. Zu arbeitspädagogischen Förderungsmöglichkeiten geistig behinderter Menschen. Villingen-Schwenningen: Neckar-Verl., 1988

Berg, Raimund; Viedenz, Jürgen: Neue Arbeit für Werkstätten für Behinderte. Perspektiven des besonderen Arbeitsmarktes. Hrsg.: Deutsche Vereinigung für die Rehabilitation Behinderter. Frankfurt (M.): DVfR, 2001

Bernanke, Ben S.: Global Economic Integration: What's New and What's Not? Remarks by Chairman Ben S. Bernanke at the Federal Reserve Bank of Kansas City's Thirtieth Annual Economic Symposium, Jackson Hole, Wyoming. August 25, 2006. http://www.federalreserve.gov/boarddocs/speeches/2006/20060825 (Zugriff am 17.10.2006)

Berufsbildungsgesetz – BBiG – vom 14. August 1969. BGBl. I, S. 1112

Berufsbildungsgesetz – BBiG – vom 23. März 2005. BGBl. I, S. 931

Berufsbildungswerk Leipzig für Hör- und Sprachgeschädigte gGmbH (Hrsg.): Individuelle Berufswegeplanung mit hör- und sprachbeeinträchtigten Menschen. Beratung, Diagnose, Begleitung. Leipziger Modell. Bad Heilbrunn: Klinkhardt, 2006

Berufsförderungswerk Dortmund: Reha*Assessment*. Ein modulares Dienstleistungsangebot für die Rehabilitationsträger. Hekt. Dortmund: BFW, o.J. (2007)

BFW Dortmund: Situation des Berufsförderungswerks Dortmund. Dortmund 6.6.2007 (Vortrag Öffentlichkeitsarbeit)

BIBB: Bundesinstitut für Berufsbildung: Leittexte – ein Weg zu selbständigem Lernen. Berlin, Bonn: BIBB, 1987 (Seminarkonzepte zur Ausbilderförderung)

Bieker, Rudolf (Hrsg.): Teilhabe am Arbeitsleben. Wege der beruflichen Integration von Menschen mit Behinderung. Stuttgart: Kohlhammer, 2005

Biermann, Horst (Hrsg.): Werkstattbuch. Olsberg: Josefsheim, 2005

Biermann, Horst: Abschlussbericht der Wissenschaftlichen Begleitung des Projektes „Beschäftigung und Qualifizierung schwerbehinderter Arbeitnehmerinnen und Arbeitnehmer bei der Stadt Iserlohn" für die Phase vom 1. April 2001 bis zum 31. März 2005, gefördert vom Landschaftsverband Westfalen-Lippe (LWL) im Rahmen des Förderprogramms „Aktion Integration III". Dortmund: Univ. Fak. Reha-Wiss., Stand: 30.4.2005

Biermann, Horst: Behinderte Auszubildende. In: Cramer, Günter; Schmidt, Hermann; Wittwer, Wolfgang (Hrsg.): Ausbilder-Handbuch. Aufgaben, Strategien und Zuständigkeiten für Verantwortliche in Aus- und Weiterbildung. Köln: Deutscher Wirtschaftsdienst 1994., Loseblatt-Sammlung, Kap. 5.6.5, 89. Erg.-Lfg. Dez. 2006

Biermann, Horst: Benachteiligte Auszubildende. In: Cramer, Günter; Schmidt, Hermann; Wittwer, Wolfgang (Hrsg.): Ausbilder-Handbuch. Aufgaben, Strategien und Zuständigkeiten für Verantwortliche in Aus- und Weiterbildung. Köln: Deutscher Wirtschaftsdienst 1994., Loseblatt-Sammlung, Kap. 5.6.3, 92. u. 93. Erg.-Lfg. 2007

Biermann, Horst: Berufliche Ausbildung und Eingliederung in das Erwerbsleben. In: Leonhardt, Annette / Wember, Franz (Hrsg.): Grundfragen der Sonderpädagogik. Bildung, Erziehung, Behinderung. Weinheim u. a.O.: Beltz, 2003, S. 831–847

Biermann, Horst: Berufsausbildung in der DDR zwischen Ausbildung und Auslese. Opladen: Leske u. Budrich, 1990

Biermann, Horst: Berufsbildungswerke und gesellschaftlicher Wandel. In: Berufliche Rehabilitation. Jg. 15 (2001), S. 258–285

Biermann, Horst: http://www.ausbildung.de/fit/weltweit. In: Berufsbildung. Jg. 54 (2000) H. 64, S. 3–8

Biermann, Horst: Neue Formen der Arbeitsorganisation und ihre Auswirkungen auf die Berufsbildung. In: Berufliche Rehabilitation. Jg. 10 (1996) H. 1, S. 2–21

Biermann, Horst: Pädagogisierung der betrieblichen Erstausbildung. In: Zeitschrift für Berufs- und Wirtschaftspädagogik, Jg. 86 (1990) H. 8, S. 675–687

Biermann, Horst; Greinert, Wolf-Dietrich; Janisch, Rainer (Hrsg.): Berufsbildungsreform als politische und pädagogische Verpflichtung. Günter Wiemann zum 60. Geburtstag. Velber: Friedrich Verlag, 1982

Biermann, Horst; Greinert, Wolf-Dietrich; Janisch, Rainer: Grundlagentexte zur Einführung in die Berufspädagogik. Beiträge für die Praxis der Berufsbildungszusammenarbeit. Band 2: Berufliche Lernkonzepte. Shanghai: Tongji-Universität, 2001

Biermann, Horst; Janisch, Rainer (Bearb.): bb-thema: Produktionsschulen. Themenheft der Zeitschrift Berufsbildung. Jg. 48 (1994) H. 29

Biermann, Horst; Kipp, Martin (Hrsg.): Quellen und Dokumente zur Beschulung der männlichen Ungelernten 1869–1969. 2 Bde. Köln, Wien: Böhlau Verlag, 1989

Biermann, Horst; Niehaus, Hubert: Sonderpädagogische Förderung im Berufskolleg in NRW. Entwicklung eines systemischen Konzepts in der Fortbildung. In: Busian, Anne u. a. (Hrsg.): Jugendliche mit Berufsstartschwierigkeiten. Wirksame Unterstützung vor Ort? Dortmunder Forschertag Berufliche Bildung NRW. Dortmund: Sozialforschungsstelle, 2003, S. 113–125 (SfS: Beiträge aus der Forschung, Bd. 139)

Biermann, Horst; Piasecki, Peter: Förderung der beruflichen Kommunikation bei funktionalem Analphabetismus bei lernbehinderten Auszubildenden. In: Stach, Meinhard; Stein, Roland (Hrsg.): Berufliche Rehabilitation in Netzwerken und mit Hilfe neuer Medien. 13. Hochschultage Berufliche Bildung 2004. Bielefeld: Bertelsmann, 2004, S. 133–147

Biermann-Berlin, Brigitte: „Seiteneinsteiger" und die Notwendigkeit der Kooperation von Lehrern verschiedener Schulformen. In: Ausländerkinder in Schule und Kindergarten. Jg. 2 (1981) H. 4, S. 9–12

Biermann-Berlin, Brigitte: Filiz und Leyla. In: Berufsbildung. Jg. 45 (1991) H. 11/12, S. 422–424

Biermann-Berlin, Brigitte: Zur Problematik von Jugendlichen ohne Hauptschulabschluss und ohne Berufsausbildung. Nürnberg: IAB, 1979 (BeitrAB 38)

BIH: Bundesarbeitsgemeinschaft der Integrationsämter und Hauptfürsorgestellen: Arbeitsassistenz. In: Fachlexikon. http://www.integrationsaemter.de/webcom/show_lexikon.php/_c-57 (Stand: 2006, Zugriff 12.7.2007)

BIH: Bundesarbeitsgemeinschaft der Integrationsämter und Hauptfürsorgestellen: Empfehlungen der BIH für die Erbringung finanzieller Leistungen zur Arbeitsassistenz schwerbehinderter Menschen gemäß § 102 Abs. 4 SGB IX. Stand: 1.6.2003. In: BAG UB (Hrsg.): impulse. Jg. 7 (2003) Nr. 27

BIH: Bundesarbeitsgemeinschaft der Integrationsämter und Hauptfürsorgestellen: Jahresbericht zur Arbeit der IFD 2005. Karlsruhe 2006 (http://integrationsaemter.de/files/602/IFD-Jahresbericht_2005.pdf

BIH: Bundesarbeitsgemeinschaft der Integrationsämter und Hauptfürsorgestellen: Schnittstelle allgemeiner Arbeitsmarkt – Werkstatt für behinderte Menschen. Schwachstellen und Lösungsperspektiven. Münster, Karlsruhe 23.02.2007 (http://integrationsaemter.de/files/657/Papier-BAGues-BIJ-Endf-23022007.pdf)

Blaschke, Dieter: Problemhintergrund der Verbleibs- und Wirkungsforschung bei Behinderten und bei anderen Zielgruppen der Arbeitsmarktpolitik. In: Niehaus, Mathilde; Montada, Leo (Hrsg.): Behinderte auf dem Arbeitsmarkt. Frankfurt, New York: Campus, 1997, S. 131–143

Bloom, Benjamin S. (Hrsg.): Taxonomie von Lernzielen im kognitiven Bereich. Weinheim, Basel: Beltz, 1972

Blossfeld, Hans-Peter; Mayer, Karl Ulrich: Arbeitsmarktsegmentation in der Bundesrepublik Deutschland. Eine empirische Überprüfung von Segmentationstheorien aus der Perspektive des Lebenslaufs. In: Kölner Zeitschrift für Soziologie und Sozialpsychologie. Jg. 40 (1988) Nr. 2, S. 262–283

BMAS: Bundesminister für Arbeit und Soziales: Jobs ohne Barrieren. Initiative für Ausbildung und Beschäftigung behinderter Menschen und betriebliche Prävention. Bonn: BMAS, 2007 (www.bmas.bund.de)

BMAS: Bundesminister für Arbeit und Soziales: Bericht der Bundesregierung über die Ausführung der Leistungen des Persönlichen Budgets nach Paragraf 17 des Neunten Buches Sozialgesetzbuch – SGB IX. In: Material zur Information. Stand: 20. Dezember 2006. Bonn: BMAS, 2006

BMAS: Bundesminister für Arbeit und Sozialordnung (Hrsg.): Vierter Bericht der Bundesregierung über die Lage der Behinderten und die Entwicklung der Rehabilitation. Bonn: BMAS, 1998

BMAS: Bundesminister für Arbeit und Sozialordnung: Aktionsprogramm der Bundesregierung zur Förderung der Rehabilitation der Behinderten. In: BMAS (Hrsg.): Sozialpolitische Informationen. Jg. 4 (1970) 13, S. 1–4

BMAS: Bundesministerium für Arbeit und Soziales: Auf Erfolgen aufbauen – mehr Menschen mit Behinderung in Arbeit. Kabinett stimmt Bericht zu Beschäftigungssicherungsinstrumenten zu. BMAS: Pressemitteilung v. 27.6.2007

BMAS: Bundesministerium für Arbeit und Soziales: Berufsbildungswerke – Einrichtungen zur beruflichen Rehabilitation junger Menschen mit Behinderung. Bonn: BMAS, Stand: Juni 2006

BMAS: Bundesministerium für Arbeit und Soziales: Übereinkommen über die Rechte behinderter Menschen. (Arbeitsübersetzung des Beschlusses der Generalversammlung der Vereinten Nationen vom 13.12.2006). http://www.bmas.bund.de/BMAS/Redaktion/Pdf/uebereinkommen-ueber-die-rechte-behinderter-menschen,property=pdf,bereich=bmas,sprache=de,rwb=true.pdf (Zugriff am 17.6.2007)

BMAS: Bundesministerium für Arbeit und Sozialordnung (Hrsg.): MELBA – Psychologische Merkmalsprofile zur Eingliederung Behinderter in Arbeit. 2. ü. Aufl. Bonn: BNA, 1997 (Forschungsberichte des Bundesministeriums für Arbeit und Sozialordnung, Bd. F 259)

BMBF: Bundesminister für Bildung und Forschung (BMBF): Berufsausbildungskonferenz „Ausbilden jetzt – Erfolg braucht alle" 14./15. Juli 2003 in Schwerin im Landtag Mecklenburg – Vorpommern Schloss Schwerin. Bonn: BMBF, 2003.

BMBF: Bundesminister für Bildung und Forschung (Hrsg.): Jugendliche ohne Berufsausbildung. Eine BiBB/EMNID-Untersuchung. Bonn: BIBB, 1999

BMBF: Bundesminister für Bildung und Forschung: Verordnung über die Prüfung zum anerkannten Abschluss „Geprüfte Fachkraft zur Arbeits- und Berufsförderung" in WfB. In: Lebenshilfe: Handbuch-WbfM. 9. Erg.-Lfg. 2001

BMBF: Bundesministerium für Bildung und Forschung (Hrsg.): Manneke, Karin; Winter, Joachim (INBAS, Red.): Berufliche Qualifizierung Jugendlicher mit besonderem Förderbedarf. Benachteiligtenförderung. Bonn: BMBF, 2005

BMBF: Bundesministerium für Bildung und Forschung: Berufsbildungsbericht. Bonn, Berlin: BMBF, 1977 ff. (jährlich, Entwurf 2007)

BMBF: Bundesministerium für Bildung und Forschung: Verordnung über die Prüfung zum anerkannten Abschluss Geprüfte Fachkraft zur Arbeits- und Berufsförderung in Werkstätten für behinderte Menschen vom 25. Juni 2001. In: Bundesgesetzblatt (BGBl.) Teil I, S. 1239

BMBW (Hrsg.): Innovative Methoden in der beruflichen Bildung. Bericht über das Internationale Unesco-Symposium Hamburg, 5.-9. Juni 1989. Bonn: BMBW, 1990

BMBW: Bundesminister für Bildung und Wissenschaft (BMBW): Sozialpädagogisch orientierte Berufsausbildung. Empfehlungen und Informationen für die Ausbildungspraxis in der Benachteiligtenförderung. Bonn: BMBW, 1992

BMGS: Bundesministerium für Gesundheit und Soziale Sicherung: Ratgeber für behinderte Menschen. Bonn: BMGS, 2005

Boban, Ines; Hinz, Andreas: Persönliche Zukunftsplanung mit Unterstützerkreisen – ein Ansatz auch für das Leben mit Unterstützung in der Arbeitswelt. In: Bieker, Rudolf (Hrsg.): Teilhabe am Arbeitsleben. Stuttgart: Kohlhammer, 2005, S. 133–145

Bojanowski, Arnulf: Ergebnisse und Desiderata zur Förderung Benachteiligter in der Berufspädagogik – Versuch einer Bilanz. In: Zeitschrift für Berufs- und Wirtschaftspädagogik. Jg. 102 (2006) H. 3, 341–359

Bolte, Karl Martin; Kappe, Dieter; Neidhardt, Friedhelm: Soziale Ungleichheit. 4. Aufl. Opladen: Leske + Budrich Verlag, 1975

Brackhane, Rainer u. a.: Methodisch-didaktisches Handbuch für die berufliche Bildung in der Werkstatt für behinderte Menschen. Detmold: Lebenshilfe für behinderte Menschen, Kreisvereinigung Detmold (Hrsg.), 2002

Brandt, Birgit: Schritt für Schritt durch systematisches Lernen zum Eingliederungserfolg. In: Biermann, Horst (Hrsg.): Werkstattbuch. Olsberg: Josefsheim 2005, S. 75–83

Bruchhäuser, Hanns-Peter; Lipsmeier, Antonius (Hrsg.): Die schulische Berufsbildung 1869–1918. Köln, Wien: Böhlau, 1985 (Quellen und Dokumente zur Geschichte der Berufsbildung in Deutschland, Reihe B, Bd. 3).

Buchmann, Ulrike; Kell, Adolf: Abschlussbericht zum Projekt „Konzepte der Berufsschullehrerbildung". Bonn: BMBF, 2001

Bühler, Christian: Assistive Technologie – Design für alle. In: Orthopädie-Technik. Jg. 56 (2005) H. 12, S. 858–867

Bundesarbeitsgemeinschaft der überörtlichen Träger der Sozialhilfe (BAGüS); Bund-Länder-Kommission für Bildungsplanung (BLK): Bildungsgesamtplan. Stuttgart: Klett, 1973

Bundschuh, Konrad: Differenzierte Begutachtung und Kompetenzorientierung. Anforderungen an eine heilpädagogische Diagnostik im 21. Jahrhundert. In: Zeitschrift für Heilpädagogik. Jg. 51 (2000) H.8, S. 321–326

Cedefop: Agora XII. Ausbildung geistig Behinderter und ihrer Ausbilder: Wie kann man Menschen mit geistigen Behinderungen eine echte und behindertengerechte Ausübung ihrer Rechte ermöglichen? Thessaloniki, 5. u. 6. Juli 2001., Luxemburg: Amt für Veröffentlichungen der EU, 2003 (cedefop panorama series, 69)

Chomsky, Noam: Aspekte der Syntaxtheorie. Frankfurt (M.): Suhrkamp, 1969

Chrosciel, Eckhart: Das Ausbildungskonzept MES (Modules of Employable Skills). In: BMBW (Hrsg.): Innovative Methoden in der beruflichen Bildung. Bonn: BMBW, 1990, S. 41–43

Ciolek, Achim: Hamburg: Modellprojekt zur beruflichen Orientierung und Qualifizierung im Übergang von der Schule in Unterstützte Beschäftigung. In: Impulse. Jg. 2 (1998) Nr. 9, 22

CJD Waren: Produktionsschule. Beruflich orientierende soziale Schule (BOSS). Waren: CJD, o.J. (2007). Hekt. Ms. 16 S.

Cloerkes, Günther; Markowez, Reinhard (Mitarb.); Felkendorff, Kai (Mitarb.): Soziologie der Behinderten. Eine Einführung. 3. neu bearb. Aufl. Heidelberg: Universitätsverlag C. Winter, 2007

Cramer, Günter; Schmidt, Hermann; Wittwer, Wolfgang (Hrsg.): Ausbilder-Handbuch. Aufgaben, Strategien und Zuständigkeiten für Verantwortliche in Aus- und Weiterbildung. Köln: Deutscher Wirtschaftsdienst 1994, Loseblatt-Sammlung

Czermak, Alfred: Wie integrieren Integrationsfirmen? In: Mosen, Günter; Scheibner, Ulrich (Hrsg.): Arbeit, Erwerbsarbeit, Werkstattarbeit. Vom Mythos zum neuen Arbeitsbegriff in Theorie und Praxis. Frankfurt (M.): BAG:WfbM, 2003, S. 257–271

DAK: Deutsche Angestellten Krankenkasse (Hrsg.): DAK-Gesundheitsreport 2005. Schwerpunkt Angst und Depressionen. Hamburg: DAK, 2005 (Verfasser: IGES Institut für Gesundheits- und Sozialforschung GmbH, Berlin, iges@iges.de)

Dederich, Markus; Greving, Heinrich; Mürner, Christian; Rödler, Peter (Hrsg.): Inklusion statt Integration? Heilpädagogik als Kulturtechnik. Gießen: Psychosozial-Verlag, 2006

Deutsche Shell (Hrsg.): Jugend 2000. 13. Shell Jugendstudie. Opladen: Leske + Budrich, 2000, 2 Bde.

Deutscher Bildungsrat. Empfehlungen der Bildungskommission: Strukturplan für das Bildungswesen. Stuttgart: Klett, 1969

Deutscher Bildungsrat. Empfehlungen der Bildungskommission: Zur pädagogischen Förderung behinderter und von Behinderung bedrohter Kinder und Jugendlicher. Stuttgart: Klett, 1973

Deutscher Bildungsrat. Gutachten und Studien der Bildungskommission: Sonderpädagogik 1 bis 7. Stuttgart: Klett, 1973–1975 (Bde. 25, 30, 34, 35, 37, 52, 53)

Deutscher Bundestag. Ausschuss für Bildung, Forschung und Technikfolgenabschätzung: Ausschreibung zum TA-Projekt: Chancen und Perspektiven behinderungskompensierender Technologie am Arbeitsplatz. Skript, Berlin: Deutscher Bundestag, 2007

Deutscher Bundestag: Antwort der Bundesregierung auf die Kleine Anfrage [...] betr. Anerkennung von Werkstätten für Behinderte. Drucksache 7/3999 vom 29.08.1975

Deutscher Bundestag: Bericht 2005 der Bundesregierung zur Wirksamkeit moderner Dienstleistungen am Arbeitsmarkt. Drucksache 16/505 vom 01.02.2006

Deutscher Bundestag: Bericht der Bundesregierung über die Lage behinderter Menschen und die Entwicklung ihrer Teilhabe. Drucksache 15/4575 vom 16.12.2004

Deutscher Bundestag: Umsetzungsschwierigkeiten beim trägerübergreifenden Persönlichen Budget. Kleine Anfrage der Abgeordneten Jörg Rohde u. a. Drucksache 16/2145 vom 29.06.2006

DGfE: Deutsche Gesellschaft für Erziehungswissenschaften, Sektion Berufs- und Wirtschaftspädagogik (Hrsg.): Basiscurriculum für das universitäre Studienfach Berufs- und Wirtschaftspädagogik. Unv. Skript, Jena (2003)

DIMDI: Deutsches Institut für Medizinische Dokumentation und Information; WHO-Kooperationszentrum für die Familie Internationaler Klassifikationen (Hrsg.): Internationale Klassifikation der Funktionsfähigkeit, Behinderung und Gesundheit. Stand: Oktober 2004. Köln: DIMDI, 2004

Dings, Wolfgang: Berufsbildungs- und Berufsförderungswerke – Leistungsangebote, methodisch-didaktische Konzeptionen und Modellentwicklungen. In: Bieker, Rudolf (Hrsg.): Teilhabe am Arbeitsleben. Stuttgart: Kohlhammer, 2005, S. 205–231

Dings, Wolfgang; Frese, Antje: Handlungsorientiert ausbilden in einem Baukastensystem am Beispiel der kaufmännischen Ausbildung. Ein Handbuch für Ausbilder und Ausbilderinnen. Bigge: Josefsheim, 2002

Dings, Wolfgang; Landes, Friedrich: Neckargemünder Ausbildungs-Modul-System (NA-MOS) und Bigger Ausbildungskonzeption – strukturelle und didaktisch-methodische Innovation. In: Berufliche Rehabilitation. Jg.12 (1998) H. 2, S. 66–71

Doerfert, Helmut; Bleh, Cordula: Berufliche Qualifizierung von schwer lernbehinderten Jugendlichen in den Berufsfeldern Metalltechnik und Ernährung und Hauswirtschaft/ Gesundheit. Bonn: BMBW, 1993

Doose, Stefan: Die Phasen der Entwicklung von Unterstützter Beschäftigung, Integrations-fachdiensten und Arbeitsassistenz in Deutschland. In: impulse. Jg. 8 (2004) Nr. 32, S. 3–14 (Themenheft: 10 Jahre BAG UB und Unterstützte Beschäftigung, http://www.bag-ub.de/A/idx_impulse.htm)

Doose, Stefan: I want my dream – Persönliche Zukunftsplanung. Neue Perspektiven und Methoden einer individuellen Hilfeplanung mit Menschen mit Behinderung. Kassel: Mensch zuerst – People First Deutschland, 2004

Doose, Stefan: Neue Wege in der beruflichen Integration für Menschen mit Lernschwierig-keiten: Unterstützte Beschäftigung in Deutschland. In: Impulse. Jg. 2 (1998) Nr. 9, S. 16–19

Doose, Stefan: Unterstützte Beschäftigung im Kontext von internationalen, europäischen und deutschen Entwicklungen in der Behindertenpolitik. In: impulse. Jg. 7 (2003) Nr. 27, S. 3–12 (http://www.bag-ub.de/impulse/idx_impulse.htm)

Doose, Stefan: Unterstützte Beschäftigung im Übergang Schule – Beruf. In: vds Landesver-band Nordrhein-Westfalen: Mitteilungen (2005), H. 1, S. 5–19

Doose, Stefan: Unterstützte Beschäftigung. In: Schulze, Hartmut u. a. (Hrsg.): Schule, Betriebe und Integration. Menschen mit geistiger Behinderung auf dem Weg in die Arbeitswelt. Beiträge und Ergebnisse der Tagung INTERATION 2000 am 30./31. Mai 1996 in Hamburg. GEW: Hamburg 1997, S. 262–291

Dörig, Roman: Handlungsorientierter Unterricht – Konzept und Grundsätze der Umsetzung im Unterricht. In: Die berufsbildende Schule. Jg. 49 (1995), S. 205–214

Dostal, Werner; Jansen, Rolf; Parmentier, Klaus (Hrsg.): Wandel der Erwerbsarbeit: Ar-beitssituation, Informatisierung, berufliche Mobilität und Weiterbildung. Nürnberg: IAB, 2000 (BeitrAB 231)

Dostal, Werner; Kupka, Peter (Hrsg.): Globalisieurung, veränderte Arbeitsorganisation und Berufswandel. Nürnberg: IAB, 2001 (BeitrAB 240)

Dostal, Werner; Reinberg, Alexander; Schnur, Peter: Tätigkeits- und Qualifikationsprojek-tionen, der IAB/Prognos-Ansatz. In: Kleinhenz, Gerhard (Hrsg.): IAB Kompendium Arbeitsmarkt- und Berufsforschung. Nürnberg: IAB, 2002, S. 547–556 (BeitrAB 250)

Duisburger Arbeitskreis „Berufe für Behinderte": Studie: Untersuchung und Vorschläge für die Erweiterung und Verbesserung der Ausbildungsmöglichkeiten für Behinderte. Duis-burg 1971, 2. Aufl. 1975 u. 1978

DVfR: Deutsche Vereinigung für Rehabilitation: Eingliedern – aber richtig! Praxiserfahrun-gen beim betrieblichen Eingliederungsmanagement. Tagungsreader der Fachtagung am 3. Nov. 2006 in Stuttgart. Heidelberg: DVfR, 2006

Eberhard, Verena; Krewerth, Andreas; Ulrich, Joachim Gerd (Hrsg.): Mangelware Lehr-stelle. Zur aktuellen Lage der Ausbildungsplatzbewerber in Deutschland. Bielefeld: Ber-telsmann, 2006

Eberwein, Hans (Hrsg.): Behinderte und Nichtbehinderte lernen gemeinsam. Handbuch der Integrationspädagogik. 3. Aufl. Weinheim, Basel: Beltz, 1994

Enquete Kommission, Deutscher Bundestag: Bericht über die Lage der Psychiatrie in der Bundesrepublik Deutschland. Bundestagsdrucksache 7/4200, 7/4201 (1975)

Euler, Dieter; Pätzold, Günter: Modellversuche vor dem Ende? Interview mit Dr. Günter Ploghaus. In: Zeitschrift für Berufs- und Wirtschaftspädagogik. Jg. 102 (2006), H. 1, S. 7–14

Faßmann, Hendrik: Ausbildungsabbruch bei behinderten und benachteiligten Jugendlichen. Erprobung und Evaluation eines Instruments. Nürnberg: IAB 2000 (BeitrAB 234)

Faßmann, Hendrik; Lechner, Birgit; Steger, Renate, Zimmermann, Ralf: REGIonale Netz-werke zur beruflichen Rehabilitation (lern-)behinderter Jugendlicher (REGINE) – Abschlussbericht der wissenschaftlichen Begleitung einer Modellinitiative der Bundesarbeitsgemeinschaft für Rehabilitation. Nürnberg: Institut für empirische Soziologie, 2003

Felkendorff, Kai; Lischer, Emil (Hrsg.): Barrierefreie Übergänge? Jugendliche mit Behinderungen und Lernschwierigkeiten zwischen Schule und Berufsleben. Zürich: Verl. Pestalozzianum PH Zürich, 2005

Feuser, Georg: Behinderte Kinder und Jugendliche. Zwischen Integration und Aussonderung. 2. Aufl. Darmstadt: Wiss. Buchges., 2005,

Fischer, Eckhard: Stand der Umsetzung des Modellversuchs in der Ausbildungspraxis. In: Wiemann, Günter: Didaktische Modell beruflichen Lernens im Wandel. Berlin, Bonn: BIBB, 2002, S. 283–289

Fietz, Hartmut; Ringwald, Dirk: Darstellung des virtuellen Berufsbildungswerks am Berufsbildungswerk Neckargemünd gGmbH. In: Stach, Meinhard; Stein, Roland (Hrsg.): Berufliche Rehabilitation in Netzwerken und mit Hilfe neuer Medien. 13. Hochschultage Berufliche Bildung 2004. Bielefeld: Bertelsmann, 2004, S. 35–41

Finke, Bernd: Das trägerübergreifende persönliche Budget aus Sicht der überörtlichen Träger der Sozialhilfe. In: Behindertenrecht. Jg. 45 (2006) H. 3, S. 57–64

Föhres, Felizitas u. a.: Melba. Ein Instrument zur beruflichen Rehabilitation und Integration. Manual. Arbeitsmaterialien für das Verfahren MELBA. 3. Aufl. Siegen: Univ., 2000

Forschungsinstitut Betriebliche Bildung (f-bb) gGmbH: Zukunft der einfachen Arbeit. Von der Hilfstätigkeit zur Prozessdienstleistung. Bielefeld: Bertelsmann, 2005 (Berufsbildung, Arbeit und Innovation, Bd. 30)

Fourastie, Jean: Die 40 000 Stunden: Aufgaben und Chancen der sozialen Evaluation. Frankfurt a.M. u.a.O.: Büchergilde Gutenberg, 1968 (dt. H. Krage)

Franz, Alexandra: Selbstbestimmt Leben mit Persönlicher Assistenz. Eine alternative Lebensform behinderter Frauen. Neu-Ulm: AG SPAK, 2002

Frieling, Ekkehart; Hoyos, Carl Graf (Hrsg.): Handbuch: Fragebogen zur Arbeitsanalyse (FAA). Deutsche Bearbeitung des „Position analysis questionnaire" (PAQ). Bern: Huber, 1978

Frühauf, Theo; Grampp, Gerd; Schmitz, Gudrun: Berufliche Bildung in Werkstätten für Behinderte. Frankfurt (M.): BAG:WfB o.J. (1997) (Werkstatt:Thema, H. 6)

Galuske, Michael: Abkehr von der „Heiligen Kuh"! Jugendberufshilfe nach dem Ende der Vollbeschäftigungsillusion. In: Jugend, Beruf, Gesellschaft. Jg.49 (1998) H. 1, S. 6–14.

Gassmann, Uwe: Unternehmensforum für schwerbehinderte Mitarbeiter und Kunden – Eine bundesweite Initiative von Unternehmen. In: Mehrhoff, Friedrich (Hrsg.): Disability Management. Stuttgart: Gentner, 2004, S. 31–40

Gerdes, Tomke: Durch Unterstützung von Integrationsfachdiensten in den Arbeitsmarkt. Eine qualitative Untersuchung zu Menschen mit psychischen Beeinträchtigungen. Saarbrücken: Verl. Dr. Müller, 2007

Gesetz zur Förderung der Ausbildung und Beschäftigung schwerbehinderter Menschen. BGBl. I, S. 606 vom 26.4.2004

Gesetz zur Sicherung der Eingliederung Schwerbehinderter in Arbeit, Beruf und Gesellschaft (Schwerbehindertengesetz – SchwbG) i. d. F. der Bekanntmachung vom 26. August 1986. BGBl. I, S. 1421, ber. S. 1550

Göbel, Wolfgang: Notwendigkeit einer Höherqualifizierung der Gruppenleiter zum Arbeitspädagogen in Werkstätten für Behinderte. In: Lebenshilfe: WfB-Handbuch. Marburg: Lebenshilfe-Verl., Erg.-Lfg. 10/1992, L 2

Goffman, Erving: Stigma. Über Techniken der Bewältigung beschädigter Identität. Frankfurt: Suhrkamp, 1967

Grampp, Gerd: Das Arbeitspädagogische BildungsSystem (ABS) als Basis einer normalisierenden beruflichen Bildung für geistig behinderte Menschen. In: Hirsch, Stephan; Lindmeier, Christian (Hrsg.): Berufliche Bildung von Menschen mit geistiger Behinderung. Neue Wege zur Teilhabe am Arbeitsleben. Weinheim, Basel: Beltz, 2006, S. 145–161

Grampp, Gerd: Systemisch-strukturgeleitetes Lernen als Methode der beruflichen Bildung in der WfB. In: Bundesvereinigung Lebenshilfe für Menschen mit geistiger Behinderung e.V. (Hrsg.): WfbM Handbuch. Marburg: Lebenshilfe-Verlag. – Losebl.-Ausg., Erg.-Lfg. 1996 – D9

Greinert, Wolf-Dietrich: Das duale System der Berufsausbildung in der Bundesrepublik Deutschland. Struktur und Funktion. 3. neubearb. Aufl. Stuttgart: Holland + Josenhans, 1997

Greinert, Wolf-Dietrich: Schule als Instrument sozialer Kontrolle und Objekt privater Interessen. Hannover: Schroedel, 1975

Greinert, Wolf-Dietrich: Systeme beruflicher Bildung im internationalen Vergleich – Versuch einer Klassifizierung. In: Bundesminister für Bildung und Wissenschaft (BMBW): Innovative Methoden in der beruflichen Bildung. Bericht über das Internationale Unesco-Symposium Hamburg, 5.-9. Juni 1989. Bonn: BMBW, 1990, S. 15–19 (Bildung, Wissenschaft, International, 1/1990)

Greinert, Wolf-Dietrich; Wiemann, Günter (Hrsg.): Produktionsschulprinzip und Berufsbildungshilfe. Analyse und Beschreibungen. Baden-Baden: Nomos, 1992

Gutschmidt, Fritz; Laur-Ernst, Ute: Handlungslernen verstehen und umsetzen. Ein Studienbuch für das Personal in der beruflichen Aus- und Weiterbildung. Bielefeld: Bertelsmann, 2006 (BIBB: Ausbilderförderung)

Hacker, Winfried: Allgemeine Arbeits- und Ingenieurpsychologie. Berlin: VEB Deutscher Verlag der Wissenschaften, 1973

Haerlin, Christiane: Training für den Wiedereinstieg. Qualifizierungsangebote beruflicher Trainingszentren (BTZ). In: Bieker, Rudolf (Hrsg.): Teilhabe am Arbeitsleben. Stuttgart: Kohlhammer, 2005, S. 232–243

Halfpap, Klaus; Marwede, Klaus (Hrsg.): Werkstattlabor. Neue Informationstechnologie und die Vermittlung von Schlüsselqualifikationen im Berufsfeld Metalltechnik. Abschlussbericht. BLK-Modellversuch. Schwerte: Viktor-Verlag, 1994

Halfpap, Klaus; Oppenberg, Heinbernd; Richter, Dirk: Lernbüro. Kaufmännisches Arbeitslernen in Modellbetrieben des Landes Brandenburg. Päd. Landesinstitut Brandenburg (Hrsg.): Abschlussbericht des BLK-Modellversuchs Lernbüro, Bd. 3. Ludwigsfelde: PLB, 1996

Haring, Matthias: Das Konzept der „Planung und Begleitung von Rehabilitationsmaßnahmen (PBR)" am Berufsbildungswerk Leipzig für Hör- und Sprachgeschädigte gGmbH. In: Mutzeck, Wolfgang (Hrsg.): Förderplanung. Grundlagen – Methoden – Alternativen. Weinheim 2000: Beltz, Deutscher Studienverlag, S. 73–83

Hartmann, Helmut; Hammerschick, Jochen: Bestands- und Bedarfserhebung Werkstätten für behinderte Menschen. Hrsg.: Consulting für Steuerung und soziale Entwicklung GmbH – con_sens. Hamburg: Eigenverlag, 2003. (http://www.consens-info.de, Stand: 07.01.2003)

Hartz, Peter, Ltg.: Kommission zum Abbau der Arbeitslosigkeit und zur Umstrukturierung der Bundesanstalt für Arbeit: Moderne Dienstleistungen am Arbeitsmarkt. Berlin, 2002

Heimann, Paul; Otto, Gunter; Schulz, Wolfgang: Unterricht – Analyse und Planung. Hannover: Schroedel, 1965 (Hrsg.: Blumenthal, Alfred; Ostermann, Wilhelm: Auswahl Reihe B, Bd. 1/2)

Heinz, Walter R.: Berufliche Sozialisation. In: Rauner, Felix (Hrsg.): Handbuch Berufsbildungsforschung. Bielefeld: Bertelsmann, 2005, S. 321–329

Hellbusch, Jan Eric: Barrierefreies Webdesign. Praxishandbuch für Webgestaltung und grafische Programmoberflächen. Hrsg.: Christian Bühler, abi. Heidelberg: dpunkt Verlag, 2005

Henninger, Antje; Steiner, Gusti: Schwarzbuch „Deutsche Bahn AG". Handbuch der Ignoranz. Hrsg.: MOBILE – Selbstbestimmtes Leben Behinderter e.V. Neu-Ulm: AG SPAK Bücher, 2003 (Materialien M 151, www.mobile-dortmund.de)

Hensge, Kathrin: Der Rahmenstoffplan für die Ausbildung der Ausbilder (AdA). In: Cramer; Schmidt; Wittwer (Hrsg.): Ausbilder-Handbuch. Köln: Deutscher Wirtschaftsverlag Kluver, 23. Erg.-Lfg. 1998, Kap. 4.6

Hesse, Hans Albrecht: Berufe im Wandel. Ein Beitrag zur Soziologie des Berufs, der Berufspolitik und des Berufsrechts. 2. ü. Aufl. Stuttgart: Enke, 1972

HIBA: Projektgruppe Förderplan: Individuelle Förderplanung in der Benachteiligtenförderung. Band 1: Verfahren und institutionelle Bedingungen der Förderplanung. Band 2:

Instrumente, Methoden und Dokumentation der Förderplanung. 2. Aufl. Heidelberg: HIBA, 2001 (hiba-Weiterbildung Bd. 10/59 u. 60)

Hiller, Gotthilf Gerhard: Ausbruch aus dem Bildungskeller. Pädagogische Provokationen. 3. Aufl. Langenau-Ulm: Vaas Verlag, 1994

Hinz, Andreas: Inklusion. In: Antor, Georg; Bleidick, Ulrich (Hrsg.): Handlexikon der Behindertenpädagogik. Schlüsselbegriffe aus Theorie und Praxis. 2. ü. Aufl. Stuttgart u. a.O.: Kohlhammer, 2006, S. 97–99

Hinz, Andreas; Boban, Ines: Integrative Berufsvorbereitung. Unterstütztes Arbeitstraining für Menschen mit Behinderung. Neuwied: Luchterhand, 2001

Hirsch-Kreinsen, Hartmut: Arbeitskraft-Unternehmer und Tagelöhner, Frankfurter Rundschau v. 14.11.2000, S. 20

Hirsch-Kreinsen, Hartmut: Netzwerke kleiner Unternehmen. Praktiken und Besonderheiten internationaler Zusammenarbeit. Berlin: Ed.Sigma, 2003

Hirsch, Stephan; Lindmeier, Christian (Hrsg.): Berufliche Bildung von Menschen mit geistiger Behinderung. Neue Wege zur Teilhabe am Arbeitsleben. Weinheim, Basel: Beltz, 2006

Hohmeier, Jürgen: Stigmatisierung als sozialer Definitionsprozess. In: Brusten, Manfred; Hohmeier, Jürgen (Hrsg.): Stigmatisierung. Zur Produktion gesellschaftlicher Randgruppen. Neuwied, Darmstadt: Luchterhand, 1975, Bd. 1, S. 5–24

Hofer, Peter; Weidig, Inge; Wolff, Heimfried: Arbeitslandschaft bis 2010 nach Umfang und Tätigkeitsprofilen. Gutachten. Text- u. Anlagebd. Nürnberg: IAB, 1989 (BeitrAB 131)

Hollenweger, Judith: Der Beitrag der Weltgesundheitsorganisation zur Klärung konzeptueller Grundlagen einer inklusiven Pädagogik. In: Dederich, Markus u. a. (Hrsg.): Inklusion statt Integration? Gießen: Psychosozial-Verlag, 2006, S. 45–61

Höhn, Elfriede (Hrsg.): Ungelernte in der Bundesrepublik. Soziale Situation, Begabungsstruktur und Bildungsmotivation. Kaiserslautern: Georg Michael Pfaff Gedächtnisstiftung, 1974 (Schriftenreihe Bd. 13)

ILO: Internationales Arbeitsamt: Disability Management. Code of Practice. Genf: ILO, 2001 (http://www.ilo.org/public/german/region/euro/bonn/download/code.pdf)

ILO: Internationales Arbeitsamt: Gleichheit bei der Arbeit: Den Herausforderungen begegnen. Gesamtbericht im Rahmen der Folgemaßnahmen zur Erklärung der IAO über grundlegende Prinzipien und Rechte bei der Arbeit. Internationale Arbeitskonferenz, 96. Tagung 2007. Genf: ILO, 2007

INBAS: Institut für berufliche Bildung, Arbeitsmarkt- und Sozialpolitik (Hrsg.): Junge Menschen mit Behinderung in der Berufsausbildungsvorbereitung. Offenbach: INBAS, 2006 (Berichte und Materialien, Bd. 16)

Jacobs, Kurt; Brößler, Markus (Hrsg.): Betrifft: Berufliche Integration. Integrationsfachdienste in Hessen. Fazit eines Modellprojekts. Frankfurt (M.): J.W. Goethe-Uni., 1999

Jakobs, Uta; Trattning, Susanne: Arbeitsdiagnostik. In: Rössler, Wulff (Hrsg.): Psychiatrische Rehabilitation. Heidelberg, New York: Springer, 2004, S. 88–103

Jank, Werner; Meyer, Hilbert: Didaktische Modelle: Grundlegung & Kritik. Oldenburg: C.-v.-Ossietzky-Univ., 1990

Jansen, Rolf; Stooß, Friedemann (Hrsg.): Qualifikation und Erwerbssituation im geeinten Deutschland. BIBB/IAB-Erhebung 1991/92. BIBB: Berlin, Bonn, 1992

Jantzen, Wolfgang: Sozialisation und Behinderung. Studien zu sozialwissenschaftlichen Grundfragen der Behindertenpädagogik. Gießen: Focus-Verlag, 1974

Josefs-Gesellschaft (JG) (Hrsg.): Geschichte und Geschichten der Josefs-Gesellschaft. Münster: dialogverlag, 2004

Jugend und Beruf. (Themenheft). Berufsbildung. Jg. 47 (1993) H. 22

Kampmeier, Anke S.; Niemeyer, Beatrix (Hrsg.): Benachteiligtenförderung. Auf dem Weg zu einer Professionalisierten Kooperation. Goldebek 2004 (Flensburger Beiträge zur Berufspäd., Bd. 2)

Kell, Adolf: Berufspädagogische Überlegungen zu den Beziehungen zwischen Lernen und Arbeiten. In: Kell, Adolf; Lipsmeier, Antonius (Hrsg.): Lernen und Arbeiten. Beiheft 8 zur Zeitschrift für Berufs- und Wirtschaftspädagogik, 1989, S. 9–25

Kern, Horst; Schumann, Michael: Das Ende der Arbeitsteilung? Rationalisierung in der industriellen Produktion: Bestandsaufnahme, Trendbestimmung. C.H. Beck: München, 1984

Kern, Horst; Schumann, Michael: Industriearbeit und Arbeiterbewußtsein. Eine empirische Untersuchung über den Einfluss der aktuellen technischen Entwicklung auf die industrielle Arbeit und das Arbeiterbewusstsein. Europ. Verl. Anstalt: Frankfurt a.M., 1970

Keune, Saskia, Frohnenberg, Claudia: Geprüfte Fachkraft zur Arbeits- und Berufsförderung in Werkstätten für behinderte Menschen. Lehrgangsempfehlungen. (= BIBB (Hrsg.): Materialien zur Beruflichen Bildung, H. 110). Bielefeld, 2001

Khella, Karam: Einführung in die Sozialarbeit und Sozialpädagogik, Teil 2: Die soziale Frage in der Bundesrepublik. 2. Aufl. Hamburg: Theorie und Praxis Verlag, 1983

Klein, Ulrich (Hrsg.), Borretty, Reiner (Mitarb.) u. a.: PETRA: Projekt- und transferorientierte Ausbildung. Grundlagen, Beispiele, Planungs- und Arbeitsunterlagen. 2. ü. Aufl. Berlin, München: Siemens, 1990

Kloas, Peter-Werner; Selle, Bernd: Vom Ungelernten zur Fachkraft. Modelle zur Kombination von Arbeit und Berufsausbildung im Überblick. (Berichte zur beruflichen Bildung, H. 181). Bertelsmann: Bielefeld, 1994

KMK: Ständige Konferenz der Kultusminister der Länder in der Bundesrepublik Deutschland: Empfehlung zur Ordnung des Sonderschulwesens. Bonn, 1972

KMK: Ständige Konferenz der Kultusminister der Länder in der Bundesrepublik Deutschland: Bezeichnung zur Gliederung des beruflichen Schulwesens. Beschluss der KMK v. 8.12.1975. In: Sammlung der Beschlüsse der Ständigen Konferenz der Kultusminister der Länder der Bundesrepublik Deutschland. Neuwied, Darmstadt o. Jg. Leitzahl 330

KMK: Ständige Konferenz der Kultusminister der Länder in der Bundesrepublik Deutschland: Rahmenvereinbarung über die Berufsschule. In: Beschlusssammlung der KMK, Nr. 323 v. 15.03.1991

KMK: Ständige Konferenz der Kultusminister der Länder in der Bundesrepublik Deutschland: Schüler, Klassen, Lehrer und Absolventen der Schulen 1994 bis 2003. Bonn: KMK, 2005 (Stat. Veröffentlichungen der KMK, Nr. 174)

KMK: Ständige Konferenz der Kultusminister der Länder in der Bundesrepublik Deutschland: Empfehlungen zur sonderpädagogischen Förderung in den Schulen in der Bundesrepublik Deutschland. Beschluss der KMK vom 6.5.1994. Bonn, 1994

KMK: Ständige Konferenz der Kultusminister der Länder in der Bundesrepublik Deutschland: Handreichungen für die Erarbeitung von Rahmenlehrgängen der Kultusministerkonferenz für den berufsbezogenen Unterricht in der Berufsschule und ihre Abstimmung mit Ausbildungsordnungen des Bundes für anerkannte Ausbildungsberufe. Bonn: KMK, 9.5.1996, i. d. F. v. 12.6.1997

KMK: Ständige Konferenz der Kultusminister der Länder in der Bundesrepublik Deutschland (Hrsg.): Rahmenvereinbarung über die Ausbildung und Prüfung für ein Lehramt der Sekundarstufe II. Lehrbefähigung für Fachrichtungen des beruflichen Schulwesens. Beschluss der KMK vom 5.10.1973 u. 12.05.1995

KMK: Ständige Konferenz der Kultusminister der Länder der Bundesrepublik Deutschland: Standards für die Lehrerbildung: Bildungswissenschaften. Beschluss der KMK v. 16.12.2004

Knülle, Erich: Praktische Anwendung im Unternehmen. In: Mehrhoff, Friedrich (Hrsg.): Disability Management. Stuttgart: Gentner, 2004, S. 53–60

Kobi, Emil E.: Inklusion: ein pädagogischer Mythos? In: Dederich, Markus u. a. (Hrsg.): Inklusion statt Integration? Gießen: Psychosozial-Verlag, 2006, S. 28–44

Koch, Christiane; Hensge, Kathrin: Muß ein Mensch denn alles können? Schlüsselqualifikationen. Eine Bestandsaufnahme von (berufspädagogischer) Theorie und (betrieblicher) Praxis mit Perspektiven für die Ausbildung benachteiligter Jugendlicher in neugeordneten Metallberufen. Berlin, Bonn: BIBB, 1992 (Modellversuche zur berufl. Bildung, H. 29)

Kortenbusch, Johannes: Individuelle Förderplanung in der Berufsausbildung. In: Cramer; Schmidt; Wittwer (Hrsg.): Ausbilder-Handbuch. Köln: Deutscher Wirtschaftsverlag Kluver, 69. Erg.-Lfg. 2004, Kap. 5.6.3.4

Krawczyk, Susan; Stüber, Martin: Berufliche Trainingszentren (BTZ) in Deutschland. In: Informationen für die Beratungs- und Vermittlungsdienste – ibv (2003) Nr. 11, 1417–1427

Kriese, Wilfried: Mut zur Multikulturellen-Minderheitengesellschaft. Ansichten und Diskussionsanstöße eines Legasthenikers. Hildesheim: Internationales Kulturwerk, 1994

Krogoll, Tilmann; Pohl, Wolfgang; Wanner, Claudia: CNC-Grundlagenausbildung mit dem Konzept CLAUS. Didaktik und Methoden. Frankfurt (M.): Campus, 1988 (Hrsg.: Fraunhofer-Institut für Arbeitswissenschaft und Organisation: Humanisierung des Arbeitslebens, Bd. 94)

Krug, Gerda (Hrsg.): An Arbeit teilhaben. Gleicher Zugang zu Arbeit und beruflicher Bildung für Menschen mit Behinderungen. Europäisches Jahr der Menschen mit Behinderungen 2003. Dokumentation einer Fachtagung vom Juni 2003. Forschungsinstitut für Arbeit, Bildung, Partizipation: Recklinghausen, 2003

Kutscha, Günter: Berufsvorbereitung und Förderung benachteiligter Jugendlicher. In: Baethge, Martin u. a. (Hrsg.): Expertisen zu den konzeptionellen Grundlagen für einen Nationalen Bildungsbericht – Berufliche Bildung und Weiterbildung/Lebenslanges Lernen. BMBF (Hrsg.): Berlin 2004, S. 165–196

Kutt, Konrad: Juniorfirma. In: Cramer, Günter; Schmidt, Hermann; Wittwer, Wolfgang (Hrsg.): Ausbilder-Handbuch. Köln: Deutscher Wirtschaftsdienst 1994 ff., Loseblatt-Sammlung, Kap. 6.2.19, 40. Erg.-Lfg., Köln, 2000

LSW: Landesinstitut für Schule und Weiterbildung: Förderung benachteiligter Jugendlicher in Nordrhein-Westfalen. Grundlagen, Partner und Modelle der Zusammenarbeit. Soest: LSW, 1994

Larcher, v. Christine: Bewerben mit Berufserfahrung. In: ZB (Zum Beispiel) (2002) H. 3, S. 8

Lebenshilfe, Bundesvereinigung für Menschen mit geistiger Behinderung: Ich will auch in die Lehre gehen! – Konzepte und Praxismodelle für Menschen mit (geistiger) Behinderung. Reader zur Fachtagung am 1. – 2. Oktober 1996. Marburg: Lebenshilfe Verlag, 1998

Lebenshilfe, Bundesvereinigung für Menschen mit geistiger Behinderung (Hrsg.): Selbstbestimmung. Kongressbeiträge. Marburg: Lebenshilfe-Verlag, 1996

Lebenshilfe, Bundesvereinigung für Menschen mit geistiger Behinderung e.V. (Hrsg.): WfbM Handbuch. Ergänzbares Handbuch Werkstatt für behinderte Menschen. Marburg: Lebenshilfe-Verlag – Losebl.-Ausg. Grundwerk 1992, 2. ü. Aufl. 2000, 2 Bde.

Lehmkuhl, Kirsten: Das Konzept der Schlüsselqualifikationen in der Berufspädagogik. Eine ausreichende Antwort auf die Qualifizierungsanforderungen der flexiblen Massenproduktion? Alsbach: Leuchtturm-Verlag, 1994

Lempert, Wolfgang: Leistungsprinzip und Emanzipation. Studien zur Realität, Reform und Erforschung des beruflichen Bildungswesens. Frankfurt: Suhrkamp, 1971 (ed suhrkamp 451)

Lempert, Wolfgang: Theorien der beruflichen Sozialisation. In: Zeitschrift für Berufs- und Wirtschaftspädagogik. Jg. 103 (2007) H. 1, S. 12–40

Leonhardt, Annette; Wember, Franz (Hrsg.): Grundfragen der Sonderpädagogik. Bildung, Erziehung, Behinderung. Weinheim u.a.O.: Beltz, 2003

Lipsmeier, Antonius (Hrsg.): Berufsbildungspolitik in den 70er Jahren. Eine kritische Bestandsaufnahme für die 80er Jahre. Zeitschrift für Berufs- und Wirtschaftspädagogik. Stuttgart: Steiner Verl. Beihefte (1983) H. 4.

Luchtenberg, Paul (Hrsg.): Beiträge zur Frage der „Ungelernten". Bielefeld: Bertelsmann, 1955

Lutz, Burkhart; Sengenberger, Werner: Arbeitsmarktstruktur und öffentliche Arbeitsmarktpolitik. Göttingen: Schwartz Verlag, 1974 (Kommission für Wirtschaftlichen und Sozialen Wandel, Bd. 26)

Mager, Robert F.: Lernziele und Unterricht. Weinheim, Basel: Beltz, 1977 (ü. Neuaufl.: Lernziele und programmierter Unterricht. Ebd. 1965)

Mehrhoff, Friedrich (Hrsg.): Disability Management. Strategien zur Integration von behinderten Menschen in das Arbeitsleben. Ein Kursbuch für Unternehmer, Behinderte, Versicherer und Leistungserbringer. Stuttgart: Gentner, 2004

Mehrhoff, Friedrich: Ein Konzept zur beruflichen Reintegration von behinderten Menschen. In: Mehrhoff, Friedrich (Hrsg.): Disability Management. Stuttgart: Gentner, 2004, S. 9–20

Mentz, Michael; Naust-Lühr, Andrea; Seyd, Wolfgang: Voraussetzungen der Teilnehmer an Förderlehrgängen, BvB-Maßnahmen und Ausbildungen in Berufsbildungswerken. In: Berufliche Rehabilitation. Jg. 19 (2005) H. 4, S. 101–130

Mertens, Dieter: Schlüsselqualifikationen. Thesen zur Schulung für eine moderne Gesellschaft. In: Mitteilungen aus der Arbeitsmarkt- und Berufsforschung. Jg. 7 (1974), S. 36–43

Metzler, Heidrun; Rauscher, Christiane; Wansing, Gudrun: Begleitung und Auswertung der Erprobung trägerübergreifender Persönlicher Budgets – Förderzeichen: VKZ 040501 – Zwischenbericht. Tübingen, Dortmund, Ludwigsburg, 2006 (Stand: Oktober 2006)

Ministerium für Schule, Jugend und Kinder: Das Berufskolleg in NRW. Informationen zu Bildungsgängen und Abschlüssen. Düsseldorf: MSJK, 2004

Mizdalski, Rainer: Ansätze zur Entwicklung beruflicher Qualifizierungszentren. In: Verband der Lehrer an berufsbildenden Schulen und Kollegschulen in Nordrhein-Westfalen (Hrsg.): Berufliche Schule als Dienstleistungszentren. Weiterentwicklung berufsbildender Schulen und Kollegschulen. Krefeld: J.v. Acken, 1996, S. 46–57

MOBILE – Selbstbestimmt Leben Behinderter e.V. (Hrsg.): Handbuch Selbstbestimmt Leben mit Persönlicher Assistenz. Ein Schulungskonzept für AssistenznehmerInnen. Band A. Erarbeitet im Auftrage des Ministeriums für Arbeit und Soziales, Technologie und Qualifikation des Landes Nordrhein-Westfalen. Neu-Ulm: AG SPAK Bücher, 2001 (Materialien 148). Band A: Schulungskonzept für Assistenznehmerinnen, Band B: Schulungskonzept für Persönliche Assistentinnen.

Mosen, Günter; Lohs, Annelie; Hagemeier, Ralf u. a. (Hrsg.): Das Persönliche Budget. Mehr Schein als Sein? – oder – Eine Chance für Alternativen. (Themenheft). Werkstatt: Dialog. Jg. 22 (2006) H. 4, 62 S.

Mühlum, Albert; Oppl, Hubert (Hrsg.): Handbuch der Rehabilitation. Rehabilitation im Lebenslauf und wissenschaftliche Grundlagen der Rehabilitation. Neuwied u.a.O. Luchterhand, 1992

Mürner, Christian: Werktätige in geschützter Arbeit. Ein Überblick über vierzig Jahre berufliche Rehabilitation in der DDR. Frankfurt (M.): BAG:WfB, 2000

Mutzeck, Wolfgang (Hrsg.); Jogschies, Peter (Mitarb.); Rühlmann, Michael (Mitarb.): Förderplanung. Grundlagen – Methoden – Alternativen. Weinheim: Beltz, Deutscher Studienverlag, 2000

Negt, Oskar: Soziologische Phantasie und exemplarisches Lernen. Zur Theorie der Arbeiterbildung. 8. Aufl. Frankfurt: EVA, 1971

Neubauer, Jennifer: Ausgleich auf dem Ausbildungsmarkt – Die Kompensationsleistungen der ausbildungsbezogenen Förderung durch die Bundesagentur für Arbeit. Nürnberg: IAB, 2006 (BeitrAB 303, zugleich Diss. Univ. Duisburg-Essen WS 2004/05)

Niehaus, Mathilde; Kurth-Laatsch, Sylvia; Nolteernsting, Elke: Wohnortnahe berufliche Rehabilitation. Evaluationsforschung zum Modellprojekt für Frauen in der betrieblichen Rehabilitation. Bonn: BMAS, 2002 (Hrsg.: BMAS Forschungsbericht Sozialforschung, Bd. 292)

Niehaus, Mathilde; Schmal, Andreas: Betriebliche Kontrakte – Integrationsvereinbarungen in der Praxis. In: Bieker, Rudolf (Hrsg.): Teilhabe am Arbeitsleben. Stuttgart: Kohlhammer, 2005, S. 246–257

Niemeyer, Beatrix: Benachteiligtenförderung in Europa zwischen Arbeitstraining und beruflicher Bildung. In: Berufsbildung. Jg. 65 (2005) H. 96, S. 9–12

Offe, Claus: Berufsbildungsreform. Eine Fallstudie über Reformpolitik. Frankfurt: Suhrkamp, 1975

Ott, Bernd: Grundlagen des beruflichen Lernens und Lehrens. Ganzheitliches Lernen in der beruflichen Bildung. 2. ü. Aufl. Berlin: Cornesen, 2000

Ott, Bernd: Problem- und handlungsorientierte Ausbildung: In. Cramer; Schmidt; Wittwer (Hrsg.): Ausbilder-Handbuch. Köln: Deutscher Wirtschaftsverlag Kluver, 85. Erg.-Lfg. 2006, Kap. 6.1.5

Pätzold, Günter (Hrsg.): Quellen und Dokumente zur Geschichte des Berufsbildungsgesetzes 1875–1981. Köln, Wien: Böhlau:, 1982 (Quellen und Dokumente zur Geschichte der Berufsbildung in Deutschland, Bd. A 5)

Pätzold, Günter; Rauner, Felix: die empirische Fundierung der Curriculumentwicklung – Annäherungen an einen vernachlässigten Forschungszusammenhang. In: Pätzold, Günter; Rauner, Felix (Hrsg.): Qualifikationsforschung und Curriculumentwicklung. Zeitschrift f. Berufs- u. Wirtschaftspäd. Beiheft 19, Stuttgart: Steiner, 2006, S. 7–28

Pahl, Jörg-Peter; Schütte, Friedhelm (Hrsg.): bb-thema: Lernfeld-Konzept. Themenheft der Zs. Berufsbildung. Jg. 54 (2000) H. 61

Pauly, Alexander: Assessment-Center in der Ausbildung. In: Cramer; Schmidt; Wittwer (Hrsg.): Ausbilder-Handbuch. Köln: Deutscher Wirtschaftsverlag Kluver, 67. Erg.-Lfg. 2004, Kap. 5.2.3.2

Pfahl, Lisa: Datenbericht „Jobcoaching". Zur Studien „Lebensverläufe von Schulabgängern von Sonderschulen für Lernbehinderte (NRW)". Max-Planck-Institut für Bildungsforschung. Hekt. Skript, Berlin: MPIB, 2003 (Working Paper 1/2003)

Pfeiffer, Harald: Internationale Indikatoren zum Bildungsstand der Bevölkerung – Wo steht Deutschland wirklich? In: Berufsbildung in Wissenschaft und Praxis. Jg. 36 (2007) H. 2, S. 50–52

Ploghaus, Günter: 20 Jahre Modellversuche in der Berufsbildung – Hermann Schmidt zum 60. Geburtstag. In: Pütz, Helmut (Hrsg.): Innovationen in der Beruflichen Bildung. BIBB: Berlin u. Bonn, 1992, S. 209–218

Ploghaus, Günter: Die Lehrgangsmethode in der berufspraktischen Ausbildung. Genese, internationale Verbreitung und Weiterentwicklung. Bielefeld: Bertelsmann, 2003

Prengel, Annedore: Pädagogik der Vielfalt. Verschiedenheit und Gleichberechtigung in interkultureller, feministischer und integrativer Pädagogik. 2. Aufl. Opladen: Leske u. Budrich, 1995

Prognos AG: Zum Arbeitskräftebedarf nach Umfang und Tätigkeiten bis zum Jahr 2000. Text- u. Anlagebd. Nürnberg: IAB, 1985 (BeitrAB 94.1, 94.2)

Prognos AG: Zum Arbeitskräftebedarf nach Qualifikationen bis zum Jahr 2000. Nürnberg: IAB, 1986 (BeitrAB 95)

Prognos AG: Wirkungen technologischer und sozio-ökonomischer Einflüsse auf die Tätigkeitsanforderungen bis zum Jahre 2010. Nürnberg: IAB, 1996 (BeitrAB 199)

Pütz, Helmut: Integration der Schwachen = Stärke des dualen Systems. Förderung der Berufsausbildung von benachteiligten Jugendlichen – Neue Strukturen und Konzeptionen. BIBB (Hrsg.): Berichte zur beruflichen Bildung, Bd. 162. Berlin: BIBB, 1993

Reetz, Lothar; Reitmann, Thomas (Hrsg.): Schlüsselqualifikationen. Dokumentation des Symposiums in Hamburg „Schlüsselqualifikationen – Fachwissen in der Krise?" Hamburg: Feldhaus, 1990 (Hrsg.: BFW Hamburg: Materialien zur Berufsbildung und zur beruflichen Rehabilitation, Bd. 3)

REFA-Verband für Arbeitsstudien e.V.: Methoden des Arbeitsstudiums. Teil 6 – Arbeitsunterweisung. München: Hanser,1975

Reinberg, Alexander; Hummel, Markus: Zwanzig Jahre Bildungsgesamtrechnung. Entwicklungen im Bildungs- und Erwerbssystem Ost- und Westdeutschlands bis zum Jahr 2000. Nürnberg: IAB, 2006 (BeitrAB 306)

Rolff, Hans-Günter u. a. (Hrsg.): Jahrbuch der Schulentwicklung. Bd. 10. Weinheim, München: Beltz, 1998

Schardt, Marianne; Scharff, Günter, Drechsel, Ingo (Mitarb.): Wege zur Verbesserung der beruflichen Eingliederung für Jugendliche mit Lernbehinderungen. Würzburg: Vds, 1998 (Hrsg.: VDS Materialien)

Schartmann, Dieter: Betriebliche Integration durch Integrationsfachdienste. In: Bieker, Rudolf (Hrsg.): Teilhabe am Arbeitsleben. Stuttgart: Kohlhammer, 2005, S. 258–281

Schartmann, Dieter; Schröder, Helmut; Steinwede, Jakob: Übergänge von der Sonderschule/ WfB in das Erwerbsleben. Ergebnisbericht. Köln: LVR (Hrsg.), 2000

Schelsky, Helmut u. a.: Arbeitslosigkeit und Berufsnot der Jugend. Hrsg.: DGB-Bundesvorstand, Hauptabtl. Jugend. Köln: Bund-Verlag, 1952, 2 Bde.

Schelten, Andreas: Grundlagen der Arbeitspädagogik. 2. ü. Aufl. Stuttgart: Steiner Verlag, 1991

Schemme, Dorothea: Geschäfts- und arbeitsprozessorientierte Berufsbildung (GAB). In: Rauner, Felix (Hrsg.): Handbuch Berufsbildungsforschung. Bielefeld: Bertelsmann, 2005, S. 524–532

Schian, Hans-Martin: Präventive und rehabilitative Leistungen verknüpfen. In: Mehrhoff, Friedrich (Hrsg.): Disability Management. Stuttgart: Gentner, 2004, S. 61–70

Schmidt, Hermann: Module in der Berufsausbildung – Teufelszeug oder Ausweg aus der Krise? In: Berufsbildung. Jg. 51 (1997) H. 43, S. 42

Schmitz, Gudrun: Die drei Säulen des Detmolder Lernwegemodells. In: Frühauf, Theo; Grampp, Gerd; Schmitz, Gudrun: Berufliche Bildung in Werkstätten für Behinderte. Frankfurt (M.): BAG:WfB o.J. (1997), S. 10–19 (Werkstatt:Thema, H. 6)

Schnadt, Pia: Lernbehinderte Jugendliche in der Berufsausbildung. Förderdiagnostik und die Entwicklung gezielter Förderstrategien. Heidelberg: HIBA, 1997 (hiba-Weiterbildung, Bd. 30/02)

Schneider, Michael: Arbeitsassistenz, Arbeitsplatzassistenz, persönliche Assistenz am Arbeitsplatz für Schwerbehinderte – Begriffsklärung und Kostenszenarien. In: Barlsen, Jörg; Hohmeier, Jürgen (Hrsg.): Neue berufliche Chancen für Menschen mit Behinderungen. Unterstützte Beschäftigung im System der beruflichen Rehabilitation. Düsseldorf: Verlag Selbstbestimmtes Leben, 2001, S. 67–79

Schröder, Rudolf: E-Learning und Telearbeit zur beruflichen Qualifizierung von schwerstkörperbehinderten Menschen. BIS-Verlag: Oldenburg 2006

Schubert, Hans-Joachim: Instrumentarium zur Qualitätssicherung und Qualitätsentwicklung in Werkstätten für Behinderte der Lebenshilfe (QS WfB). 4. Aufl. Marburg: Lebenshilfe Verlag, 1997

Schuck, Karl Dieter: Psychodiagnostik und Begutachtung. In: Antor, Georg; Bleidick, Ulrich (Hrsg.): Handlexikon der Behindertenpädagogik. 2. e. Aufl. Stuttgart: Kohlhammer, 2006, S. 294–298

Schüller, Simone: Qualifizierung zum Helfer/zur Helferin im Altenheim. In: Hirsch, Stephan; Lindmeier, Christian (Hrsg.): Berufliche Bildung von Menschen mit geistiger Behinderung. Weinheim, Basel: Beltz, 2006, S. 240–253

Schulgesetz für das Land Nordrhein-Westfalen (Schulgesetz NRW – SchulG). Vom 15. Februar 2005 (GV NRW S. 102) zuletzt geändert d. Gesetz vom 27. Juni 2006. GV NRW, S. 278

Schulz, Jörg: Selbstbestimmung und gesellschaftliche Teilhabe durch Arbeitsassistenz. In: Felkendorff, Kai; Lischer, Emil (Hrsg.): Barrierefreie Übergänge? Jugendliche mit Behinderungen und Lernschwierigkeiten zwischen Schule und Berufsleben. Verlag Pestalozzianum PH Zürich: Zürich 2005, S. 86–101

Schwendy, Arnd; Senner, Anton: Integrationsprojekte – Formen der Beschäftigung zwischen allgemeinem Arbeitsmarkt und Werkstatt für behinderte Menschen. In: Bieker, Rudolf (Hrsg.): Teilhabe am Arbeitsleben. Stuttgart: Kohlhammer, 2005, S. 296–312

Seibold, Gabriele: Die Rehabilitation psychisch Kranker und Behinderter in RPK-Einrichtungen. In: Informationen für die Beratungs- und Vermittlungsdienste – ibv (2003) Nr. 11, S. 1413–1416

Seyd, Wolfgang; Thrun, Manfred: Berufliche Rehabilitation in Ostdeutschland und Osteuropa. In: Stach, Meinhard (Hrsg.): Berufliche Rehabilitation in Europa. Beispiele, Projekte, Prozesse. Alsbach: Leuchtturm-Verlag, 1993, S. 17–49

Seyd, Wolfgang u. a.; Arbeitsgemeinschaft Deutscher Berufsförderungswerke: (Hrsg.): Ganzheitlich rehabilitieren, Lernsituationen handlungsorientiert gestalten. Abschlussbericht über ein Forschungs- und Entwicklungsprojekt. Hamburg: BFW, 2000

Seyfried, Brigitte (Hrsg.): Qualifizierungsbausteine in der Berufsvorbereitung. BIBB Schriftenreihe. Bertelsmann: Bielefeld, 2002

Seyfried, Erwin; Bühler, Angelika; Gmelin, Albrecht u. a.: Abschlussbericht Evaluation der Gemeinschaftsinitiative HORIZON in der Bundesrepublik Deutschland. Berlin: Forschungsstelle für Berufsbildung, Arbeitsmarkt und Evaluation (Hrsg.), 1995

Shell Deutschland Holding (Hrsg.): Jugend 2006. Eine pragmatische Jugend unter Druck. 15. Shell Jugendstudie. (Konzeption und Koordination: Hurrelmann, Klaus; Albert, Mathias; TNS Infratest Sozialforschung). Frankfurt a. M.: Fischer, 2006

Silberman, Charles E.: Die Krise der Erziehung. Weinheim, Basel: Beltz, 1973

Sinus-Institut: Deutsche Bevölkerung nach Sinus-Milieus 2007. http://www.sinus-sociovision.de/

Solga, Heike: Ohne Abschluss in die Bildungsgesellschaft. Die Erwerbschancen gering qualifizierter Personen aus soziologischer und ökonomischer Perspektive. Opladen: B. Budrich, 2005

Sozialgesetzbuch Drittes Buch (SGB III): Arbeitsförderung vom 24. März 1997. BGBl. I S. 594, geändert am 26. Mai 2005, BGBl. I S. 1418

Sozialgesetzbuch – Neuntes Buch (SGB IX): Rehabilitation und Teilhabe behinderter Menschen vom 19.6.2001, BGBl. I, S. 1046, geändert d. d. Gesetz vom 9.12.2004, BGBl. I, S. 3242

Soziologisches Forschungsinstitut (SOFI); Institut für Arbeitsmarkt- und Berufsforschung (IAB); Institut für sozialwissenschaftliche Forschung (ISF); Internationales Institut für empirische Sozialforschung (INIFES): Berichterstattung zur sozio-ökonomischen Entwicklung in Deutschland – Arbeit und Lebensweisen. Erster Bericht. Wiesbaden: Verl. f. Sozialwiss. 2005

Springmann, Detlef: Nein zum Persönlichen Budget. In: Impulse. Jg. 11 (2006) Nr. 38, S. 12 f.

Stadler, Hans: Rehabilitation bei Körperbehinderung. Eine Einführung in schul-, sozial- und berufspädagogische Aufgaben. Stuttgart u. a.O.: Kohlhammer, 1998

Stark, Wolfgang: Empowerment. Neue Handlungskompetenzen in der Psycho-sozialen Praxis. Freiburg: Lambertus, 1996

Steinhoff, Michael: Die Entwicklung der beruflichen Rehabilitation für Menschen mit geistigen Behinderungen und anderen intensiven Leistungseinschränkungen in Ostdeutschland. In: Bundesarbeitsgemeinschaft Werkstätten für Behinderte e.V. (Hrsg.): Die Werkstatt für Behinderte: Der andere Weg ins Arbeitsleben. Festschrift zum 20jährigen Bestehen der Bundesarbeitsgemeinschaft Werkstätten für Behinderte e.V. Veranstaltung in der Paulskirche zu Frankfurt a.M. 14. Juni 1995. Frankfurt:: BAG:WfB, 1995, S. 27–47

Stratmann, Karlwilhelm; Schlösser, Manfred: Das Duale System der Berufsbildung. Eine historische Analyse seiner Reformdebatten. Frankfurt (M.): Gesellschaft z. Förderung arbeitsorientierter Forschung und Bildung, GFAFB, 1990

Terhart, Ewald (Hrsg.): Perspektiven der Lehrerbildung in Deutschland. Abschlussbericht der von der Kultusministerkonferenz eingesetzten Kommission. Weinheim, Basel: Beltz, 2000

Tessaring, Manfred: Langfristige Tendenzen des Arbeitskräftebedarfs nach Tätigkeiten und Qualifikationen in den alten Bundesländern bis zum Jahre 2010. Eine erste Aktualisierung der IAB/Prognos-Projektionen 1989/91. In: MittAB 27(1994) H.1, S. 5–19

Theunissen, Georg: Erwachsenenbildung und Behinderung. Impulse für die Arbeit mit Menschen, die als lern- oder geistig behindert gelten. Bad Heilbrunn: Klinkhardt, 2003

Theunissen, Georg; Plaute, Wolfgang: Handbuch Empowerment und Heilpädagogik. Freiburg i.B.: Lambertus, 2002

Thimm, Walter (Hrsg.): Das Normalisierungsprinzip. Ein Lesebuch zu Geschichte und Gegenwart eines Reformkonzepts. Marburg: Lebenshilfe-Verlag, 2005

Thimm, Walter; von Ferber, Christian; Schiller, Burkhard; Wedekind, Rainer: Das Normalisierungsprinzip – Vorüberlegungen für pädagogische und sozialpolitische Konsequenzen (1985). Wiederabdruck in: Thimm, Walter (Hrsg.): Das Normalisierungsprinzip. Ein Lesebuch zu Geschichte und Gegenwart eines Reformkonzepts. Marburg: Lebenshilfe-Verlag, 2005, S. 89–108

Thrun, Manfred: Rehabilitation. Möglichkeiten beruflicher Bildung für Behinderte in der Bundesrepublik Deutschland. In: Zeitschrift für Berufs- und Wirtschaftspädagogik (ZBW). Jg. 76 (1980) H. 12, S. 913–918

tjfbv: Technischer Jugendfreizeit- und Bildungsverein e.V.: @barrierefrei kommunizieren! Behinderungskompensierende Techniken und Technologien für Computer und Internet. Meißen: tjfbv, 2006 (www.barrierefrei-kommunizieren.de)

Tramm, Tade; Wicher, Klaus; Bischoff, Jürgen (Hrsg.): Eigenverantwortlichkeit fördern – berufliche Perspektiven entwickeln. Hamburg: Feldhaus, 2006 (Hrsg.: BFW Hamburg: Materialien zur Berufsbildung und zur beruflichen Rehabilitation, Bd. 14)

Trost, Rainer; Kastl, Jörg Michael; Kübler, Klaus-Dieter u. a.: Integrationsfachdienste zur beruflichen Eingliederung von Menschen mit Behinderung in Deutschland. Abschlussbericht der wissenschaftlichen Begleitung zur Arbeit der Modellprojekte des Bundesministeriums für Arbeit und Sozialordnung in 16 Bundesländern. Bonn: BMA, 2002 (BMGS: Forschungsberichte Bd. F 295)

Trost, Rainer; Schüller, Simone: Beschäftigung von Menschen mit geistiger Behinderung auf dem allgemeinen Arbeitsmarkt. Eine empirische Untersuchung zur Arbeit der Eingliederungsinitiativen in Donaueschingen und Pforzheim. Walldorf: Integra, 1992

Ulrich, Joachim Gerd; Krekel, Elisabeth M.: Welche Ausbildungschancen haben „Altbewerber"? In: Berufsbildung in Wissenschaft und Praxis. Jg. 36 (2007) H. 2, 11–13

United Nations (UN): Agenda 21. Beschluss der Konferenz für Umwelt und Entwicklung der Vereinten Nationen (UNCED), Rio de Janeiro 1992. http://www.un.org/Depts/german/conf/agenda21/agenda_21.pdf

United Nations (UN): The Standard Rules on Equalization of Opportunities for Persons with Disabilities. New York: United Nations, 1993 (dt.: Rahmenbestimmungen für die Herstellung von Chancengleichheit für Behinderte)

Verordnung über die Bescheinigung von Grundlagen beruflicher Handlungsfähigkeit im Rahmen der Berufsausbildungsvorbereitung. (Berufsausbildungsvorbereitungs-Bescheinigungsverordnung – BAVBVO). Vom 16 Juli 2003. In: BGBl. I (2003), S. 1472

Verordnung zur Durchführung des § 17 Abs. 2 bis 4 des Neunten Buches Sozialgesetzbuch Budgetverordnung (BudgetV) i. d. F.d.Bek. v. 11. Juni 2004. In: BGBl. I (2004), S. 1055

Vester, Michael; von Oertzen, Peter; Geiling, Heiko; Hermann, Thomas; Müller, Dagmar: Soziale Milieus im gesellschaftlichen Strukturwandel. Zwischen Integration und Ausgrenzung. Köln: Bund Verlag, 1993 (2. ü. Aufl. Frankfurt (M.): Suhrkamp, 2001)

Vieweg, Barbara: Inklusion und Arbeit. In: Dederich, Markus u. a. (Hrsg.): Inklusion statt Integration? Gießen: Psychosozial-Verlag, 2006, S. 114-124

Voigt, Bodo; Rau, Peter u. a.: Abschlussbericht zum Modellversuch „Berufliche Qualifizierung von Lernbeeinträchtigen Jugendlichen im Rahmen der Berufsfachschule mit berufsqualifizierendem Abschluß (BFS-Q). Bremen: Allgemeine Berufsschule, 1987

Vollmer, Kirsten: So normal wie möglich – so speziell wie nötig. Behinderte Menschen im „regulären" Berufsbildungssystem ausbilden! In: Berufsbildung in Wissenschaft und Praxis. Jg. 36(2007) H.2, S. 33–35

Volpert, Walter: Handlungsstrukturanalyse als Beitrag zur Qualifikationsforschung. Köln: Pahl-Rugenstein, 1974

Wacker, Elisabeth; Wansing, Gudrun; Hölscher, Petra: Maß nehmen und Maß halten – in einer Gesellschaft für alle. Von der Versorgung zur selbstbestimmten Lebensführung. In: Bundesvereinigung Lebenshilfe für Menschen mit geistiger Behinderung e.V. (Hrsg.): WfbM Handbuch. Marburg: Lebenshilfe-Verlag. Losebl.-Ausg., 11. Erg.-Lfg. Stand 10/2003 – A5

Wagner, Sandra J.: Jugendliche ohne Berufsausbildung. Eine Längsschnittuntersuchung zum Einfluss von Schule, Herkunft und Geschlecht auf ihre Bildungschancen. Aachen: Shaker, 2005 (Diss. FU Berlin)

Wansing, Gudrun: Teilhabe an der Gesellschaft. Menschen mit Behinderung zwischen Inklusion und Exklusion. Wiesbaden: Verl. f. Sozialwiss., 2005 (zugleich Univ. Dortmund, Fak. 13, Diss., 2004)

Weidig, Inge; Hofer, Peter; Wolff, Heimfried: Arbeitslandschaft 2010 nach Tätigkeiten und Tätigkeitsniveau. Nürnberg: IAB, 1999 (BeitrAB 227)

Wendt, Sabine: Einsatz des Persönlichen Budgets für Leistungen zur Teilhabe am Arbeitsleben in WfbM. In: Bundesvereinigung Lebenshilfe (Hrsg.): WfbM-Handbuch. Marburg: Lebenshilfe-Verlag, 13. Erg.Lfg. 2005, Bd. 1, A 3

Werkstätten-Mitwirkungsverordnung (WMVO) v. 25.06.2001. BGBl. I, S. 1297

WfB plus. Projekt des Landschaftsverbandes Westfalen-Lippe (LWL). Projekttagung der wissenschaftlichen Begleitung, des LWL, der WfB-Projekte und IFD. Münster 2004. Unveröffentlichter Bericht. Universität Dortmund. Fak. Reha.wiss., Dortmund, 2004

Wiemann, Günter: Vertane Chance – Berufsgrundbildungsjahr, Genutzte Chance – Curriculumentwicklung. In: Pütz, Helmut (Hrsg.): Innovationen in der Beruflichen Bildung. Hermann Schmidt zum 60. Geburtstag. BIBB: Berlin, Bonn 1992, S. 219–244

Wiemann, Günter: Didaktische Modelle beruflichen Lernens im Wandel. Vom Lehrgang zur kunden- und produktionsorientierten Lernorganisation bei MAN-Salzgitter. (Hrsg. Bundesinstitut für Berufsbildung). Bielefeld, 2002

Wiemann, Günter: Didaktische Modelle in der Berufsausbildung im internationalen Vergleich. In: BMBW (Hrsg.): Innovative Methoden in der beruflichen Bildung. Bericht über das Internationale Unesco-Symposium Hamburg, 5.-9. Juni 1989. Bonn: BMBW, 1990, S. 33–40

Wiemann, Günter: Ansätze zur Lösung des Jungarbeiterproblems. Göttingen: Schwartz, 1975 (Kommission f. wirtsch. u. sozialen Wandel, Bd. 68)

Willker, Wilfried: Berufspädagoge (IHK). In: Cramer; Schmidt; Wittwer (Hrsg.): Ausbilder-Handbuch. Köln: Deutscher Wirtschaftsverlag Kluver, 87. Erg.-Lfg. 2006, Kap. 4.5.11

Wilmerstadt, Rainer: Wird die Werkstatt für Behinderte überflüssig? In: Biermann, Horst (Hrsg.): Werkstattbuch. Olsberg: Josefsheim, 2005, S. 133–142

Windisch, Matthias (Hrsg.): Neue Form sozialer Leistung in der Behindertenhilfe und Pflege: Nutzerorientierung oder Sparzwang? Neu-Ulm: AG Spak, 2006

Windheuser, Jochen; Ammann, Wiebke; Warnke, Wiebke: Abschlussbericht der Wissenschaftlichen Begleitung des Modellvorhabens zur Einführung persönlicher Budgets für Menschen mit Behinderung in Niedersachsen. Hannover: Evang. Fachhochschule Hannover; Kath. Fachhochschule Norddt., 2006

Winter, Joachim: Modellversuch: „Neue Förderstruktur". In: Kampmeier, Anke S.; Niemeyer, Beatrix; Petersen, Ralf; Schreier, Claudia (Hrsg.): Die Zukunft der Benachteiligtenförderung. Zwischen Sparzwang und pädagogischem Anspruch. Mohland: Goldebek, 2006, S. 57–74 (Flensburger Beiträge zur Berufspädagogik, Bd. 3)

Wissenschaftsrat: Empfehlungen zur künftigen Struktur der Lehrerbildung vom November 2001. Köln: Bundesdrs., 2001

Wittrock, Manfred (Hrsg.): Sonderpädagogischer Förderbedarf und sonderpädagogische Förderung in der Zukunft. Neuwied: Luchterhand, 1997

Wolfensberger, Wolf: Die Entwicklung des Normalisierungsgedankens in den USA und in Kanada (1986). Wiederabdruck in: Thimm, Walter (Hrsg.): Das Normalisierungsprinzip. Ein Lesebuch zu Geschichte und Gegenwart eines Reformkonzepts. Lebenshilfe-Verlag: Marburg 2005, S. 168–186

World Health Organization (WHO): International Classification of Functioning, Disability and Health. Geneva: WHO, 2001 (ICF Home Page http://wwwwho.int/clasifications/icf/site/index.cfm)

WVO: Werkstättenverordnung vom 13. August 1980. BGBl. I, S. 1365, zuletzt geändert d. Art. 4 d. Gesetzes v. 23. April 2004. BGBl. I, S. 606

Zedler, Reinhard: Modularisierung: keine Perspektive für die Berufsausbildung. In: Berufsbildung. Jg. 51 (1997) H. 43, S. 42 f.

Zeller, Wolfgang: Die Ausbildung Behinderter und ihre Integration in den Arbeitsmarkt unter besonderer Berücksichtigung der Körperbehinderung, des Taylorismus und des Konzepts der Normalisierung. Frankfurt: Haag u. Herchen, 2002

Zielke, Dietmar: Grunddaten zur Benachteiligtenförderung. Anmerkungen zur Entwicklung eines Förderprogramms der Bundesanstalt für Arbeit. In: Berufsbildung in Wissenschaft und Praxis. Jg. 28 (1999), 1, S. 28–32

Zielke, Dietmar: Berufsausbildungsvorbereitung. Ein neues Konzept für die Berufsvorbe-reitung lernbeeinträchtigter und sozial benachteiligter Jugendlicher. In: Berufsbildung in Wissenschaft und Praxis. Jg. 33 (2004) Nr. 4, S. 43–47

Zimmermann, Wolfgang: Die globale Dimension. In: Mehrhoff, Friedrich (Hrsg.): Disabi-lity Management. Stuttgart: Genter, 2004, S. 21–30

Zink, Klaus, J.: Zukunft der „Werkstatt für behinderte Menschen" – Werkstatt für behin-derte Menschen" mit Zukunft. Vortrag auf dem 10. Werkstätten: Tag 2004 in Erfurt am 14. Mai 2004. http://www.werkstaettentag.bagwfbm.de/